'대방광불화엄경' 염송 수행을 시작했다. 안양암 3년 정진 중 얻은 바가 있어, 장안사 지장암에서 손혜정 선생과 함께 근대 최초의 수행공동체 운동을 전개하며 회중수도會衆修道를 시작했다. 조국 독립을 기도하고, '대방광불화엄경'을 염송하면서 7년여 동안 500여 명의 제자를 지도했다. 1938년(41세) 4월, 지장암 수도 중에 불령선인不逞鮮人으로 지목되어 경남 의령경찰서로 연행, 50여 일간 취조받다가 석방되었으나, 일제의 압력으로 하산하게 되었다.

이후 서울 돈암동과 치악산 상원사 동굴에서 정진 수도하다가, 1945년 해방이 되자 애국단체인 중앙공작대를 조직하고 민중 계몽운동을 시작했다. 상해임시정부 시절 인연이 있던 이승만 박사를 중심으로 한 건국 운동에 참여했으며, 1950년(53세) 제4대 내무부장관, 1951년 한국광업 진흥주식회사 사장에 취임했다. 1953년 7월, 부산 피난 중 동국대학교 제2대 총장에 취임했으며, 이후 5·16 군사정변으로 동국대학교에서 물러나게 된 1961년 7월까지 중구 필동에 대학교 교사를 건립하고 시설·학사·교수 등 다방면에 걸쳐 동국대 중흥의 기틀을 마련했다. 《금강삼매경론》《화엄경》 '인류 문화사' 등을 강의했으며, 《고려대장경》 영인 작업에 착수, 총 48권의 현대식 영인본을 출간하기도 했다.

1962년, 65세에 경기도 부천군 소사읍 소사리의 야트막한 산을 개간, '백성목장白性牧場'을 경영하면서 《금강경》을 쉽게 강의하고, 인연 있는 후학을 지도했다. 1981년 8월 19일(음력), 출생일과 같은 날, 84세를 일기로 입적했다. 후학들이 금강경독송회, 청우불교원 금강경독송회, 바른법연구원, 백성욱 박사 교육문화재단, 백성욱연구원, 여시관如是觀 등을 세워 가르침을 잇고 있다.

백성욱 박사 문집

백성욱 박사 전집 4

백성욱 박사 문집

백성욱 지음

김영사

차례

1 ── 논설論説

2 —— 수상隨想

1. 본서는 백성욱박사 송수기념사업위원회에서 엮은 《백성욱박사 송수기념 불교학론문집》(동국대학교, 1959)을 기반으로 하되, 누락된 부분과 새로 발굴한 10여 개의 글을 추가한 것이다.

2. 수록된 글은 주로 독일 유학을 전후한 시절(1919~1930)의 글이다.

3. 체제상 논설·수상·서간 세 부문으로 나누었으나, 분류하기 곤란한 것은 적의適宜 배분하였다.

4. 〈불교순전철학〉과 〈현대적 불교를 건설하려면〉을 제외하고 원래 소제목이 따로 없었으나, 비교적 분량이 많은 글의 경우 독자의 편의를 위해 내용을 고려하여 소제목을 달았다.

5. 수록된 글은 당시의 잡지·신문 등에 발표된 것으로서, 오자誤字와 오류는 가능한 한 바로잡았으며, 현대에는 잘 쓰이지 않는 단어 중 대체 가능한 것은 현대어로 바꾸었다(예: 구주歐洲 → 유럽, 지나支那 → 중국, 불국佛國 → 프랑스, 종從하다 → 따르다/의하다. 지止하다 → 그치다, 출出하다 → 나오다 등). 또한 그 뜻을 파악하기 어려운 것들은 할 수 있는 데까지 추적하여 현대적 표기로 수정하거나 그 뜻을 풀었다.

6. 각주는 원래 없었으나, 원문 괄호 안에 있는 보충 설명은 각주로 옮겼다. 원문에 없는 사항이나 상세 설명의 경우 '편집자 주'라고 표시하였다.

논 설 論說

1

불교순전철학

이 글은 독일어로 썼던 내 박사논문에서 초역抄譯한 것인데, 이것이 혹시 이 방면을 연구하는 우리 동포들에게 도움이 될까 하여 붓을 빌려서 드리나이다. 그러나 초역할 당시, 많이 주저한 것은 우리말에서 철학 용어가 완비되지 못하였고, 불교 용어가 아직 우리에게 보급되지 못한 시기였던 연유입니다. 그러한 언어 상황에서 번역 출간을 이루어내었습니다. 또 독자의 편의를 보아서 일반적인 유럽의 학술 용어의 원문을 생략하였으나, 부득이하게 꼭 있어야 할 산스트리트어로 된 전문용어 또는 고유명사는 우리말의 자모를 취음取音하여 쓰는 동시에, 누구나 이해하기 쉬운 한역 불교 용어를 인용하였습니다. 그 외에 저자 스스로가 편의상 다른 문자로 대용代用한 것도 없지 아니합니다.

참고 문헌 목록은 생략했는데, 이 참고 문헌은 산스크리트어 문헌, 팔리어 문헌, 독어 문헌, 영어 문헌, 불어 문헌, 중어 문헌 등이었습니다. 그러나 이를 요구하는 독자가 있다면 약 30여 종의 도서 목록 및 출판처, 저자명 등을 밝히겠습니다. 1924년 2월 이곳 철학 교수 한스 마이어Hans Meyer(1884~1966) 박사로부터 '불교순전철학佛敎純全哲學'*이라는 논제를 받아서, 그해 5월 2일에 완성한 후 이곳 철학과에 제출하여 박사논문을 인증받았습니다. 이것은 무슨 박사나 하고자 하는 마음에서 종사하였다기보다, 이곳 유럽인이 늘 묻는, "불교는 어떠합니까?" "당신들의 사상계는 어떠합니까?" "동양철학 역시 그리스철학을 토대 삼는 사상입니까?"와 같은 질문에 졸지猝地에 응답하기 어려웠다는 것이 제일원인第一原因이었습니다. 또 우리 스스로가 근대에 와서 이 방면에 대한 새로운 저서를 내놓지 못했을 뿐만 아니라, 불교가 무엇인지를 알지 못하는 것은 이들 유럽인에 비해 그다지 다를 바 없다고 느끼기도 하였습니다.

세계인들은 보통 불교가 철학이거니 합니다. 그러나 오늘날 동서양을 막론하고 '불교철학의 주관主觀' 방향으로는 한 권의 책을 두지 못하였습니다. 이와 같은 현황들은 저자로 하여금 없는 능력과 용기를 내어서 소임을 맡게 하였습니다. 그러나 붓을 들 당시 공구천만恐懼千萬(몹시 두려워함이 이를 데

---

* 독일어 원문은 'Buddhistische Metaphysik(불교 형이상학)'으로, 산스크리트어 '아비다르마abhidharma'를 의역한 말. 아비다르마는 붓다의 가르침에 대한 다양한 해석 혹은 이해방식을 정리한 것으로, 경장 및 율장의 해설서나 주석서를 비롯한 여러 논서를 가리키며, 불교의 경·율·론 삼장三藏 중 논장論藏에 해당한다. 통상 아비달마阿毘達磨로 표기한다. _편집자 주

없음)이었던 것은 졸재拙才가 소임을 맡음에 의하였지만, 이것이 훗날 이 방면의 영재에게 염심念心(일념으로 원하는 마음)을 증장增長시켜서 완전한 저술을 탄생시키지 않을까 하는 희망이 이 논문을 쓰게 하였습니다.

1924년 7월 15일
남독일 뷔르츠부르크대학 연구실에서

역사적 개념과 불교순전철학

기원전 600년경을 중심으로 한 인도의 반反브라만적인 운동
은 그들의 사회제도(브라만교의 네 가지 계급)가 불평등함으로
인해 있을 수밖에 없었다. 이 문제는 당시 몇몇 학자 사이에
서만 논의된 것이 아니라, 전 민중에 걸쳐 연구되고 해석되
어야 할 만큼 되었다. 또 브라만들 자신도 그들의 사회제도
가 인류의 행복을 의미한다기보다, 부자연스럽고 전 인류에
걸친 불행임을 잘 알고 있었다.

그러나 보통 문명족文明族들의 약점인 구습관보수舊習慣保守
(오랜 관습을 유지하려는 경향)는 그들로 하여금 이 문제를 해석
하는 데 적지 않은 장애를 주었다. 당시 많은 학자나 철인哲人
들은 그들의 방식과 처지에서 각각 연구에 종사하였다. 그들
중 가장 유명한 철인으로 말하면, 마하비라Mahāvīra(B.C.599?~
B.C.527?)*와 샤키아무니Śākyamuni(B.C.563?~B.C.483?)**로,

이 두 철인은 '평등'이라는 기치 아래 사회 개조에 매진하였다. 샤키아무니는 말도 상류층이 쓰는 산스크리트어 대신 하류층이 쓰던 프라크리트어***를 썼다. 또 존영尊榮의 왕자이자 태자의 지위****를 버리고 탁발승이 되었다. 그는 신이나 인간이나 금수를 차별하지 않았다. '일체중생 실유불성一切衆生 悉有佛性(모든 생명이 있는 것은 붓다가 될 수 있는 가능성을 지님)'*****

- 자이나교의 창시자. 6사외도六邪外道 중 한 명이다.

** 샤키아釋迦는 성姓이요, 무니牟尼는 번역하면 '철인'이다.

*** 샤키아무니의 모국어는 '마가다어(이것이 후에 팔리어로 변하여 현재 세계적 불교어가 되었음)'인데, 마가다어도 팔리어도 모두 프라크리트어이다. 산스크리트어는 인도에서 일상적인 언어가 아니라, 의례를 행하거나 경전을 읽거나 학자들이 글을 쓸 때나 사용하는 언어였다. 승려들이 석가모니의 설법을 구전으로 전할 때에는 대체로 당시 평민들이 사용하던 각 지방의 프라크리트어들로 바꾸어 전했지만, 워낙 언어가 다양하다 보니 시간이 지나자 승려들 간에도 의사소통에 장애가 생겼다. 이런 문제 때문인지 부파 불교에서 유력한 파였던 설일체유부 계통은 구전을 산스크리트어로 바꾸었다. _편집자 주

**** 많은 학자의 조사에 따르면, 샤키아무니의 친부인 숫도다나Suddhodana는 왕이 아니라 한 부호富豪에 불과하다고 한다. 또 샤키아무니가 역사적 인물이 아니요 신화적 인물이라 한다(이상은 영국의 동양학자 리스 데이비스T. W. Rhys Davids(1843~1922)에 근거함). 그러나 다른 한편으로는 이에 대한 확실한 반대 증거가 충분하다. 예를 들면, 18세기 말 룸비니 동산(샤키아무니의 강생처降生處)에서 독일 학자의 손으로 발굴한 아소카왕Asoka王(재위 B.C.268?~B.C.232?)의 비석에도 나와 있고, 인도 어느 서적에서는 숫도다나의 말이 나올 때마다 반드시 라차(왕)라는 칭호를 붙이고 있다. 그런즉 샤키아무니가 역사적 인물이요 그의 부친인 숫도다나가 왕이었던 것은 확실하다.

***** 《대반열반경大般涅槃經》〈사자후보살품獅子吼菩薩品〉. _편집자 주

이란 이유에서! 그러나 6취六趣* 중생이 계급에 따라 다른지라. 인취人趣가 제일 쉽게 우주 문제를 해결할 수 있으므로 가치를 점한다. 이와 같은 의미에서 '푸루샤purusa(중생)'라는 용어는 신과 인간 그리고 금수를 통칭한 명사가 되었다.

샤키아무니의 장기長技인 관찰은 당시 누구보다 철학적 견지가 상세하고 주밀周密하였다. 그래서 이러한 관찰로 우주의 대반야大般若를 설명하였고, 불철저한 브라만들을 죄악에서 해방하는 동시에 모든 인도인을 낙원에 있게 하였다. 우리는 자주 샤키아무니 경문 중에서 짐승을 인격화한 것을 볼 수 있다. 그래서 사람들은 "불교는 신비다" 혹은 "불교는 철학이다" 한다. 이 단안斷案들은 적어도 관찰이 불충분한 데서 양극단을 점한 것이다. 겉보기에 양극단의 생각은 도저히 화해할 여지가 없다 한다. 그래서 사람들이 잘 이해하지 못하였다. 그러나 주의하여 관찰을 다시 하여보면, '불교는 실제 현실로부터 구하여 얻은 진리를 철학적 견지에서 각각의 주관을 떠나 객관적 위치에서 연구하는 의식철학이다'.**

그러므로 요가Yoga*** 철학과 실천은 샤키아무니에게 도움이 되지 못하였다. 샤키아무니가 생각하기를, 요가 철학을 가

---

* 중생이 선악의 원인에 의하여 윤회하는 여섯 가지의 세계로, 높은 곳에서부터 시작하여 천취天趣 · 인취人趣 · 아수라취阿修羅趣 · 축생취畜生趣 · 아귀취餓鬼趣 · 지옥취地獄趣의 세계로 분류된다. _편집자 주

** 여기에서 각종 이론적 철학을 부인한다.

지고는 우주의 진리나 악의 근본을 드러낼 수 없었다. 그는 상키야Sāmkhya**** 철학도 버렸다. 상키야 철학은 철학적 관찰이 없을 뿐만 아니라 신비도 아니요, 오직 암흑한 것이었기 때문이었다. 이것들을 반대한 샤키아무니는 오직 자기의 정신을 암흑한 아비디야avidyiā(무명無明)에서 해방하였고, 최후에는 그의 마음에서 모든 삼사라samsāra(윤회輪廻)를 보았으며, '밝은 붓다가 이 우주를 통철通徹하였다' 생각하였다.

그러면 어찌해서 사람들은 "불교는 신비다" 하는가? 한 종교 창립자에게는 참으로 피하기 어려운 것이다. 예를 들면, 과도기의 의식儀式은 적어도, 옛날부터 줄곧 있던 종교와의 싸움을 피하지 못할 것이다. 즉 초기 기독교가 '일신교'라는 명칭하에 전래되던 다신교들과 싸운 것과 비슷하다. 보통 사람의 속성은 자기에게 이로운 대로, 다른 종교의 신을 자신의 신의 하배下輩(하인의 무리)로 만들거나 다른 종교의 신의 가치를 작게 만드는 것이다.

이와 마찬가지로 샤키아무니도 고대 베다교의 신들이나 브라만교의 신을 아무 능력 없이 만들어서 6취 중 천취天趣에 속하게 만들어버리고, 동시에 자기 제자들의 수호신으로

- ••• 현재까지 학술적 조사에 의하면, 요가가 발생한 시점은 불교의 발생보다 조금 늦다고 한다. 그러나 여기에서 붓다가 살아 있을 당시와 같게 둠은 이설異說이 분분하기 때문이다.
- •••• 이것은 물론 샤키아무니 이전부터 있었고, 또 샤키아무니의 종족이 전문으로 해오던 철학이다.

삼았다. 예를 들면, 베다교의 신 중 최고신 인드라Indra(인다라 因陀羅 혹은 제석천왕帝釋天王)라든지, 그 반대인 암흑의 신 아수라Asura(아수라阿修羅. 풀이하면 '아'는 '無', '수라'는 '酒')라든지, 하급신 간다르바Gandarva(건달바乾闥婆, 별자리를 관장하며 향만 먹고사는 신)라든지, 브라만교의 최고신 브라흐마Brahmā(바라문婆羅門 혹은 대범천왕大梵天王)이라든지, 기타 잡다한 신들인 나가Nāga(용을 신격화한 것)·가루다Garuda(새를 신격화한 것)·마호라가Mahoraga(뱀을 신격화한 것)·킨나라Kimnara(마두인신馬頭人身) 같은 것이다. 이와 같은 신들은 다만 수호신으로만 있는 것이 아니라, 동시에 샤키아무니의 법문을 듣고 그들의 불미한 점(베다에서 믿던 부도덕한 공희供犧 등)을 고치고 이 우주 중생을 구제하는 동로자同勞者가 되었기에, 샤키아무니가 그의 제자들과 법회를 열면 그들 역시 청법중聽法衆이 된 것이다. 이것은 동아시아 불교 사원에 가면, 들어가는 정문에 이들의 신상神像을 세워놓은 것에서 쉽게 볼 수 있다. 적어도 중국이나 조선이나 일본에! 마치 시바신(대자재천大自在天, 힌두교의 최고신)을 티베트 불교 사원에 세운 것과 비슷하다.

여기에서 우리는 순전철학이 불교에서 어떠한 위치를 점하는지 연구할 것이다. 이 순전철학의 관념은 샤키아무니에게서 비롯한 것이요 그가 창조자이다. 그다음에 많은 보충은 그의 후학들로 말미암아 집대성되었다. 예를 들면, 아슈바고샤Aśvaghoṣa(마명馬鳴, 100?~160?), 나가르주나Nāgārjuna(용수龍樹, 150?~250?) 등 인도 학자와 모든 동아시아 학자, 중국·

조선·일본의 모든 불교학파이다. 그들은 순전철학을 '아비다르마abhidharma(아비달마阿毗達磨)'라는 명칭으로 잘 알고 있다. 그들은 이것으로 종교 문제를 해석해왔을 뿐만 아니라 우주를 통한 진리도 연구하였다. 이것은 창조자 샤키아무니가 살아 있을 때 그의 제자들, 특히 보디사트바 마하사트바bodhisattva mahāsattva(보살마하살菩薩摩訶薩)들과 함께 연구한 것이다.

그의 제자들은 대개 세 가지로 구분된다. 첫 번째 아르하트arhat(아라한阿羅漢)는 차트바리아르야사트야니catvāri-āryasatyāni(4성제四聖諦)로 아나트만anātman(무아無我)을 깨닫고 니르바나Nirvana(열반涅槃)*를 증명하는 이들이고, 두 번째 프라티에카붓다pratyeka-buddha(연각緣覺)**는 12니다나nidāna(12연기緣起)를 닦아 니르바나를 증명하는 이들이다. 세 번째 보디사트바bodhisattva(보살菩薩)는 3명6통三明六通***과

---

* 풀이하면 '니르'는 不이요, '바나'는 동사 '불다'에서 변한 과거분사로 '통痛'을 의미한다.

** 프라티에카pratyeka는 '연緣', 붓다buddha는 '각覺'을 의미한다.

*** 3명6통三明六通은 아라한과를 성취한 성자에게 갖추어진 불가사의한 능력으로, 3명三明은 세 가지에 대해 밝게 아는 것, 즉 천안명天眼明, 숙명명宿命明, 누진명漏盡明을 말한다. 또 6통六通은 여섯 가지 신통력을 말하는 것으로 3명에 세 가지, 즉 천이통天耳通, 타심통他心通, 신족통神足通을 추가한 것을 말한다. 3명이 세계를 보는 세계관이나 지혜의 눈이라는 측면이 강한 반면, 6통은 어떤 불가사의한 능력, 부처님이나 아라한에게 갖추어진 자유자재한 권능이라는 측면이 강하다. _편집자 주

3지三智*로 55위를 지나 우주의 진리를 증명하고 중생 제도를 준비하며 니르바나를 증명한다. 이와 같은 세 부류 사람들을 트리야나tri-yāna(3승三乘)라 한다. 말하자면, 히나야나Hīna-yāna(소승小乘)·마드야마야나madhyama-yāna(중승中乘)·마하야나mahā-yāna(대승大乘)로,** '야나yāna(승乘)'는 법문을 듣고 화택火宅(불타고 있는 집이라는 뜻으로, 번뇌와 고통이 가득한 이 세상을 이름)에서 출리出離(미혹한 세계에서 벗어남)한다는 의미이다.

얼마 뒤 아소카왕 시대에 실론(스리랑카의 옛 이름)을 중심으로 한 남방불교에서 특별히 소승 및 중승의 법法을 팔리어로 종사從事하였으므로 이를 통칭하여 히나야나라 하고, 동시에

---

* 불교에서 지혜를 세 가지로 나눈 것으로, 3종지三種智라고도 한다. 삼지에는 두 가지 종류가 있는데, 하나는 도종지道種智(모든 현상을 두루 아는 성문聲聞·연각緣覺의 지혜), 일체지一切智(깨달음에 이르게 하는 모든 수행을 두루 아는 보살의 지혜), 일체종지一切種智(모든 현상의 전체와 낱낱을 아는 부처의 지혜)이며, 다른 하나는 세간지世間智(세속의 일을 아는 지혜), 출세간지出世間智(모든 현상을 분별하는 성문·연각의 지혜), 출세간상상지出世間上上智(모든 현상의 참모습을 관조하여 분별을 떠난 부처와 보살의 지혜)이다. _편집자 주

** '승'은 중생을 깨달음으로 인도하는 부처의 가르침이나 수행법을 뜻한다. 3승은 부처가 중생의 능력이나 소질에 따라 설한 세 가지 가르침으로, 본문에는 소승·중승·대승을 이야기하고 있지만, 현재에는 성문승聲聞乘(아라한의 경지에 이르게 하는 부처의 가르침)·연각승緣覺乘(연각의 경지에 이르게 하는 부처의 가르침)·보살승菩薩乘(자리自利와 이타利他를 행하는 보살을 위한 부처의 가르침)을 이른다. '소승'이라는 말은 불교의 가르침 가운데 그 가르침의 내용이나 이치, 또는 실천이나 결과가 모든 사람을 이상의 경지에 싣고 가기에는 보잘것없이 작은 수레에 불과하다는 뜻으로, 대중부大衆部 계통의 대승불교가 상좌부上座部 계통의 설일체유부說一切有部를 낮추어 부른 데에서 생긴 것이다. 현재는 상좌부불교로 칭하는 추세이다. _편집자 주

네팔을 중심으로 한 북방불교에서는 특별히 대승의 법을 산스크리트어로 종사하였으므로 이를 통칭하여 마하야나라 하였다. 그래서 히나야나는 남인도를 중심으로 하여 말레이반도·시암(현재 태국)*·버마(현재 미얀마) 등지에 전해졌고, 마하야나는 두 부류로 나뉘어 전해졌으니, 하나는 티베트 불교(몽골까지)로 특별히 신비적으로 해석된 것이고, 다른 하나는 동아시아 불교로 특별히 철학적으로 해석된 것이다. 현재 동아시아 불교는 철학에 기반을 둔 종교이다.

그러면 아비다르마는 무슨 의미일까? 또 순전철학은 무엇에 근거한 말인가? 아비는 '~뒤' 또는 '~위'로, 다르마는 이곳에만 한한 '법문法門'이라 풀이할 수 있다. 그러면 아비다르마를 가지고 샤키아무니의 법을 잘 이해하도록 한다는 말이다. 또 아비다르마를 순전철학이라 풀이함은 세계 동양학자들이 아비다르마를 '메타피지카metaphysica(형이상학)'라 해석함에 따랐음이고, 메타피지카를 다시 번역하여 순전철학이라 명하기에 이르렀음이다. 어원으로 말하면, 그리스어(라틴어도 동일) 메타는 '후後'가 되고 피지카는 '형形'이라 풀이할지니, 다시 말하면 형이상의 학문이라는 말이다. 출처로 말하면, 현대 철학의 원조인 그리스 철학자 아리스

---

* 이곳 불교도는 라마법왕 방식으로 왕권을 좌우한다. 그러므로 왕이 불교도이다. 저자가 갖고 있는 서적 중에도 태국 왕실의 경비로 출판된 영문 불경이 있다.

토텔레스Aristoteles(B.C.384~B.C.322)가 그의 저서 중 일부를 metaphysica라 명하였음에 말미암음이라.•

관념

불교순전철학은 전 우주의 진리를 연구하는 학문이다. 말하자면 '윤회의 원리'이니, "선남자야, 대양大洋은 오직 한 맛이 있을 뿐이다. 즉 짠맛. 선남자야, 이 법은 오직 한 맛이 있을 뿐이다. 즉 우주의 진리인 것"••이다. 다시 말하면, 확실한 진리 아래에서 무의미한 생활을 그만두고 의미 있고 가치 있는 생활을 하라는 것이다. 여기에서 생활의 진리를 반드시 찾아야 할 것이다. 즉 트르스나tṛṣṇā(갈애渴愛)가 전 우주를 건설한 이유가 될 것이다. 샤키아무니는 6년간의 고행으로 이 문제를 연구하였다. 결국에는 붓다buddha(불佛 혹은 각覺)가 전 우주의 원리겠다 생각하였다.

•　아리스토텔레스 당시 '철학'이라는 용어, 즉 philosophía(philo는 '友'요, sophía는 '智')는 지금의 의미와 달라서 천문·정치·경제·윤리·수학 등의 통칭이었다.

••　경문 중에서 인증引證(인용하여 증거로 삼음)한 것은 " "로 표시했다. 다분히 우리 경전에 있는 것과 자구字句가 다를지 모르나, 의미는 서로 비슷할 것이다. 참고 문헌은 우리 독자를 위해 산스크리트 문헌 혹은 팔리 문헌, 또 영어 문헌·불어 문헌·독어 문헌의 번역어를 재역한 것임을 밝힌다.

그러나 사람들은 반드시 전 우주의 진리 아래에서 '주관'과 '객관'을 나누지 않으면 아니하게 되었다. 그것은 윤리적 관념으로 보아서 반드시 필요하였다. 즉 우주 진리의 주관은 '붓다', 객관은 '다르마dharma'라 하였다. 그러나 우주 진리는 하나이지 둘이 아니다. 또 삼라만상으로 보아서 단순히 하나라고도 할 수 없다. 이 점에서 샤키아무니는 "선남자야, 달을 가리키는 손가락을 보지 말고 달을 보라. 우주의 진리는 붓다도 아니요 다르마도 아니다. 이 진리는 무엇이라 말할 수 없다. 타타가타tathāgata(여래如來)의 법문은 모든 중생을 사랑함에서 예를 든 것이지, 결코 진리 그 자체를 이야기한 것이 아니다"라고 하였다. 이와 같이 오직 이론으로서만 있는 것이 아니라 직접 수행도 해야 하는 것임은 불교순전철학의 특별한 장점이다. 최소한이라도 사마디samādhi(삼매三昧·명상冥想)를 경험하여 그들이 찾은 진리를 스스로 증명하고야 만다.

불교철학의 관념은 상대적 견지見地에 있다. 그래서 이 우주는 상대적 관념 이외에 없다 한다. 예를 들면, 전 인류는 본능상으로나 무엇으로나 '평등'을 좋다 한다. 그러나 이것이 진정 인류의 진리인가를 묻는다면 그것은 옳지 아니하다. 어찌하여 그런가? 다른 방면에 있는 사람들은 '불평등'을 원한다. 그런즉 '절대 평등'은 이론뿐이며 실현 불가능하다. 있다고 하면 잠시 또는 이론 속에 있는 것이다. 사람들이 보통 말하기를, "모든 이론은 회색이다"*라고 한다. 그러면 어찌하여 '평등'이라는 말이 생겼나? 실현 불가능하다면!

평등은 오직 불평등이 있는 곳에서 생각하는 상대적 관념이다. 사람은 이와 같이 말할 수 있다. "평등은 불평등의 어머니요 불평등은 평등의 어머니다"라고. 이와 같은 관념에서 불교 철인들은 참된 사마디를 통해 평등과 불평등 간에서 진리를 구한다. 그의 방식을 말하면, 첫째 평등은 평등이다. 적어도 이론에서 또는 전 인류의 본능상에서. 둘째, 평등은 평등이 아니다. 불평등이 없는 곳에서는 평등이 있을 수 없다. 이것은 실현상으로 보아서. 셋째, 평등은 평등도 아니요 불평등도 아니다. 이 단안은 해석인 동시에 곧 진리이다. 사람이 평등을 실현하자면, 평등은 불평등해야 하고, 불평등은 평등해야 할 것이다. 그렇다고 평등·불평등의 중간을 의미하는 것은 아니다.**

그래서 항상 평등과 불평등은 서로 간에 자유롭게 왕래할 것이다. 이것은 사실이 증명한다. 인류 역사를 주의해서 관찰한다면, '사람은 본능적으로 사회생활을 원한다(아리스토텔

---

*   괴테Johann Wolfgang von Goethe(1749~1832)의 《파우스트Faust》에 나오는 구절("Grau, teurer Freund, ist alle Theorie ~")이다. _편집자 주

**   만일 중간이라면 중국철학일 뿐, 불교철학이 되지 못한다. 예를 들면, 《도덕경道德經》의 '도가도 비상도 명가명 비상명道可道, 非常道, 名可名, 非常名(말로 형상화된 도는 늘 그러한 원래의 도가 아니고, 말로 형상화된 이름은 늘 그러한 원래의 이름이 아니다)' 그리고 《중용中庸》의 '윤집궐중允執厥中(진실로 그 중간을 잡아라)' '도립어음양지중道立於陰陽之中(도는 음양의 중간에 서 있다)' 등에서 말하는 '중中'과는 다르다. 그 이유는 원인이 일점一點에 한정한다 하면 오는 결과는 그 일점이라는 의미보다 좁아지기 때문이다.

레스).' 사회생활을 시작한 이상에는 평등만 가지고는 도저히 질서를 유지할 수 없다. 따라서 여기에서 불평등이 실행된다. 예를 들면, 영수領袖, 부하部下 같은 것이다. 인류의 본능은 결코 불평등만 가지고 만족할 수 없다. 여기에서 평등·불평등은 극단으로 배치되고 만다. 적어도 같이 붙어서 가야 할 것을! 사람의 일에서 원인은 항상 자유지만, 오는 결과는 한정이 있는 까닭이다.

예를 들면, 한 저술가가 소설을 쓴다 하자. 이 순간 그의 작품의 가치를 말하면 X이다. 백만 원도 가능하고, 1푼도 가능하다. 그것은 그 저술가가 잘 만들고 잘 못 만드는 것이 그의 자유에 속하기 때문이니라. 그러나 그 저술가가 작품을 잘 마쳤다 가정하면, 그 소설의 가치는 이 순간에 하나로 고정되어서 1푼이면 1푼, 백만 원이면 백만 원이요 이외에 다른 것이 오리라 생각할 수 없다. 다시 말하면, 원인 당시의 X가 결과 당시에는 불가능하고, 오직 일정한 A면 A, B면 B이고만다. 이와 같은 관찰에서 선과 악, 주관과 객관, 애愛와 증憎, 진眞과 위僞, 자본주의와 공산주의, 제정帝政과 민주民主, 생사와 열반, 아我와 무아無我, 보리菩提와 번뇌煩惱, 죄와 무죄, 이론과 실천 등 모든 상대되는 것들이 극단으로 가기 때문에 삼라만상도 우리에게 극단으로 보이게 되었다. 보라! 이러한 것으로 인하여 얼마나 많은 비극이 인류 역사상에 나타났는가? 모든 극단은 위험이다! 불교 철인들은 이와 같은 생각을 잠시라도 잊지 못한다. "불조위중다위구 야래의구숙노화佛祖

位中多危懼 夜來依舊宿蘆花(불조의 자리에 위태로움과 두려움이 많아 밤이 오면 옛대로 갈대숲에 깃든다)"라는 이 단안, 즉 '평등은 평등이 아니요 불평등도 아니다'는 극단의 방어선이다. 그러므로 불교 철인들의 니르바나는 이러하다.

"선남자야, 보디사트바가 니르바나에 들었다는 것은 이 언덕에 머무르는 것도 아니요, 저 언덕에 머무르는 것도 아니다. 또한 중류中流에 머무는 것도 아니다. 보디사트바는 중간에 머무르지 아니하면서 중생을 건너게 하느니라. 보디사트바의 니르바나는 일체 중생을 제도하는 준비이다. 그러므로 보디사트바가 니르바나에 있을 때에 자기가 니르바나에 있다고 생각하지 아니한다. … 또한 니르바나에 있지 않다고 생각지도 아니한다. 마치 연화가 더러운 물속에 있으면서 항상 깨끗한 것과 같다." 불교 철인들의 순전철학은 이러하다.

"각래관세간 유여몽중사卻來觀世間 猶如夢中事(문득 다시 깨우쳐 세간을 보니 오히려 모두가 꿈과 같구나)""에서 우리는 족히 알 수 있겠다. 불교의 순전철학은 무엇이라고 말할 수 없는 것, 그것을 가지고 전 우주의 진리를 아는 것, 이것은 적어도 자연적일지언정 초자연적이 아닌 것, 우리 일상에서 볼 수 있고 들을 수 있는 것이다. 우리는 반도불교의 철인 원효元曉(617~686)와 의상義湘(625~702)의 담화를 기억한다.

• 　　《경덕전등록景德傳燈錄》제29권._편집자 주

•• 　　《능엄경楞嚴經》제6권._편집자 주

의상　신통神通이 무엇인가?

원효　배고프면 밥 먹고, 목마르면 물 마시는 것!

의상　어디서 자가전지自家田地(나의 집과 농지)를 찾을까?

원효　자네의 전지는 석가미도지釋迦未到地(깨달음의 경지에 도달하지
　　　못한 상태)거나 백척간두진일보百尺竿頭進一步(그 경지에 도달했
　　　어도 거기서 멈추지 않고 더욱 정진함)야.

논리

불교의 논리(사색의 방식)는 물론 인도에서 기원되었다. 니야
야Nyaya 학파는 순전히 논리만 향하였으나, 샤키아무니가 제
자들과 함께 이 철학을 더 진취시켰다. 얼마 후에 대승학파
에서 《니야야프라베사Nyāyapraveśa》*를 저술하였다. 이 책은
특별히 두 학파**에서 모두 중요시하여 초학 입문으로 이용
하였다. 동아시아에는 '인명입정리론因明入正理論'이란 이름으

• 　원문에는 '비나야사쓰트라'로 되어 있으나, 인도의 학승 산카라스바민
　　Śaṅkarasvāmin(상갈라주商羯羅主)이 저술한 《니야야프라베사》로 추정된다.
　　이 책은 인도의 고승 디그나가Dignāga(진나陳那, 480?~540?)가 지은 《니야
　　야무카Nyāyamukha(인명정리문론因明正理門論)》를 알기 쉽게 풀이·해설한 것
　　으로, 647년 당나라의 승려 현장玄奘(602?~664)이 번역하였다. '인명因明'
　　이라는 불교논리학의 논증 규칙과 요령에 대해 자세하게 설명한 이 책은
　　고대 인도의 불교논리학 입문서로 간주된다. _편집자 주

•• 　중관中觀학파와 유식唯識학파를 가리키는 것으로 보인다. _편집자 주

로 잘 알려진 책이다. 내용인즉 3단으로 나눈 연역법演繹法이다. ① 주제 즉 단안. 이것은 반드시 상대자의 인증을 얻는 동시에 성립된다. 그렇지 않으면 전체의 논리가 성립하지 못한다. 상대자에게 자신의 지식을 설명하는 학문인 까닭이다. ② 이유. 이것은 다른 것이 아니라, 전제 즉 단안의 존재 여부를 증명함이다. 말하자면 이러하니까 이 단안이 필요하다는 것들이다. ③ 유예喻例. 이것은 입론자가 자기의 이유를 한 번더 예증하는 데 불과하다. 이 예증은 상대자에게 자신의 주제 즉 단안을 이해시키고, 동시에 승인을 요구한다.

이 세 가지 요건은 불교 이론에 없지 못할 무엇이다. 그뿐만 아니라 이것은 서양 논리나 불교 논리를 제외한 모든 동양논리와 다르지 않다. 그러나 불교 철인들은 그들의 견지가 굉대宏大한지라, 이러한 논리에 많은 부족을 느꼈으므로 특별히 좀 유별한 논법을 사용하였다. 다만 유별하다는 이 논법도 자세히 관찰해보면 다른 것이 아니요, 앞서 증명해온 3단을 다른 형식으로 사용함에 불과하다. 이 다른 형식은 긍정·부정, 불긍정·불부정이다. 이것을 두고 유럽 학자들은 별별 유치한 말을 하지만, 적어도 이해해보고자 하는 이들로 말하자면 "이 논법은 사려思慮 중에서 방향을 정하나 보다"(쾨펜*교수) 혹은 "이 논법은 사려 중에서 사색을 단속斷續하는 것이

---

* 원문에는 '쿼폰'이라고 되어 있으나, 쾨펜Karl Friedrich Köppen(1808~1863) 교수로 추정된다. _편집자 주

다"(부름* 교수)라고 평한다.

물론 이 논리가 유럽 학자에게 이해하기 어려우리라 생각한다. 그렇다고 이러한 평을 하는 것은 좀 심하다는 느낌도 없지 않다. 사실상 '주제 즉 단안'이 상대자로부터 승인된다면 옳은 논리라 하리라. 예를 들면, ① 이 세계는 한계가 있다. ② 이 세계는 한계가 없다. ③ 이 세계는 한계가 있지도 않고 없지도 않다. 여기에서 상대자는 아무 의심 없이 긍정하리라 한다.

말하자면, 이 세계는 사실상 한계가 있다. 적어도 구체적 관념에서 우리 지구는 12,756km의 지름과 5.9736×10^{24}kg의 질량을 가졌느니라. 하지만 이 세계는 한계가 없다. 그것은 추상적 관념에서 우리 지구는 태양계에 속하고, 이 태양계는 다시 은하계에 속하고, 이 은하계는 또다시 항성계에 속하여서 영원무궁한 것, 즉 우리의 육안이나 천문 기구로 볼 수 없는 것들이다.

또 이 세계는 한계가 있지도 않고 없지도 않다. 이것은 우주의 진리 아래에서 어떻게든 사람들이 구체적인 것들을 추상抽象하지 않고, 자기 관념 속에서 우주 진리의 존재 여부를 알고자 하는 까닭이라. 또 그것은 우리의 정신이 다섯 가지 심리학적 요건 위에서 건설된 까닭이다. 그러므로 우리의 양

---

* 　원문에는 '뿌름'이라고 되어 있으나, 부름Paul Wurm(1829~1911) 교수로 추정된다. _편집자 주

심 스스로가 환幻이고, 임시 현상이 되고 만다. 우리가 환을 버리고 진리로 돌아간다면, '이 세상은 사실상 한계가 있지도 않고 없지도 않다'고 할 수 있다. 다른 예를 든다면, 여기에 어떤 색이 있다 하자. 이 색을 흑과 백 사이의 색이라 가정하자. ① '이 색은 흑색이다.' 이것이 부족하므로 우리는 제2문장을 요구한다. ② '이 색은 흑색이 아니다.' 아직도 충분하지 않다. 여기에서 우리는 다시 제3문장을 요구한다. ③ '이 색은 회색이다.' 여기에서 우리는 능히 회색이라는 글자대로 이와 같은 말을 할 수 있다. '이 색은 흑색도 아니요 무색 아닌 것도 아니다.'

여기에서는 다행히 회색이라는 문자가 있어서 사용하였지만, 다른 경우에는 참으로 설명할 문자가 부족하다. 예를 들면, '한계가 있지도 아니하고 없지도 아니하다'와 같은 것. 여기에서 우리는 아직도 인류의 어휘가 불완전하여서 만반萬般을 설명하기에 부족하다고 느낀다. 그렇다고 자기의 의사를 발표할 때에 이와 같은 자구字句 '~인 것도 아니요 아닌 것도 아니다'를 주저할 것은 없다고 생각한다. 이와 같은 견지에서 특별한 난관이 없어 보인다. 그러므로 우리 동양 철인에게는 이러한 것은 문제도 되지 아니한다.

붓다

1) 붓다의 개념

'붓다'의 관념은 역시 유럽 학자들에게 대단히 어려워 보인다. 말하자면 "붓다는 최고의 인격을 가진 성인이다"(쾨펜 교수)라 하며, "붓다는 천중천天中天이다"(케른˙ 교수)라 한다. 종교적 방면으로 보면, 이들 학자의 말을 긍종肯從하리라 한다. 그것은 보통 불교도들 스스로가 대략 이와 같은 생각에서 남들에게 설명하였고, 그들 저술에 기록한 까닭이다.

그러나 이와 같은 관념은 한 방면에 한정하였다 할지언정 보편적이라 할 수 없다. 예를 들면, 종교상으로나 윤리상으로나 역사상으로나 옳은지 알 수 없으나, 순전철학상으로

˙ 원문에는 '켈인'이라고 표기되어 있으나, 케른Johan Hendrik Caspar Kern (1833~1917) 교수로 추정된다. _편집자 주

는 천만불가하다. 붓다는 자의字義상으로 보아서는 산스크리트어의 동사 'bud(붓)'에서 온 것이다. 이를 풀이하면 깨달음 또는 앎으로, 현재분사로는 'bodhati(보다티)', 과거분사로는 'bubudhe(부부데)', 대과거로는 'buddha(붓다)'이다. 이 동사에 관련된 문자로 말하자면, 명사 buddhi(붓디)는 '이성' '생각' '관념', 명사 bodhi(보디)는 '지혜' '박식', 형용사 buddhimat(붓디마트)는 '알게 되다'이다. 이에 대한 아나톨* 교수의 단정斷定으로 말하자면, '알게 되다'는 모든 지혜적 인격, 그들이 맑은 견식으로 자기 스스로를 관찰해서 모든 정신적 견지로 삼라만상 위에서 무엇을 구하고 또 그것으로 인해 니르바나를 깨닫는 것이다.

이와 같이 '붓다'라는 글자에 이미 이러한 의미가 들어 있다. 그러므로 우리는 이와 같이 말할 수 있다. 붓다는 '깨달은 이' 혹은 '지혜'라 할 수 있다. 불교도들이 생각하는 붓다는 참으로 광범한 의미를 가진 용어이다. 예를 들면, 종교적 방면에서는 붓다는 한 '지성지경至聖之境'(성인에 이른 경지)을 의미하였다. 즉 일정한 인격인 그가 다겁多劫에 다생多生으로 수행한 후 보디사트바(보디는 '지혜', 사트바는 '사람')로 천상계(이것은 베다교적 영향)에 있다가, 다시 최후의 몸으로 인간의 몸을 받아 다시 태어날 때에 정신적·육체적으로 완미完美(32상

---

*   원문에는 '아니틀'이라고 표기되어 있으니, 아나톨Anatole France(1844~ 1924) 교수로 추정된다. _편집자 주

相)를 갖추어 법문으로 세계를 제도하다가 니르바나에 들어서나니, 마치 많은 종교적 성적聖蹟을 기록한 서적*에 있는 것과 서로 비슷한 것이다.

또 불교 철인들이 아는 붓다는 우주 진리 자체이다. 그래서 마치 다르마와 상대 관념으로 될 때에는 붓다가 주관이 되는 것이다. "무변허공 각소현발無邊虛空 覺所顯發(가없는 허공은 깨달음으로부터 생겼다)"** "심불급중생 시삼무차별心佛及衆生 是三無差別(마음과 붓다와 중생이 서로 다른 것이 아니다)"*** "붓다가 모든 중생 마음속에 있다" 등으로 보아서, 우리는 확실히 붓다라는 자가 물명物名으로부터 인명人名으로 변한 것을 알 수 있다. 그것은 붓다의 정의定義 스스로가 능력을 장치藏置한 까닭이다.

샤키아무니는 많은 칭호를 가졌다. 이것은 그의 제자들의 존경하는 마음에서 생긴 것이다. 그래서 '붓다' 역시 그 많은 칭호 중의 하나이다. 이 칭호는 무슨 샤키아무니 한 사람만 가진 것이 아니라 다른 철인들도 그들의 제자들로부터 칭호를 받았는데, 그것은 인도 학계의 한 관습이라 할 수 있다. 예를 들면, 자이니즘 창립자****를 '마하비라'라 칭

---

* 세나르Émile Charles Marie Senart(1847~1928) 교수의 《붓다의 성적Essai sur la légende du Bouddha(1875)》등 수십 종이 있다.

** 《원각경圓覺經》〈보안보살장普眼菩薩章〉._편집자 주

*** 《화엄경華嚴經》〈야마천궁게찬품夜摩天宮偈讚品〉._편집자 주

**** 대단히 불교와 비슷하다. 유럽 학자들은 불교의 지파支派로 보기도 한다.

하는데, 이 역시 그러한 칭호이다.' 그의 실명實名이 '니간타 나타푸타Niganṭha Nātaputta'**인 것을 보아도 알 것이다. 샤키아무니의 칭호를 열거하자면, 마치 《마하파리닙바나 숫타Mahāparinibbāna Sutta(대반열반경大般涅槃經)》나 《삿다르마 푼다리카 수트라Saddharma Puṇḍarīka Sūtra(묘법연화경妙法蓮華經)》 등 경문에 있는 것과 같은 것이니, '타타가타tathāgata'*** '아르하트arhat'**** '삼먁삼붓다samyak-saṃbuddha'***** '비드야차라나사즈판나vidyā-carana-sajpanna'****** '수가타sugata'*******

---

* 마하mahā는 '대大'요, 비라vīra는 '영웅'이니, 즉 '대영웅' 혹은 '대웅'이라 풀이할 수 있다. 반도에서 '대웅전大雄殿'이라 함은 아마도 자이나교에서 온 말인 듯하다. 실제로 당나라 현장玄奘(602?~664)이 인도에 갔을 때 자이나교도들과 왕래가 많았고 또 종교 경전을 한역하였다 한다.

** 당시 여섯 철인(붓다를 제외함) 중 하나로, 불교에서는 이를 6사외도라 한다. 그 외 다섯 철인의 이름은 푸라나 카사파Pūranna Kassapa, 마칼리 고살라Makkhali Gosāla, 아지타 케사캄발라Ajita Keshakambala, 파구타 카자야나Pakudha Kaccāyana, 산자야 벨라지푸타Sañjaya Belaṭṭhiputta이다.

*** 타타tathā는 '여如(있는 그대로의 진실)'요, 아가타āgata는 '래來(오다)'이니, 즉 여래如來이다. 그러나 벡Hermann Beckh(1875~1937) 교수 등에 의하면, 타타는 '여'이나 아가타는 '왕往(가다)'의 오역이다.

**** 여기에서만 '응공應供(마땅히 공양받아야 할 자)'이라 풀이할 수 있다. 그 외에는 4과四果 중의 하나인 '아라한阿羅漢'의 의미로 사용한 것이 마치 벡 교수의 것과 같다.

***** 삼마삼sammāsam은 '정正'이요 붓다는 '각覺'이니, 즉 정등각正等覺이다.

****** 비드야vidyā는 '명明(지혜)'이요, 차라나carana는 '행行(덕행)'이요, 사즈판나sajpanna는 '족足(갖추다)'이니, 즉 명행족明行足이다.

******* 수su는 '선善'이요 가타gata는 '서逝(가다)'이니, 즉 선서善逝이다.

'로카비드lokavid'* '아누타라anuttara'** '푸루샤담먀사라티puruṣa-damya-sārathi'*** '사스타 데바마누샨남śāstā deva-manuṣyānāṃ'**** '붓다buddha'***** '바가바bhagavat'****** 이상 칭명은 약 열 가지에 달한다. 이 약 열 가지 호칭은 샤키아무니 한 사람에게만 국한한 것이 아니라, 누구를 막론하고 이러한 덕망이 있다면 칭할 수 있는 것임은 '수트라sutra(경經 즉 불경문佛經文)'가 증명한다.*******

우리는 여기에서 '붓다'의 자의字義가 물명으로부터 온 것을 알았다. 그러나 '다르마'의 자의에 비해서는 얼마간 주관적 의미가 함재되어 있다. 이러한 의미에서 오랜 시간을 가로질러 칭호로 사용함에 이르렀다. 붓다를 '진리의 내재적 주관'의 의미로 사용한 것이니라. 그러므로 상대되는 다르마는

---

* 로카loka는 '세世(세계)'요 비드vid는 '지知'이니, 즉 지세간知世間 혹은 세간해世間解이다.

** 위없는 스승이니, 즉 무상사無上師이다.

*** 수고중생受苦衆生(고통받는 중생)을 잘 다루어 깨달음에 이르게 하는 자이니, 즉 조어장부調御丈夫이다.

**** 신과 인간의 스승이니, 즉 천인사天人師이다.

***** '깨닫다' 혹은 '안다'이니, 즉 불佛이다.

****** '바가bhaga'는 '성聖' 다시 말하면 '기성旣聖'이니, 즉 세존世尊이다.

******* '사스타 데바마누샨남śāstā deva-manuṣyānāṃ(천인사天人師)'을 추가하였고, 원문에는 '아누타라'와 '푸루샤담먀사라티'가 묶여 있었는데, 나누었다. 그리고 그에 맞게 각주도 수정하였다. _편집자 주

'진리의 내재적 객관'의 의미로 사용하였고, 진리라 할 때에는 다르마 하나만으로 족하였다. 이와 같은 관념에서 샤키아무니는 무엇보다 진리(다르마)를 가장 존중히 여겼다. 또 그가 생각하기를, '누구든지 다르마를 잘 이해하는 이는 곧 다르마 스스로이다' 하였다. 그러므로 그를 '붓다'라 칭함은 그가 다르마를 잘 이해하기가 마치 다르마 중에 있는 주관이겠다 하는 생각이니라.

그러면 무엇을 가지고 다르마를 잘 알 수 있을까? 사람은 '보디bodhi(보리菩提)'를 가지고 다르마를 이해한다. 보디는 어디서 생기나? 보디는 정념正念에서 정관正觀에서, 즉 정사유正思惟에서 생긴다. 이 정사유는 정신생활을 할 수 있는 모든 이에게서 구한다. 그러므로 샤키아무니는 이와 같이 말하였다. "불존중생심내佛存衆生心內(붓다는 중생 마음속에 있다)" "제불즉중생諸佛即衆生(부처가 곧 중생이다)" 샤키아무니는 인격 자체를 믿지 아니한다. 그것은 사람이 스스로 속는 수가 많은 까닭이니라. 사람은 육체로부터 생기는 탐貪(로바lobha)·진瞋(도사dosa)·치癡(모하moha), 즉 3독三毒(트리비사triviṣa)을 가졌음이다. 그러므로 오직 믿을 만한 것은 다르마이다. 모든 중생은 반드시 다르마를 믿고 이해해야 한다. 이 다르마를 이해하려면 보디(지智) 또 삼보디sambodhi(정지正智)를 준비해야 한다. 이것들을 준비하려면 탐·진·치를 제거해야 한다.

이것을 제거하는 지름길은 비나야vinaya(율律)이다. 이 비나야의 힘으로 정사유를 생기게 하고, 지혜를 장성케 하며, 마지막에는 다르마를 이해하리라 한다. 이에 대한 증거는 샤키아무니가 쿠시나가라*에서 유언한 것이니, 마치 《마하파리닙바나 숫타(대반열경)》와 같다. "내가 너희에게 비나야를 가르쳤나니, 이것이 너희의 스승이니라. 내가 멸도滅度한 후에는 비나야를 가지고 다르마를 잘 이해하라." 이 다르마는 샤키아무니 스스로가 만든 것이 아니요, 샤키아무니는 다르마를 설명하던 사람이다. 이 다르마는 샤키아무니 스스로가 과거에 많은 타타가타로부터 학득學得한 것이다.

여기에서 우리는 알 수 있다. 즉 불교 철인들은 창조주(마치 기독교와 같은 것)나 인격자를 존경하고 숭배하는 대신, 진리를 신앙하고 연구한다. 또 우리는 불자佛子라는 말을 자주 볼 수 있다. 특별히 《삿다르마 푼다리카(묘법연화경)》는 다르마로부터 생겼다는 말이다. 우리는 이에 대한 증거로 뷔르누프Eugène Burnouf(1801~1852) 교수의 《삿다르마 푼다리카》의 역문(불문역)을 읽을 수 있다. 그것은 유명한 다르마세나파티darmasénapati(법군원사法軍元帥)** 사리푸트라śāriputra(사리불舍利弗)***가 스스로 말한 것이다. "진시불자 종불구생 종법화생

•　붓다가 열반한 장소로, 당시에는 '쿠시나라'로 불렸다. 우기雨期 중에 여행할 때 식사에 불미한 점으로 병에 걸렸다.

••　다르마darma는 '법法'이요 세나séna는 '군軍·병兵'이요 파티pati는 '원사元帥'이니, 사리불의 칭호이다.

•••　사리śāri는 '조명鳥名' 혹은 '성姓'이요, '푸트라putra'는 '자子'이니, 즉 사리자이다.

득불법분眞是佛子 從佛口生 從法化生 得佛法分(진정한 붓다의 아들이 되었다. 붓다의 입으로부터 태어나 붓다의 법을 따라 태어나 붓다의 법을 나누어 가지게 되었다)"* 이것을 보고 누구든지 붓다가 일정한 인격이겠다 말하지 아니할 것이다. 즉 붓다는 일정한 인격이라기보다 하나의 표호表號일 것이니, 이 표호를 받는 사람은 진리를 통달해서 진리 안에서 주관과 동등한 위치에 있는 자이다.

이와 같은 붓다의 개념은 불교 철인들의 철학적 방향을 정하게 하느니라. 이러한 칭호 외에도 샤키아무니는 다른 칭호를 가졌으니, 그것은 '담마타Dhammata'이다. 의미는 즉 '진리 속에 있는 이'로, 가이거"* 교수가 자기 논문***에다 이와 같이 적었다. "이 밖에 '담마타'라는 글자도 붓다를 칭호로 한 것이다. 자의字義로 말하면, '신앙' 또는 '집덕集德' 혹은 '지덕持德'이지만, 여기에서 적당한 의미는 '진리 속에 있는 이'라 하리라." 또 계속하여 말하기를, "《마하바스투Mahāvastu(대사大事)》 1권 130장 10절에 있는 '다르마다투dharma-dhātu'라는 글자 역시 붓다의 칭호 중 하나이다" 하였다. 여기에서 다투dhātu

---

• 《법화경法華經》 제3장 〈비유품譬喩品〉._편집자 주

•• 원문에는 '까이어'로 표기되어 있는데, 가이거Wilhelm Geiger(1856~1943) 교수로 추정된다._편집자 주

••• 남독일 바이에른학사원에 제출한 논문(1922)으로, '다르마(팔리어로 담마 dhamma)'라 이름 붙인 것이다.

를 풀이하면 '계界'라 하리라. 그 이유가 베다교나 불교에서 하늘을 3등급으로 나누어서, 첫 번째 카르마다투karma-dhātu 는 욕계欲界로 카르마는 '욕'이요, 두 번째 루파다투rūpa-dhātu 는 색계色界로 루파는 '색'이요, 세 번째 아루파다투arūpa-dhātu 는 무색계無色界로 '아루파'는 '무색'이라 함인즉, 다투를 '계' 라 풀이할 수밖에 없다. 그러므로 여기에서도 '계'라 풀이한 다면, 다르마[法]와 다투[界]를 합하여 '법계法界'라 하리라. 그래서 '붓다'라는 글자가 이것들과 같이 칭호 중에 든다면, '붓다'라는 글자는 아무 다를 것 없는 '진리의 대표'나 '진리' 를 인격화한 데 불과하리라 한다. 우리가 보통 천재를 본다 면, 우리는 그에게 말하기를 "당신은 재주뭉치요" 하리라. 그렇다고 그 사람의 이름이 '재주뭉치'라 할 것인가! 샤키아무 니의 친명親名은 가우타마 싯다르타Gautama Siddhārtha(구담 실달 다瞿曇 悉達多)*가 아닌가!

이러한 이유에서 어떤 학자를 막론하고, 붓다가 '진리 속 에 있는 주관'이라는 의미를 인정하리라 한다. 또는 많은 세 월을 두고 전해오는 과정에서, 최초의 자의를 망각하고 아주 단순하게 '완전한 성인' '확실한 역사적 인물' '종교의 대상 적 명칭, 즉 신명神名'으로 변하는 수가 많다. 예를 들면, '다르 마'라는 글자가 완전히 사물명사임을 우리는 잘 안다. 그러나

---

* 도道를 이루기 전의 샤키아무니를 이르는 말이다.

영국 동양학 교수 데이비스' 박사의 현지 조사에 의하면, 벵 갈 지방의 많은 곳에서 '다르마'라는 이름의 일정한 여신을 숭배한다고 전한다. '붓다'라는 글자 역시 이와 같은 도정을 거쳐 현재 일정한 인격자의 고유명사로 알고서, 실제 의미인 '진리 속에 있는 주관'이라는 의미를 처음 듣는지 아닌지를 확언確言할 길이 없으리라 한다.

샤키아무니 당시에 벌써 '붓다'라는 글자는 보통명사의 경 계를 뛰어넘어 칭호로 변하였다. 결코 역사적 인격자의 고유 명사가 아니었다. 이러한 붓다의 개념은 결코 일신교적 혹은 범신교적으로 해석되지 못하리라 한다. 예를 들면, 여기에 크 고 작은 유별한 모양의 기구들이 있다고 가정하자. 그래서 이 기구들에 물을 담는다면 접시나 대접 각각 모양을 따라서 다르다고 할지 모르나, 물 그 자체는 다를 것이 없으리라 한 다. 그러나 이 물은 사실상으로 크고 작은 유별한 기구 안에 있다. 이와 같은 예를 가지고서 사람들은 일신교적 혹은 범 신교적 견식見識으로 보지 아니하리라 한다. "모든 중생은 각 각 붓다를 가졌다. 너희 선남자야, 달의 그림자가 제천제지諸 川諸池 및 대해에 비치는 것과 마찬가지로, 붓다가 모든 중생 중에 있는 것도 또한 그와 같으니라. 선남자야, 이와 같은 붓 다는 성인에게서 늘어나지 않고 범부에게서 줄어들지 않는

• 　　원문에는 '다얏스'로 표기되어 있는데, 데이비스T.W. Rhys Davids(1843~ 1922) 박사로 추정된다. _편집자 주

다." 붓다의 관념은 역시 일一과 다多에 거리낌이 없다. 예를 들면, "여백천등 광조일실 기광편만 무괴무잡如百千燈 光照一室 其光遍滿 無壞無雜(마치 수많은 등불이 한 방을 비추어 그 빛이 두루 차되, 서로 허물거나 섞이지 않는 것과 같다)"•이라 하였다. 우리는 여기에서 붓다가 우주 진리 자체임을 잘 알았다. 그러나 우리는 다시 이 우주 진리 자체에서 논리상으로 보든지 관념상으로 보든지 주관과 객관을 구별치 아니할 수 없음도 알았다.

이상 서술에 의하여 우리는 붓다를 우주 진리의 주관이라 하겠다. 이러한 관념이 소승불교••에서는 아나트만(무아)이라 한다. 이 의미는 5온五蘊으로부터 해방된 아我를 가리킴이다. 아나트만의 견식을 가진 소승들 역시 샤키아무니의 법문도 이와 같이 해석하였으므로, 모든 해석의 총점總點은 비관悲觀이 되고 말았다. 그래서 그들의 최고 이상은 속히 삼계화택 三界火宅(세상이 불난 집과 같다는 뜻으로, 괴로움이 가득한 중생 세계를 비유하는 말)을 버리고 혼자서 니르바나에 있고자 한다. 그들은 우주의 진리라든지 모든 중생이 아비디야(무명)로 인하여 고통받음을 알고자 하지 아니한다. 또 자기 스스로가 있지 아니하여서 삼계에 들어왔는지를 그다지 알고자 하지 아니한다. 오직 알고자 하는 것이 있다면, 이 삼계로부터 출리하는 것을 알고자 할 뿐이다.

• 《원각경》〈보안보살장〉._편집자 주
•• 소승과 중승을 합한 명사이니 서분 제1절을 참조할 것.

2) 판차스칸다(5온)

우리는 붓다가 우주 진리의 주관임을 잘 알았다. 그러므로 우리는 '붓다가 이 삼라만상(우주) 중에 어떻게 또 어디에 있는가'와 같은 문제를 연구하지 아니하면 아니 될 것이다.

판차스칸다pañca-skandha(5온伍蘊. 판차는 '5', 스칸다는 '온蘊' '집합')는 겉껍데기라고도 말할 수 있다. 즉 판차스칸다 안에 붓다가 묻혀 있다는 말이다. "너희 선남자야, 모든 중생은 그들의 환신幻身을 부정하여야 한다. 그러면 그들은 다시 그들의 환심幻心을 부정하리라 한다. 이 환심은 그들의 환신상에 건설하였느니라. 만일 환심이 멸하면, 환의 객체가 멸하리라. 환의 객체가 멸하면, 비환非幻은 불멸하리라. 선남자야, 마치 거울을 닦아 티끌이 없어지면 밝음이 나타나는 것과 같다 하리라. 너희는 반드시 이와 같은 생각을 가질 것이니라. 이들 환신과 환심은 마치 거울 위에 있는 먼지로 알 것이니라"* 여기에서 사람들이 묻기를, "우리의 몸과 마음은 어찌하여 환이냐?" 할 것이니, 이 질문에 답하려면 반드시 판차스칸다를 연구하여야 할 것이다.

판차스칸다는 '루파Rūpa(색色)' '베다나vedanā(수受)' '삼즈나 saṃjñā(상想)' '삼스카라saṃskāra(행行)' '비즈나나vijñāna(식識)'를 말한다.

루파(색)는 화학적 물질, 우리가 우리의 부모로부터 받아

---

* 《원각경》〈보안보살장〉._편집자 주

가진 것, 다시 말하면 부정모혈父精母血이 매개 되어서 4대四大, 즉 지대地大·수대水大·풍대風大·화대火大를 합한 것이다. 이들 4대는 자연에 있는 죽은 물질이다. 이 물질들은 우리의 신체를 구성하는 요소이고, 사람은 이 물질의 집합을 가리켜 "김가金哥"이니 "이가李哥"이니 한다. 그래서 우리가 보통 말하는 "나"이니 "남"이니 하는 것은 모두 이들 물질의 집합체를 지칭함에 불과하다. 우리 신체 중에 있는 모든 개체를 분석하자면, 전체적으로 네 가지 원소 지·수·화·풍이요, 부분적으로 나눈다면 발髮(머리카락)·모毛(털)·조爪(손발톱)·치齒(이)·피皮(피부)·육肉(살)·근筋(근육)·골骨(뼈)·수髓(골수)·뇌腦·구垢(때)·색色 등은 지대에 속하고, 타唾(침)·체涕(콧물)·농膿(고름)·혈血(피)·진액津液·연말沫涎(거품 섞인 침)·담痰(가래)·루淚(눈물)·정기精氣·대소변大小便 등은 수대에 속하며, 난기煖氣(따뜻한 기운)는 화대에 속하고, 동전動轉(움직임)은 풍대(인도 학자들은 모든 동작에는 풍이 일어난다고 믿었다)에 속하였다. "불자야, 이것이 너희 신체의 도합표都合表이다. 이와 같은 4대는 부모의 교합으로부터 생장하였느니라." 이 외에 6근六根, 즉 안眼(눈)·이耳(귀)·비鼻(코)·설舌(혀)·신身(몸)·의意(마음) 역시 루파에 속하였다. 이들 4대와 6근은 우리의 개성적 신체를 구성하였다. 이들은 자기의 편의를 따라 내적으

＊ 　　유럽 화학자들의 인체 분석표를 보면, 우리의 신체 중에 있는 화학적 물질은 보통 양약포洋藥舖(양약을 소매하는 가게)에서 살 수 있고, 가격이 미화로 95센트, 일화로는 1엔 80센에 불과하다 한다.

로 또는 외적으로 위치를 정하였다.

베다나(수)는 사진기의 작용과 다를 것이 없다. 즉 즉각적 행동에 불과한 것이다. 이 즉각적 행동은 6근을 통하여 외부 자연을 받을 뿐이다. 즉 안·이·비·설·신 이들 전5근前伍根이 외부 세계를 수취受取하는 동시에, 제6근 의는 내적 세계에서 전5근이 수취한 결과를 받는다. 그래서 제6근의 지위는 전5근의 총합체이다. 다시 말하면, 전5근이 외부 세계를 수취할 때에 제6근은 우리의 뇌에서 전5근으로부터 현출顯出되는 것을 받는다는 말이다. 이 수의 작용은 사진기의 작용에서 호好·불호不好, 구별區別·불구별不區別을 취한다. 이러한 결과는 우리의 뇌에 아무 영향을 주지 못한다. 즉 기계적임에 불과하다. 제6근도 이와 같은 작용을 하는 수취 기계에 불과하므로, 별로 특별한 작용이 없다. 즉 호·불호를 판단치 못한다. 그러므로 6근은 독립적이라기보다 외부 자연으로부터, 즉 6경六境*으로부터 피동被動되는 것에 불과하다.

삼즈나(상)는 보통 유럽 학자들이 고정불변으로 생각하나, 불교 철인에게는 아무것도 아니요, 한 사건에 국한한 결과가 하나의 기관 안에서 생기는 것에 불과하다. 이 결과는 식識과 경境 사이에서 화생化生하는 작용이다. 예를 들면, 사람이 음악을 듣는다 하자. 이 순간에 음악은 귀의 작용을 통하여 그

• 경境은 대상을 뜻하며, 6근六根의 대상인 색色·성聲·향香·미味·촉觸·법法을 말한다. _편집자 주

에게 내적 감각을 일으킨다. 이때 그의 마음에는 비로소 듣는 상想이 생긴다. 그러면 이 듣는 상은 귀의 작용과 소리 세계 사이에서 산출되는 것에 불과하니라. 마치 성냥을 성냥갑에다가 대고 긋는 순간 성냥과 성냥갑 사이에서 생기는 불과 같다. 이와 마찬가지로 사람이 음악을 듣지 아니한다 가정하면, 그 사람에게는 듣는 상이 없는 것이다. 마치 성냥을 성냥갑에 긋지 아니하면 불이 생기지 못하는 것과 같다. 전5식前伍識*의 작용 전부가 제6식에 집합된다면, 전5식 각각에 일어나는 상은 없으리라 한다. 각각 무엇을 담당하였든 식계識界에는 물체가 없는 까닭일 것이니라.

삼스카라(행)는 12니다나(12연기) 중에 있는 것과 의미가 다르다. 행行의 작용은 수의 작용을 통하여온 관찰의 반향反響이다. 즉 반동적 작용이다. 자연 사물의 명名, 색色, 형形을 따라 우리는 호감이나 악감을 가진다. 이들 호감과 악감이 원인이 되어 우리의 반동 작용은 마치 결과처럼 생긴다. 이 결과는 충동으로나 동작으로 우리 눈앞 세계에 나타난다. 이것을 가지고 사람들은 행동 당사자의 성질이나 생각을 삼고자 한다. 이것도 아직 즉각적인 것에 불과하다. 예를 들면, 여기에 무슨 물건이 있다 하자. 우리는 그것을 우리의 눈으로 본다. 이 순간에 그 물질이 우리의 눈을 해하리라 생각하면, 우

• 　6식에서 의식意識을 제외한 안식眼識·이식耳識·비식鼻識·설식舌識·신식身識을 이른다. _편집자 주

리는 무의식적으로 눈을 감는다. 물론 이 순간에 그 물체를 잘 이해하였느냐 하면, 아니라 답하리라. 그러나 이와 같은 즉각적 작용은 나중에 우리의 이해를 만드는 것이다. 이와 같은 작용하에서 생기는 애愛·증憎, 선善·악惡이라든지, 모든 자연적 도덕은 이 행에 속한다.

'비즈나나(식)'는 외적 6식과 내적 2식 사이에서 생기는 것이다. 즉 유럽 학자들이 이해하는 '상想'이라는 것과 유사하다. 모든 자연이 상의 작용을 통하여 내적 세계에 들어 있는 것은 전5식 및 제6식의 총 수확이다. 여기에서 처음으로 마나스manas(말나末那)라 하는 제7식*의 작용이 시작된다. 이 식의 작용은 6식의 총 결과를 제8식에게 보고하는 데 그친다. 그러므로 불교 철인들은 이와 같은 정의를 주었다. "제7식은 별무자체別無自體하여 상합제8식上合第八識하고 하합제6식下合第六識한다(제7식은 자체가 따로 있는 것이 아니라, 위로는 제8식을 합하고, 아래로는 제6식을 합한다)"**라 하였다. '알라야ālaya(아라야阿梨耶 혹은 아뢰야阿賴耶)라 하는 제8식***은 심왕心王이라 한다. 이 식은 우리의 주재자主宰者(어떤 일을 중심이 되어 맡아 처리하는

• 아뢰야식을 끊임없이 자아自我라고 오인하여 집착하고, 제8식과 제6식 사이에서 매개 역할을 하여 끊임없이 제6식이 일어나게 하는 마음 작용으로, 항상 아치我痴·아견我見·아만我慢·아애我愛의 네 가지 번뇌와 함께 일어난다. 아뢰야식에 저장된 종자種子를 이끌어내어 인식이 이루어지도록 하고, 생각이 끊임없이 일어나게 하는 마음 작용을 이른다. _편집자 주

•• 《대총상법문설大總相法門說》. _편집자 주

사람)이므로, '주인공主人公'이라 한다. 이 식의 작용은 두 가지로 나눈다.**** 첫째, 이 식은 6식의 형태로 현상에 대하여서만 수의 작용을 취함으로 제7식을 요구한다. 그래서 제7식은 심소心所(객관)가 된다. 이 심적 객관은 6식의 총 결과를 가지고서 그의 작용을 행한다. 둘째, 이 식은 외부 자연으로부터 들어온 현상의 종자種子를 가진다. 이러함으로 아슈바고샤는 이것을 이름하여 '아라야(장식藏識)'라 하였다. 이 식은 모든 내적 작용인 상상, 망상, 공상 등을 할 수 있다. 이들 작용은 과거·현재·미래를 통하여 일정치 아니하다. 그러나 이것을 함에는 물론 제8식 단독이라 할 수 없다. 즉 심소인 제7식의 현상을 기다려서 행한다.

"아난다Ananda(아난타阿難陀)야, 아라야는 심왕이다. 제7식은 심신心臣이라 하리라. 아난다야, 이 왕이 비록 구중심처九重深處에 있으나 궁전 밖에서 발생하는 모든 사건을 알고 있다. 그것은 이 왕이 한 심복 같은 대신大臣(제7식)을 가진 연유니라." 제7식은 제8식에 대하여 참으로 요긴한 것이다. 무슨 외부 세계를 수受함에만 관한 것이 아니라, 반대로 외부 세계를

*** 아뢰야식은 종자를 저장한다고 하여 '장식藏識'으로 불리는 심층의식이다. 아뢰야식에는 우리가 지은 모든 업이 종자의 형태로 저장되는데, 과거의 행위들인 이 종자는 새로운 조건과 만나 새로운 행위로 현현된다. 이때 과거의 행위인 종자는 새로운 행위의 원인이 된다. _편집자 주

**** 아슈바고샤는 세 가지로 나누었다. 세 가지로 나눔은 아슈바고샤의 인과적 견지라기보다 순전한 작용상에서 본 것이다.

응應함에도 동등한 가치를 점한다. 이 많은 계제階梯(일이 되어 가는 순서나 절차)를 거쳐 제8식에까지 온 외부 현상은 비로소 우리의 이성을 결구結構(일정한 형태로 얼개를 만듦)하는 재료가 된다. 이 제8식 안에 있는 종자는 생명이 마지막을 고할 때까지 내부 세계에서 모든 행동에 모형이 된다. 이와 같은 의미에서 이 종자들을 가진 제8식은 모든 사물, 즉 우리로부터 된 것들의 책임자가 된다. 만일 외부 자연이 제8식까지 들어온다면, 비로소 우리는 말하기를, "나는 안다"라 표현한다. 그것은 최소한도로라도 자연의 낙사진落謝塵*이 그의 내부에 존재하여서 아무 때를 막론하고 다시 생각할 수 있느니라. 여기에서 나오는 모든 작용은 '충동衝動'이라기보다 '동작動作'이라 한다. 그것은 한 행동이 그의 내부에 이성적 의미를 포함하였으므로 '동작'이라고 정의를 내린다.

3) 사트바(인격)

판차스칸다를 잘 이해하였다면, 이 사트바sattva(인격人格)라는 문제는 잘 해석하리라 한다. 이유는 '인격'이라는 것이 역시 5온이라는 관념하에서 생기는 총적 관념인 까닭이라. 다시 말하면, 종합적 관념에서 인격이라 하고, 분석적 관념에서 5온이라 이름 함에 불과하니라. 여기에 적당한 예를 들자면,

---

* 과거에 5관(안·이·비·설·신)의 대상이었던 것으로서, 현재 의식의 대상이 된 것이므로 내진內塵이라고도 한다. 또한 이미 경험한 것의 그림자이므로 법진法塵이라고도 한다. _편집자 주

나가세나Nāgasena(용군龍軍)가 그리스 왕 밀린다Milinda(기원전 2세기경의 그리스-박트리아 왕 메난드로스)와 나눈 대화이다.

밀린다왕	나가세나 존자여, 우리의 인격을 각개로 분석하여서 지정하고 설명하며 또 각 개성을 이야기하는 것은 쉬우리라 생각합니까? 예를 들면, "이것은 색色이요, 이것은 수受요, 이것은 상想이요, 이것은 행行이요, 이것은 식識이요, 이것은 심룕(개괄적으로 사유하는 마음 작용)이요, 이것은 사伺(세밀하게 고찰하는 마음 작용)요"할 수 있습니까?
나가세나	아닙니다! 대왕이여! 그것은 불가능합니다.
밀린다왕	그러면 나에게 비유를 들어주사이다.
나가세나	대왕이여! 예를 들면, 한 궁전의 주자厨子(음식 만드는 일을 맡아보던 사람)가 국이나 반찬을 준비한다 합시다. 그래서 주자는 가능한 모든 양념으로, 즉 우유·소금·생강·후추·박하·계피 등 모든 다른 것을 합하여서 음식을 만들었다 합시다. 이것을 본 왕이 명하기를, "이 국 혹은 반찬에 네가 넣은 양념을 다시 각각 빼내어서 각각을 보이면서 그것을 증명하라"하면, 그 주자는 우유·소금·생강·후추·박하·계피 등 모든 것을 각각 빼내면서 "이것은 개체요, 이것은 개성이요"라고 지정할 수 있으리라 생각하나이까?
밀린다왕	그것은 불가능이라 하나이다. 그 주자는 결코 "이것은

단 것이오, 이것은 쓴 것이오, 이것은 떫은 것이오" 하
지 못하리라 하나이다!

나가세나 대왕이여! 이와 마찬가지로 우리의 종합하여 된 인격
을 분석하여서, 이것은 색, 이것은 수, 이것은 상, 이것
은 행, 이것은 식, 또 모든 다른 것을 낱낱이 지정함은
불가능하나이다.

이들 5온이 합하여 된 인격은 다만 상대적 관념하에서 삼라
만상으로부터 비로소 성립되었다. 예를 들면, 눈이 없으면 보
이는 세계가 없을 것이다. 보이는 세계가 없으면, 안식眼識이
없을 것이다. 우리의 귀가 없으면 들리는 세계가 없을 것이
다. 들리는 세계가 없으면, 이식耳識이 없을 것이다. 비·설·
신·의 역시 그러하니라. 전5식이 없으면 제6식이 없을 것이
다. 제6식이 없으면 제7식이 있을 수 없다. 제7식이 없다고
가정하면 최후에는 제8식 내부에 전5식의 종자가 있지 못할
것이다. 그러므로 태생부터 맹인에게는 색色이라는 관념이나
색으로부터 공상할 능력이 생기지 못하는 것과 유사하니라.
이것은 무슨 안식에만 국한한 것이 아니라, 이·비·설·신·
의 또한 이와 같으니라. 이와 같은 사례는 우리로 하여금 잘
알게 한다. 인격이라는 것은 다른 것이 아니라, 외부 자연과
제8식 사이에 존재한 매개물이다. 다시 말하면, 제8식이 우
리의 인격을 통하여 외부 자연과 접하는 것이다.
　이 인격은 종합적으로 보아서 한 생명을 가지었다. 이 인격

은 감정상의 생활을 차지하였을 뿐만 아니라 정신상의 생활도 차지하였다. 이 인격은 무슨 최고의 신이나 이와 동등한 다른 것(마치 기독교나 브라만교, 베다교의 신앙과 비슷한 것)으로부터 창조되었다기보다, 스스로가 되고 또 생기지 아니하면 아니 될 만한 이유를 구비하였음이니라.

4) 안타라트만(마음, 정신, 주재)

여기서 안타라트만antarātman(마음, 정신, 주재主宰)이라는 관념은 의학상으로 보는 것이 아니라, 심리학상이나 철학상에서 생각하는 것이다. 이 심적 관념의 주체는 죽는 것이다. 이 마음은 육체와 분리할 수 없으므로 결코 불사不死가 아니다. 마음이 육체로부터 분리된다면, 동시에 마음의 작용을 잃어버리는 까닭이라. 다시 말하자면, 육체가 없으면 마음이 없을 것이요, 마음이 없으면 육체가 작용을 잃어버리는 까닭이라. 어느 때에 우리의 내적 작용이 형성되어 마치 우리에게 마음같이 보이는 것은 아무것도 아니다. 우리의 생존적 욕망(트르쓰나)은 우리의 임종 시에 없어져버리고, 다른 생명이 시작될 때에 다시 새롭게 생긴다. 이 개체적 생존 요소는 5온이다. 5온은 우리 개성의 존재를 만들었다. 이것들이 집합하여 있을 때에, 우리는 그것을 지목하여 '마음'이라 한다. 이 마음은 우리가 태어나는 일로부터 시작하여 임종과 같이 마친다.

　이 내재된 생명력은 오직 육체상에 건설하였다. 그래서 이것은 마치 우리의 주재자처럼 그 작용을 발로한다. 그러므로 마음의 존재는 불교순전철학에서는 유효하지 아니하다. 그러나 불교 철인들은 아라야를 가리켜 '마음'이라 한다. 아라야의 의미는 '생명'의 주재자이다.* 과거·현재·미래의 실재 주재자이다. 아라야는 두 가지로 분석함이라. 첫째, 종자는 과거·현재·미래 생존의 낙사진의 집합체이다. 이것은 불멸이다. 이것은 육체 없이 존재할 수가 있는 까닭이라. 예를 들면, 한 생명으로부터 다른 생명으로 가는 과도기에 있는 것인 중음신中陰身**이다. 사람은 이것을 이름하여 정신, 영혼이라고도 한다. 둘째, 마음(현행現行)은 순전히 우리의 기관과 외부 세계에다가 지대地臺를 두었음으로, 기관의 작용 및 외부 세계가 없으면 소위 마음이라는 것은 찾을 수가 없다. "선남자야, 몸과 마음이 환幻임을 마땅히 알아야 하리라. 만일 환상幻相이 영원히 사라진다 하면 시방十方은 청정하리라. 선남자야, 비유하자면, 청정한 마니보주摩尼寶珠(여의주)에 오색五色을 비추자 사방을 따라 각각 색깔이 드러나니, 이것을 본 모든 어리석은 자들은 저 마니구슬을 보고 실로 오색이 있는가 하느니라. 그러나 지혜로운 자는 이 무색無色의 마니구슬에 오색이 비추어짐을 잘 아느니라."***

---

*   바실리예프Vasily Pavlovich Vasilyev(1818~1900) 교수의 《불교佛敎》 375쪽.

**   육체를 떠난 정신. 즉 사람이 죽은 뒤 다음 생을 받을 때까지의 상태를 말한다. _편집자 주

***   《원각경》〈보안보살장〉. _편집자 주

우리의 마음은 실로 아무것도 아니요, 오직 있다면 마니보주가 일정한 색 위에 놓인 것과 유사한지라. 이와 같은 예는 소위 마음이라는 것을 잘 알게 하여준다. 이 마음은 잠시적 현상에 불과하다. 그러나 여기에서 마음은 5온의 총합체이다. 다시 말하면, 심리학적 요소의 집합체이다. 즉 우리 수의 작용을 거쳐 전5식·제6식·제7식·제8식에까지 온 삼라만상의 기억의 총체이다. 그러나 물론 처음에는 즉각적으로 기억이 불분명하다. 그래서 다시 두세 번 중복하면, 그에 대한 기억이 마치 본체 같이 보인다.

우리의 개성은 다만 처지와 습관으로부터 생긴 마음 위에다가 건설하였을 뿐이다. 예를 들면, 보통으로 백정白丁의 자식은 백정업을 하고자 한다. 우리 사회가 백정업을 하시下視함에도(서양에도 백정업을 하시함), 그것은 그들이 어려서부터 듣고 본 것이 백정업에 관한 견식見識이었으므로, 그들의 마음에는 백정업이 많은 경험을 거쳐 마치 본체같이 되었음이니라.

꿈이나 공상은 우리의 마음에서 생기는 반사적 작용에 불과하나, 우리의 꿈이나 공상은 실물을 보는 것보다 명백하지 못하다. 그것은 우리 인간의 본능이 모든 사물의 개체를 명백히 기억한다기보다 통괄적으로 알려 함에서 기인하였음이니라. 예를 들면, 사람이 나무를 본다 가정하자. 이 순간에는 즉각적으로 상세히 안다는 것보다 그저 나무이거니 하는 관념하에서 가지와 잎 또는 나무의 색 등을 기억할 뿐이다. 두 번째에 그 나무를 다시 본다 가정하자. 이번에는 처음과 달라서 기억이 분명하리라 한다. 그것은 첫 번째 기억의 도움으로 다른 나무와 비교도 할 것이요, 또 식물학상으로 무슨 유類에 속하리라 가정도 하고 유익무익有益無益의 여부에까지 가리라 한다. 세 번째에 이 나무를 볼 때에는 나무 자체만 분명하게 본다. 첫 번째나 두 번째의 경험으로 호감·악감 등 내적 느낌이 동시에 행한다. 이와 같은 심리학적 노정을 거쳐 우리 내부에 들어온 삼라만상은 마음 중 한 개원個員이 되어 우리의 꿈이나 공상을 만드는 요소가 된다. 이들 삼라만상은 우리의 내부에서 시간상의 장구長久와 기억의 상세불상세詳細不詳細함과 비례等比例한즉, 이에 따라 우리의 꿈이나 공상이 분명하기도 하고 불분명하기도 한다. 이들 꿈과 공상은 제7식 및 제8식 사이에서 생기는 작용에 불과하니라.

다르마

1) 다르마의 개념

다르마는 '이 우주 진리의 본체'의 대명사이다. 붓다를 '우주 진리 본체의 주관'이라 명하고자 한다면, 다르마는 반드시 '우주 진리 본체의 객관'이라 하리라. 그러나 어떠한 방향에서는 케른 교수의 말과 같은 생각도 가질 수 있다. 즉 "붓다가 다르마의 한 부분인가 아닌가?" 이러한 생각은 다르마의 의미가 너무도 광대함에 연유함이다. "선남자야, 일체중생이 이 다르마(법계)로부터 흘러나오지 않은 것이 없기에 이 다르마로 되돌아가지 않을 것이 없다." 이 많은 다르마의 의미가 무슨 불교 철인들의 해석에만 국한한 것이 아니라, 모든 인도인에게 특별한 의미였을 뿐만 아니라 잡다한 의미를 가졌을 것이니라. 다르마의 의미는 자의字義상으로 보아 원래부터 추상적 명사부터 구체적 명사까지 변화한 것이다. 법法 · 정正 · 종교 · 신앙 · 진리 · 법계요, 또 복수가 될 때에는 개성 · 작용 · 생활방식 · 책임 · 덕의德義 등의 의미를 가지는데, 이 많은 의미는 오직 한 글자 다르마로 표현하고 또 알아듣는다. 그 외에 부득불 인정하지 아니할 수 없는 경우에서 만상萬象의 준승準繩, 사회 및 습관의 준승, 우주의 법칙, 자연의 율법 등의 의미를 함재한다.

　다르마가 이 우주를 만들었다기보다는 이 우주가 다르마로부터 생겼다고 한다. 또 한편으로는 이 우주가 다르마로부터 정돈되었다고 한다. 사람이 환幻으로부터 진리로 돌아간다면, 만상은 즉 다르마일 것이다. 또는 샤키아무니 법문 역시 다르마라 하고, 의意의 대상(6경)도 다르마라 한다. 또 브라만교의 법전인《마누법전Manu Smriti》에서는 법칙이나 조건도 다르마라 하였고, 또 타고르Rabīndranāth Tagore(1861~1941)의 저서《사다나Sadhana》*에서 정신 혹은 관찰을 특별한 의미로 설명하기 위하여 다르마를 사용한 것을 보아도 다르마가

---

*　　사sa는 '선善', 다나dhana는 '증물贈物'이니, '신으로부터 받은 좋은 증물'을 의미한다. 일본에서는 '생의 실현'이라고 번역하였다.

인도인에게 얼마나 중요한 것인지 알 수 있다.

이 다르마의 개념은 마하야나와 히나야나에서 각각 다르다. 히나야나에서 다르마는 마치 해석할 수 없는 문제처럼 생각한다. 그러므로 그들의 중요한 경지인 아르하트(아라한)를 풀이하면, '다시 오지 아니하다'이다. 그들은 경지에 들어서서 속히 삼사라(윤회)를 버리고자 하는 것이다. 그러므로 그들의 니르바나(열반)는 주관을 자유롭게 하는 것이다. 다시 말하면, 외부 자연에 응하지 아니하는 것이다 . 여기에 대해서 샤키아무니가 말씀하시기를, "너희 불자야, 아르하트 또 프라티에카붓다(연각)는 다만 환幻적 주관을 자유에 두고자 한다" 하였다. 그러므로 그들의 수행 도정은 이러하다. 그들은 절대적 금욕주의로써 생명에 대한 또는 색성色性에 대한 트르스나(갈애)를 쉬이고, 이것으로 말미암아 소위 영구永久하겠다는 최고의 경지인 니르바나에 들어서고자 한다. 그들의 관념은 진정한 자절自節(어떤 행동을 스스로 절제함)과 자금自禁(어떤 행동을 스스로 금함)으로 보아서 존경을 받으리라 한다.

그러나 자절이나 자금은 자력으로 된 것이 아니라, 즉 외부 자연의 침입을 방어함에서 온 것이다. 그들은 이 우주의 자연에 공포와 불안으로 된 비관을 가졌다. 그러므로 그들의 이상은 초자연적이요 신통이다. 그의 극점極點은 순일한 진리라 할 수 없다. 그들의 생각에 아직도 '싫다'라는 생각이 있기 때문이다. 이 증憎의 관념이 어디서 온 것이냐 하면, 외부 자연으로부터 온 것이라 답할 수 있다. 그런즉 그들은 아직도 외부 자연으로부터 해방되지 못하였다고 단언할 수 있을 것이다. 이 외부 자연에 대한 비관은 우리의 아비디야(무명)에 말미암은 것인즉, 그들에게 아직도 무명이 있는 것이 아닌가? 이들 히나야나 학파들은 환적 주관을 잘 조복調伏(몸과 마음을 고르게 하여 여러 가지 악행을 굴복시킴)하였다. 그러나 이 조복은 결코 보디사트바(보살)의 것과 비교하지 못하리라 한다. 즉 히나야나의 조복은 부분적이요 소극적이며, 전체적이요 적극적이 되지 못한다. 그래서 불교 철인들은 이와 같이 말한다. 소승은 "단득아공 미득법공但得我空 未得法空(아공은 일단 얻었지만, 법공은 아직 얻지 못하였다)"이라고.

다르마의 관념이 마하야나에서는 이러하다. 보디사트바는 주관과 객관에 온전히 자재自在하고자 한다. 이러한 경우는 그들로 하여금 완전무결한 다르마를 깨닫게 한다. 그들의 이상은 마치 아르하트나 프라티에카붓다처럼, 자기 스스로만 니르바나에 들고자 하기보다는 모든 유정무정有情無情을 낙지樂地(늘 즐겁고 행복하게 살 수 있는 좋은 땅)에 있게 하고자 한다. 낙지라고 하니까 사람들이 무슨 초인간적인 것으로 이해하지만, 현존 우주에서 진리적 생활방식을 가르치며 피동을 변화시켜 자동으로, 부자유의 몽매夢昧를 변화시켜 자유의 진아眞我로 되는 곳을 지시한다는 말이다.

그러므로 마하야나는 외부 자연에 대해서 공포나 증오 또는 비관적 관념을 가지지 아니할 뿐만 아니라, 큰 슬픔이나 사랑이나 낙관도 가지지 아니한다. 이 우주가 우리의 아비디야로부터 건설되었으므로, 이 환에 대하여 비관이나 낙관을 가진다 하면, 그것은 병적이다. 예를 들면, 여기에 밝고 환한 보름달이 있다 가정하자. 이것을 보는 사람들은 자기들의 처지와 상황에 따라서 슬프면 울기도 하고, 기쁘면 웃기도 할 것이다. 그러나 보름달 자체로 말하면, 천문학적 견지에서 하나의 사死적 토괴土塊이자 3,500km의 지름을 가진 구체가 태양의 반조返照(빛이 반사되어 되쪼이는 빛)를 30만km/s의 속력으로 우리 지구를 향해 비추는 것에 불과하다. 기쁨과 슬픔에 아무 관련이 없는 무생물이다. 그러므로 달의 입장에서는 기뻐하는 사람이나 슬퍼하는 사람 모두가 병적이라고 달리 판단할 수밖에 없으리라 한다.

그래서 우리는 여기에서 단언할 수 있다. '이 세계는 본래부터 선이나 악이 없었고, 또 없으리라 한다. 오직 있다면 생물 스스로가 상황과 처지를 가지고서 아무것도 아닌 물건을 선으로도 악으로도 보고 생각하는 것이니라.' 마하야나의 보디사트바에게는 지知·정定·혜慧 3자가 환적 주관과 객관으로부터 완전히 해방되었으므로, 그들의 눈에 보이는 이 현실 세계는 오직 환에 불과하니라. 그러므로 불교 철인들은 이와 같이 말한다. "약인욕식불경계 당정기의여허공若人欲識佛境界 當淨其意如虛空(누구든지 부처님의 경계를 알고자 하면, 마땅히 그 뜻을 허공과 같이 맑게 할 것이다)"* 이것은 이들 철인의 고정불변의

---

* 《화엄경》〈여래출현품如來出現品〉._편집자 주

진리인 '일체유심조一切唯心造(모든 것은 오로지 마음이 만들어낸다)'에서 기인했을 것이니라. 이와 같이 생각하는 철인들에게는 외부 자연이 아무 영향도 주지 못할 뿐만 아니라, 이들 외부 자연은 진리의 다르마이다. 다시 말하면, 다르마 즉 자연, 자연 즉 다르마이다.

그러므로 야보冶父 선사가 말하기를, "앵음연어개상사 막문전삼여후삼鶯吟燕語皆相似 莫問前三與後三(꾀꼬리의 울음과 제비의 지저귐이 서로 비슷하니, 지나간 일과 다가올 일을 묻지 말 것이다)"•이라 하였다. 우리는 여기에서 다르마의 관념이 아카샤ākāśa와 같은 것을 기억한다. 그러면 우리는 여기에서 아카샤를 연구해야 한다. 아카샤는 다른 것이 아니라 다르마를 설명하기 위하여 든 예에 불과하다. 산스크리트어 아카샤를 번역하면 허공 또는 공기권이라 한다. 이 외부 자연은 허공 위에 건설되었다. 그러므로 허공과 자연 간에는 간격을 찾을 수 없다. 그런즉 허공이 곧 자연, 자연이 곧 허공이고 만다. 그러면 허공에는 색이 없다. 허공 자체가 공이기 때문이니라. 이와 같이 5온 전체가 허공에 있을 수 없다. 5온이 없다면 우리의 식識이 없을 것이다. 식이 없는 까닭에 식의 경境이 없을 것이다. 식의 경이 없는 까닭에 아비디야가 없을 것이다. 아비디야가 없는 까닭에 아비디야가 없다는 관념이 없으리라 한다. 이와 같이 12니다나(12연기)가 없을 것이며 또 12니다나가

• 《금강경오가해金剛經五家解》. _편집자 주

없다는 관념도 없으리라 한다. 그래서 최종에는 무취무사無取無捨(취함도 버림도 없음)가 된다. 그러므로 유有나 무無라는 관념이 역시 있을 곳을 찾지 못하리라 한다. 또는 그것들부터 흔적이 없으리라 한다.

그러므로 보디사트바는 자연으로부터 완전히 자유롭다. 또는 환인지 환이 아닌지 하는 생각도 없다. 이와 같은 관념에서 그들은 다르마를 잘 해석한다. 이렇다고 그들이 이 우주를 부인한다는 것은 아니요, 오직 진리의 다르마를 설명하고자 함일 것이니라.

2) 천류의 판정

불교순전철학의 관념은 이미 기술한 바 있으나, 간단히 말하자면 '천류遷流(세월이 바뀌어 흘러감)의 판정'이라 하리라. 그것은 불교 철인들이 만상을 고정불변으로 생각하는 것이 아니라, 오직 '천류의 계급'으로 인증함이다(현 세기 학자들이 생각하는 것과 같음). 그러므로 무엇이 있다 하면 그것은 '천류의 판정' 중에 한 부분, 즉 진화의 도정일 것이다. 그러므로 불교 철인들은 "약유일인 발진귀원 시방허공 실개소운若有一人 發眞歸源 十方虛空 悉皆銷隕(만약 어느 한 사람이라도 진리를 발하여 근원으로 되돌아가면, 시방의 허공이 모두 사라져 없어지리라)"*이라고 말하지 아니하였던가. 이 말은 즉 우리가 아비디야(무명)로 인

---

*　《능엄경》 제10권._편집자 주

하여 진리의 다르마 대신 환을 본다는 말이다. 그러므로 만상은 없다. 만일 있다 하면 이것은 병적 주관상에 나타나는 병적 객관일 것이다. 즉 우리가 무엇을 알았다는 것은 환이다. 만일 각개의 물체에 내재한 것이 있다 가정하면(마치 칸트 철학과 마찬가지로), 이것은 곧 다르마(우주의 법칙, 우주의 진리)의 그림자가 한 물체 안이나 한 독립된 존재 안에 있는 것과 유사하니라. 그러므로 우리 5관五官에 나타나는 것은 공空이다. 주관이 있다면 공적 주관이요, 객관이 있다면 공적 객관이다. 우리가 이해하는 '나'는 하나의 광狂적 사색에 불과하니라. 우리는 물질의 개체를 보지 못한다. 만일 우리가 물질을 본다면, 그 물질의 형용形容을 보는 것이다. 예를 들면, 누구든지 '달리다'의 개성은 보지 못한다. 그러나 우리는 '달리는 개'나 혹은 '달리는 사람'을 볼 수 있다. 이와 마찬가지로 우리는 '물질의 내재'를 생각할지언정 '내재' 그 자체는 볼 수 없다. 그러므로 우리는 우리 안에 있는 '붓다'를 생각할지언정, 믿을지언정 보지는 못한다. 그래서 우리의 눈에 보이고 볼 수 있는 것은 사람이나 짐승을 막론하고 환이요, 공이다. 그것은 감각기관의 작용 자체가 환이요, 공인 까닭이다. 이 환은 아비디야 위에다가 건설하였다. 그러므로 '나'라는 것은 진아眞我의 장애물이니라.

　우리는 부득불 아비디야가 무엇임을 연구하여야 한다. 이 아비디야는 우리로 하여금 이 우주 안에서 몽매한 생활을 하게 하는 근주根株이다. 자의字義로 말하면, 비디야는 '명明'이요, 아는 부정사인즉 '부不' 혹은 '무無'라 해석할 수 있다. 다시 말하면, 암흑하여 아무것도 알지 못한다는 것이다.* 아비디야를 제거한 이는 성인聖人이라 하고, 이것을 제거하지 못한 이는 중생衆生이라 한다. 우리의 마음은 외부 자연으로부터 생긴 것이다. 그러나 보통 사람들은 진眞의 몸 대신 환幻의 몸을, 진의 마음 대신 환의 마음을 우리의 것이겠다 자인한다. 우리의 마음이, 우리의 주재자가 어떤 것이 환인지, 어떤 것이 진인지 알지 못하는 것이다. "유여미인 사방역처猶如迷人 四方易處(미혹한 사람이 사방을 바꾸어 앎)"**이다.

모든 중생이 환 중에 있으되, 스스로 환 중에 있는 것을 이해하지 못하는 것은 마치 배 안에 있는 사람들이 생각하고 보는 것과 유사하다. 실상은 그들이 탄 배가 달리는 것이지마는, 그들은 오직 좌우의 언덕들이 달리거니 한다. 그것은 그들이 오직 좌우의 언덕만 보고 그들 스스로가 배 안에 있는 것을 잊어버리었음에 연유함이니라. 인류의 본능은 주위보다 먼 곳을, 자기 스스로보다 남들을 잘 살핀다. 그러므로 속담에서 말하기를, "제 흉 많은 놈일수록 남의 흉만 본다" 하였다. 이와 같이 배 안에 있는 사람들은 그들 스스로가 배 안에 있다는 생각을 잊어버리고 지난날의 습관에 젖어서 그들

---

* 이것을 해석치 아니하고 본문대로 두는 것은 이 글자가 극히 전문적 용어임인 까닭이다.

** 《원각경》〈문수사리보살장文殊師利菩薩章〉._편집자 주

스스로가 땅 위에 있거니 하였다. 모든 자유를 잃은 민족들이 그들 스스로가 자기들의 천부天賦의 자유를 남에게 빼앗긴 생각은 하지 못하고서 이 우주의 생활은 부자유이거니 생각하는 것과 유사하니라. 이와 같은 잘못은 어디서 왔느냐 하면, 우리의 생활상 경험에서 온 것이다. 이와 같이 모든 중생은 그들 스스로가 환 중에 있는 것을 알지 못한다. 만일 사람이 붉은색의 안경을 쓰고 이 우주를 본다 가정하자! 그 사람에게는 이 세계는 붉은색으로 보일 것이다. 만일 그가 자신이 쓴 안경의 색을 잊어버렸다 하면, 그는 이 우주의 색은 붉은색이겠다 하리라.

이 '천류의 판정' 역시 다른 것과 마찬가지로 마하야나(대승)와 히나야나(소승) 사이에 대단한 차이를 가진다. 히나야나 학파의 '천류의 판정'은 12니다나(12연기)로 해석한다. 이 12니다나는 샤키아무니가 프라티에카붓다(연각)를 위하여 설한 법문이다. 이 12니다나는 아비디야 위에다가 건설하였다. 또 아비디야 역시 12니다나 중의 한 분자이다. 다음은 '동動'이니, 즉 붓다가 아비디야로 인하여 동動하였다는 의미이다. 산스크리트어로는 '삼스카라'이니, 중국인은 '행行'이라 해석하였고, 올덴베르크˙ 교수는 '형形' 또는 '방식方式'이라 해석하였다. 그다음은 식識, 명색名色, 6입六入, 촉觸, 수受, 애愛,

---

취取, 유有, 생生, 노사老死 순이다.

마하야나 학파에서는 이 '천류의 판정'의 관념을 '9상차제九相次第'*로 해석한다. 이것은 샤키아무니 법문 중에 나타나는 의미를 아슈바고샤가 종합하여서 만든 것이다. ① 업상業相은 마치 유리, 즉 거울이 될 근성 있는 것과 같다. ② 전상轉相은 마치 수은을 칠한 유리와 같다. ③ 현상現相은 완성된 거울과 같다. ④ 지상智相은 현상으로부터 들어온 자연을 인식한다. ⑤ 상속상相續相은 지상으로 얻은 인식을 가지고 심사深思하는 것을 의미한다. ⑥ 집취상執取相은 상속으로 고정한 물체를 집취한다. 이 집취한 물질에 대하여 기억이 필요하므로 ⑦ 계명자상計名字相이 생긴다. 이 계명된 물건은 우리에게 호감 내지 악감을 주고, 이것이 원인이 되어서 우리의 행동은 결과같이 일어난다. 이것을 ⑧ 조업상造業相이라 한다. 또 우리의 행동이 원인이 되어 결과를 생기게 하는 까닭으로, ⑨ 수보상受報相이 생긴다. 이 9상이 마하야나 학파에 있는 것은 마치 12니다나가 히나야나 학파에 있는 것과 유사하다. 그러나 다른 점이 있다면, 9상은 그 전체가 아비디야이지마는, 12니다나는 아비디야로부터 시작하였다. 여기에서 사람은 마하야나 학파의 9상은 '천류의 판정' 대신 '아비디야의 천류'라고 말할 수 있다. 히나야나 학파에서는 아비디야가

•   《대승기신론大乘起信論》에서 3세三細와 6추六麤를 합쳐 일컫는 말이다. 절대 평등하여 항상 변하지 않는 진여眞如로부터 미계迷界의 사물을 형성할 때 전개된다고 하는 9가지 모습을 말한다. _편집자 주

12니다나 중 하나인데, 동시에 마하야나 학파에서는 9상 전체가 아비디야인 까닭이라. 9상 중 업상은 제8식의 종자와는 다르다. 양쪽 모두 극단임에 대하여는 별반 다를 것이 없지마는, 그들의 의미는 정반대이다. 예를 들면, 종자는 악의 종자 혹은 악의 뿌리이다. 그러므로 유럽 학자들은 이것을 '선천적 악'이라 해석하였다. 또 업상은 자체가 명明한 것이지마는 암흑하여질 근성을 가졌다. 나머지 8상八相은 앞에서 이미 설명하였기에 여기서 생략하노라.

3) 로카야프라바바타타(세계의 시작)

우주는 우리가 보기에 하나의 물체로, 이 물체가 마치 생물처럼 규칙 행동을 취하는 바람에 인류의 주목을 끌만 하였다. 이러한 사정으로 자연히 이 우주가 우리의 연구심을 일으키는 대상이 된 것이다. '이 세계는 어찌하여 있나?' 또는 '누가 만들었을까?'와 같은 문제는 우리 인류 역사상으로 보아서 대략 두 가지 방향을 볼 수 있게 한다. 보통 세계 창조설에서는 최초에 '광명'이거니 하였다. 즉 태초의 암흑한 심야에 모든 것은 하나의 혼돈, 즉 불규칙적인 물체들이 서로 경계 없이 하나의 암흑한 상태로 보였으나, 광명이 와서 혼돈에서 정돈을 보게 함에, 사람들이 보지 못했던 물체들의 정돈이 비로소 우리에게 보이게 되었다.

이 정돈은 마치 누가 만들어놓은 것처럼 명백하게 각각이 규칙적이었으므로, 원시 인류들은 그 이유를 연구하게 되었다. 예를 들면, '각 물체 스스로가 되었을까?' 혹은 '누가 이것을 만들었을까?' 여기에서 사람들이 생각하기를, '이들 물체 스스로가 서로 원인과 결과로 된 이유가 있을 것이다' 하였다. 그래서 한 통괄적 관념인 '이 우주라는 것이 있거니' 함에 이르렀다. 이에 대한 이유로는 '천래天來적 광명(외적 광명)' 또는 '인人적 영식靈識(내적 광명)'이라 하리라. 전자가 없고는 후자가 결과를 가지지 못하고, 후자가 없고는 이 세계가 개체적 성질을 가지지 못한다.

그래서 우리는 여기에서 두 가지 종류의 창조를 발견하였다. 전자의 경우, 고대 베다교에서 공기의 신(즉 광명의 신)을 숭배하던 것을 볼 수 있다. 그 신은 이 세계를 창조했을 뿐만 아니라, 동시에 이 세계를 지배한다고 믿었다. 그것은 인도인들이 공기가 이 우주를 만든 원소겠다 생각하였음에 말미암음이다. 이 신을 명하여 '인드라'라 한다. 동시에 인드라의 반대 신 아수라까지 숭배하였다.* 그다음에 이 원소는 '불'로 변하여, 불의 신 아그니Agni(아기니阿耆尼)를 인드라와 같이 숭배하였다. 이와 같은 도정으로 이 원소는 '물' 또는 '땅'으로 변하였다. 이 사상이 브라만(바라문婆羅門)교에 와서는 브라흐마(대범천왕大梵天王)가 이 우주를 창조하였고, 또 지배한다고 믿었다.

이러한 관념과 신앙의 결과는 부자유와 불행의 화택지옥

* 당시 인드라 신앙자들의 수준이 아직 국가 생활을 하지 못하였고 부락적 두목정치하에 있었으므로, 그들의 신앙하는 대상이 절대가 되지 못하는 까닭에 반대 신을 동시에 숭배한 것이다.

을 만들어왔다. 말하자면, 이 우주는 신의 것이므로 만물 무엇이나 신에게 공희供犧(희생물을 바침)할 수 있고, 또 해야 하며, 심지어 인간 역시 공희 중 하나로 생각한 것이다. 인류는 신의 노예이고, 인류의 생명은 오직 신의 자비가 좌우함이요, 결코 독립적이지 아니하다고 생각하였기 때문이니라. 그리고 인류는 신의 신통 중 일부분이라 말하였느니라.

냉정히 생각해보면, 참된 창조의 의미는 '인간의 영靈'이라 하리라. 전자와 같은 모든 관념과 신앙도 오직 우리 인류로부터 생겼다. 결코 다른 무엇이 '이것을 신앙이라' 지정해서 비로소 알거나 믿은 것이 아니었다. 이 우주를 신이 아닌 다른 어떤 것이 이 우주를 만들었다 하였어도 역시 옳다고 하였을 것이다. 또 창조라는 생각부터 우리 인류가 만들어냈느니라.

이러한 관점에서 샤키아무니는 브라만교의 공희를 금지하고, 우리 인류가 신으로부터 해방한 독립적 존재임을 선전하였다. 그는 신의 자비나 신통을 부인하였다. 그러므로 당시까지 전해오던 베다교나 브라만교의 잘못된 신앙(미신)을 부인하고 반대하였느니라.

'로카야프라바바타타lokayaprabhavathatta(세계의 시작)' 문제의 시초는 우리의 환적 주관, 즉 붓다(불성)가 아비디아(무명)로 인해 어둡고 캄캄해진 것이다. 그래서 진眞적 객관 대신 환적 객관을 봄으로 진리의 다르마는 우리에게 이러한 세계로 보이게 된 것이다. 이 세계는 결코 자기 스스로를 위해 생겼다기보다 우리의 환적 주관에 드러나는 현시적 현상에 불과하니라. 그것은 우리의 환적 주관이 이와 같은 현실계를 요구함에서 기인한다. 우리가 진적 주관(붓다)을 가졌으면, 이 세계는 확실히 다른 형식으로 우리에게 보여줄 것이다. "주관으로부터 병을 제거한다면, 시방세계가 청정하리라. 그것은 시방허공도 붓다를 따라 시작되었음이니라."

이 우주는 허공의 일부분이다. 허공이 붓다로부터 시작되었다 가정하면, 이 세계가 붓다 위에 건립되었음에 의심의 여지가 없다. '어떻게 건립하였는가?' 하는 문제에 이르러서는 붓다가 무명으로 인해 미혹하였고, 이 미혹한 붓다를 무명이라 하리라. 그러면 무명은 무엇인가? "선남자야, 모든 중생이 무시이래無始以來로 가지가지 전도된 생각을 함이, 마치 미혹한 사람이 사방을 뒤바꾸어 동을 서라고 함과 비슷하니라." 이 변환變幻한 붓다에 최초 운동은 공기와 같다. 같다는 것보다 곧 공기이다. 그것은 불교 철인들이 무명의 동작을 공기와 같이 생각하였고, 또 모든 동작에는 공기가 일어난다고 믿었다. 공기가 강해지면 바람으로 변한다. 그 뒤에는 강도를 따라 물 또는 흙으로 변한다. 그 위에는 모든 생물의 원願이 다 욕망을 따라 잡종의 형形·색色·물物 등이 생기게 되었다. 이것을 설명하기에 좋은 것은 샤키아무니가 카시아파 Kāsyapa(가섭迦葉)와 이야기한 것이다.*

---

* 이것은 아마도 카시아파가 출가하기 전에 샤키아무니와 담화한 것이다. 그는 브라만 철학자였다.

카시아파	무엇 위에 이 대지가 건립되었나이까? 가우타마!
샤키아무니	오! 브라흐마! 대지는 물 위에 건립되었느니라!
카시아파	물은 무엇 위에 건립되었나이까? 가우타마!
샤키아무니	그것은 바람 위에 건립되었느니라!
카시아파	바람은 무엇 위에 건립되었나이까? 가우타마!
샤키아무니	그것은 공기 위에 건립되었느니라!
카시아파	공기는 무엇 위에 건립되었나이까? 가우타마!
샤키아무니	너의 물음이 너무 멀다! 오, 마하 브라흐마! 네가 묻는 공기는 어떤 것 위에도 건립되지 아니하였고 또 볼 수 없느니라!

세계는 오직 모든 중생의 생각에서 건립되었다. 이 세계는 중생의 욕망에서, 이 욕망은 환적 주관에서 건립되었다 하리라. 이와 같은 견지에서 우리는 다음과 같이 단정하리라 한다. 이 세계는 우리의 강한 공상에서, 이 공상은 우리의 욕망에서, 이 욕망은 우리의 사색에서 온 것이다. 사색이 순결하면 이와 같은 세계가 존재하지 못하리라.

4) 푸루샤야프라바바타타(중생의 시작)

우주 내에 만상이 있는 것 중, 생生에 속한 것을 통칭하여 '푸루샤(중생)'라 한다. '중생은 어디에서 왔는가?' '중생은 단일한 생명을 가졌나 혹은 다수의 생명을 가졌나?' 후자에 대해서는 사람이 부인할 수도 없고 긍정할 수도 없다. 그것은 자고로 학자들 간에서 아직도 확실한 증명을 가지고서 이러 이러하다고 설명하지 못하였다. 이 문제는 역시 세계의 시작과 마찬가지로 해결하기 어려운 문제에 속하느니라. 한편 사람들은 '우리의 정신적 생활은 신이 만들어주었다'고 생각한다. 이것은 '외래적 광명'에 의한 관념이다. 다른 한편으로는 정신적 생활 스스로가 존재성을 가졌다 한다. 이것은 '내적 광명'에 의한 관념이다. 후자에서 샤키아무니와 그의 후진자後進者들인 불교 철인들은 '푸루샤야프라바바타타 puruṣayaprabhavathatta(중생의 시작)'의 문제를 설명하고 해석하였다. 중생의 시작은 '천류의 판정'의 일부분이라 하리라.

우리는 앞장에서 이미 마음의 생멸성과 동시에 정신의 불멸성도 함께 살펴보았다. 이 정신, 즉 제8식의 종자가 과거 생존의 낙사진의 전부일 것이다. 이 정신이 육체를 떠난다면 성별 관념이 없어진다. 성별 관념이 우리의 육체로부터 시작되었음이다. 또는 낙사진의 종자는 우리 이성의 전부일 것이다.* 이것이 육체를 떠난다면 5관이 있을 수 없다. 정신의 행동은 전류나 공기의 파동처럼 없는 곳이 없다. 다시 말하면, 못 가는 곳이 없다.

이와 같은 도정에 있는 정신은 간혹 5온의 하나인 상想적 작용도 취한다. 정신이 상적 작용을 취할 때에는 다음과 같은 조건을 요구하고 또 기다려서 행한다. 요구하는 조건은

---

* 이에 이성은 과거 생존의 습관으로 말미암아 얼마간 천연天然을 잃었다.

중생(생물)이어야 하고, 육체와 정신이 일치한 행동을 취하는 순간이어야 한다. 그렇지 않으면, 상적 작용을 취하지 못한다. 과거의 낙사진만 가진 정신은 스스로가 6식을 가지지 못하는 까닭이다. 6식들을 이용하여 상적 작용을 취한다는 의미니라. 일체중생이 붓다(불성)를 가졌다는 것이 근본적인 이유이다. 우리는 여기에서 동양의 속담인 '인불언 귀불지人不言鬼不知(사람이 말하지 않으면 귀신도 모른다)'를 잘 기억한다. '언제가 되어야만 중생의 동작이나 충동이 '몸과 마음이 일치'되는 현상을 가지는가?' 하는 의문에 대해서 샤키아무니는 이와 같이 답하리라 한다. "불자야, 공교롭게도 교미할 때 혹은 교접할 때 중생의 마음과 몸은 일치된다. 이것을 본 중음신은 그의 과거부터 가진 종자, 즉 낙사진으로 인해 갈애가 일어나느니라." 이 갈애가 남성을 향하여 심해지면 그 정신은 여자의 몸으로 수태하게 되고, 여성을 향해 강해지면 그 정신은 남자의 몸으로 수태하게 되어, 이 우주에 다시 환생하느니라. 다시 말하면, 갈애의 욕화慾火˙가 자기 안에서 일어날 때에 그 미래의 성性을 얻는다는 것이다. 갈애의 욕심은 오직 전생의 낙사진과 현재적 객관의 도움을 기다려서 행동하게 된다. 그리고 그 위에는 다시 무명의 화火가 일어나기 시작하느니라. 이것은 조금이라도 다른 것에 의해 되는 것이 아니고, 순전히 자기 스스로가 만드는 것이다. 즉 애욕愛慾이

˙   음욕의 열정을 불에 비유하여 이르는 말이다.

원인이 되고 애명愛命이 결과가 되는 것이다. 또 결과 스스로 가 원인이 되어 다음의 결과를 오게 한다. 이러한 연쇄의 인과는 이와 같은 방식으로 삶에서 죽음까지 가게 한다. 그래서 죽음이 삶을 만들고 삶이 죽음을 만들어서 6취의 윤회가 그치지 않는 무한한 비극을 연출하면서도 스스로가 알지 못한다.

불교 철인들이 아는 윤회는 브라만교의 윤회와 다르다. 브라만교의 윤회는 '마음(아트만ātman)'이 죽지 않는다. 그래서 이 마음은 곧 윤회 중에 이 생명에서 다른 생명으로 왕래한다. 불교 철인들이 아는 윤회에서는 마음이 무능력하다. 오직 과거의 낙사진(종자)을 가진 정신이 그의 갈애의 욕慾의 도움으로 '생명'에 들어오는 것이다. 그래서 불교 철인들이 아는 마음은 다른 것이 아니요, 일정한 형식에서 생긴 물체가 육체와 정신 사이에 존재한 것이라고 생각할 뿐이다.

이에 대한 증명은 아래와 같다. "만일 산모가 태중에 남아를 가졌으면, 편안하기가 여아를 가진 것보다 월등히 좋다. 즉 남아가 태중에 있을 때에는 그의 전면前面이 모母를 향하므로 태아의 수족手足 운동이 무신경한 부분에 그쳐 감각이 작은 까닭이다. 이유는 중음신이 그의 애정으로 인해 어머니를 안는다. 만일 여아이면 정반대이다."* 이와 같이 모인 형

---

* 《칼파 수트라Kalpa Sūtra》를 근거한 것이다. 이 경전은 고대 인도의 아리아인이 행한 제사·의례의 강요서이다. _편집자 주

체는 부모의 화학적 물질로 인해 육체가 완성되어 탄생하느니라. 이에 요구되는 조건은 부·모·정신(중음신)·상당한 시간(몸과 마음이 일치되는 시간)의 네 가지일 것이다. 부와 모가 합하고도 모가 시간을 가지지 못하고 중음신의 준비가 없으면 신체를 이루지 못하느니라. 부와 모가 합하고 또 적당한 시간과 중음신의 준비가 있다면 신체를 이루느니라. 이 집합은 결코 타력으로 얻은 것이 아니요, 중음신 스스로가 회합하고자 하는 욕망에서 비롯되었음이라.

그러므로 부모의 은애恩愛라는 것은 오직 어린아이일 때의 양육을 의미함이요, 결코 생산에는 아무 관계가 없다. 있다고 가정한다면, 오직 금수의 교미에 불과할 것이라. 이와 같은 '망妄'은 오직 무명에서 기인하여 외부 자연으로부터 들어오는 모든 사물과 합하여 '개성'을 구조構造함이니라. 그래서 이 망적 작용은 시시각각 새 생명을 형성함에 이른다. 어떤 때는 무생물, 어떤 때는 생물로 되는 것이다. 이와 같은 방식으로 되는 윤회는 마치 육체적 건물의 건축공같이 된다.

불교 철인들이 '선천적 관념'을 부인하기는 마치 영국 출신의 경험철학파 로크John Locke(1632~1704)*와 같다. 그러나 '선천적 관념'을 부인하는 불교 철인들은 '선천적 관념의 근본

---

* 18세기 영국의 유명한 철학자이자 정치사상가로, 계몽철학 및 경험론철학의 원조로 일컬어진다. 합리철학자들과 대적하던 학자이다.《인간오성론An Essay concerning human understanding》등을 썼다. _편집자 주

능력'을 인정한다. 중음신 내부에 함재된 과거 낙사진의 종자를 인식함에서 말미암음이니라. 마치 뿌리나 씨앗처럼 자기 내부에다가 생명력을 비축함과 같은 것이다. 그렇다고 이것이 생명이라는 것은 아니다. 이것은 오직 필요한 조건인 외부의 열이나 온기를 기다려서 자신 안에 함치蕴畜한 생명력을 드러냄에 이르니라. 이와 마찬가지로 우리는 심리적 도정에 의해 물체를 볼 때에 다소 좋은 느낌과 싫은 느낌을 가진다. 이 느낌은 우리의 일상 경험을 거쳐 들어온 낙사진에서 드러나는 것이니라. 예를 들면, 당시 학자 사회에 큰 사건이 있었음에도, 카시아파가 음악을 들으면 춤을 추고 싶어 했다. 그래서 아난다가 샤키아무니에게 묻기를,

아난다　　카시아파는 어찌하여 음악을 참지 못하나이까? 바가바!*

샤키아무니　아난다! 카시아파는 과거 오백생을 음악업에 종사하였음에 말미암음이니라!

---

*　바가바婆伽婆(산스크리트어: bhagavat, 팔리어: bhagavā, bhagavant)는 고타마 붓다를 비롯한 부처의 지위를 증득한 이를 칭하는 호칭 가운데 하나이다. 박가범薄伽梵·박아범薄阿梵·바가범婆伽梵·바가반婆伽伴 또는 박가발제薄伽跋帝라고도 음역한다. 바가바의 원어인 산스크리트어 바가바트 bhagavat는 세존世尊이라고도 의역되는데, 이때의 바가바는 여래10호에 속한다. 불교 경전과 논서들에서 고타마 붓다는 세존이라 호칭되고 있다. _편집자 주

또는 만승천자萬乘天子*가 사후에 걸인으로 환생함 등은 이를 증명한다.**

5) 카야(육체)

육체라는 관념은 우리 인간에게만 국한된 명사가 아니라 모든 자연의 생물에 관한 명사이니라. 일체중생은 한 생명을 가지고 의식적 행동이나 무의식적 행동을 하고, 또한 각각 부위의 조합으로써 수受·상想 작용을 취하는 능력을 가졌다. 이와 같이 모든 생물(중생)은 그들의 환경 속에서 자신의 방식으로 개성을 만든다. 이들의 개성은 각기 다른 유類라 한다. 마치 현대 자연과학자들의 학술적 조사 등의 보고나 결과와 비슷하니라. 이 육체를 분석함에는 두 가지로 나눈다. 첫째는 루파카야rūpa-kāya(물질적 체)이니, 이것은 외부 자연에 있는 죽은 물질을 합하여, 즉 지·수·화·풍 원자가 합하여 된 것이다. 그래서 후자를 보전하는 토대 역할을 담당한다. 다시 말하면 기계적 생존이다. 둘째는 나마카야nāma-kāya(감각적 체)이니, 이것은 우리의 개성을 나타내는 우리 작용 전반을 담당하는 것같이 보인다.***

우리는 여기에서 두 가지 종류의 체를 볼 수 있다. 이것들

---

*   천제天帝의 아들. 즉 하늘의 뜻을 받아 하늘을 대신하여 천하를 다스리는 사람이라는 뜻으로, 군주 국가의 최고 통치자를 이르는 말. _편집자 주

**   《밀린다팡하Milinda Pañha(나선비구경那先比丘經 또는 밀린다왕문경Milnda王問經)》를 참고하였다.

은 전자가 없고는 후자가 토대를 얻지 못하고, 후자가 없고는 전자가 개성적 작용을 가지지 못한다. 이러하므로 우리는 두 가지 종류의 체의 가능성을 자세히 알 필요가 있다.

먼저 루파카야(물질적 체)는 외부 자연으로부터 모인 네 가지 종류의 원소 지·수·화·풍이니, 보통 자연과학자들이 연구하는 대상에 불과하니라. 이 원소 자체는 자연 안에 있어서 불멸하고 또 생물의 신체 안에 있어서 부증不增하는 물질로, 이것들이 때때로 생물 안에 있어서 마치 생물의 체처럼 보인다. 그러므로 이 원소들이 각각 분해되었을 때에는 누구나 '신체'이겠거니 말하지 아니한다. 그러나 이 원소들이 합쳐진 종합체를 가리켜 우리는 비로소 '물질체'라 명한다. 자연에 있는 죽은 물질들은 오직 부모의 화학적 물질, 즉 부정모혈父精母血로 인해 응결된 것이니라.

나마카야(감정적 체)는 전5식 및 제6식의 수·상·행·식의 작용으로 된 것이다. 이것은 마치 현대 학자들의 실험심리학과 다르지 않다. 물론 이것은 전자의 위에다 건립하였다. 그러므로 이것의 존재 기간은 전자의 물질체에 보전되는 날까지이다. 물질체의 각 원소들이 흩어져 돌아간다면, 6식이 의지할 곳을 찾지 못하리라. 그러므로 6식의 작용은 이 순간으로 최종을 알릴 뿐이다.

••• 　루파rūpa는 물질을 통칭하며, 색·수·상·행·식 5온 중 색을 말한다. 나마nāma는 정신적 요소로, 5온에서 색을 제외한 수·상·행·식 전부를 말한다. _편집자 주

이러한 두 가지 체는 물론 서로 밀접하게 모여야 완전한 행동을 할 수 있다. 이들은 서로 보조하고 서로 의존하여 작용해서 최종에는 일치되는 결과를 기다린다. 즉 이들 두 가지 체는 매개자가 되어서 외부 자연과 우리의 주재(제8식)가 그들의 위치를 구할 것이다. 이 두 가지 체 스스로가 5식의 작용을 가졌음인 까닭이니라.

《불교佛敎 제7~14호(1925. 1.~1925. 8.)》•

• 《불교》는 1924년 권상로權相老(1879~1965)가 불교의 홍보와 교리적인 해설을 위하여 창간한 불교잡지이다. 발행인 권상로가 시작하여 제108호까지 발간하였다가 휴간된 것을 1931년 한용운韓龍雲(1879~1944)이 인수하여 속간하였다. 이 잡지는 광복 이후까지 이어온 가장 비중 있는 불교잡지였으며, 한용운·권상로·백성욱 등 당대의 석학들이 남긴 시문·논문·평론·수필 등이 담긴 근세 불교 연구의 중요한 자료이다. 이러한 평가를 통해 이 잡지는 2020년 5월 국가등록문화재 제782호로 지정되었다. _편집자 주

샤키아무니와 그 후계자

부자연스러운 사회

기원전 600년경에 인도에서 우리는 반反브라만 운동을 보게
되었다. 이 운동의 원인으로 말하면, 멀리 기원전 1,500년경
에 아리안족이 중앙아시아로부터 이동하여 인도를 점령한
후 신권정치로 피정복자를 통치하게 되었나니, 이것이 소위
현재 힌두교의 구교舊敎인 브라만교의 교설이나 교리였다.

이들의 교리인즉 인도사상 발달사에서 그다지 외래물外來物
같이 보이지 아니하였나니, 여기에서 아리안족이 이 방면에
대해 얼마나 많은 지식을 쌓고 고심하였는지 짐작할 수 있
다. 예를 들면, 전기 베다 시대에 숭배했던 대상이 죽음의 신
'야마'에서 후기 베다 시대에 이르러 천계의 신 '인드라'로,
그리고 불의 신 '아그니'로, 다시 우주의 신 '브라흐마'로 변
하는 중, 브라만 시대로 오는 과도기에 브라흐마(범천梵天)가
브라흐마야나brahma-yāna(범승梵乘)로 된 것같이 만들었다. 교

묘한 방식으로 외래사상이 아닌 것처럼 선전하여 인도인의 반발심을 피하고자 한 것이다.

교설敎說의 시설施說인즉, 브라흐마가 우주와 만물을 창조할 때에 네 명의 아들을 낳았나니, 첫 번째 머리로 낳은 것은 브라만 즉 정복자(아리안)이다. 그는 인간과 신 사이에 있는 승려 계급으로 신의 지시에 의해 만민을 다스리며, 동시에 학술과 문학에 종사하면서 다른 모든 계급이 바치는 공물로 생계를 유지하니라. 나머지 세 명의 자식은 인도 원주민들의 선조이니, 두 번째 입으로 낳은 것은 인도 왕족 및 고위 귀족이요, 세 번째 배로 낳은 것은 하급 정치가와 상인, 마지막 발로 낳은 것은 농민과 천민이다. 이러한 부자연스러운 계급 제도인즉 오직 정복자의 고식적 행복을 위함이요 이미 인류적이지 않음이니, 그러한 세월의 연장延長은 그만큼 죄악을 더할 뿐이다. 신은 오직 승려 계급인 브라만들을 통하여 정치한다는 불철저한 종교관이 인류의 생명을 좌우할 뿐만 아니라 모든 재산에까지 영향을 미치는 까닭에, 결국 사회가 무질서하게 되었고 정복자의 죄악은 날로 심하였다.

이것이 천여 년간 진행되는 동안, 부자연스러움은 오직 부자연스러움을 더할 뿐이어서, 결국 정복자 자신까지 불행해지기 시작한 것은 기원전 600년경이다. 전 인도 내에 정복자나 피정복자를 막론하고 이 부자연스러운 죄악을 구제하고자 방법을 연구하기에 열중했던 것도 당시가 최절정인 점이 없지 않다.

현실을 타개하고자 하는 노력

우리는 인류사 이래로 많은 혁명을 보았다. 그러나 이들 혁명은 그 근거가 전부 정치 문제에 국한하였고, 이것이 결국 다른 방면에 영향을 주었다. 그 외에 다른 의미 있는 혁명이라고는 1633년 갈릴레오 갈릴레이Galileo Galilei(1564~1642)가 학술상 새로운 발견으로 인해 법황法皇(교황)과 불안한 관계에 있었던 것으로, 그 사건의 영향이야 지중至重하였지마는, 그 당시에는 한 개인적인 문제에 불과한 것이다. 또는 마르틴 루터Martin Luther(1483~1546)를 꼽으려고 할지 모르나, 그는 교설만을 나무란 것이요 교리에서는 이의가 없었다. 그러니 반브라만 운동도 오직 단순하게 정치문제에만 국한되었으면 어찌 어려움이 있었겠느냐마는, 동시에 새로운 우주관과 새로운 인생관이 중요한 부분을 차지하였으므로 실로 많은 학자와 장시간을 요구하게 된 것이다. 인류는 본능상 그들의 우주관이나 인생관을 그다지 단순하게 단시간에 바꾸지 못하는 까닭이다. 이것을 해결하고자 앞장섰던 학자가 실로 많았는데, 고식적으로 혹은 복수적으로 해결하고자 하는 학자들도 있었다.

이러한 학자들은 우리가 별로 연구하고자 하지 않지마는, 적어도 정복자·피정복자를 막론하고 온 인류의 행복을 중심에 두어 해결하고자 한 학자인즉 그 당시 약 7인을 꼽을 수 있다. 샤키아무니 가우타마·마하비라 니간타 나타푸타·푸라나 카사파·마칼리 고살라·아지타 케사캄발라·파구타 카자야나·산자야 벨라지푸타이다. 이상 7인 중에서 우주관이나 인생관이나 정치적 방식에 인류다운 완전성을 구비한 자는 샤키아무니와 마하비라뿐이니, 전자는 현재 불교의 교주요, 후자는 자이나교의 교주이다. 그러나 후자는 그 우주관이 브라만교에서 큰 차이가 없으므로, 불행이지마는 지난날 동양학자들에게 "불교의 지류겠다" "힌두교의 별파겠다"라는 평을 받았다. 결국 승리의 관을 샤키아무니에게 올리겠지마는, 학술적 입각에서 공정히 판단하고자 한다면, 마하비라가 동로同勞한 공을 아주 잊어버려서는 안 된다. 불교 기록에서 아무리 그들을 가리켜 6사외도(자기의 교주는 제외하고)이니, 사도군邪道群(올바르지 못한 무리)이니 하더라도.

싯다르타의 탄생

북인도 카필라 성주 숫도다나 왕이 오직 한 아들을 낳으니, 어릴 적 이름은 싯다르타이다. 이 성은 인접 국가 마가다와 함께 상키야 학파의 근거지였으므로, 그들의 후계인 것은 말할 것도 없다. 숫도다나 왕이 거주하는 성의 이름을 그 학파의 창립주인 '카필라'로 지은 것도 의미가 참으로 많으니, 혹시 숫도다나 왕이 상키야 학파의 종가宗家가 아닌가 하는 의심까지 갖게 한다. 어린 태자 싯다르타가 수학, 문학, 철학뿐만 아니라 무예까지 겸하였던 것은 그의 전기에 의해 잘 알려져 있다.

그러나 고금을 막론하고 소년 왕족에게 없지 못한 공고심 貢高心(자신을 최고라 여기는 마음)은 자주 브라만으로부터 저지를 당하였던 것도 부인할 수 없는 것이다. 물론 이것이 어린 태자로 하여금 천재를 통해 해결하기를 바라던 당시 인도사회의 결점을 연구하게 된 동기 중 하나라 생각하지 아니할 수 없다.

사실 싯다르타 태자의 이야기로 말하자면, 동양에서는 물론 불교에 의해 알게 되었지마는, 유럽의 경우 〈누가 복음 Lukas Evangelium〉에서 루카(누가)가 많은 성신 혹은 성인들을 이야기하는 중에 요사팟Josaphat이 있나니, 그는 왕태자로 부귀를 버리고 산중에서 공부한 업을 이야기하였다. 행적은 샤키아무니와 다를 것이 없지마는, 이름 요사팟에 대해 증거를 얻고자 한 결과, 동양학자에 의해 '보디사트바'의 와전인 것이 밝혀졌다. 보디사트바는 태자가 출가하기 전에 불렸던 불교적 존칭이었다. 이 루카의 이야기가 유럽에서 한창 성행한 때는 중세기였다. 현재에도 기독교도치고는 〈누가 복음〉을 모르는 이가 없을 줄 안다.

싯다르타의 출가

초년 교육이 아직 끝나기 전에 어린 태자는 벌써 당시 제도를 연구하느라 고심했으며 직접 시찰을 행한 적이 많았다.

예를 들면,《팔상록八相錄》중에 〈사문유관상四門遊觀相〉같은 것에서 드러난다. 이와 같이 중대한 문제를 연구하게 된 태자에게 왕위의 문제는 아주 소소하여, 거기에 뜻이 없었다. 그에게는 명철한 관찰을 통해 해결하고자 하는 문제가 철학적으로 심중했으며, 정치적으로 해결할 수 없었기 때문이다. 그런즉 오직 독자獨子를 가진 숫도다나 왕이 낙심하여 이 소년왕을 회개시키고 바로잡으려 할 때마다, 그는 연구에 더욱 열중하게 되었다.

밝고 즐거웠던 숫도다나 왕궁은 수심이 가득하게 되고 말았다. 그러므로 태자를 위하여 궁전을 3좌나 건축하고 야소다라Yaśodharā(야수다라耶輸陀羅)*를 택하여 태자를 성혼케 하여 5백의 무녀舞女와 5백의 가인佳人들로 태자를 모시게 하며 학업을 폐하는 동시에 방탕으로 태자를 인도하였다. 한편으로는 궁금宮禁(왕궁의 금령)을 엄히 하여 문의 개폐開閉를 일정한 시간으로 함으로 멀리 나가지 못하게 만들었다는 것도 실상 이 시기에 있었던 일이다.

이것이 이유였던지, 그가 가진 지식으로는 겨우 결점만을 연구하게 되었다. 이것을 개혁하려면 무엇보다 새로운 우주관이나 새로운 인생관이 필요한데, 이를 위해서는 선배를 방문하거나 단독 수행도 해야 해서, 궁에 있는 것이 부적당하

---

* 콜리야족 출신으로, 싯다르타의 아내이자 라훌라rāhula(라후라羅睺羅)의 어머니. 숫도다나 왕이 세상을 떠나자 마하프라자파티mahāprajāpatī(마하파사파제摩訶波闍波提)와 함께 출가하여 비구니가 되었다. _편집자 주

겠다 생각하였다. 그래서 부모의 친親과 소부少婦의 애愛와 강토의 부富와 왕위의 귀貴를 버리고, 궁의 방비가 없을 때를 기다렸다. 당시 학자들이 히말라야 산기슭을 수양처로 삼아 은신할 때는 밤이 깊을 때이라. 모든 성 안 사람과 궁전 시위대는 달콤한 꿈에 취하였고, 봄의 화창함으로 피어오르는 숲은 이슬을 먹어 창연한 빛으로 태자의 최후를 축복하였다. 태자 자신인즉 오랜 소원을 성취함으로 이 순간에 쾌감이 없지 않았겠지마는, 그도 사람인 이상에야 노부와 애처의 무의無依(기댈 데가 없음)함을 두고 떠날 때에 어찌 상심이 없었으랴! 이것을 단행한 태자의 나이는 29세이니, 인생에서 번뇌가 최고일 때의 나이였던 것도 기관奇觀(기이하고 드문 광경)이 아니라 할 수 없다. 그는 후일에 이때를 가리켜 그의 수양기에서 오직 '강고降苦(고통이 내림)'와 '강락降樂(기쁨이 내림)' 두 가지가 난행難行하던 때라고 자백한 것을 보면, 그 당시에 그의 고심이 얼마나 심하였는지를 짐작할 수 있다.

싯다르타의 수행

학자 수양처를 찾아온 젊은 태자는 당시 상키야 학파의 유명한 바가바Bhagava를 방문하였으나, 그는 태자의 요구를 만족하게 하기에 부족하였다. 그가 태자에게 알라라 칼라마Āḷāra Kālāma(아라라가란阿羅羅迦蘭)와 또 다른 견지를 가진 웃다카 라마풋타Uddaka Rāmaputta(울두람불鬱頭藍弗)를 소개함으로써 태자는 6년이란 장구한 세월을 이곳에서 보내게 되었다.* 그들이 불철저하다고 생각한 태자는 다시 북으로 향하여 단특산檀特山에서 6년을 독거하였다. 사랑하는 아들의 출가를 본 숫도다나 왕은 태자가 다시 돌아오도록 주선하였던 것이 실패하자, 어쩔 수 없이 동족 중 같이 수행할 만한 자 5인을 선발하여 태자의 수양처로 보냈다.

당시 학자의 생활인즉 인도에서 약 두 가지로 나누리니, 첫 번째는 문도門徒를 모아 한편으로 자력으로 학문을 닦으며 다른 한편으로 다른 사람을 가르침에 종사하였나니, 마치 반도로 말하면 유림儒林, 서양으로 말하면 그리스의 아카데메이아Academeia · 김나지움gymnasium · 리시움Lyceum과 비슷하였다. 두 번째는 오직 독거하여 무한한 고초苦楚를 참고 견디어

육체의 영양까지 돌보지 아니하였나니, 후자는 현재 인도에서 볼 수 있는 파킬fakir(고행자)의 선조라 하겠다. 태자의 수양 방식인즉 외면으로 보아서는 후자와 거의 비슷하였으므로, 왕이 보낸 5인에게 환영받게 된 것도 무리가 아니었다. 당시 인도 사상에는 청빈한 학자를 더 존경하는 풍속이 있었던 까닭이다.

싯다르타의 깨달음

이와 같이 참담한 생활을 하게 된 태자인즉 그의 육체적 참상이야 참으로 형언할 수 없었나니, 우리는 그의 후계자들의 기록에 의해 잘 안다. 예를 들면, 6년을 정좌하는 중간에 까치들이 그의 머리 위에서 둥지를 틀었다는 전기는 그의 형상이 당시에 어떠하였던 것을 숨김없이 증명한다. 이상은 보통 심리학상 경험으로나 실제 생활을 통해 짐작할 수 있다. 보통 학자 생활을 보더라도 적으나 많으나 가사에 소홀하므로 내주장內主張(집안일에 관하여 아내가 자신의 뜻을 내세움)이 되고 의복을 정돈하는 것을 잊어버리기 쉽거늘, 하물며 중대한 문제에 고심하게 된 태자로서야! 그런즉 태자의 고행인즉 보통 인도에서 볼 수 있는 고행을 위해 고행하는 우치배愚痴輩(어리석은 무리)가 아니요, 연구에 열중함으로 잊어버렸던 것이다. 예를 들면, 성자가 깨달음을 얻은 후 많은 방면에서 질문을 받는 중 두 명의 고행자가 와서, "나는 일생에 똥을 먹었으니 사후에는 무슨 선과善果를 받겠느냐?" 물을 때에 성자는 서슴지 않고 "그대는 일생에 똥을 먹었은즉 개가 되겠다" 답하였고, 다른 고행자가 일생에 풀을 먹었다 함에 대해서는 "소가 되겠다" 대답하였나니, 오직 인습에 의해 미래를 정함이요, 고행인즉 무의미한 것을 적시한 것이다. 이것만 보아도 당시 태자의 의도가 고행의 무의미함을 알린 것이 분명하다.

6년 만에 태자는 돌연히 몸을 일으키어 앞내에서 목욕하고, 근처 목장에서 태자의 기동起動을 신기하게 여긴 목녀牧女가 올리는 우유를 받아서 먹으면서 육체를 섭양하였다. 무리한 고행이 정신의 쇠약을 초래할 뿐만 아니라 육체가 없고는 처음의 뜻에 도달할 수 없음을 생각했던지, 그는 육체를 섭양하면서 수행에 열중하였다. 남의 속을 야속히도 모르는 5인은 이와 같이 돌변한 태자의 모습을 보고, 그는 적공축덕積功蓄德(쌓은 공과 모은 덕)을 일시에 부수는 어리석은 자가 아니라면 악마의 심부름꾼이라 하여 태자를 버리고 베나레스로 가 버리고 말았다.

그러나 다정한 태자가 어찌 이것을 몰랐으리요마는, 자기의 상황이 1분도 한가롭게 보낼 수 없는지라, 오직 묵묵히 그들을 보냈을 뿐이다. 이와 같이 열중하던 태자는 결국(12월 8일 새벽) 새로운 우주관인 일체유심조一切唯心造, 즉 '불성이 온 우주를 통철하였다'라는 진리를 깨달았다.

샤키아무니의 고통과 그를 향한 결집

그런즉 이것이 초기 불교의 시초이다. 그러므로 불교도들이 그들 교주의 수양기를 6년이라 함은 전 6년을 제한 후 6년이다. 단특산 설경이 엄숙한 기개를 보이고 산천과 초목이 쓸쓸한 우주를 만들어낼 때, 오직 태자만이 남루한 형상에서 활기를 발하니, 한 폭의 그림과 같은 기관奇觀이라 아니할 수 없다. 30여 세의 성자의 새로운 우주관이 신성한 만큼 앞길에 놓인 난관은 정비례했다. 6년의 고행도 적다 할 수 없지마는, 실로 아직 큰 고통이 그를 집어삼키고자 넘실거렸다. 집에 들어가는 것으로 치면 이제 겨우 대문으로 들어온 것에 지나지 않는다. 《팔상록》의 〈수하항마상樹下降魔相〉은 실상 그와 같은 마魔가 있었다기보다 그의 내적 고통을 설명한 축도縮圖에 불과하다. 이와 같은 의미에서 무 밑동 같은 〈수하항마상〉인즉, 그의 전설 중 중요한 부분이라 아니할 수 없다. 이 난관이라는 것은 다른 것이 아니라 실행 방법이다. 성자는 이것을 3주간이나 다시 연구하였다. 이 3주간이라는 짧은 시간은 성자와 인도 사회 간의 접융接融이다. 아니, 성자와 전 인류 간의 접근이라 아니할 수 없다. 이것이 실로 인류 발달 사상에 신기원을 만드는 순간이다!

이와 같은 고통을 뒤로 보낸 성자는 서서히 몸을 일으키며 서슴지 않고 베나레스로 가 5인의 옛 친구를 방문하니, 그의 다정은 이것으로 보아도 알 수 있다. 바쁜 와중에 묵묵히 작별하였음에도 어디로 가는 것을 기억할 여유가 있었던 것이다.

5인의 푸대접이야 형언할 수 없었던 중, 성자의 친절과 간곡은 결국 그들을 교화하였으니, 이것이 초기 불교의 3보三寶라는 것이다. 즉 불보(교주), 법보(4성제), 승보(교단5인), 이것이 불교 사원에서 자주 들을 수 있는 귀의불, 귀의법, 귀의승이니, 이것이 마치 천주교에서 자주 들을 수 있는 성부, 성자, 성신과 비슷하다.

그 후 전 인도 각지에서 많은 학자를 방문하였나니, 그들 전부가 그의 격렬한 반대자였으나, 결국은 그의 문하생이 되었다. 이들 중 유명한 학자인즉 브라만 학파에서 당시 인도 정신계의 중진重鎭이었던 마하카시아파와 사리푸트라 등 10여 명이니, 이들의 성자에 대한 신앙인즉 나사렛에서 난 예수 그리스도Jesus Christus에 대한 베드로Petros와 비슷하였느니라. 이들은 각각 문도를 가졌는지라. 불과 약 열흘 동안에 결집한 1,250인의 집단은 태자를 칭하여 샤키아무니라 하더라.

구세주가 된 샤키아무니와 그의 최후

인도 사회는 12년 전에 소장少壯한 태자를 잃어버린 대신 12년 후에 다시 그들의 구세주를 맞게 되었다. 아니 전 인류의 구세주, 전 우주에 걸친 대사상가를 맞게 되었다. 오랫동안 암흑하였던 대지는 광명을 얻었다. 이와 같은 인물을 중심으로 하는 초기 불교단은 모든 난관을 겪는 동안, 도처에서 대환영으로 구세주를 맞게 되어 그 수가 날로 증가하였고, 학문적 단체로도 최고의 자리를 점하게 되었다. 그러나 당시 정치 계급들은 전 인도에서 병역자兵役者를 구할 수 없게 되었는지라, 많은 고통과 박해로 성자를 대했던 것도 사실이었다.

그가 자비와 공순으로 외인을 대하라고 교훈한 것을 보면, 물론 종교적 본의가 원래 그렇겠거니 해석할 수도 있겠지마는, 다시 생각해보면 신구新舊 사상 충돌의 악화를 방지하고자 노력하였던 것도 잊어버려서는 안 된다. 예를 들면, 현재 간디Mahatma Gandhi (1869~1948)를 중심으로 하는 인도 국민운동의 기율紀律을 보더라도 짐작할 수 있다.

샤키아무니는 이와 같은 방식으로 화평함 속에서 정복자와 피정복자를 막론하고 전 인류의 행복을 만든 사회혁명을 실행하였다. 부자연스러운 생활로부터 자연스러운 의미 있는 생활로 인도하느라 45년간을 인도 전역을 다니면서 새로운 우주관에 의한 사회관을 선전하다가, 70여 세의 노구를 쿠시나가라성 밖 숲에 바치었다.

쿠시나가라성 교외 숲에는 달포간의 우기로 인해 운무雲霧가 자욱한 지상과 습기가 아직 마르지 아니한 나뭇잎과 검은 하늘에서 내려오는 비로 장정도 난감할진대, 하물며 70여 세의 노구를 가진 성자이랴! 인류의 행복을 위하고자 하는 그의 열성도 한계가 있는지라, 부득이 병체病體를 습기 있는 지상에 누이었다. 성자의 겉모습은 극도로 조용하고 적적해 보였지만, 그에 못지않게 지극히 정신적으로 만족해 보였다. 아직도 미혹한 중생을 깨닫게 하고자 하는 성의誠意가 열렬한지라 그 다하지 못함을 아난다에게 이야기하는 순간, 하늘의 번개는 습기의 흥분으로 뇌성을 발하여 성자의 시적示寂하신 비보를 온 대지에 전하더라. 그의 불생멸체不生滅體의 진리는 그를 숭배하는 철인들에 의해 많은 인류를 구제함으로 시작하여 약 9억의 인중人衆은 성자를 중심으로 하여 귀의하였다. 현대 과학의 발달이 그의 진리를 새롭게 환영하게 되면 그의 입장은 더욱 명백하게 되나니, 이것이 현재 우리가 보는 '불교'이다.

두 가지 우주창조설

유사 이래로 인류는 현존하는 우주를 객체로 두고 일정한 관찰을 가졌나니, 이것을 우리는 '우주관'이라 한다. 이러한 우주관은 우리에게 주어진 우주 자체인즉, 우리가 보려고 한 물체가 마치 생물처럼 규칙적 행동을 취하므로 인류는 자연히 그 물체를 계속 주목하게 된 것이다. 우주가 우리의 연구심을 일으킨 것이다. 예를 들면, "이 세계는 어찌하여 있나?"와 같은 의문의 해결은 인류역사상에서 약 두 종류의 방식을 볼 수 있게 한다.

　보통으로 우주관의 토대가 될 만한 관념인즉 우주창조설로 시작하나니, 예를 들면 "태초에는 광명이거니" 하였다. 태초太初·혼돈混沌·홍몽鴻濛·무극無極이라는 문자는 완전 암흑한 심야를 가리킬 것이니, 그중에 있는 모든 것은 불규칙적인 물체이다. 이들 물체는 서로 일정한 경계 없이 오직 암흑한 체體로 원시 인류 앞에 보이게 되었다. 그러나 광명이 오자 혼돈에서 보지 못했던 물체들의 정돈이 비로소 인류에게 보이게 된 것이다. 이들 정돈은 마치 누가 만들어놓은 것처럼 명백하게 각개가 규칙적인 것이 당시 인류들이 경탄할 만하였으므로, 원시인들은 그 이유를 연구하게 되었다. 예를 들면, "각각의 물체는 스스로 되었을까?" 혹은 "누가 이 물체를 만들었을까?" 여기에서 사람이 대답하기를, "이들 물체 스스로가 서로 원인과 결과로 된 이유가 있을 것이다" 하였다. 여기에서 비로소 인류는 하나의 통괄적 관념인 "우주라는 것이 있거니" 함에 이르렀다. 우주 존재에 대한 원인으로는 외적 광명(천래적 광명, 신의 능력)과 내적 광명(인적 영식)이라 하리라. 전자가 없고는 후자가 결과를 가지지 못하고, 후자가 없고는 우주가 개체적 성질을 가지지 못한다. 그래서 우리는 결국 두 가지 종류의 우주창조설을 보게 된 것이다.

샤키아무니의 우주관

외적 광명에 의한 우주관인즉 많은 다른 민족에서 볼 수 있다. 인도에서도 베다 사상이나 브라만 사상처럼 신이 우주를 만들었다 하여, 전 우주는 신의 소일을 위한 노리개가 되었다. 따라서 신에게 공희함을 당연하게 여겨 전 우주는 자기 스스로 존재할 필요가 있기보다는 신을 위해 있게 함으로써 노예화하였다. 결국 인간도 노예의 하나이므로 별로 가치가 없는 것은 물론, 모든 것을 신에게 일임하여 일거수일투족이 신의 심부름꾼이요, 또 신의 뜻에 합하도록 꾸짖고 달램으로 결국 부자연스러움을 초래하였다. 그 결과, 살풍경인 무의미를 만들어내었음에도 회개할 줄 모른다.

　그러나 한번 냉정히 신의 소종래所從來(나오게 된 내력)를 추적할 때 신이라는 것은 별것이 아니요, 고등동물 즉 인류 신앙의 대상이다. 다시 말하자면, 신이라는 것은 학술적으로든 무엇으로든 증명할 수 없는 어떤 고정불변한 실체가 아니라, 인류 사색에서 나온 기획물에 불과하니라. 그런즉 인류의 사색이 없으면 결국 신이라는 것은 없는 것이다. 그래서 근거를 인류 사색에다 둔 신이 우주를 건설하였다면, 결국은 '인류의 사색이 우주를 만들었다'는 결론이 되고 만다.

　그러므로 샤키아무니의 새로운 우주관은 '붓다가 온 우주를 통철하였다'라는 것이니, 붓다가 모든 생물에 있는 것이 '월락백천月落百川(달빛이 수많은 강을 비춤)'과 같으므로, 모든 생물은 육체생활과 동시에 정신생활을 하는 것이다. 그러나 "어찌하여 모든 생물에 있는 붓다가 하늘에 있는 명월明月(깨달음의 상태)과 같지 아니하고 물 위에 있는 영월影月(미혹의 상태)과 같으냐?"에 대한 해답인즉, 모든 생물은 무시이래로 무명에 의해 정성(正性, 우주의 본성)을 맛봄이 '유여미인 사방역처猶如迷人 四方易處(미혹한 사람이 사방을 바꾸어 앎)'하여 붓다가 능력을 발휘치 못하므로 망상이 생기고 그것이 원인이 되어 망과妄果를 만드는 것이다. 이와 같은 병적 사색은 결국 부자연스러운 생활방식을 만들어내었다. 그런즉 모든 불충분이 있다면, 주관이 병적 상태에 있으므로 병적 대상을 만들어내어 용인함에 불과하니라. 예를 들면, 정신에 이상이 있는 화가가 한 폭의 미인도를 그려서 그것을 애착하여 사경死境에 이른다면 오죽이나 무의미할 것이냐!

인류가 방황하는 이유

그런즉 인류가 부자연한 생활 속에서 방황하는 것은 오직 인류 자신의 미혹으로 인한 내발內發이요, 결코 외래가 아니다. 설사 외래가 있다면, 그것은 구실에 불과하니라. 그러므로 불교에서는 운수, 요행, 불의不意 등을 부인한다. 무슨 사물이든지 이 우주에 있는 것은 엄숙한 기율에 의해 일정한 원인과 결과로 된 것이다. 그러므로 요행등사僥倖等事(뜻밖의 행운 따위)가 있다면, 그 원인을 우리가 아직 몰랐다는 과도기의 위안이지, 그 사건 자체가 무인무과無因無果로 된 것이 결코 아니다. 즉 주관이 미혹하여 결과를 생각하지 아니하고 원인을 지었으므로 철저히 인식하지 못하는 것이다. 결국은 스스로 만든 것에 불과하니라. 그러므로 항간에 떠도는 말에 '천여지앙天與之殃은 유가피猶可避요, 자작지죄自作之罪는 불가피不可避라(하늘에서 내린 재앙은 오히려 피할 수 있지만, 스스로 만든 죄는 피할 수 없다)' 함도 의미가 없는 것이 아니다.

그러므로 브라만의 사회제도인즉 이러한 원리에서 왔는지라, 결국 정복자·피정복자를 막론하고 동일한 운명의 참화를 당하였다. 오직 자승자박에 불과하므로 모든 인류사의 참극은 이러한 원인에서 온 것이다. 예를 들면, 갑오(1894년) 이래로 현재와 같은 부자연한 생활을 우리가 바랐고 요구하였느니라. 그러므로 현재 상태가 우리에게 왔음에도, 우리는 이것을 운수라 한다. 만일 우리가 현상을 샤키아무니에게 묻는다면, 그는 서슴지 않고 "이와 같은 불행을 너희의 미혹으로 요구하였나니, 오늘이라도 속히 깨달아서 미래의 불행이 될 원인을 짓지 말라" 답함에 불과하리라.

샤키아무니는 전 인류를 향하여 "조속히 회개해서 철저한 생활을 하자! 미혹하기보다 깨닫는 생활을 하자! 이 우주는 인류다운 생활을 하는 것을 비롯해 모든 생물계가 완전한 법칙으로 정돈함에 이르리라" 하였다. 이유인즉 인도 재래 관념의 윤회설은 6취라는 상상선想像線을 그었고 그것의 마지막을 천취天趣로 삼았지만, 샤키아무니가 생각하기를 6취라는 것은 전부가 자성自性을 미혹한 것이라, 똑같이 부자연스러운 생활을 계속하게 된 것이니라. 불충분하나마 그래도 인취人趣인즉 반미환오返迷還悟(미혹에서 벗어나 깨달음으로 돌아옴)하는 정도라 하여, 인신난득人身難得(사람의 몸으로 태어나기 어려움)이니 행봉인신幸逢人身(다행히 사람의 몸을 받음)이니 한 것들을 보면, 그는 인류 생활의 비관자(이스라엘의 종교 등)가 결코 아니요, 오직 생활방식의 그름을 간파하고 적시한 것이다.

천상천하 유아독존

인류중심설, 차라리 인류향상설을 가진 샤키아무니는 모든 신의 존재를 근저根底부터 부인하였다. 재래의 잘못인 신의 제재制裁를 부인함으로 시작하여, 인류 평등을 위하여 종래의 4성四姓 계급을 타파하여 '개개장부수시굴箇箇丈夫誰是屈(저마다 다 장부인데 누구에게 굽히겠느냐)'을 설하였나니, 이것이 그 유명한 '천상천하 유아독존天上天下 唯我獨尊(하늘 위와 하늘 아래 오직 내가 홀로 존귀하다)'*이다. 여기에 '아我'라는 것은 불성을 가리킴이니, '인적 영식'이다.

그의 전설 중에, 태자가 태어날 때 어머니의 오른쪽 옆구

---

* 《경덕전등록》제15권._편집자 주

리로 나와 사방으로 각각 일곱 걸음을 한 뒤 한 손은 하늘을 가리키고 한 손은 땅을 가리키면서 "천상천하 유아독존"이라 부른 후에 다시 드러누웠다 함은, 물론 종교 영험록靈驗錄으로 보아서 가치가 있다 하겠지마는, 학술상 견지로 보아서 꼭 곧이들을 필요는 없다. 오직 그의 후계자들이 이런 기회를 이용하여 진리를 선전하고자 하였음이리라 믿으면 가치가 있나니, 다시 말하면 성자의 출현이 오직 이것을 위함이라 간단히 설명함으로는 참으로 유리하다. 그렇다. 인도에서 가장 높다고 믿는 천상보다도 '아我'가 더 높다는 것이다. 높다는 것보다 오직 '아'뿐이라는 말이다.

그러므로 현재 동양학자들이 불교는 무신론이라 함도 무리가 아니다. 동시에 느낌이 없지 못한 것으로는, 그 당시 인도의 우주관이나 인생관의 발달 수준을 20세기에 있는 우리의 수준과 비교해보면 놀람을 가지지 아니할 수 없겠다.

샤키아무니의 여성관

말로나 무엇으로나 샤키아무니는 한 명의 무정한 남자라 할 수 있을 뿐만 아니라 그의 마음은 차돌이라 하리라. 그는 그의 교단에 여자가 입교入敎하는 것을 허락하고자 아니하였다. 그래서 심하게는 "만일 여자가 입교한다면 그의 정법正法 중 5백년을 감減하리라" 하였다. 이것으로 말하면, 그가 여자를 인격시하지 아니한 것이 아니라, 견물생심見物生心에는 극기가 불가능한 인도인이 입교한 여자로 인하여 교단에 들어온 본디의 취지를 잊어버리고 전 교단의 질서를 잃을까 염려함이다.

그는 실상 다정한 남자이다. 그가 궁실에서 브라만가의 여자와 담화할 때에 보인 존경과 친절은 무엇으로 보든지, 여자의 인격을 참으로 존중히 여길 뿐 아니라 세상의 실정에 따라서 고구정녕苦口叮嚀(간곡하고 자상함)을 아끼지 아니하였음을 알게 한다.

그런즉 그의 안목에는 실로 여자이니 남자이니 하는 구별이 전연 없었다. 그런즉 아직 원만한 수양에 있지 못한 그의 후학으로 번민을 피해주자는 성실誠實에서 나온 것이라고 우리는 아니 볼 수 없다. 이러한 사실이 있음에도 결국 여자의 입교를 허락하였다. 오직 이원尼院(비구니의 절)을 승원僧院과 격리하도록 따로 8경법八敬法이라는 것을 만들어 만일을 방지하고자 노력하였다. 우리는 이것으로도 족히 그 당시의 여자 대우가 어떠했는지 짐작할 수 있다. 이것이 현재 우리 눈에 보이는 이원의 제도이다.

샤키아무니의 윤리관

에우다이모니아Eudaimonia(최대 행복)가 진정한 자아를 실현함에 있나니, 예를 들면 망식妄識과 망경妄境을 떠난 자아를 실현하여 의미 있는 생활, 즉 쾌활한 생활을 함으로 결국 '일체유심조一切唯心造'의 원리에 향상하며 또 이것을 실현하자는 것이다. 불佛이 "위일대사인연고 출현어세爲一大事因緣故 出現於世(일대사인연을 위하여 세상에 출현함)"*라고 말하였나니, '일대사인연'이라는 것을 모든 미군迷群(어리석은 중생)이 진정한 자아를 실현하도록 인도하고자 함이라 하였다. 그가 생각하기를, '우주 내에 불충분이 있다면, 이것은 아는 자의 죄이다' 하였나니, 이것이 그의 도덕관이다. 또 "위법망구爲法忘軀"라는 말을 볼 수 있나니, 이 의미인즉 미혹한 중생을 깨닫게 하기 위해서 자기 자신의 안위를 돌보지 아니한다는 말이다.

예를 들면, 불교의 '불살생不殺生'이라는 계는 참으로 중대한 의미를 가졌나니, 모세의 입에서 나온 이스라엘의 불살생과 마찬가지로 참으로 의미심대하다. 후자의 의미인즉 일종의 신에게 귀의하는 조건이지마는, 전자의 의미인즉 그것이 타인을 위한 것이 아니요 자신을 위한 것이니라. 살생은 진정한 자아를 실현치 못하게 하는 장애이니, 결코 단일 생사를 일러 말한 것이 아니요 실로 생사 중에서 죽인 자와 죽은 자가 복수를 중첩함으로 연쇄되어 영원한 휴식의 길을 얻을 수 없다는 것이니라. 이러한 부자연의 원인이 원심怨心에 있

• 《법화경》제1권 〈방편품方便品〉._편집자 주

고, 이 원심의 원인은 일시적 관념이 부족한 행동에 있느니라. 이런 행동이 더욱 심해지면 '살생'이다. 그러므로 '지인智人(보디사트바)'은 살생하고자 하지 아니한다. 이것은 결코 남의 명령이 아니요, 어떤 신이나 법에 의해 행한다기보다 각기 스스로가 감심甘心(괴로움이나 책망 따위를 기꺼이 받아들임)하여 행한다는 것이다.

이와 같이 살생이 중대함에도, 만일 한 명의 어리석음으로 말미암아 천만 명이, 즉 대다수가 복수復讐의 바다에 들어가는 불행이 생긴다면, 지인은 자발하여 '한 명'을 살해하고자 함에 아무런 주저가 없다. 이것이 보살심이고, 연심憐心이고, 자비심이다. 즉 대다수를 위하여 자기가 죄를 짓는다는 말이다. 다시 말하면, 이것이 '위법망구'이다.

이와 같은 견지에서 반도 종교사에서 '승병僧兵'은 이해할 수 없는 것이 아니다. 이것의 결과야 물론 아니 되었다 하겠지마는, 그들 동기인즉 참으로 활남자活男子이다. 그들은 샤키아무니의 윤리관을 참으로 이해했다고 볼 수 있다. 이것이 대승불교에서 자주 볼 수 있는 보살심이다. 어찌하여 그러냐 하면, 대승불교는 모든 것에서 동기론을 주장한다. 그러므로 성자는 이런 경우에서 "불경지계 부증훼금 부중구습不敬持戒 不憎毁禁 不重久習(계율을 지킨다고 공경하지 않고, 계율을 지키지 아니하여도 미워하지 않으며, 구습을 중요하게 여기지 아니한다)"*이라 하

•   《원각경》〈보안보살장〉._편집자 주

였다. 또 유명한 도선율사道宣律師(596~667)는 "법고경명 하선하후法鼓競鳴 何先何後(법고가 다투어 울림에 어찌 선후가 있겠는가)"*라 하였나니, 이것만 보아도 다른 종교에서 고집하는 의식과 해석의 여하에서 절대자유를 가진 것이 불교이다.

이러함에도 당시 불교도는 무뢰한이니, 서산西山·사명四溟의 인격人格이니 하는 것으로, 또 당시 왕과 서산 간의 사교私交이니 하는 것에만 중요한 원인을 삼아 근일 반도 승병사를 연구하는 다카하시 도루高橋亨(1878~1967) 박사는 불교 윤리관에 눈길 한번 주지 아니하니, 나의 입장에서는 참으로 이해가 어려운 점이라 아니할 수 없다.

결국 모든 중생이 전 우주에서 진정한 자아를 실현하게 함으로써 이와 같은 수단과 동기를 최고 도덕으로 삼은 것이다.

샤키아무니의 법률관

누구든 죄가 있다면 각자 자기 스스로가 한 것이라 오직 동기의 의도를 물어야 한다. 법률은 일정한 죄에 대하여 일정한 수단으로 범죄자의 회개를 기다리는 것이요 복수가 아니다. 만일 복수로 법률의 정신을 삼는다면 3중 및 4중의 악심惡心이 생기고, 이것으로 인하여 전 우주의 부자연을 만들게

•　　《치문경훈緇門警訓》._편집자 주

됨에 불과하니라. 그런즉 법률의 정신은 오직 범죄자가 회개함에 있느니라. 그러나 회개하게 하는 수단이 혹독할수록 법률의 의도는 불명백하게 되는지라, 가능한 정도에서 자비로 범죄자의 영성靈性을 격동시켜, 많은 내발內發적 비애로 회개하도록 노력해야 할 것이다.

죄라는 것은 자아를 미혹하게 하므로 장애물이지만, 동시에 죄가 과중할수록 양심의 가책은 정비례가 되고, 이 가책의 대소大小는 자아를 실현함에 지름길도 되느니라. 범부의 소신을 존중히 여긴다거나 '초발심시 변성정각初發心時 便成正覺(처음 발심을 냈을 때 곧 바른 깨달음을 얻는다)'이나 '비습어니 내생차화卑濕淤泥 乃生此花(낮고 습한 진흙에서 꽃이 난다)'•• 등은 이를 가리킨 문구이다. 마치 우리 경험에서 극악한 자가 극선한 자로 변하는 것이나 '조지장사 기명야애 인지장사 기언야선鳥之將死 其鳴也哀 人之將死 其言也善(새가 장차 죽으려 할 때에는 그 소리가 구슬프고, 사람이 죽을 때가 되면 그 말이 착하다)'•••이라는 말은 숨김없이 이것을 증명한다.

그러므로 범죄에 대한 법률이라는 것은 이러한 양심상 가책을 이용하여 범죄를 저지른 인류를 향상하게 하는 지름길로 필요한 것이요 인류 생활에 없지 못할 것이다. 그러므로

• 《화엄경》〈보살십주품菩薩十住品〉._편집자 주

•• 《유마경維摩經》._편집자 주

••• 《논어論語》〈태백泰伯〉._편집자 주

우리는 니팔경법尼八敬法,* 소계小戒,** 250계二百伍十戒,***《오백
경중사경五百輕重事經》**** 등 소승률小乘律과 48경구죄율四十八
輕垢罪律*****인 대승계大乘戒를 보게 된 것이다.

샤키아무니의 교육관

사람은 배움으로 향상할 수 있으니, 배움이 없다면 오직 퇴
보가 있을 뿐이다. 어린아이를 기르는 실험인즉 성자의 독
자인 라훌라가 8세 때에 교단에 들어왔으므로 사리푸트라
에 의해 교양敎養된 것이다. 어린 라훌라를 가르치는 대신 배
우는 교단 중에 두고서 오직 라훌라로 하여금 스스로 배우고
자 하는 마음을 자극하여 자발적으로 배우게 하였다. 잘못한
일에 대해서는 남이 몰라도 스스로 그만두는 습관을 기르고,
잘한 일에 대해서는 작은 선행에도 칭찬하며 존경하되, 그의
이름을 불러서 어린아이로 하여금 그가 누구인 줄 알게 노력

---

*   비구니가 지켜야 할 8가지 계율._편집자 주

**   수행의 초기 단계에서 지켜야 할 계율._편집자 주

*** 비구가 지켜야 할 250가지의 계율._편집자 주

**** 말세의 비구가 계율을 범했을 때에 그 과보의 경중에 대하여 설한 경전.
     _편집자 주

*****《범망경梵網經》의 대승계 가운데 비교적 가벼운 죄를 경계한 48가지의
     계율._편집자 주

하였다. 그의 역량이 시비를 가릴 만한 때는 앞에 저지른 잘 못의 무의미함을 비유로 설명하되, 항상 개과할 여지를 주어서 낙심을 방지하도록 주의하였다.

또한 라훌라가 스스로 인증할 만한 잘못이 있을 때는 대중 앞에 스스로 나아가 참회하도록 하여 자기의 자성을 스스로 속이게 하는 허식虛飾의 맹아를 방지하게 하고 거짓말을 없게 하여 자아의 뇌란惱亂이나 스스로가 부끄러움이 없도록 해주었다. 때때로 대화를 연습케 하여 말재주를 조장하며, 주위가 항상 웃는 얼굴로 대하여 어린아이에게 습관이 되게 하였다. 장성함에 따라 자존심을 견고하게 하여 소계少戒를 수계하게 한 후 계명을 아침저녁으로 송지誦持하게 하니, 이때에 라훌라의 나이는 12세이다. 이후에는 자기가 누구임을 강하게 인식하도록 하여 의미 없는 사실에 자기가 관계하였다는 부끄러움을 알게 하고, 이것으로 자아 실현의 토대를 삼도록 하였다. 모든 어리석은 중생을 교화하겠다는 자신自信과 원願을 발하게 하고, 이러한 원이나 염두念頭를 발할 때마다 대중은 칭찬하며 존경하는 뜻을 표하되 오직 그의 작은 힘에 도움이 되고자 노력하며, 가능한 정도에서 자발적으로 돕는 마음을 상하지 아니하도록 노력하였다. 나태가 생길 때에는 원인을 찾아서 그것을 피하게 한 후 좋은 말로 위로하여 원기를 회복하게 할지언정 나무람으로 상기傷氣됨을 피하고, 자주 기회를 보아서 비유로 정진을 권고하여 질문하도록 하였다.

20세 때에는 빈객 접대를 수행하도록 하여 사교에 상식을 쌓은 후, 기機(부처의 가르침에 접하여 발동되는 수행자의 정신적 능력)의 숙련 정도를 보아서 혼자서 사교에 임하도록 하였다. 이 시기가 인생 번뇌 시대를 좌우하는지라 이성 간 사교에는 반드시 그가 존경하는 이로 수행하게 하되, 자주 해부학적인 인체의 허가虛假(미더움이 없는 사물)를 알도록 하여 인체미(용색미)가 일시적이어서 영원의 애착을 줄 수 없다는 습관을 양성하였다. 이로써 일시적 애착이 우치愚癡임을 알도록 한 후, 영원의 미, 정신적 미, 믿을 만한 미, 동취미同趣味의 미를 실행하게 하여 일정한 인생관을 가지게 하였다. 또한 이것을 견고하게 하기 위하여 22세 때에 250계를 주어 혼자서 수양할 수 있는 용장勇將(용맹스러운 장수)을 만들었다.

세계로 나간 불교

쿠시나가라의 비운으로 교주를 잃은 불교단은 고덕高德 오백 명을 모아 라자그리하(왕사성王舍城) 교외에서 마하카시아파를 회주로 추대하여 아난다로 하여금 불설 편찬에 종사하게 하니, 이것이 제1차 결집이다. 그 당시의 결집이라는 것은 그 의미가 기독교에 있는 콤만타레Commantare•와 달라서 기

•   원서에는 콤만타레Commantare로 되어 있으나, '주석, 주해'의 뜻을 가진 스페인어 '코멘타리오comentario'로 추정된다. _편집자 주

록한 것이 아니요, 오직 인도 재래 방식에 의하여 구송口誦하였나니, 베다 경전들이나 브라만 경전의 보전 방식과 다르지 아니하였다. 그러므로 제1차 결집을 했음에도 경전 구송이나 교통의 불편으로 교도教徒 간 연락이 샤키아무니 재세在世 때에 비하여 쇠한 감이 없지 못한 중, 중심적 인물을 잃은 교단은 별로 볼 만한 것이 없었다.

이러한 상태에서 불교단은 성자 시멸示滅 후 200여 년간을 갠지스강 유역을 벗어나지 못한 채 정체되어 있었다. 그러다가 기원전 272년에 마우리아 왕조의 계통을 가진 아소카왕이 마가다성에 수도를 두고 전 인도를 통일하여 대제국을 건설하고 불교에 귀의하여 선전 사업에 종사하게 되었다. 왕이 니그로다Nigrodha 고승에게 우파사카upāsaka(우바새優婆塞) 계를 받기는 기원전 261년이다.

아소카왕은 전 인도 내에 사원과 탑묘를 세우고, 한편으로 포교사를 양성하기 위하여 담마마하마트라Dhammama-hamatra(대법관大法官)라는 관부를 세우고 경전을 번역하여 국내에 선교함으로써 처음으로 국외로 포교사를 파견하는 과정에서 제3결집을 이루니, 이것은 글로 기록한 경전이었다. 이러한 경전은 국외로 보냈나니, 당시 포교사의 소지품은 경전과 불상이었다. 육로로 버마(미얀마)·시암(태국) 또는 티베트·천산남로天山南路를 넘어 전하고, 해로로는 실론(스리랑카의 옛 이름) 내지 수마트라(인도네시아)까지 영향이 미쳤나니, 이렇게 불교가 세계적으로 선전된 것이다.

대승불교의 탄생

아소카왕 선교 운동으로 인하여 불교의 저술이 흥행하게 되고, 이것으로 인하여 학자가 생기는 중, 아슈바고샤(마명)가 브라만 학자 중에서 중진임에도 불교에 입교하여 많은 저술을 두게 되는데,《마하야나 스라도트파다샤스트라Mahāyāna śraddhotpādaśāstra(대승기신론大乘起信論)》같은 것은 참으로 걸작이라 아니할 수 없다. 그는 시인이었으므로 샤키아무니의 전기傳記를 각본으로 만드는 중에《붓다차리타Buddhacarita(불소행찬佛所行讚)》를 저술하니, 이 저술 속 샤키아무니는 종래의 샤키아무니와는 달랐다. 이 대시인이자 대사상가인 아슈바고샤는 그가 바라고 숭배하는 원만한 인격을 이 저술을 통하여 발표한 것이다. 이 저술은 당시 철학 사상에 원천을 만들어서 학자 계급의 완명頑冥(고집이 세고 사리에 어두움)을 타파하는 동시에 인류 정신생활의 향상을 꾀하였다.

결국 많은 학자로 하여금 일종 진화된 불교를 조직함에 이르나니, 이것이 현재 대승불교의 시초이다. 누가 보아도 이것이 샤키아무니의 이상이 아니라 할 수 없다. 동시에 기억할 것인즉 샤키아무니 당시 인도 대승이 이것을 이해할 수 없었다. 설사 성자가 설명하였다 가정하더라도, 결국 성자의 이상을 아슈바고샤에 의해 발표하였다는 견해가 없지 않았다. 이러한 의미에서 아슈바고샤를 성자의 후계자라 아니 적을 수 없다. 이는 불교철학을 계속한 이라 아니할 수 없다.

대승불교의 완성

아슈바고샤의 운동이 원인이 되어 나가르주나(용수)가 있게 되니, 그도 역시 브라만의 사상가요 저술가였다. 형제 두 명과 함께 브라만적 정신계에 중진으로 있다가 불교에 귀의하여 아슈바고샤의 사업을 계속하던 중, 아슈바고샤의 대승불교 운동으로 인해 생긴 불교의 갈등을 없애고자 대대의부大大義部를 창설하여 자주 소승불교 학자와 왕래하니, 그는 실로 정신계를 대표하는 정치가였다. 그러므로 그의 표면과 의의는 극히 단순한 비크슈bhiksu(비구比丘)였다. 그는 승려의 생활 방식은 소승불교에 의하고, 포교인즉 대승불교에 의해 행하려 노력하였다. 그래서 회삼승 귀일승會三乘 歸一乘(3승을 모아서 1승으로 돌아간다)하는 《삿다르마 푼다리카 수트라(묘법연화경)》《마하바이풀랴 붓다바탕사카 수트라Mahāvaipulya Buddhāvataṃsaka Sūtra(대방광불화엄경大方廣佛華嚴經)》등을 비롯한 대대의경전大大義經典을 완성하였다. 이것이 대승불교의 완성이다. 이 대대의부는 전부가 철학이라 할 만하다. 이것이 인류 정신계의 향상, 없지 못할 또 잊지 못할 대저술이라 아니할 수 없다.

그는 일찍이 그리스-박트리아 왕 메난드로스와 친교를 맺었나니, 메난드로스는 실로 알렉산더 전쟁 때에 종사하였던 왕후王侯 중 한 명이다. 그 당시 대화인즉 전부 아비달마장阿毘達磨藏에 속하였나니, 그중 《밀린다팡하(나선비구경 또는 밀린다왕문경)》가 그것이다.*

나오며

샤키아무니의 후계자인즉 실로 많지마는 이것으로 마무리 짓는 것에 미안하다. 이것은 실로 유럽과 미국의 학교클럽에서 하는, 새로 귀국한 학우를 위한 환영회 자리에서 할 이야기에 불과하였으므로 많은 준비를 가지지 못하였던 것이 유감이지마는, 일단 이것에 두고자 한다.

　동시에 대인격의 이야기를 우리 지식인들 앞에 소개하고자 할 때 자가自家의 불충분임에도 귀한 시간을 소비하게 하여 미안함을 느낀다. 모든 부원제현部員諸賢이 사랑하여 주신 후의厚意를 오직 한마디로 "감사합니다" 하고자 한다.

1월 15일 돈암리에서

《조선일보(1926. 2. 3.~1926. 2. 16.)》

• 　나가르주나(150?~250?)를 나가세나Nāgasena(BC 2세기)로 혼동한 듯하다. 메난드로스 1세와 문답을 나눈 것으로 알려진 당시의 인도 승려는 나가세나(나선那先 또는 나가서나那伽犀那)이며, 기원전 150년경의 사람이므로 약 150~250년 사이에 살았을 것으로 추정되는 나가르주나와는 전혀 다른 인물이다. 그리스계 왕 메난드로스 1세가 당시의 인도 승려 나가세나에게 불교의 진리에 관해 문답을 나눈 내용을 후대에 팔리어로 기록한 것이《밀린다팡하(밀린다 왕의 질문)》이다. _편집자 주

샤키아무니

두 가지 우주창조설

'우주宇宙'라는 문자는 줄잡아도 원시인류를 가장 많이 고생시킨 문자들 중에 대표라 하지 아니할 수 없다. 원시인류가 이 문제에 대하여서 고생한 결과, 후예인 우리가 그것을 가지었나니, 이것이 아직도 우리 염두에 놓이게 되는 창조설들이다. 이것을 우리가 볼 때에 그들의 고심苦心도 동정하지마는, 동시에 인류 사상 발달사의 견지로 보아서 참으로 흥미 있는 것이다. 이런 것을 종교가들은 종교의 시초라 하겠지마는, 현재 종교라는 것은 결코 신앙의 대상을 외경하는 것으로 능사를 삼는 것이 아니요, 가장 안전한 방법으로 우리에게 위안을 주고 우리의 지능을 향상시킴에 의하여 인류 생활의 취미 방면을 확장하여 전 우주와의 조화를 얻고자 하는 것을 자신의 임무로 삼지 아니하면 아니 하게 되었다. 이 점에서 물론 플라톤Plato(B.C.428?~B.C.347?)이나 아우구스티누스Aurelius Augustinus(354~430)의 종교적 단안斷案은 다 인문이 유치한 시대에 적당한 것이라 여기에서 더 이야기할 필요가 없겠다.

그러므로 우리는 이것을 가지고 이러니저러니 할 것 없이 인류 사상 발달사의 견지로 이야기하고 연구하여보는 것이 필요한 줄 안다. 그러니까 방식이야 철학적으로 되겠지마는 그렇게 치우치어서는 너무나 재미없으니까, 우리는 가능한 정도에서 색안경을 벗어놓고 사실만 가지고 연구하는 것이 학술의 사명인 줄 자각하여야 한다.

이 우주를 누가 만들었을까? 혹은 우주 스스로 정한 원인과 결과로 되었을까? 의문은 장구한 세월에서 원시인류의 두뇌를 괴롭게 하였다. 그러므로 태초·혼돈·홍몽·무극 등의 문자는 다 암흑을 표징한 것이니, 그 당시에 인류들이 먼저 암흑한 밤의 관념을 재미없게 가지었던 것이 사실이다. 이 암흑한 상태에 있는 우주는 원시인류에게 아무것도 없는 것이라는 인상을 주었다. 그러나 광명이 와서 암흑으로부터 삼라만상을 보게 하는 순간에, 우주의 물체들이 규칙적이고 정연하며 순서적이고 정돈된 것이, 마치 의지 있는 무엇이 만들고 정돈하여놓지 아니하였나 하는 생각을 원시인류는 가지게 되었다. 또 이것을 누가 만들었다 가정한다면, 그 누구는 당연히 자기들에 비하여서는 능력자겠다 생각하였다. 즉 전지전능Omni-Science, Omni-potence한 존재겠다는 관념을 주었다. 그래서 창조의 신은 전지전능하다 하여 창조설의 일단락을 지은 것이다. 이와 같은 생각은 비교적 단순한 원시인류가 이 우주를 오직 광명에 의하여 보았음으로 기인한 것이다. 그러나 그들은 얼마 후에 광명을 전지전능한 신으로 하기에는 부족한 점을 발견하였으므로, 일정한 신을 만들게 된 것 또한 기이한 광경이 아니라 할 수 없다. 예를 들면, 유대 민족들이 이와 같은 관념을 가지었다. 구약의 기록을 보면, 태초엔 광명을 창조신이라 생각하였다. 이와 같은 관념을 나는 외래적 창조설, 즉 천래적 광명으로 된 창조설이라 하고 싶다.

이와 같은 관념은 유대 민족뿐만 아니라 많은 고대 민족에서 볼 수 있다. 중국인도 태초엔 무극인 것이 다시 양의兩儀를 낳았다 생각하였나니, 양의는 별것이 아니요, 명明과 암暗이다. 또 인도에서도 볼 수 있나니, 이 우주를 광명이 만들었다 하여서 광명의 신인 인드라를 숭배한 흔적을 우리는 베다에 의하여 볼 수 있는 것이다. 이와 같은 생각이야 물론 단순하다 하겠지마는, 이것이 단순한 만큼 이면에서인즉 참으로 부자연한 의식이 생기었다. 이 우주는 신의 노리개요 소일적으로 만들었다 생각하였으므로, 모든 것이 신의 사유물이라 생각하였다. 심지어는 인류도 창조물 중에 하나이므로 신의 노예는 물론이요, 인류의 생명과 안일安逸이라는 것은 인류 스스로에게 필요한 것이라기보다 신의 자비에 의해 좌우될 것이므로 신에게 아첨하기 위하여서 인적 공희를 행하였다. 아브라함Abraham이 그의 아들 이삭Isaac을 신께 드리려 하였음*은 유대 민족의 예요, 아가멤논Agamemnon의 딸 이피게네이아Iphigeneia**나 오직 디오티마Diotima*** 여신을 숭배함으로 아크로폴리스에 있는 많은 남신의 노여움을 사게 되니 소크라테스Socrates(B.C.470?~B.C.399)가 독약을 먹고 죽은 것이 당연하다는 것은 그리스 민족의 예이지마는, 인도의 경우는 참으로 불가형언不可形言(말로는 가히 다 나타낼 수 없음)이었다.

다시 한번 생각하여보면, 이 우주를 신이 만들었다 생각한 것도 사람이 생각한 것이요, 광명에 의하여 암흑으로부터 이

---

* 구약성서 〈창세기〉에 나오는 내용으로, 아브라함은 그의 신앙심을 시험하려는 기독교의 신 여호와에게 맏아들인 이삭을 제물로 바치라는 명령을 받는다. 이에 아브라함은 아들 이삭을 데리고 산으로 올랐다. 산정에 이르러 단을 쌓고 이삭을 제물로 바치려 하니, 천사가 나타나 "그 아이에게 손대지 마라. 그에게 아무 해도 입히지 마라. 네가 나를 위하여 너의 아들까지 아끼지 않았으니, 네가 하느님을 경외하는 줄을 이제 내가 알았다(〈창세기〉 22장 12절)" 하며 막았고, 이에 아브라함은 근처 수풀에 뿔이 걸린 숫양을 대신 바쳤다. _편집자 주

** 그리스 신화에 나오는 미케네의 왕 아가멤논의 딸로, 아가멤논이 사냥의 여신 아르테미스Artemis를 진노하게 만든 탓에 바람이 전혀 불지 않게 되었으므로, 트로이 원정길에 나선 그리스 군대가 2년 동안 출항할 수 없었다. 아가멤논은 예언자 칼카스Kalchas의 의견에 따라 이피게네이아를 아르테미스 여신에게 바치려고 하였다. 그녀는 영웅 아킬레우스Achilles와 결혼한다는 구실로 고향에 불려와 여신의 제단에 제물로 바쳐질 뻔하였으나, 그녀를 불쌍히 여긴 여신이 한 마리의 사슴을 그녀 대신 제물로 바치게 하고, 그녀를 여신의 신관으로 삼았다. _편집자 주

*** 플라톤의 《향연》에 등장하는 인물로, 작품 속에서 소크라테스는 그녀의 입을 빌려 에로스 예찬의 연애관을 말하는데, 육체의 아름다움에서 영혼의 아름다움으로, 나아가 아름다움 그 자체의 관조에까지 도달하는 것이 올바른 연애의 과정이라고 주장하였다. _편집자 주

우주를 본 것도 사람이 본 것이지, 최고의 신이 있어서 보라고 하고 "내가 만들었노라"라고 하여서 비로소 믿게 된 것은 아니다. 그런즉 최고신이라는 것은 다른 것이 아니요, 인류의 사색에서 나온 수확물에 불과하니라. 인류 사색에 근거를 둔 신이고 이 신이 전지전능하여서 우주를 만들었다면, 결국은 사람이 만든 어떠한 사색이 이 우주를 만든 것이다. 그러면 이 우주라는 것은 우리가 인식함으로 비로소 우리 사색 중에 있게 된 것이다. 그러므로 우주의 범위는 인문의 발달에 의하여, 즉 우주 사물이 인류 사색 중에 인식됨을 따라서 광대하여지는 것이다. 예를 들면, 현미경을 발명하기 이전에는 인류가 가진 우주는 그만한 작은 물체를 가지지 못하였다. 역시 모든 과학상으로도 그러하다. 이러한 해석이야 칸트 Immanuel Kant(1724~1804)의 말을 아니 가지고도 잘 알 것이다. 그러나 우주 자체인즉 모든 것을 구비하였다. 이 구비한 우주를 아직 알지 못한 것은 인류의 불충분이요, 우주 자체와는 무관한 것이라 하리라마는, 이것은 의식철학적 사명이요, 여기에서는 논지에서 벗어날 염려가 있으므로 생략하고자 한다.

　이상과 같은 관념을 토대로 우주를 설명한 것을 우리는 내적 창조설, 즉 인간의 마음으로 창조하였다 한다. 이것은 인류무능설의 반대로, 인류만능설 혹은 인류중심설이다. 오히려 인류의 향상을 확신한 것이다. 사람이 없고는 이 우주가 스스로 존재할 수 없다는 말이다. 그러므로 우리는 여기에서 두 가지의 창조설을 보게 된 것이다. 이것을 주장한 실제 예를 보자면, 우리는 부득이 샤키아무니의 설명을 연구하는 것이 보다 필요한 줄 생각한다.

샤키아무니의 우주관

샤키아무니가 생각하기를, "불성佛性(각성覺性)이 이 우주를 통어統御하였다" 하였다. 이 불성이라는 것은 삼라만상치고 없는 데가 없다. 그러나 오직 무시이래로 아비디야(무명)에 의하여 미혹하였다. 미혹함의 정도를 따라서 보디사트바(지인智人)도 있고 우인偶人도 있다. 금수·곤충 등 유정有情도 있고, 초목·토석 등 무정無情도 있다. 이 미혹함은 결코 다른 무엇으로부터 받은 것이거나 최고의 법정이 있어서 심판된 것이 아니요 오직 스스로가 된 것이니, 일정한 원인과 결과로 이와 같이 된 것이다. 그러므로 반미환오返迷還悟(미혹에서 벗어나 깨달음으로 돌아옴)하는 것도 결코 남의 힘으로 한다기보다 자기 스스로가 할 수 있다는 것이다. 미혹함에 대해 그가 말하기를, "유여미인 사방역처猶如迷人 四方易處(미혹한 사람이 사방을 바꾸어 앎)"라 하였다. 이와 같이 일정한 원인과 결과로, 모든 생물의 바람에 의하여 우주가 이 꼴로 우리에게 보이게 된 것이요, 누가 만든 것은 아니라 생각하였다. 이러한 생각에 대해 그가 말하기를, "약유일인 발진귀원 시방허공 실개

소운若有一人 發眞歸源 十方虛空 悉皆消殞(만약 어느 한 사람이라도 진리를 발하여 근원으로 되돌아가면 시방의 허공이 모두 사라져 없어지리라)"이라 하였다. 그리고 통괄적 관념을 가지고서 말하기를, "약인욕료지 삼세일체불 응관법계성 일체유심조若人欲了知 三世一切佛 應觀法界性 一切唯心造(만약 과거·현재·미래 삼세의 일체 부처님을 알고자 한다면, 마땅히 법계의 성품을 보아라. 일체가 오직 마음으로 만들어낸 것이니라)"라 하였다. 그러면 모든 만유가 각성을 가진 것으로 보아서는 삼세, 즉 과거·현재·미래의 만유는 다 불佛(각자覺者)이다. 많은 현실 세계에 미혹하여 이와 같은 우주를 볼 때에는 모든 것이 유심소조有心所造(오직 마음이 만든 것이다)겠다 함이다. 불교도들은 불성을 설명하기를, "처생사류 여주독요어창해 거열반안 계륜고랑어벽천處生死流 驪珠獨耀於滄海 居涅槃岸 桂輪孤朗於碧天(생사의 흐름에 처하여서는 밝은 구슬이 홀로 광활한 바다에 빛나는 것과 같고, 열반의 저 언덕에 걸터앉아서는 둥근 달이 푸른 하늘에 외로이 밝은 것과 같다)"라 하였다.

그러므로 이 우주는 결국 모든 생물의 바람으로 된 것이다. 그러나 되기는 되었지마는 어찌하여서 지속하느냐 하는 대답인즉, 이것을 지속하게 하는 원인이야 물론 많은 조건이 있지마는 심히 중요한 것인즉 살생殺生·투도偸盜·망어妄語·음주飮酒·사음邪淫 등이요, 이것을 하게 하는 동력인즉 탐·

• 《화엄경》〈보살설게품菩薩設偈品〉._편집자 주

•• 《금강경오가해金剛經五家解》._편집자 주

진·치라 하였다. 이것이 모든 생물의 주인이 됨으로 인하여 불철저한 생활을 지속하게 되는 것이다. 그러므로 이것을 금하고자 한 것은 이스라엘의 종교에서 계戒로 정한 것과는 참으로 의미가 다른 것이다(이 계의 필요성을 설명하고자 하나, 지면의 부족으로 생략한다).

반미환오하는 것이 불교의 주요한 목적인즉, 이것을 함에는 상황과 생활 조건이 필요하다. 이 필요한 조건을 불충분하게나마 구비한 것은 모든 생물 중에 인류이다. 그러므로 그는 인신난득人身難得(사람의 몸으로 태어나기 어려움)이니 행봉인신幸逢人身(다행히 사람의 몸을 받음)이니 하였다. 그러므로 샤키아무니를 무신론자라 하는 동시에 인류중심론자라 하겠다.

이 말이야 물론 인류 사상 발달사로 보아서 없지 못할 발견이지마는, '어찌하여서 샤키아무니가 이와 같은 문제를 연구하게 되었는가?' 또 '어찌하여서 인도에서 이 말을 하게 되었는가?'를 생각하여보지 아니할 수 없다. 종교적 의미로 보아서 물론 그는 성인聖人이요 인도는 성지聖地라 하면 아주 단순하게 될 듯도 하지마는, 현재는 20세기라 1세기나 2세기적 방식을 가지고는 될 수 없을 것이다. 우리는 추호라도 합당한 이유가 없어서는 만족할 수 없다. 그러나 이유를 알고 보면, 그 당시의 인도는 악지惡地 중에도 참말로 없지 못할 악지였다.

신우주관을 요구하였던 인도 사회

기원전 1500년경에 아리안족이 인도를 정복한 후 신권정치에 의하여 전 인도를 통치하였나니, 이것이 소위 브라만교의 교정敎政이나 교리敎理였다. 브라만교의 창조설에서 말하기를, 브라흐마 신이 하늘로 내려와서 우주 만물을 창조한 후네 아들을 낳았다 하였다. 첫 아들은 신의 머리로 낳았으니, '브라만'이라 하고 이들의 직업은 승려이다. 신의 의사에 의하여 다른 형제를 통치하고, 학술과 의식에 종사하며, 생계인즉 다른 동생들의 공희에 의하여 채우고, 또 신의 뜻에 따라 통치하되 모든 것을 벌할 수 있나니, 이들은 정복자인 아리안족이다. 둘째 아들은 신의 가슴으로 낳았으니, '크샤트리아'라 하고 이들은 고급 정치가, 즉 왕족 및 고관이다. 이들은 브라만을 통하여오는 신의 의사에 의하여 정치하고, 동시에 브라만을 보호한다. 셋째 아들는 신의 음부로 낳았나니, '바이샤'라 하고 이들은 상공업에 종사한다. 이들은 공납을 통해 브라만과 크샤트리아를 지지한다. 넷째 아들은 신의 발로 낳았나니, '수드라'라 하고 이들은 농사 및 천한 일에 종사한다. 이것으로 보면, 귀천을 막론하고 인도 토족을 노예화한 것이다. 이것이 브라만족의 교리요, 교정이다.

이 고식적 정복자의 신권정치인즉 장구한 세월을 두고 오는 중 부자연에 부자연을 더할 뿐이어서, 결국 전체 인도 대중은 공도동망共倒同亡(같이 넘어지고 함께 망함)할 무취미한 살

풍경을 만들었다. 물론 정복자들도 최초에야 이상적이라 하였을는지 알지 못하나, 그들도 인도 대중과의 이해가 깊어진 이상에야 어찌 이러한 차별적 제도를 좋아하였으랴! 더욱이 이 방식으로 장구한 세월을 진행할수록 정복자 자신까지 불리하여 참화를 면치 못하겠다 스스로 걱정함이랴! 이와 같은 생각은 정복자나 피정복자를 막론하고 전 인도에서 문제를 해결하고자 열중하게 하였나니, 시기는 기원전 600년경이다. 그러나 보통 문화 민족에게 없지 못한 결점인 구습관보수舊習慣保守는 이 문제를 해결하고자 하는 인도 대중에게 많은 고통을 주었던 것도 잊어서는 불가하다.

이 문제가 오직 단순하게 정치적 혁명만을 요구하지 아니하였고, 동시에 신新 우주관을 요구하는지라 많은 학자가 각각 자기의 처지에서 해결에 종사하였다. 이들 중에 고식적 방식으로나 복수적 방식으로 해결하고자 한 학자는 그만두고라도, 적어도 전 인류의 행복을 위하여 해결하고자 한 학자를 말하자면 약 7인을 꼽을 것이다. 이들 7인 중 오늘날까지 인류에게 많은 행복을 주게 된 인물로 말하면 2인을 꼽으리니, 하나는 샤키아무니 가우타마요, 다른 하나는 마하비라 니간타 나타푸트라이다. 전자는 불교의 교주이요, 후자는 자이나교의 교주이다.

싯다르타의 탄생과 출가

북인도 카필라성의 성주 숫도다나 왕이 한 아들을 낳으니, 이름은 싯다르타이다. 이 카필라성은 가까운 마가다성과 함께 상키야 학파의 근거지인 것이야 지금 새삼스럽게 더 이야기할 필요가 없다. 상키야 학파의 원조인 카필라로 숫도다나 왕이 거주하는 성의 이름이 된 것으로만 보아도 상키야 학파와 인연이 깊은 것을 충분히 짐작하리라 한다.* 어린 싯다르타는 생후 7일에 사랑하는 어머니를 잃고 이모에게 양육을 받게 되니, 숫도다나 왕의 만득晚得(늙어서 낳은 자식)이라 강보襁褓(어린아이의 작은 이불. 강보에 싸여 있는 어린아이를 이르기도 함)에 대한 애정이 비할 데 없었다. 싯다르타의 유년 교육인즉 문예·수학·철학이니, 그가 상키야 학파의 유족인 까닭이다. 또 그는 왕태자이었으므로 무예 또한 겸비하였다. 이것들은 우리가 그의 전기傳記에 의하여 잘 아는 것이다. 어디를 막론하고 소년 왕자의 공고심貢高心은 없을 수가 없거늘, 하물며 지혜와 재주를 겸비한 소년 싯다르타이랴! 그의 지위가 이와 같음에도 그의 공고심은 자주 승려 계급인 브라만들로부터 상하였나니, 예를 들면 걸인과 비슷한 브라만들에게 예의를 갖추는 것 등이다. 이것이 동기가 되어서 어린 싯다르타는

---

* 카필라Kapila는 고대 인도의 철학자이자 선인仙人으로, 기원전 5세기경 상키야 학파를 창시했다고 알려져 있다. '위대한 선인' 또는 '현인'이라는 뜻의 '마하리시 카필라Maharishi Kapila'라고도 한다. _편집자 주

비로소 인도 사회가 해결하고자 하는 사회제도를 연구하게 되었다. 물론 종교적인 성인이라면 모든 것을 우연히 알아서 별로 신기한 것이 그리 없지마는, 샤키아무니는 인류다운 성자요, 천재라 이러한 기회를 그저 버리지 아니한 것은 우리에게 흥미를 주는 것이다. 이 사태를 연구하고자 하는 태자야 당시 사회를 직접 관찰하고자 하였으리라마는, 궁전에 있는지라 쉽지 아니하였다. 그러나 이것을 단행하였나니, 《팔상록》의 〈사문유관상〉*에서 이것을 볼 수 있다.

인도 형편을 직접 본 태자는 그가 가진 연구가 깊고 절실할수록 세상일에 소홀하게 되었나니, 그가 해결하고자 하는 문제에는 정치보다도 신우주관이 필요하겠다 생각하였다. 그래서 이것을 하고자 하는 싯다르타에게 왕위 같은 것은 참으로 무용지물無用之物이었다. 중대한 문제를 해결하고자 결심한 태자는 한적閑寂을 좋아하고 세상일에 뜻이 없는 것이 행동으로나 언사로 드러남에 따라, 태자의 탄생으로 화기和氣를 얻었던 정반왕궁淨飯王宮**은 다시 수심만중愁心萬重으로 변

---

* 싯다르타가 사방의 문으로 나가 중생들의 고통을 보고 출가를 결심하게 되는 과정을 보여준다. 동문 밖에서는 몸이 늘어 쇠약해진 사람, 남문 밖에서는 병들어 고통받는 사람, 서문 밖에서는 죽은 이를 싣고 가는 장례 행렬, 북문에서는 평온하게 수행하는 승려를 보게 된다. 싯다르타는 자신의 어리석음과 궁중 생활의 허무함을 느끼고 수행자로서의 삶을 살기 위해 출가를 결심한다. _편집자 주

** '정반淨飯'은 싯다르타 태자의 부왕인 숫도다나 왕의 한자식 이름으로, 정반왕궁은 숫도다나가 있던 궁전을 뜻한다. _편집자 주

하였다. 한편으로 태자를 회개시키고자 3좌의 궁전을 신축하고, 야소다라(야수다라)를 택하여 태자와 성혼케 하며, 5백 명의 가녀歌女와 5백 명의 무녀舞女와 많은 미색美色으로 하여금 태자를 모시게 하였다. 동시에 학업을 폐하게 하여 태자를 방일放逸한 생활로 인도하고, 다른 한편으로는 궁금宮禁을 엄히 하여 문의 개폐를 일정한 시간으로 하며, 태자의 소리가 원근遠近에 달하게 하여 태자의 동정動靜을 살피었다는 것도 이 당시의 한 사건이다.

　보통 심리학적 경험에서 보더라도 한쪽에서 금하면 다른 한쪽에서는 기어이 행하고자 하거늘, 하물며 자신이 하는 연구에 목숨을 다 바치고자 하는 천재적 태자이랴! 부왕의 고심으로 된 설비는 태자의 호의를 사기는 고사하고 인간미의 불충분만 태자에게 전개한 셈이다. 그는 일찍이 말하기를, "뇌유일의 약사이동 보천지인 무능위도자賴有一矢 若使二同 普天之人 無能為道者(그런 것이 하나뿐이기에 망정이지, 그런 것이 두 개 있었다면 천하에 도를 이룰 사람은 아무도 없었을 것이다)"*겠다 하였다. 이와 같은 생각을 가진 태자에게 궁실의 거처는 참으로 불편하고 또 그의 연구가 선지자先知者를 요구함으로 인하여 그는 돌연히 궁실을 떠나고자 하였으나, 많은 장애적 시설은 자못 태자를 고심하게 하였다.

---

* 　여기서 '그런 것'은 색욕色欲을 의미한다. 《사십이장경四十二章經》 제24장 〈연색장도戀色障道〉._편집자 주

봄기운은 카필라성을 에워쌌고 신축한 궁전의 화초는 녹음을 이루는 중, 밤이 깊은 때라 궁전시위대와 전체 성 안 주민들이 달콤한 꿈에 취하여 적적천지寂寂天地를 만드는 중, 태자는 종자從者 한 명을 데리고 성의 방비가 허술한 곳을 통하여 당시 학자들의 수양지인 히말라야 산기슭으로 은신하였다. 오직 이슬을 머금은 숲만이 태자의 장쾌한 출가를 볼 뿐이었다. 이 순간에 태자의 심사心思야 물론 말할 수 없었나니, 그가 종교적 천재인 만큼 또 활남자인 만큼 다정한지라, 숙원宿願을 성취하는 순간에 물론 쾌감을 가졌겠지마는, 다른 한편으로 노부老父의 무의無依와 소처小妻의 애원哀怨을 두고 감에 어찌 느낌이 없었으랴. 그의 원대한 이상은 이 비애조차 생각할 수 없는 것이었던 것도 그의 인격적 요소의 하나라 아니 생각할 수 없다.

6년이라는 적지 않은 시간을 상키야 학파인 알라라 칼라마(아라라가란)와 웃다카 라마풋타(울두람불)의 문하에서 지내다가 상키야의 귀결점에 불충실을 발견하고 나서는, 돌연히 단특산을 향하여 다시 6년이라는 세월로 혼자 수행하느라 정좌靜坐(마음을 가라앉히고 몸을 바르게 하여 조용히 앉음)하였다. 지난날 궁실 생활을 낙樂의 극단이라 한다면, 이 당시의 참담한 고생이야 고苦의 극단이라 아니할 수 없다. 그렇다. 그는 얼마 후에 그때를 가리켜 강고강락降苦降樂하던 때라고 한 것도 이유가 있는 자백이다.

싯다르타의 난관과 깨달음

보통 연구에 경험이 있는 이라면 다 짐작할 것이나, 한 가지를 오래 생각하던 숙제는 보통 기이한 인연을 요구하여 발로되는 것이다. 칸트가 《순수이성비판Kritik der reinen Vernunft》을 쓰기 전에 한 것이나 뉴턴Isaac Newton(1642~1727)의 인력설이 사과의 낙하로 인하여 인연을 가진 것 등과 같이 단특산의 엄숙한 공기가 태자의 신경을 자주 성성惺惺하게 할 때, 새벽에 도는 밝은 별은 기이한 인연을 주어서 12년이라는 장구한 세월을 태자로 하여금 그냥 지나치지 않게 하였다. 이 밝은 별이야 6년간 정좌한 태자를 날마다 비추었겠지마는, 어찌 6년 후 납월臘月(음력 12월) 8일을 요구하였으며, 태자가 맹인이 아닌 이상에 어찌 이날에야 비로소 이 밝은 별이 눈에 띄었으랴! 우리는 이것을 시절 인연이 도래했다고 한다. 이 순간에 태자는 신우주관을 깨달았다. 이것을 연구하고자 모든 것을 희생한 것이다.

6년의 심사尋師(스승을 찾음)가 작은 것이 아니요, 6년의 정좌가 불충하지 않아서 결국 자신의 고향 땅에 도달하였다 하면 별로 신기할 것이 없다. 태자는 이것만으로는 만족할 수 없었다. 그렇다. 태자의 앞에는 지내온 것이 난관인 만큼, 보다 더한 난관이 태자를 향하여 오고자 하였다. 이 난관을 통과하지 못하면 오늘까지 하여온 신고辛苦는 수포가 되고 마는 것이다. 이와 같은 난관은 21일(혹설은 49일)을 다시 사마디(삼매)에 들게 하였다. 이 순간은 성자와 전 인도 대중, 아니 전 인류와 조화하고자 노력하였던 것이었다. 오늘까지 암흑한 대지는, 인류 스스로가 만든 잘못된 암흑은 성자의 광명으로부터 없어지지 아니하고자 반항하였다. 전 인류를 위해 이 광명으로 향상 도정을 비추고자 노력하는 순간이다. 아무리 진리라도 순조롭게 되는 법은 없다. 진리인 만큼 역조逆調(일의 진행이 나쁜 방향으로 되어 가는 상태)가 생기는 것이다. 이 역조가 많은 만큼 진리는 더욱 광채를 발하는 것이다. 진리의 대가를 요구하는 것이다. 우리가 건전지에 미력微力을 가지고 천선天線과 지선地線을 합할 때에 불이 반짝거리는 것을 본다. 그러나 여름철 장마로 전기가 공중에 발동되어 공중의 전기와 지하의 전기가 서로 합하려고 할 때는 우리는 우레라는 큰 소리를 듣게 되고, 결국 벼락이라는 것을 보게 되는 것이다. 이와 같이 성자와 전 인류가 합하고자 하거늘 어찌 큰 소리가 없었을까! 이것을 성자의 전기인 《팔상록》의 〈수하항마상〉에서 설명하였다. 그까짓 몇백만 마군魔軍의 위풍이며, 부드러운 침어낙안沈魚落雁(미인을 보고 물 위에서 놀던 물고기가 부끄러워서 물속 깊이 숨고 하늘 높이 날던 기러기가 부끄러워서 땅으로 떨어졌다는 뜻으로, 아름다운 여인의 용모를 이르는 말)이라거나 화용월태花容月態(아름다운 여인의 얼굴과 맵시를 이르는 말)라거나 경국경성傾城傾國(성도 무너뜨리고 나라도 무너뜨린다는 뜻으로, 한 번 보기만 하면 정신을 빼앗겨 성도 망치고 나라도 망치게 할 정도로 미모가 뛰어남을 이르는 말)의 용모만이 성자를 시험하였다 한들

어찌 만족하랴! 우리가 상상할 수 없는 난행을 능히 행한 성자라 대인격자라 그는 우리가 생각할 수 없는 난관의 시험을 많이 받았을 것이다.

그런즉 결국 이 난관은 다른 것이 아니요, 즉 3주간 성자의 고통기 중에서 내적 현상을 그린 데에 불과하니라. 단특산의 고행자인 성자야 이 순간의 그의 외면外面은 참으로 종용從容 (성격이나 태도가 차분하고 침착함)하였을 것이다. 오직 무엇이 보였다면, 난관을 하나둘씩 통과할 때마다 그의 얼굴을 장엄한 미소였을 것이다. 그렇다. 그는 그때를 연상할 때마다 응병여약應病與藥(병에 따라 약을 씀)이니 기유대소機有大小(틀에는 크고 작음이 있음)이니 근유심천根有深淺(뿌리는 깊고 얕음이 있음)이니 법유돈점法有頓漸(법에는 단박 깨닫는 돈교頓教와 점진적으로 수행하여 깨닫는 점교漸教가 있음)이니 한 것을 보면, 그 당시에 성자의 고통이 어떠하였는지 짐작할 수 있다.

그의 제자들은 성자가 깨달음에 이르던 시기부터 태자라 부르는 대신 '샤키아무니'라 하니, 샤키아는 '성姓'이요, 무니는 '성자' '수행자'라 풀이할 수 있다. 한문을 취음取音하면 '석가모니釋迦牟尼'라 한다. 그의 종교의 연동連動(잇따라 움직임)이나 혁명의 수단이나 집단의 방법은 여기서 생략한다. (한 달 전에 필자가 《조선일보》를 통하여 〈샤키아무니와 그의 후계자〉라는 제하에서 이야기한 바가 있으니, 그것을 보시면 짐작하리라 믿는다.)

불교의 전파

누구나 다 아는 바와 같이, 불교라는 것은 그 근원을 인도에서 발하여 단특산 동편과 인도양을 중심으로 하여 전해짐으로, 약 9억의 대중이 정신적 위안을 받게 되었다. 우리 반도에서는 1500여 년 이래, 즉 불교의 수입에 의하여 알게 된 것이요, 또 이것이 장구한 세월에서 전함으로 말경末境에는 불교 그것이 무엇을 의미하는 것인지 잘 이해하지 못함에도, 우부우부愚夫愚婦(어리석은 남자와 여자)라도 '부처님'이라면 좋은 것인 줄은 알았다. 이것이 속담으로 변하여 재미있는 말을 만들었나니, "십년 공부 도로아미타불(애쓴 일이 소용없게 되어, 처음의 상태로 되돌아간 것과 같음을 이르는 말)" "부처님 가운데 토막(마음이 지나치게 어질고 순한 사람을 이르는 말)" "산부처 같다(아주 착하고 어진 사람을 비유적으로 이르는 말)" 등이 있다. 더욱이 당시 정치에서 제외된 지방에서는 주민의 고적孤寂을 위안하여준 적이 많았나니, 아직까지 흔적이 보인다. 예를 들면, 북도 지방(함경도)에서 볼 수 있으니, 병을 치료하기 위하여 온천장 한증막에서 입장할 때 지루한 시간을 재미있게 소견消遣(어떠한 것에 재미를 붙여 심심하지 아니하게 세월을 보냄)하고자 혹은 종교적 신앙의 음호陰護(재난으로부터 보호함)를 입고자 '한 관음觀音' '두 관음' 내지 '천 관음' '만 관음'까지 세는 풍속이 있었고, 더욱이 여자는 백색의 두건을 썼나니, 모두 불교신앙적 유물이다. 그러나 근래에 와서는 이상을 아직 볼 수 있음에도, 불교라면 치병하는 방법이거나 예방약이 아니면 걸식하는 도구 정도로 생각한다.

유럽에서는 불교 이야기가 어떠한 지위를 가지었을까? 참 취미 있는 이야기이다. 유럽에는 우리보다 먼저 전해진 흔적이 있었다. 그리스 학자들은 알렉산더 대왕의 정복 전쟁 때에 종군하였던 왕후王侯(제왕과 제후)에 의하여 많은 영향을 받았다. 오직 불교가 그 당시에 교단教團을 가지지 못하였던 것은 이집트 선교사들의 종교 선전이 문화상으로나 지리상으로나 사업상으로나 중요한 위치에 있었던 까닭이다. 많은 그리스 학자가 이집트에 유학한 것 등이 그 예이다. 동시에 그리스는 인도에서 많은 수입을 하였다. 이것을 제1기라 하면 또 제2기가 있나니, 얼마 후 로마 황제 시대에 베드로Petrus가 예수의 성전聖典을 가지고 로마에 들어온 후 로마 민족은 예수를 신봉하게 되었다. 이 예수 성전 중 〈누가복음〉은 불교를 전한 것이다. 〈누가복음〉의 사명인즉 많은 예수 이전의 성신聖神과 성인들을 선전하여서 예수의 복음이 참된 것을 증명하는 것이었나니, 그중에서 유명한 성신 요사팟은 왕태자로서 부귀와 영화를 버리고 산중에 들어가서 단독으로 수양하여 정과正果를 이루었다는 기록이 있다. 이것이야 불교의 교주인 샤키아무니의 행적과 무엇이 다르지 아니하랴. 다만 그의 이름 요사팟에 대하여서는 근거를 찾고자 하였다.

세계 자연은 우리 인류에게 많은 편리를 주어서 학술의 진리를 발견하게 하였나니, 콜럼버스Christopher Columbus(1451~1506)가 신대륙을 발견한 후에는 교통이 빠른 속도로 발달하였다. 해양에는 기선汽船, 대륙에는 기차汽車가 매개되어서 민족과 민족 간에는 서로의 고유성을 서로 알게 되었나니, 그로 인하여 해석하지 못하였던 많은 사물이 그 진가를 가지게 되는 신기원을 얻었다. 이것이 동기가 되어서 각 민족의 고유한 신앙도 오직 신앙자에 의하여 해석함에만 만족하지 아니하고, 신앙하지 아니하는 민족도 학술적으로 연구하게 되었나니, 그에 의하여 우리는 비로소 비교종교학, 종교사, 민족심리학, 종교철학 등 새로운 이야기를 듣게 되었다. 이와 같이 쉬지 아니하고 연구하는 학자들은 결국 '요사팟'이라는 문자는 산스크리트어 보디사트바의 와전이요, 보디사트바는 불교의 교주 샤키아무니가 출가하기 이전에 앞에 붙이던 불교적 존칭이었나니, 보디사트바를 풀이하면 지인智人이다.

1926년 3월 22일 돈암리에서

《우라키 제2호(1926. 9.)》*

---

*   《우라키The Rocky》는 1925년 창간호를 시작으로 1936년 제7호까지 발간되었던 북미유학생 잡지이다. '우라키'의 현대어 표기는 '로키'로, 이 당시 영어 'R'의 발음을 실제와 비슷하게 표기하기 위해 'ㄹ' 앞에 '우'나 '으' 등을 덧붙여서 표기하던 관행으로 '우라키'가 된 것으로 보인다. 유학생들이 잡지의 이름을 '우라키'로 붙인 이유를《우라키 제2호》에 다음과 같이 밝혔다. 첫째 로키산맥이 북미 대륙의 등뼈 같은 큰 줄기를 이루는 산맥이므로 유학생들의 기상을 잘 표상하기 때문이고, 둘째 로키산맥은 매우 험준한데, 유학생들의 나아갈 길의 험난함이 이 산맥의 지세와 비슷하기 때문이며, 셋째 로키산맥의 기세처럼 유학생들은 '순결, 장엄, 인내' 등의 정신을 흠모하기 때문이다. _편집자 주

1. 논설   **131**

유사 이래로 철학상에 문제되는 지사智砂, Petra Sophiae 와 조금술造金術은 금일今日에야 해결할 수 있을까

개관

근래 세인의 주목을 쉬지 아니하도록 끌었던 신문과 잡지 등에서의 보도는 베를린 샬로텐부르크대학의 미테Adolf Miethe(1862~1927) 교수가 수은 원자를 분해하다가 그중에서 극소분의 금속 원자를 분해하여 금을 만들어본 것을 시작하여 뉴욕대학의 셸던Harold Horton Sheldon(1893~1964) 교수에까지 영향을 미친 사실이다. 유사 이래로 현재까지 많은 천재가 해결하고자 했던 문제를 이론으로부터 실현에 이르게 한 것이다. 이 사실은 역사 중에 칩복蟄伏(자기 처소에 틀어박혀 몸을 숨김)한 모든 철학자 또는 화학자들이 노심초사勞心焦思로 비극에 빠졌던 상태를 연상하게 한다. 예를 들면, 유럽 중세에 볼 수 있었던 '연금술사Archemist'들이나 반도의 '영사靈砂꾼'들일 것이다.

각 민족들에게 신통하고 조화롭게 여겨졌으며, 이것을 성공하면 어쩌면 신선이나 거부巨富가 되고 싶은 소원도 이룰 수 있게 해주는 것, 즉 화학자의 신령스러운 비밀과 실험과 또 신앙으로나 얻을 수 있는 것을 유럽에서는 '지사智沙(현자의 돌Petra Sophiae)'라 하고, 반도에서는 '영사靈砂'라 하였다. 이에 대한 그들의 이상은 대략 이와 같다. 유럽의 '지사'나 반도의 '영사'는 마치 인도인들에게 있는 '여의주'와 비슷해서 소원을 이루어준다고 믿었다. 즉 악인을 선인으로, 우치愚癡를 현성賢聖으로, 무식을 박식으로, 악지식을 선지식으로, 빈貧을 부富로, 최후에는 승운기부청천乘雲氣浮靑天(구름을 타고 푸른 하늘에 떠 있음)하며, 반로환소返老還少(늙음이 바뀌어 젊음으로 돌아옴)와 불로불사不老不死(늙지 않고 죽지 않음)를 성취할 수 있다고 믿었다.

이러한 견지는 반도나 유럽을 막론하고 의술가의 필수가 되어서 약석藥石(광물성 약물)을 사용하여 창생도제蒼生度濟(모든 중생을 제도함)하겠다고 생각하였고, 또 시용試用까지도 하였다. 그들의 이상이 이다지 초범超凡적이고 광대하여 현성賢聖에 비할 수 있음에도, 유럽의 연금술사나 반도의 영사꾼은 그들의 학술적 실험이 민중에게 이익을 보일 수 없을 때에는 '사기꾼'의 대명사로 변해서, 어느 누구를 막론하고 연금술사나 영사꾼이라는 문자만 들어도 아주 불미한 감정, 즉 위법자나 극히 부도덕한 사람이나 또는 사형 후보자나 다름없이 생각해왔다. 이러한 사실은 인류의 정신이 수천 년 이래로 얼마나 많은 계제를 지나 오늘날에 왔는가를 짐작할 수 있다.

이와 같은 서술은 무슨 필자가 미테 교수나 셀던 교수의 발명을 설명하고자 하는 것이 아니라, 근년에 와서 광선학光線學의 실험으로 생긴 모든 사건이 자연과학상의 근본 문제를 변하게 만든 것을 설명하고자 함이니라. 조금술造金術은 방문方文(조금법을 적은 종이)의 도움으로 흔한 금속을 변하게 하여 귀금속이 되게 하는 것이라서, 결코 19세기적 화학의 견식으로는 해결할 수 없다. 예를 들면, 모든 자연 즉 무량수無量壽(헤아릴 수 없이 오랜 수명)의 화학적 조직체들은 각개로 분해해서 일정한 수의 물체, 즉 화학자들이 아는 원소들로 일일이 분석하기가 불가능하였느니라. 이들 원소 중의 금도 원래 다른 금속들처럼 하나의 분자임에 불과하니라. 이것은 화학이 이들 원소를 종합도 분해도 하기에 가능하니라. 이 가능성은 오늘에 와서 흔한 금속을 가지고 귀금속을 만들 수 있게 하는 원칙이나 방식이 된 것이다.

장구한 세월은 학술로 하여금 그간 알지 못하던 것들을 간접으로 우리 인류에게 알려주는 임무를 버리지 아니하였다. 예를 들면, 한편으로 광선학의 연구로 말미암아 분석할 수 없던 원소들을 쉽게 분석 또는 분해할 수 있게 되었고, 다른 한편으로는 방문의 도움으로 즉 광선활력의 도움으로 종합체 중에서 각개의 원자들을 분해할 수 있게 되었다. 그러므로 전날에 불가능하던 원소 분해는 오늘날에는 문제도 되지 아니하는 동시에, 각개로 분해된 원자의 중량까지 측정하게 되었다. 이에 의하여 얻은 원자 중량의 경중은 귀가貴價나 염가廉價를 지시해주었느니라.

조금술의 역사

고대 유럽에서는 조금造金하는 비력秘力을 '연금술archenie'이라 명하였다. 이 문자는 화학사化學史에서 자주 볼 수 있다. 현재 고고학자들은 이것을 이집트 문자에서 발견하였고, 또 이집트로부터 근원한 것으로 본다. 이에 대한 증명으로 말하면, 근년에 발굴한 투탕카멘 왕묘가 가장 유력하다 하리라. 고대 이집트에서는 화공학적 금속을 다루는 직업까지 형성되었고 또 같은 금속류로 세공품까지 만들어서 사원이나 부녀자들의 장식품에 바쳤다. 이러한 직업은 특별히 신관들의 전문업이었다.

　이와 같은 예를 반도에서 찾아보면, 삼국시대의 승려들이 화공학적 금속으로 불상佛像과 불구佛具와 동고銅鼓를 만들어서 그들의 미술을 자랑하였나니, 예를 들면 금강산 유점사榆岾寺 53불佛은 구리 같아 보이나 실상으로 보아서 구리가 아닌 화학적으로 혼합한 금속이요, 공주 마곡사麻谷寺 중정中庭에 있는 탑관塔冠은 속칭 '풍마금風磨金'이라 하니, 이 역시 화학을 이용하여 혼합한 금속으로 바람의 마력磨力에 의하여 그 빛을 발하는 무가보無價寶(값을 매길 수 없을 만큼 귀중한 보물)이다. 또 반도의 종의 역사를 추적해보면, 종소리의 호불호는 화학적 혼합이 잘되고 못된 것에 달렸다 한다.

그 외에 무수한 작품, 즉 사원마다 거지반 있다시피 하는 조동향로鳥銅香爐, 소종小鐘, 풍경風磬 들은 다 귀금이나 비귀금속 등을 화학적으로 혼합하여 만든 것이다. 그다음에 왕공가王公家에서 특별 장식품을 구하고자 할 때에는 반드시 승려의 학술을 빌렸던 것이 당시의 공공연한 사실이었다. 불화佛畫를 그리고자 할 때도 화학으로 채색을 구하였다. 또 그 밖의 다른 일에 화공학을 이용하였던 것은 누구나 다 아는 사실에 속하는지라 필자의 매거枚擧(하나하나 들어서 말함)를 기다리지 아니하리라 본다.

고대 이집트 신관들은 수백 년간을 그들의 학술적 기술로 승사僧舍와 사원을 장식하는 동시에, 그들의 학술은 극히 비밀에 두어 당시 민중에게 신적 신앙이나 신적 비적秘蹟을 선전하였으며, 안에서는 전하고 또 전하여 수천 년간을 보전하였다. 이에 반하여 반도의 승려들은 그들의 학술적 기술을 가능한 대로 민중에게 가르쳤고 또 작품도 승사나 사원은 물론 민간에도 주었다. 그러나 승려들은 그들의 작품에 대해서 대가를 취하지 아니하였으므로, 민간의 작품 소유자들이 그 작품의 가치를 잘 인식치 못한 적도 없지 아니하였다. 또한 설혹 보상을 받는다 하면 그 금전은 사원의 공동 재산으로 축적되었다.

승려 스스로가 학식을 더 연구하고자 할 때는 인도나 몽골이나 중국에 유학을 하였다. 이들 승려 유학생은 문학·철학·종교철학·신학 등을 배웠다. 예술로는 성악·음악·작곡·조각·회화 등이요, 공학으로는 건축학·석공·철공·야공冶工 등이요, 화학으로는 금속의 혼합·채색의 제조 등이요, 그 외 광학·의학·약학·지리 등을 배웠다. 더욱이 조선시대에 들어서는 병법兵法도 버리지 아니하였다. 이것들을 증명하기에 족한 것으로 말하면, 현재 반도에 산재하는 심산궁곡深山窮谷에 있는 사원들이나 민간에서 부지불식간 습관에 의하여 사용하게 되는 화학적 물질일 것이다.

예를 들면, 문학·철학·종교학·윤리학·미학·논리학 등에서 적당한 저술은 원효의 《화엄경소華嚴經疏》, 함허涵虛(1376~1433)의 《원각경소圓覺經疏》, 지눌知訥(1158~1210)의 《수심결修心訣》 또 《유심결唯心訣》 등이다. 성악·음악의 대표로 할 만한 것은 중국이나 일본에서 예를 찾을 수 없고 있다면 오직 북인도·티베트·몽골 등지에서 들을 수 있고 우리 승려들의 전유물인 범음梵音과 그에 적당한 악기일 것이요, 작곡으로 말하면 현재까지 우리 음악계에서 사용하고 작자나 음보까지 없고서도 잘 행하는 〈대·중·소 영산곡靈山曲〉 등이다. 회화로는 각 사원에 산재하는 불화佛畫일 것이요, 조각으로는 불상일 것이요, 건축으로는 각 사원의 건축과 근고近古에 와서는 경복궁 내에 있는 근정전 같은 것이요, 석공으로는 경주 불국사를 으뜸으로 하여 모든 사원에 산재하는 것이다. 철공·야공·주철공鑄鐵工으로는 서울 종로 보신각에서부터 반도에 산재하는 것들이요, 화학으로는 사원이나 승사를 장식한 채색*이나 다른 금속류요, 광학으로는 수정으로 안경을 제조한 것이다.** 천문학은 사원에 닭 등 가축을 두지 못함으로 인하여 특별히 지전승려持殿僧侶(불전 청소나 향을 피우는 일을 하는 소임을 가진 승려)의 전문업이 되었고, 의학·약학·지리학은 탁발승의 부업이었다. 약학에는 역시 화학과 관계있는 영사꾼도 포함될 것이며, 지리학으로는 신라의 자장慈藏(590~658), 고려의 도선道詵(827~898), 조선의 무학無學(1327~1405)을 꼽으리라 한다.*** 병법으로는 용사龍蛇의 변變(임진왜란)을 연상하리라 한다.

고대 이집트 신관들이 그들의 미술을 사원·신화神畵·신구神具 등에 장식하였던 것은 왕묘 안에 있는 기구를 보아서 잘 알 수 있으리라 한다. 이들 작품은 대략 기원전 2000년 전에 만들어졌음을 추측할 수 있다. 그 후로 말하면, 남부 아라비아나 동부 아프리카 지방으로부터 수로水路로 유입한 금을 가공하거나 혼합하여 실용에 적당하도록 만들었던 것이 있다.

이상과 같은 도정을 거쳐 온 연금술 서적은 유럽에서 약

• 　조선 중엽에 와서는 중국으로부터 유입되었다. 특별히 '당채색'이라는 문자가 두루 쓰이기 시작한 때는 대원군이 경복궁 역사를 일으킬 때겠다.

•• 　근세에 와서는 민간의 일종 직업으로 형성되었지만 창조자는 승려였다.

••• 　나의 견식이 너무도 천박하므로 만 분의 일도 기입하지 못하였다. 여기에서 우리 고고학자를 요구한다.

4,000부 정도이다. 내용은 가공架空적 사색이나 신화적 술법에 불과하다. 이들 중에 문자들은 극히 난해할 정도로 기록되었다. 이 서적들은 그리스의 정신을 이집트 문화 위에다 얽어 세움에 불과하다. 그중에 신비적 방면으로 말하면, 신플라톤학파에서 많은 연구를 더하였다. 이들 연금법은 그리스에 있었던 이집트 신관들이 없어짐에 따라 수가 줄어들게 되었고, 또 국가 주권자들의 방해는 더욱 이를 부채질하였다. 로마가 성립됨에 따라 이 연금술사들은 실험을 더하여 금본위를 정하려 하는 정부를 돕고자 하였으나, 불행하게도 로마제국 시대에 와서는 배척당하였다. 로마제국시대의 은화 중에 많은 구리를 섞었음은 이에 말미암음이니라.

이상과 같은 무제한의 구리 혼합은 아우렐리우스Marcus Aurelius Antoninus(121~180) 황제 시대에 와서 50전의 은화가 15전으로, 즉 가격 하락으로 이어졌다. 이것을 발견한 로마제국 정부는 알렉산드리아Alexandria(로마의 상공업지였음)를 시작으로 296년에 연금술사들을 체포하고 연금술서를 불태우기에 이르렀다. 이러한 사실은 로마제국시대에 이집트로부터 온 연금술이 과도한 실험으로 말미암음에 쇠운衰運에 들었던 이유를 명시한다.

이렇게 한편으로 로마의 연금술이 쇠하자, 다른 한편으로 아라비아에서는 이에 대한 연구가 성행하였다. 그중에서도 아라비아 철학자 자비르 이븐 하이얀Jābir ibn Hayyān(721?~815?)을 꼽을 수 있다. 이 철학자는 현재 유럽 화학사에서 원조라 아니할 수 없는 지위를 점한다. 이 학설은 한편으로는 스페인을 거치고, 다른 한편으로는 십자군전쟁을 이겨 유럽에 유입된 것이다. 이 방면에서 유명한 학자로 말하면, 독일의 알베르투스 마그누스Albertus Magnus(1193?~1280), 영국의 로저 베이컨Roger Bacon(1214?~1294?), 스페인의 아르날두스 드 빌라노바Arnaldus de Villanova(1240?~1311?)와 라이문두스 룰루스Raimundus Lullus(1235?~1316?) 등 유수한 철학자들일 것이요, 또 신학 및 기독교철학의 중진이자 중세시대에 광휘를 홀로 발하던 토마스 아퀴나스Thomas Aquinas(1225?~1274?)도 숨길 수 없는 연금술사였다.

이 철학자들이나 신학자들의 이상은 흔한 금속을 변하게 하여 귀금속이 되게 하는 것이다. 그러나 그들의 방식은 금을 다른 금속과 혼합하겠다는 것보다 직접 금을 만들어보자는 것이었다. 이러한 신조는 인류의 정신적 능력이 족히 흔한 금속으로 귀금속을 만들 수 있다는 그리스 철학자들의 생각에서 비롯되었다. 특별히 철학의 중시조中始祖(쇠퇴한 학문 따위를 다시 일으킨 사람)이고 만반 과학의 원조인 아리스토텔레스가 저술한《자연학physica》에서 기인한 것이다. 이 학설로 말하면, "각종 원소들은 그 자체로 물질이 아니요, 물질의 형질이 각양으로 보이는 것이다" 하였다. 그러므로 '그 물질들은 분배分排할 수 있겠다' 생각하였다.

아리스토텔레스의 생각으로 말하면, 화火·수水·지地·공기空氣 네 가지 원소가 기반이 되어 처지와 사정에 의하여 일정한 형질을 보전하는 것이다. 그래서 이들 형질도 역시 네 가지로 나누었나니, 즉 열熱·냉冷·습濕·건乾이다. 각개의 원소는 2종의 형질을 가진다. (필자는 이에서 중국 철학인 음양설을 기억한다.) 예를 들면, 불은 건 및 열, 물은 냉 및 습, 흙은 건 및 냉, 공기는 습 및 열이라 하였다. 그래서 결국은 아래와 같다.

$$火 \; + \; 水 \; = \; 地 \; + \; 空氣$$
(건열)　(습냉)　(건냉)　(습열)

형질이 교환될 때마다 새로운 물질을 이루는 것이다. 그러나 결국 하나가 되고야 만다. 예를 들면, 불·물의 도합은 흙·공기의 도합과 비슷함에 말미암음이라. 이러한 견지는 아리스토텔레스로 하여금 '물질들은 각각 그의 형질들이 도합한 총체이거니' 하고 생각하게 만들었다. 이에서 각 물질의 형질들을 서로 바꾸면 조금造金할 수 있겠다는 신앙을 주게 된 것이다. 그런즉 여기에서 잘 기억할 것은 고대 그리스의 철학들은 자연철학이었던 것이다. 또 그 뒤에 아라비아 철학자 자비르 이븐 하이얀의 생각 역시 아리스토텔레스의 생각과 비슷하였음은 이들 연금술계에 유력한 희망을 주었다.

　이러한 실험은 금속류들의 조합이었고, 이들 조합은 수은과 유황을 가지고서 다른 금속들과 합하기도 하고 나누기도 하였다. 또 경우에 따라서는 순전히 수은과 유황만 가지고 조금하려 하였던 적도 없지 아니하였던 것을 보면, 반도의 영사꾼들이 수은·유황 및 구리를 대관절大關節(일의 중요한 마디, 요점)로 사용하였던 것과 비슷하다. 이것은 빛나는 수은과 황색의 유황을 합하여서 빛나는 황금을 만들어보겠다 생각하였음에 기인되었던 것이다.

이들 실험이 성공하지 못할 때에 그들은 '아직도 미비한 점이 있다' 생각하였다. 이 미비한 점이 '지사(현자의 돌)'였던 것이다. 지사는 신의 가피加被로나 얻을 수 있는데,* 이 지사를 가지면 무슨 흔한 금속을 귀금속으로 만들 수 있을 뿐만 아니라, 악인을 선인으로 또 반로환소返老還少라든지 만병통치萬病通治를 할 수 있다고 믿었다. 그래서 지사를 가진 사람은 수은이나 납을 용화鎔化할 때에 조금만 섞으면 그 전체가 금이 된다고 생각하였다.

이러한 예를 반도에서 구한다면 영사꾼들일 것이니, 영사를 9전轉**만 하면, 만병통치·성선成仙(신선이 됨)·이악변선以惡變善(악을 선으로 바꿈)·유호사해지외遊乎四海之外(사해 밖을 노님)·흡풍음로吸風飮露(바람을 호흡하며 이슬을 마심)로 장생불사長生不死하리라 믿었다. 어찌하여서 다전多轉한 영사를 귀하게 여기었는고 하니, 1전에서 3전까지는 흰색이요 극히 독하여서 생명에 위험하지만, 4전부터는 독도 없어지고 붉은 색으로 변하며 광채가 생기기 시작함에 의한 듯하다. 그러나

---

*   당시 학자들의 신앙이었다.

**   근래에는 좋은 '도가니'를 이용하여 백전百轉도 할 수 있다.

6, 7전부터는 극히 맹화猛火를 요구하고 도가니가 잘 파괴되는 까닭에 참으로 쉽지 못하였다. 이것에 종사하는 영사꾼들은 그들의 학술적 실험이 민중에게 이익을 주지 못하므로 생계의 불가능이라든지 서로의 불편이라든지 대중의 멸시로 인하여서, 민간에서는 행치 못하고 사원에서 승려들의 전업이 되었다. 또 영사 스스로가 신의 가피를 대해야 한다고 믿었으므로, 닭이나 개의 소리나 부녀자의 그림자를 피하기에는 사원이 적당하다고 생각한 것도 이유가 되었다. 설혹 9전까지 한 영사라도 효과를 보지 못할 때에는 그들이 믿기를, 신방神方에 위배되어서 신의 가호가 부족하다 믿었다. 연금술 서적 중에 기록된 방문과 규칙을 보면, 극히 변(남이 모르게 저희끼리만 암호처럼 쓰는 말)을 많이 써서 보통 사람이 이해하지 못할 만하였다. 그러한 것은 당시 연금술사들의 의무였다.

이와 같은 신조는 연금술에 종사하는 학자들로 하여금 그들의 실험에 쓰이는 기구의 명칭이나 또 다른 부속품 등의 이름을 극히 신비스러운 문자로 사용하기에 이르렀다. 예를 들면, 도가니는 '금신金神의 사원', 도가니의 바닥은 '혼원태초混元太初의 명冥', 도가니 뚜껑에 있는 수은의 작용으로 올라붙은 용액은 '부활復活', 용화된 액체는 '신수神水', 도가니 뚜껑에 붙은 금속을 떨어내는 망치를 '승려僧侶'라 명한 것 등은 연금술사들의 문서에서 볼 수 있다. 18세기 독일의 유명한 시인이었던 괴테도 어렸을 때에 연금술사들과 교제가 있었고, 또 연구하였던 것이 사실이다. 예를 들면, 그의 저술 중 특별히 걸작이라 할 만한《파우스트》제1편에서 이러한 흔적을 볼 수 있다.

> 내 아버지는 검은 장자長者였어.
>
> (중략)
>
> 그래서 연금술사와 한 패가 되어
>
> 침침한 부엌에 틀어박혀
>
> 수많은 처방에 따라
>
> 상극이 되는 약품들을 배합하셨지.
>
> 거기서는 대담한 구혼자인 붉은 사자獅子가
>
> 미지근한 물속에서 백합百合과 짝을 짓게 되었네.
>
> 그다음에 이 둘을 활활 타오르는 불꽃에 달구어서
>
> 이 신방新房에서 저 신방으로 몰아댔지.
>
> 그러자 오색찬란하게
>
> 젊은 여왕이 유리 그릇 속에 나타났어.
>
> (하략)

여기서 '붉은 사자'라 함은 산화수은을 가리킴이요 '백합(혹은 백색의 사자)'은 염산의 결정일 것이다. 이들 두 가지의 물질이 합하여 용화되면 적은 분량의 지사를 얻을 수 있나니, 이것을 '젊은 여왕'이라 하였다. 이것은 물론 각자 내부에서 진행된 원자의 합성으로 인하여 되는 것이니라. 이러한 방문方

文을 가지고 18세기에 많은 천재는 지사를 구할 수 있다고 믿었다. 비귀금속의 용화로 황색도 이루어내고, 또 보통 납이나 구리 안에 얼마간 섞여 있었던 금이 그들에게 희망을 준 것이다. 또는 시대마다 있던 유언객流言客(떠도는 말을 전하는 사람)이 연금鍊金이 가능하다고 선전하였던 것 역시 이에 영향을 주었다. 이러한 결과로 13세기에 혼합 금속으로 된 통화通貨도 만들었다. 1675년 레오폴드 1세Kaiser Leopold I(1640~1705, 재위 1658~1705) 시대의 통화에 새긴 글자를 보면 알 것이라 한다. 그 뒤에 비밀리에 지사를 소유한 민간인들이 있으리라 믿은 중세의 왕공들은 죄 없는 학자들이나 부호들을 사형하기도 하고 헤아릴 수 없는 재산을 낭비하기도 하였다.

조금술의 현재

현대에 와서는 원자론이 제기됨으로써 각개의 원자마다 하나의 태양계를 조직하여 자전과 공전을 행한다는 것을 알게 되었다. 원자 운행계의 중앙에는 태양계의 중앙에 있는 태양처럼 '원자핵'이 있다. 이것을 중심으로 자전이나 공전을 하는 것은 '원자의 전자'라 한다. 이 원자들이 자연에 준하여 완전히 하나의 작은 태양계를 형성하니, 각 '원자의 전자'들은 각각 자기의 궤도에서 공전과 자전을 행한다.

원자의 형태나 질량이나 크기는 물질에 따라서 다르다. 예를 들면, 하나의 수소 원자의 지름은 10^{-8}cm*이다. 수소 원자의 질량은 1.6730×10^{-24}g**이니, 이는 1/100m를 10으로 나누고, 이것을 다시 10으로 8번 나누기를 한 수이다. 이러한 원자는 액체이면 다량이고 고체이면 소량을 함유하나니, 예를 들면 1g의 물이나 108g의 은은 1024(즉 6.02×10^{23})의 원자들을 함유한다. 이들 숫자는 현재에 무기화학이 아직 그다지 발달하지 못하였으므로 대략 백 분의 1가량은 명백하리라 믿는다. 그러므로 이들 숫자는 모두 '대략'이라는 문자하에서 알아듣는 것이 좋다. 이유는 광선의 활력으로 겨우 난로의 틈으로 나오는 열기나 하늘의 푸른색들을 검사하였음에 불과하니라. 원자는 현미경의 도움으로 셀 수 있기가, 마치 육안으로 계란을 셀 수 있음과 같이 쉬우니라. 원자의 형질은 물질을 따라서 다르나 대부분은 결정체로 되었나니, 대략 고체 중에 있는 원자, 예를 들면 설탕 같은 것이나 격자형의 조직을 가진 소금 같은 것이다. 소금은 나트륨과 염소가 합한 것이나, 그 조직은 암염과 해염에 따라서 다르다.

이렇게 조직된 87종 원소적 원자들은*** 다시 2종의 전자로

---

* 수소 원자의 직경 10^{-8}cm를 피코미터로 환산하면 100pm인데, 보다 정확한 수치는 106pm이다. _편집자 주

** 원자질량단위 u로 환산하면 1.00784u이다. _편집자 주

*** 현재에는 원자번호 1의 수소에서 118의 우누녹튬까지 118종이 공인되어 있다. _편집자 주

성립되었나니, 즉 양전자positron와 음전자negatron이다.[*] 이들 전자는 아직 무기화학이 더 발명되기 이전인 오늘날의 학술 상으로 보아서 우주만상을 조성한 재료로 인증하였다. 전자는 무엇으로부터 되었느냐 하는 문제에 대해서는 훗날 다시 시간을 얻어서 적고자 하고 여기에서는 생략한다. 원자가 전자로부터 성립된 것은 X광선의 도움으로 조사한 것이다.

1부터 10까지의 원소는 수소, 헬륨, 리튬, 브릴륨, 붕소, 탄소, 질소, 산소, 플루오르, 네온[**]이다. 이들 원자들은 반분半分의 양전자와 반분의 음전자로 성립하였고, 성립된 후의 작용은 외면으로 보아서 중성이다. 수소 원자는 하나의 양전자와 하나의 음전자로 조직되었고, 헬륨 원자는 각 2개씩의 음양전자로 성립되어 차례로 수를 늘렸다. 우라늄 원자는 각 92개의 음양전자들로 성립되었다.[***] 양전자가 원자핵을 조직하여 원자 중심에 위치를 정할 때에 음전자들은 주변에서 일

---

[*]   현대 과학에 따르면, 원자는 원자핵과 핵 주위에 구속된 전자로 구성되어 있다. 원자핵은 다시 양의 전하를 갖는 양성자와 전하를 갖지 않는 중성자로 구성되고, 핵이 갖는 양성자의 수를 원자가라 부르며, 원자가가 원소의 성질을 결정한다. 양전자는 양성자가 중성자로 바뀌면서 나오는 양의 전하를 가진 전자를 말하며, 음전자는 원자핵 주위에 있는, 음의 전하를 가진 전자를 말한다. 보통 전자라고 말하는 것이 음전자이다. 본문에 나오는 과학 이론은 양성자와 중성자가 발견되기 전의 과학 지식이다. _편집자 주

[**]   원소를 양성자의 수에 따라 배열한 것으로, 순서대로 주기율표 1~10에 해당한다. _편집자 주

[***]   우라늄 원자는 주기율표의 92번째에 해당한다. _편집자 주

정한 궤도로 운행한다. 이들 음전자는 자전과 공전을 매초에 1조 회의 속력으로 원자핵을 주행한다. 그래서 각개의 원자는 1개씩의 태양계를 형성하여 자전과 공전을 쉬지 않느니라. 원자의 부피 10^{-9}cm와 전자의 부피 10^{-13}cm을 비교해보면, 원자의 내부에는 얼마만 한 공간이 있고 또 그 공간을 이용하여 전자가 자전·공전을 행하는지 추측할 수 있으리리라 한다. 예를 들면, 태양계의 부피와 우리 지구의 부피를 비교하여 그 비례되는 공간에서 지구가 자전·공전할 수 있게 된 것과 비슷하니라.

이러한 가치로 말하면, 너무 커서 우리의 육안으로 볼 수 없는 태양계나 또 너무 작아서 우리 육안으로 볼 수 없는 원자의 전자나 비슷하니라. 이러한 10^{-24} 작은 태양계는 1g의 물이나 108g의 은 내부에서 운행되고 또 조화를 헤아릴 수 없는 동력과 속력으로 운행된다. 필자는 여기에서 과거 불교 철인들의 '일모단 현보왕찰 미진리 전대법륜一毛端 現寶王刹 微塵裏 轉大法輪(한 터럭 끝에 부처님의 세계를 드러내고, 미세한 먼지 속에서 큰 법륜을 굴린다)'하겠다는 쾌어快語나 또 기원전 700년을 전후하여** 생존하였던 불교 철인인 비말라키르티 Vimalakirtim(유마維摩)와 만주스리Mānjuśri(문수보살文殊菩薩) 등의

- 《능엄경》 제4권._편집자 주
- 유마의 실존 연대에 대한 고증은 확실치 않으나, 오늘날 학계에서는 《유마경》의 성립 연대를 초기 대승불교 시기인 1~2세기로 보고 있다._편집자 주

대화를 기억한다.* 반도에 유행하는 시구詩句인 〈법신송法身頌〉
도 이에 적당한 설명이거나 20세기에 대한 지난 세기의 학술
상 예언이라 하리라 한다. 예를 들면, '초명안첩기황주 옥백
제후차제투 천자임헌논토광 태허유시일부구蟭螟眼睫起皇州 玉
帛諸侯次第投 天子臨軒論土廣 太虛猶是一浮漚(초명 즉 모기 눈썹에 사는
작은 벌레가 사람의 눈썹에 나라를 세우니, 제후들이 차례로 옥과 비단
을 바치네. 누대에 오른 초명 황제는 땅이 크다고 자랑하지만, 하늘에
있는 저 구름도 떠 있는 거품인 것을)'**가 그것이다.

  원자핵으로부터 아주 먼 거리에서 운행하는 전자(우리 태양
계로 말하면 해왕성 같은 것)를 '원자가전자原子價電子, valence elec-
tron'라 한다. 원자핵을 분해할 때마다 물질의 성질이나 그것
이 다른 물질로 변할 가능성이 있다. 우리는 광선활력의 도
움으로 원자핵이 분해되는 것을 볼 수 있다. 예를 들면, 라듐
은 우라늄 원자를 분해하는 과정에서 산출한 것이요, 또 라
듐을 분해하면 마지막에는 납이 산출되고 마는 것이라. 물론
우라늄에서 라듐으로 되는 과정에서 무수한 계제를 거쳐야
하는 것을 잊지 말아야 한다. 또 이를 분해하는 데에 요구되
는 광선활력은 극히 강해야 한다. 광선활력에는 첫 번째 원
자에 전기를 흐르게 할 만한 가스인 헬륨 원자로부터 구하는
것(알파선), 두 번째는 전자로부터 구하는 것(베타선), 세 번째

•   《비말라키르티 니르데샤 수트라Vimalakīrti Nirdesa Sūtra(유마경)》참고.

••   《화엄경》〈명법품明法品〉._편집자 주

로는 X선이 있다.

헬륨 원자에서 전자를 분리할 때는 극히 빠른 속도로 방사해야 한다. 우라늄의 원자량은 238이다. 그것이 광선활력을 거쳐 분해된 후에는, 한편으로는 206으로 줄어드는데 마치 납과 유사하고, 다른 한편으로는 원자량이 4인 헬륨 원자 8개가 보인다. 금은 원자량이 197이니 중간 무게의 원자에 속한다. 무거운 원자를 감소시켜 중간 무게의 원자가 되도록, 즉 금에 적당하도록 만들기에는 현재의 광선활력은 아직 무력하다. 이들 무거운 원자의 분해로 중간 무게의 원자나 가벼운 원자를 얻게 하는 것은 우주 자연의 묘용妙用일 것이라 하리라. 그것은 고정불변한 자연법칙에 의하여 분해하기도 조합하기도 하는 것인가 생각한다. 혹 실험을 거쳐 학술적(인위적)으로 실현할 수 있을까 하는 생각은 현재 무기화학 수준에서는 여전히 의구심이 남아 있다.

이상의 문제를 해결할 만한 것은 에너지이니, 이 에너지가 광선활력을 거쳐 운용될 것인즉, 알파선이나 베타선 등에서 현재보다 더욱 강한 힘을 방출하도록 해야 하리라 한다. 램지William Ramsay(1852~1916)의 실험이나 1919년 러더퍼드Ernest Rutherford(1871~1937)의 공포公布에 따르면, 알파선의 도움으로 원소적 원자를 가벼운 원자로 분해하는 것은 가능하다 하였다. 그의 첫 번째 실험은 질소를 가지고 행하였나니, 즉 광선활력 장치를 통해 질소에 알파선을 방사하였다. 결과는 질소 중에 있는 아주 적은 양의 수소가 분해되었다. 이유는 알파선이 질소에서 헬륨 원자를 만들고자 함이니, 이 헬륨 원자는 극히 불규칙적 속력을 가졌다. 이 헬륨 원자가 그의 원자핵을 공전할 때에 사세부득이로 질소의 원자핵과 충돌되어 분해되는 것이니라. 많은 실험을 거친 러더퍼드 교수는 수소를 분해하다가 일정한 수의 다른 원소적 원자를 발견하였다. 예를 들면, 붕소, 플루오르, 나트륨, 알루미늄, 인 등으로, 이 원소들은 전부 가벼운 원자에 속하나니, 12부터 31까지이니라. 이 여러 종류의 원소는 전부가 수소 내에 함재하느니라. 그러나 아직도 모를 것은 이러한 원자 이외에 또 어떤 다른 것이 수소에 함재되었는지이다.

그러면 우리 인류는 현재 근 천 년 이래로 문제되었던 '원소의 이동'에 대해 근대의 학술로써 새로운 지대地臺를 얻었다 할 만하다. 이 사실은 대자연이 인류의 '대인도자'가 되어 광선활력으로 무거운 원자를 분해하게 하는 동시에, 우리 인류에게 알파선, 즉 지사에 비할 만한 것을 가르쳤다. 이것으로 원자도 분해하고 또 원자를 분해할 때에 생기는 가벼운 원자를 이용하기도 한다. 중간 무게의 원자, 즉 금에 적당한 원자에 대해서는 아직까지는 이러한 방식이 소용없었다. 그렇지만 아직도 가능한 지반에 있는 중이리라. 이 이론이 실현되면 조금造金은 되고 마는 것이다.

그러나 이 이론이 아직 실현되지 못한 오늘에는 부득이 무거운 원자나 가벼운 원자를 중간 무게의 원자로 만드는 대신 어떠한 물체 중에서 금이 될 만한 원자를 찾을 수밖에 다른 방도가 없다. 이것을 구할 수 있는 물체는 수은·라듐·납 등이다. 이들 세 가지 원소에 방사할 광선은 속력이 극히 빨라야 하고 또 다량이어야 한다. 즉 알파선보다 더욱 강한 것이어야 한다. 이와 같이 된다고 가정하면, 이들 분해는 무엇보다 쉬우리라 한다. 이와 같은 광선을 만들고자 함은 현재 우리 학술계에서 가진 전력電力보다 강한 것을 가져야 대략 가능하리라 한다. 그러므로 이러한 방식으로 조금하고자 하면 심히 큰돈이 요구된다.

이것을 알기 위하여 우리는 수소로부터 알루미늄까지 인위적 분석에 요구되는 것을 살펴보자. 수소로부터 득출得出되는 알루미늄은 극히 적어서 정말 정밀한 물리학적 방식을 거쳐야 겨우 짐작이나 할 수 있는 것이다. 이것을 성공하기까지 요구되는 것의 계산은 아래와 같다. 1km³의 수소를 가지고 인위적 분석을 거쳐 알루미늄을 득출하자면, 1g의 라듐을 가지고 3천 년의 장구한 세월을 알루미늄 위에다가 알파선으로 척사擲射해야 한다. 현재 1g의 라듐은 26만 원, 미화로는 13만 불이다. 그러면 이 거액의 비용을 3천 년간 적취積聚한 것이 1km³의 수소를 가지고 알루미늄을 얻는 가격이다.

이러한 비용 계산은 단위로부터 69자리를 요하는 거액이 된다. 현재에 가능한 방식을 가지고 조금한다 가정하면, 자연의 조금인 광산으로부터 금을 발굴하는 것에 비해, 마치 조철造鐵하고자 하는 용광로의 기술자가 용광로에 요구되는 탄소(물론 순전한 탄소로만) 대신 같은 양의 금강석으로 용광로를 채우려 함과 비슷하니라.

그런즉 원소 분해 방식이 아직은 너무도 낮은 수준에 있으므로, 장래에 바라는 것은 새로운 방식으로 가벼운 원자를 모아서 무거운 원자를 만들 수 있는 시기를 오게 해야 한다. 이에 대한 가능성으로 말하면, 수소에서 헬륨 원자를 얻게 되는 것이요, 또 헬륨 원자 스스로가 수소나 전자로부터 성립된 것이어야 하겠다. 그런즉 수소 원자나 헬륨 원자 사이에 있는 물질은 어떠한 것인가 대략 추측할 수 있으리라 하나, 이들이 무엇으로 인하여 서로 성립될 가능성을 가졌을까 하는 의문은 해결하지 못하였다. 더욱 알지 못할 것은 우리 지구가 어떻게 가벼운 원자로부터 순서대로 무거운 원자로 변하였는지 혹은 지구의 성립이 극도의 뜨거운 기후나 또는 극강의 전력電力에 못 견디어서 현재와 같은 부동적인 고체에까지 왔는지이다. 이러한 종합적 생각은 아직 앞으로 나아갈 길을 요구한다. 장래에 어떤 중요한 것이 물리학상의 연구 안에 들어오는지 알지 못한다. 예를 들면, 상대성 원리* 같은 방식이다.

현재까지 학술적 견식으로는, 모든 원자는 수소로부터 성립되고 또 수소는 전자로부터 성립되었은즉, 이와 같은 가정

---

* 아인슈타인Albert Einstein(1879~1955) 교수가 발견한 것으로, 3차원인 길이·넓이·높이로 물체를 헤아리던 유클리드의 기하학에 반하여, 4차원인 길이·넓이·높이·시간으로 물체를 헤아리는 것이다. 어찌하여서 '상대성'이라 명하였는지, 이 학설이 현재 철학이나 각종 과학에 어떤 변동을 주었는지에 대해서는 별개의 문제이므로 훗날 다시 시간을 얻어서 적고자 한다.

에서 전자의 질량을 알 수 있다면 다른 원자들의 질량은 이에 준하여 비례할 것이라 하겠으나, 실제는 그러하지 않음이라. 예를 들면, 하나의 헬륨 원자량은 4.00이요, 하나의 수소 원자량은 1.008이다. 하나의 헬륨은 4개의 수소 원자적 전자로 성립되었나니, 즉 1.008×4=4.032가 되어야 할 것이나 실제로는 4.00인즉, 나머지 0.032는 수소에서 헬륨 원자로 되는 중간에 소실된 것이다.

그런즉 이것으로 현대의 힘의 과도過渡 도정에 의하여서 상대성 원리가 허락하는 데까지는 '에너지의 차원'을 측량해야 한다. 이에 대한 에너지는 1g의 수소가 헬륨으로 과도하는 기한에는 최소한 20만Wh를 필요로 한다. 이와 같은 방식을 거듭하여서 무거운 원자를 가지고 가벼운 원자를 만들 수 있다면 조금할 수 있으리라 한다. 이와 같은 도정에서 산출되는 무수한 에너지를 다시 조금하는 데에 이용한다면, 결국에는 인류의 노고가 황금시대를 만들어낼 수 있으리라. 이러한 다수 이론가의 공상은 어느 때를 막론하고 미지의 장래에 경쾌한 황금세계를 만들지만, 실험자들에게는 아직도 그 방식이 방해가 되고 또 이에 적용할 자연과학의 수준이 아직 저급한즉, 우리는 이 방면에 대하여 보습(농기구, 쟁기) 끌기를 쉬지 아니해야 한다.

금이라는 것은 어느 때를 막론하고 인류가 가장 존귀하게 여기는 장식물이었다. 그래서 유사 이래로 세계 각처에서 각 민족들은 금을 찾기 시작하였다. 그래서 금이 많고 적음은 한 민족이나 한 나라의 흥망을 표시하다시피 하여왔다. 그러나 금의 산출이 인간의 노동을 충족하게 보상하지 못할 때에는 광지鑛地 발견을 중지한다든가 이미 진행되고 있는 금광 사업을 중지하였으니, 유럽·미국·오세아니아·남아프리카에서 볼 수 있다. 현재에 가장 발달된 방식으로는 1톤 광석에서 6g의 금을 얻는 것이다. 그래서 연간 산출량이 60만kg이 되었다. 신대륙을 발견한 후 오늘날까지 전 세계에서 산출된 금은 약 2만5천 톤가량이고, 그 가격은 약 270억 원으로 300억 원가량인즉, 독일이 연합국들에게 지급할 배상금과 비슷하니라.

이것들 이외에 아직 광석으로 있는 금이라든지 발견되지 않은 광들의 금이라든지 또는 아직 방식의 정밀하지 못함으로 인해 방기放棄되는 광들은 셀 수 없다. 또 어떠하게든지 아직도 인류가 이용할 수 없는 것은 해수에 함재된 금이라 한다. 바닷속에서 금을 산출한 실험은 전쟁 전에 미국이 대서양에서 행하였고, 또 근래에는 독일 모 회사가 북해에서 행하였으나, 양측 모두 별다른 성공을 보지 못하였다 전한다.

세계에서 산금産金계의 대왕은 영국이다. 실례로, 1915년에 전 세계 산금은 70만kg이었는데 영국 소유가 44만kg이었고, 1923년 세계 산금은 53만kg이었는데 영국의 소유가 37만kg이었다. 영국의 아프리카 점령지인 트란스발Transvaal (현재 남아프리카 공화국 북동부의 옛 주명)이 세계 산금의 반을 담당하기 때문이라고 전한다. 또 아프리카의 콩고에는 광술

鑛術 문제로 많은 양을 생산하지 못하였고, 러시아에서는 산금되는 대로 선박비로 지출하느라 광부의 임금을 잘 주지 못하여서 산금량이 줄었으며, 미국 캘리포니아나 클론다이크는 광부의 임금이 너무 높아 불리함으로 인하여 축소되었으므로, 전후의 산금량은 앞서 말한 것과 같이 감소하였다.

세계 금의 소유자는 약 세 가지로 나누리니, 첫 번째는 세계 공업가의 손에 있고, 두 번째는 통용되는 것이니, 1914년에 통용된 양은 전 세계 금의 40%였고, 마지막 남은 하나는 각국 통화의 적립금으로 되어 있느니라.

이상 서술해온 과정에 의하여 현대의 원자론이 이와 같은 수준에 이르렀으니, 한편으로는 무거운 원자를 감량하고 또 다른 한편으로는 가벼운 원자를 증량할 수 있다면, 이 두 가지는 모두 조금하는 데에 좋은 방법이요, 또 이에 의하여 성공하리라 한다. 그래서 실제로 경제계에 운용되기에 이르리라 한다. 그러나 미테 교수나 셸딘 교수들의 실험이 어떠한 방식에 있었는지 발명가들의 비밀로 인하여 오늘까지 공개되지 아니하였으므로 알지 못하나, 아마도 이상 두 가지 중의 하나이리라 한다.

1924년 11월 21일 오후
뷔르츠부르크대학 부속도서관 독서실에서
《불교 제52호(1928. 10.)》

대입소大入小의 일리一理 :
일모단一毛端에 현보왕찰顯寶王刹

'대입소의 일리'의 출현

고대 인도의 니야야 학파, 즉 논리학을 전공하던 학파들이 "대大나 소小는 오직 일리一里에서 현출되었은즉, 결국은 비슷하리라"라는 단안을 내리었으나, 확실한 증명을 얻지 못하였으므로 공론空論에 불과하였다. 얼마 후에 샤키아무니 역시 '만상은 일리, 즉 마음으로부터 출현하였다'고 생각하였으므로, "일체유심조一切唯心造" 또는 "무변허공 각소현발無邊虛空覺所顯發(가없는 허공은 깨달음으로부터 생겼다)"이라는 문구를 경에서 자주 볼 수 있게 되었다. 여기에서 우리는 고대 인도에서 학술계의 신기원을 만든 것을 볼 수 있다. '일리'라는 것이 니야야 학파에게는 외적인 의미인 까닭에 초인적인 신, 만능체의 힘이겠다 생각되던 것이, 샤키아무니에게 와서는 내적인 의미인 까닭에 인간적 영지靈知가 된 것이다. 이것이 물질만 의미한 것이 아니요 정신까지 의미하였나니, 만능인 신도 역시 우리 인류가 상상한 것에 불과하다고 생각하였다.

그 후 얼마 지난 후에 아슈바고샤(마명)는 인도 각 학파에 두루 정통하고 명저名著와 대술大述로 브라만교의 유명한 시인과 철인으로 한 시대를 떨치다가, 샤키아무니의 견식이 당시 누구보다 고상하였던 것을 학득學得한 후에 불교에 귀의하여 역시 명저와 대술로 만년晩年을 마치었다. 그가 불교적 희곡과 시 또는 철학의 원조임은 아직도 끊임없이 중앙아시아 지대에서 발굴되는 불교적 희곡과 시의 단편들이 전부 그의 작품임에서 드러난다. 내용인즉 대부분이 공空에 관한 것이므로, 프랑스의 뷔르누프 교수는 아슈바고샤를 불교적 허무주의자nihilisme bouddhistique라 평하였다. 불교에 관한 아슈바고샤의 공적功績으로 말하면, 기독교 철학자 아우구스티누스가 기독교에 공헌한 것에 비하리라 한다. 아슈바고샤의 사상이 유럽에 유입되어서는 프랑스 시인 보들레르Charles Pierre Baudelaire(1821~1867)를 거쳐 허무주의를 형성하여 비단 학술 사상계에게만 국한한 것이 아니요, 정치·경제에까지 파급되었다. 그렇다. 아슈바고샤는 공론을 가지고 '대입소大入小의 일리'를 연구하고 설명하였다.

얼마 후에 태어난 나가르주나(용수) 역시 비범한 천재로, 형제 2인이 함께 브라만교 철인으로 명저와 대술로 세상에 이름을 떨쳤다. (그의 친동생은 브라만교 철인이라기보다 요가 철인이었나니, 친형 나가르주나의 권유에 의하여 불교에 귀의한 후 《유가론瑜伽論》*을 저술하였다.) 나가르주나는 버마를 여행할 때에 불경을 연구하다가 불교에 귀의하였나니, 때는 그리스의 알렉산더 대왕Alexandros大王(B.C.356~B.C.323)이 인도를 정벌할 때이다." 당시 그리스의 제왕과 장상將相 대부분이 인도의 문학 및 철학에 취미를 가졌으므로 그들을 응수할 만한 인도 학자들 중에서 나가르주나가 뽑혀 불교를 선전하였나니, 이것이 아비다르마의 대부분이 용수에 의하여 성립된 이유이다.

당시 나가르주나가 '인도 문화를 선전하겠다' 또는 '인도의 유일한 성인을 소개하겠다'는 뜻을 가졌던 것은 사실인 듯하다. 현재 동양학자들은 이를 가리켜 '불교철학의 대성기大成期'라 한다. 즉 샤키아무니의 사상을 당시 학술에다가 사상을 적당하도록 만들어 선전하였다. 이는 기독교 철인 토마스 아퀴나스에 비하리라 한다. 나가르주나의 사상은 아슈바고샤와 반대로 존재론, 즉 일원론을 가지고 '대입소의 일리'를 해석하려 하였다. 그러므로 나가르주나는 아비달마장의 원조라 하지 아니할 수 없다. 이 사상이 유럽에 들어와서는 그리스 철학의 대성자大成者이자 현재 유럽의 각종 과학 및 철학의 원조

- 《유가사지론瑜伽師地論》을 말한다. 인도 대승불교학의 양대 학파 중 하나인 유가행파의 기본 논서로, 아상가Asaṅga(무착無着, 310?~390?)가 지었다. 무착과 그의 동생 바수반두Vasubandu(세친世親, 320?~400?)로부터 유식론이 정립되어 대승불교의 주류를 이루게 되었다. 나가르주나와는 시기적으로 100년 이상 차이가 나므로, 나가르주나의 동생이라는 본문의 언급은 아마도 착오가 아닐까 싶다. _편집자 주

- 알렉산더와 나가르주나의 생존 시기는 400년 이상 차이가 나므로, 이 언급은 착오로 보인다. _편집자 주

인 아리스토텔레스에게 많은 도움을 준 것은 무엇보다 사실이다.• 이 '대입소의 일리'의 연구가 중국에 들어와서는 청량淸凉(738~839)과 규봉圭峰(780~841)을 꼽을 수 있으니, 지리와 인종이 다른 관계로 다른 견식을 더하여 해석을 시도하였다. 당시 당송 문화의 질상문質尙文••하는 태도는 두 선사의 천부적 재능이 학술적 연구에 소홀하게 하는 동시에, 문구文句적 장식과 중국적 호언豪言에 골몰하게 만들었다.

반도의 '대입소의 일리'

반도에서 대입소의 일리를 연구한 이는 원효와 함허를 꼽으리니, 이들 철인은 중국 학자들과 반대로 학술적 견식에서 간단과 명석을 주로 하였다. 당송 문화가 질상문하던 영향의 흔적이 아주 없다 할 수 없으나 심하다고는 할 수 없고, 또 지리와 인문적 관계로 특별한 주견主見을 가졌던 것이 무엇보다 사실이었나니, 반도 철학계나 사상계에서 부인할 수 없는 원조라

• 아리스토텔레스(B.C.384~B.C.322)와 나가르주나의 생존 시기를 볼 때, 이 언급은 착오로 보인다.

•• 질(바탕)보다 문(꾸밈)을 숭상하거나 중히 여김. "공자께서 말씀하시기를, 바탕이 꾸밈을 이기면 투박해지고, 꾸밈이 바탕을 이기면 실속 없이 겉치레만 화려해진다. 꾸밈과 바탕이 조화를 이룬 뒤에야 군자라고 할 수 있다 하셨다.[子曰 質勝文則野 文勝質則史 文質彬彬 然後君子]"《논어》〈옹야雍也〉). _편집자 주

하노라. 다시 말하면, 극동極東의 '대입소의 일리' 연구 중에서 문학적 가치로는 중국 학자인 청량과 규봉을 택할 것이요, 학술적 가치로서는 반도 학자인 원효와 함허를 택하리라 하노라.

슬프도다. 원효의 천부적 재능으로 외국어인 중국어, 즉 한문 말고 국문國文인 모국어로 학술 연구에 착수하였다면, 오늘 우리에게 얼마나 더 가치 있고 더 학술적인 것으로 전해 내려왔을까? (이것이나마 반도에서는 연구하기는커녕 알지도 못하며 그림자도 찾아볼 수 없다. 그러나 타민족인 중국인은 아직도 이를 '해동소海東疎'라는 명칭하에 존경하며 연구한다. 참 수치천만羞恥千萬하지만 필자도 그 소疏를 모국에서는 얻어 읽지 못하고, 중국 상하이에 있을 때에 어떤 중국 친구가 가지고 있는 것을 빌려 읽었다.)

많은 철인의 천부적 재능을 희생하게 하던 문제인 '대입소의 일리'는 근년에 와서 학술적 연구로부터 벗어나서 명상적 추구로 변하였다. 즉 언어도단言語道斷(말로 표현할 수도, 생각하여 짐작할 수도 없음)·이문자상離文字相(문자의 모양을 떠남)이라는 방식으로 시험하고자 하고 연구해오고 있다. 이 명상적 추구 즉 사마디(삼매)적 사색을 행하는 이들을 선객禪客이라 칭하지만, 이렇다 할 성적成績은 보이지 아니하였다. 또한 "일모단 현보왕찰 미진리 전대법륜一毫端現寶王刹 微塵裏 轉大法輪(한

---

*   《해동소》는 원효의 《대승기신론소》를 지칭하며, 현수 법장의 《대승기신론의기》와 혜원의 《대승기신론의소》와 함께 《대승기신론》에 대한 3대 소(주석서)로 손꼽힌다. 특히 원효의 소는 그중 가장 권위 있는 주석서로 평가되어 《해동소》라고 별칭된다. _편집자 주

터럭 끝에 부처님의 세계를 드러내고, 미세한 먼지 속에서 큰 법륜을 굴린다)"하고 말하면 듣는 이가 생각하기를, '그는 아마 선객禪客이지! 참 신통도 하구먼!' 하고서 냉소하거나 멸시해왔다. 말하는 이나 듣는 이가 모두 맹목盲目이므로, 허명무실虛名無實한 생활방식에서의 성적은 그만두고라도 그 문구의 내력까지 잊어버려 무슨 의미를 가졌는지 알지 못하는 이유니라.

또 학술적인 방면으로 보아도 역시 그러하나니, 만일 누군가 같은 의미의 문구인 "광대즉입어무간 진모포납이무외廣大卽入於無間 塵毛包納而無外(넓고 큰 것이 사이가 없이 작은 데까지 들어가고, 먼지와 터럭같이 작은 것이 밖이 없는 큰 것을 에워싸도다)"• 라 말하면, 우리가 생각하기를 '그는 아마 학인學人이지? 경자經字나 본 모양이야' 하고서 문구의 의미보다 인격적 비판에 골몰하는 기이한 현상을 나타냄에 이르렀다. 이 문구들이 우리 인류 생활에 얼마나 필요한 것이고, 또 이로부터 다시 새로운 방식을 발명하여 전 인류의 행복을 만들어낼 수 있는 것인지, 이와 같은 것이 우리 인생의 본무本務인지에 대해서는 꿈에서라도 생각하지 못하였을 것은 사실이다. 심하게는 이러한 문구가 현대 과학과 어떠한 관계를 가졌나 연구해보지 아니하였을 것이며, 또 연구할 재료도 기회도 가져보지 못하였을 것이다. 이 문구를 현대 과학을 이용하여 해석하고자 하는 이가 있다면, 반도에 없는 저급한 청년이라고 하며 노

•   《대방광불화엄경소》권1._편집자 주

년들이 더욱 발광할 만한즉 "병리심리학자의 연구 대상으로
나 이용할 청년이다"할 것이다. 노년들은 보통 아래와 같이
말하기를 꺼리지 아니하리라 한다. "그리스 철학자들이나 유
럽 학자들의 말이 아닌 불경 문자가 현대 과학과 관계가 있을
까? 공상이지!" 또 한편으로 말하기를, "염불할 때나 쓸 것이
지 학문하고 무슨 관계가 있을까? 더군다나 신학문! 미쳤지,
미쳤어!" 우리는 여기에서 대와 소를 분류하여 연구한 후에
다시 문제 되는 대입소를 연구할 수 있으리라 생각한다.

지구, 달, 태양

대와 소는 우주 내에 존재한 것인즉, 우리는 이 우주 내에서
대大한 것을 연구한 후에 다시 소小한 것을 다루기로 한다. 이
를 연구하기에 가장 필요한 것은 우주 건축 재료를 조사함
이니, 이것을 조사하는 첫걸음은 우리가 거주하는 지구로부
터 시작되리라 한다. 우리 지구는 누구나 다 아는 바와 마찬
가지로 약 1만2천7백km의 지름을 가진 구체球體로, 그 내부
에 불 같은 액체가 있는지는 아직 현재 학설이 증명하지 못
한다.* 지구의 동전動轉은 기정된 사실일 것이니, 자전의 기한

---

* 현대 과학에 따르면, 화학적으로 지구는 지각, 상부 맨틀, 하부 맨틀, 외
핵, 내핵으로 나눌 수 있으며, 외핵은 액체 상태의 물질로 추정된다. _편
집자 주

은 24시간 즉 일주야—晝夜를 요하고, 공전의 기한은 365일을 요한다.

우리는 다시 우리 지구 근처에 있는 달을 연구할 것이니, 달은 우리 지구를 공전하는 토괴 즉 '돌 파리玻璃'라 하며, 지름 약 3천5백km를 가진 구체요, 지구에서 달까지의 거리는 약 38만km이니 지구 지름의 31배에 달한다. 또 월광月光은 보통 빛의 속력인 30만km/s에 의하여 행하니, 월광이 우리 지구에까지 오는 시간은 약 1초와 3분의 1초를 요한다. 달은 일정한 시간을 가지고 지구를 공전하나니, 이를 1개월이라 한다. 프랑스 파리천문대의 촬영에 의하면, 달 안에는 산이나 분화구 또 고갈된 바다 등이 있는 것을 짐작할 수 있다. 또 여키스Yerkes 천문대 촬영을 보면, 양쪽 고갈된 바다의 중간에 있는 것은 육지겠다는 생각도 하게 된다. 천문학자들은 위쪽 바다를 '마레 세레니타티스Mare Serenitatis(맑음의 바다)'라 칭하고, 아래쪽 바다를 '마레 임브리움Mare Imbrium(비의 바다)'라 칭한다. 또 가장 깊은 운석공을 '아리스토텔레스Aristoteles'라 명하였나니, 지름 87km와 깊이 3.3km를 가졌다.˙ 이상은 망원경의 도움으로 상세히 측량할 수 있는 것이다. 달의 지면은 우리 지구의 지면을 조사하는 것과 다를 것이 없다. 예를 들면, 아프리카의 내부나 지구 양극의 지리에 대한 조사가 아

˙ 현재 세계에서 가장 큰 운석공은 '티코Tycho'이며, 지름 86.21km, 깊이는 4.8km이다. _편집자 주

직까지 미진한 것을 보아도 짐작하리라 한다.

여기에서 시선을 태양에 옮겨 조사를 행하리니, 우리는 태양으로부터 모든 힘을 얻어 생활이나 만반에 운용한다. 태양은 약 140만km의 지름을 가진 구체이니 지구의 지름에 비하여 110배이고, 부피는 1.41×10^{18}km³이니 지구의 부피에 비하여 130만 배이며, 거리는 지구로부터 약 1억5천만km가 되리니 지름에 비하여 1만2천 배이다. 일광日光이 지구까지 오는 시간은 약 8분을 요한다. 이와 같은 광막한 거리를 상상하기에 족한 비유로 말하면, 지구상에서 어린아이의 손이 태양에 닿을 만해지고 그 손으로 태양을 만져서 느낀다 가정하면, 이에 요하는 시간은 약 백 년을 계산하리니, 이유는 우리 인류의 신경 감각이 5천m/s의 속력으로 전달됨에 기인하느니라. 태양의 자전은 27일을 요하고, 태양 표면의 온도는 6천°C이다. 우리의 경험에 의하면, 이와 같은 온도에는 모든 물질이 액체나 기체로 변하느니라. 태양을 조사하기 위해서는 운무雲霧를 피해야 되나니, 보통 고지에서는 운무를 피하기가 쉽지 못한 이유로 가장 높은 곳을 택하여 태양 전망대를 축조해야 할 것이다. 이와 같은 전망대는 미국 캘리포니아주 남부에서 볼 수 있나니, 1740m의 높이를 가진 윌슨산 mt. Wilson이니라. 이 태양 전망대에서 촬영한 것을 보면, 보통 사진처럼 '포지티브' 방식이 아니요, '네거티브' 방식으로 된 것이다. 이 사진에 나타나는 태양은 흑색이다. 이 흑색은 거리의 장원長遠을 따라서 빛을 발한다. 이유는 극렬한 기체가

50만km의 고공까지 오르내리면서 1천km/s의 속력으로 방사되는 까닭이라. 이것만 보아도 태양의 힘이 얼마나 되는지 짐작하리라 한다.

태양계, 은하계, 은하군

많은 행성이 태양을 중심으로 삼고 운회運回하나니, 이것을 태양계라 한다. 이 태양계 내에 속한 우리 지구가 태양을 운행하는 시간을 '1년'이라 한다. 즉 우리는 30km/s의 속력으로 태양을 운회하는 중이다. 현재 인위적인 속력으로는 약 1km/s가 가장 빠르다.* 태양계 내에서는 우리 지구 이외에 많은 다른 행성이 역시 태양을 운회하나니, 이를 수성·금성·화성·목성·토성·천왕성·해왕성 등 그 외 다른 작은 성수星宿 등일 것이다. 수성과 태양 간의 거리는 지구와 태양 간의 거리(약 1억5천만km)에 비하여 3분의 1이요(약 5천8백만km), 금성은 지구와 태양 간 거리 3분의 2에서(약 1억1천만km) 태양을 공전하느니라. 우리 태양계에서 가장 먼 거리에서 태양을 공전하는 것은 해왕성이니, 45억km로 지구와 태양 간 거리의 30배이니라. 이 해왕성이 공전하는 시간은 약 165년을 요한다.

• 　　현재에는 17km/s가 가장 빠르다. _편집자 주

이 태양계 내에서 태양을 중심으로 운회하는 별을 '행성'이라 한다. 모든 행성은 차가운 체體이므로 태양으로부터 열과 빛을 취하느니라. 이들 행성과 태양을 총칭하는 명사를 '태양계'라 한다. 태양계는 하나의 태양으로 시작하여 많은 행성을 합하여서 독립적 운동을 취하는 성군星群을 이룬다. 이 우주 내에는 무한수의 태양계가 있어서 운동을 취한다. '항성恒星'이라는 것은 빛을 줄 수 있는 태양과 같은 성수들을 의미한 것이니, 이들 항성은 그들의 행성들, 즉 빛 없는 성수들의 중앙에 있느니라. 백열白熱의 빛을 발하는 항성들의 온도는 보통으로 2만°C 가량이요, 황열黃熱 혹 적열赤熱의 빛을 발하는 성수들은 대부분이 차가운 체이다. 우리 태양계 밖 인근에서 빛나는 '알파 센타우리Alpha Centauri'라 하는 항성은 우리 지구에서 40조 2천억km(4.37광년) 되는 거리에 있나니, 즉 태양과 지구 간 거리의 20만 배이니라. 알파 센타우리로부터 우리 지구에까지 오는 빛의 시간은 약 4년이 되리라 한다(30만km/s로 계산함).

우리 태양계는 다른 많은 태양계와 합하여 하나의 은하계(직경 약 10만 광년)를 조직하였다. 하나의 은하계 내부에 무한수의 성수가 복잡하게 보이는 것이, 마치 우리가 육안으로 쌀 한 섬이 담긴 가마니를 들여다보는 것과 비슷하지만, 실상은 별과 별 사이엔 광대하고 광막한 거리가 있음을 잊지 말아야 한다. 우리 은하계에 속한 성수는 약 4천억 개의 태양을 가졌나니, 즉 4천억 개의 태양계로 조직되었느니라. 우리 은하계는 나선형이고, 우리 태양계는 우리 은하계 중앙에 위치한다. 은하계 중앙부의 두께는 약 1만5천 광년으로 계산되고, 중앙부 양단은 지름이 약 1만 광년이 되리라 한다. 1광년은 빛이 1년 동안 진행한 거리이니, 빛의 속력으로 말하면 매초에 우리 지구를 10번이나 운회하는 것이다.

　우리 은하계는 역시 다른 많은 은하계와 합하여 하나의 은하군을 조직하였나니, 보통 물리학적이나 천문학적 기계로 개개를 셀 수 없느니라. 그러나 분광학分光學의 도움으로 명백히 알 수 있다. 성운 촬영은 여키스 천문대에서 찍은 것이 가장 정밀하니라. 안드로메다 성운*과 지구 간 거리는 약 250만 광년으로 계산된다. 그런즉 우리가 250만 년 전의 안드로메다 성운을 이제야 보는 것이다. 항성들은 움직이지 않는다는 근래에까지 통용된 이론과는 반대로, 실상 항성들은 정제整齊한 법칙에 의하여 운행되는 것이니라. 이와 같은 법칙과 방식에 의하여 우리 태양계는 많은 행성과 더불어 220km/s의 속도로 헤라클레스 성단을 향하여, 즉 북향하여 운행하느니라.** 또 은하계의 자전으로 말하면, 대략 우리 태양계의 근처에다 중심을 두고 행하는 것이 사실이겠다. 또 외부 은하도 자전하는 것이 사실이다. 예를 들면, 간혹 어느

•　　당시에는 '안드로메다 성운'으로 불렸으나, 에드윈 허블에 의하여 성운이 아닌 외부 은하라는 것이 밝혀졌다. 현재 정식 명칭은 '안드로메다 은하'이다. _편집자 주

••　현대 과학에 따르면, 북향하여 움직이는 것이 아닌, 우리 은하계 중심부를 중심에 두고 공전하고 있다. _편집자 주

때에 외부 은하가 각형角形으로도 보이나니, 그것의 실체인 타원형에 비교하면 움직이는 것이 사실이요, 움직인다면 자연법칙에 의하여 자전하는 것은 의심할 여지가 없는 것이다.

이상 서술에 의하여 우리가 추측할 것은 은하군도 다른 많은 은하군과 합하여 역시 하나의 무리를 만들 것이요, 만일 무리를 만든다면 그것은 광체光體로밖엔 보이지 않을 것이요, 광체가 많다면 불과 같이 보일 것이다. 불과 같다고 가정하면 그 불은 동전動轉하는 불일 것이니,《능엄경》에서 말하는 세계 시작의 화륜火輪이 아니고 무엇일까. 또 이와 같이 많은 화륜이 합하여 하나의 무리를 만든다면 바람과 같이 보일 것이니, 역시 풍륜風輪이라 하고, 또 이에 준하여 어느 정도 각명覺明까지 추측할 수 있으리라 한다. 이 우주의 집합이 유한이냐 무한이냐 하는 문제는 이에 대하여 별개의 문제같이 보일 뿐 아니라 현재에서 자연과학과 의식비판철학에서 중요한 위치에 있는 까닭에, 훗날 특별히 시간을 얻어 기록하고자 하고 여기서는 생략한다.

근년에 비행기 및 항공선 등 인위적 공업의 발달로 보아, 한편에서는 비행기로 화성에 가겠다고 하고, 다른 한편에서는 화성으로부터 무선전신을 받았다고 하는 이야기* 등은 자

---

* 원문에는 '목성'이라고 나오는데, 무선전신을 발명한 마르코니가 화성으로부터 전파를 수신했다고 주장한바, '화성'으로 수정하였다. 이후 다른 글에서도 이에 대한 언급이 보이는데, 모두 '화성'으로 수정하였다. _편집자 주

못 세상 사람들을 놀라게 하였다. 만일 이와 같으리라고 가정하면, 오직 문제 되는 것은 '별과 별 사이에 무엇이 있는가'이다. 그것이 인류 통행에 장애가 될는지 또는 도움이 될는지는 다음에 이야기하겠지마는, 단순히 통행하겠다는 생각은 벌써 많은 철학자의 사색에 의하여 비행기나 항공기가 생기기 이전부터 성행하였나니, 예를 들면 칸트·훔볼트 Karl Wilhelm Von Humboldt(1767~1835) 등의 학자일 것이다. 우리는 이상 서술해온 것에 의하여 대大가 무엇이겠다는 관념을 가지는 우주 구성체의 축조 재료를 알아보았다. 그러나 오직 대大의 재료에 국한하였고, 소小의 재료는 아직도 우리에게서 연구를 요구한다.

분자와 원자

옛날 그리고 현재의 많은 철학자를 거쳐 확정되다시피 한 무기자연과학의 원리겠다던 물질은 재료와 공간이 서로 맞물려 있어서 무공간한 것이 아니라, 실상은 구형으로 된 분자로 채워져 있어서 분자와 분자 사이에 공간이 있는 것이다. 예를 들면, 우리 눈앞에 있는 설탕은 물에 용화되어서 보이지 아니한다. 그러나 무기자연과학적 정리인 '물질은 새로 투입透入(뚫고 들어감)치 못한다' 함에 의하면, 투명하게 용해된 설탕이 수소 내부로 투입한 것이 아니요 물에 있는 분자와 분자 사이의 공간으로 들어간 것이다. 물체 내부에 공간이 없다면 다른 물체와 화합이나 용화될 수 없는 것이니라.

우리는 여기에서 기억해야 하는 것은 물이나 설탕들은 무공간하지 않은, 즉 유공간한 체이니 구형으로 채워진 것이니라. 그래서 설탕은 수체水體들 사이의 공간에, 물은 설탕체들 사이의 공간에 투입한 것이니라. 인위적 또는 자연적 재료들은 우리 육안으로 볼 수 없는 원자로부터 구성되었느니라. 원자군의 종류 즉 원소의 종류는 현재에 약 87종이 되니라.* 물체가 한 가지 종류의 원자로만 조직된 것을 '보통원자'라 하나니, 예를 들면 염소나 철 등이요, 물체가 여러 종류의 원자로 조직된 것을 '조합원자'라 하나니, 예를 들면 나트륨과 염소 원자로 합성된 것이니라. 원자라는 명사는 고대 그리스 철학자들에게서 생겼나니, 물질 일원론一元論적 견지에서 원자가 만유의 기초겠다 하여 그것을 그들 철학의 중심으로 삼는 자들을 칭하여 '원자론자'라 하였다. 이들 원자론이 현대에 와서는 추상적인 철학계를 떠나 구체적 연구로 변하였으므로 화학자들의 손에 있게 되었느니라.

원자는 결코 지난 시대와 같이 가정이 아니요 실유체實有體이니라. 즉 인류의 존재를 부인할 수 없는 것과 비슷하니라. 이 원자 존재의 확증은 현대 무기자연과학의 공로임을 잊지 말아야 한다. 이상 조사에 의하면, 수소 원자는 직경 1^{-8}cm이니, 즉 1cm를 백만 분의 1한 것의 백 분의 1일 것이다. 부피는 10^{-24}g이니, 즉 1천 조의 1g이다. 1g의 수소나 108g의 은 중에는 약 10^{-24}의 각개 원자가 함재되었느니라. 우리는 이상 숫자들을 '대략'이라는 관념에서 기억하는 것이 좋다. 현재 학자들의 능력이 약 백 분의 1가량을 정확하게 조사할 수 있는 이유이니라. 원자는 셀 수 있나니, 이에 요구되는 기구는 많으니라. 아직 의문인 것은 원자의 존재나 부피나 수가 1g의 수소나 108g의 은 중에 있는 것과 같이 다른 물체에 적용이 될는지 아니 될는지이다.

원자의 조직 방식과 운동

원자의 구성은 특별히 규칙적으로 결정체를 이루었느니라. 결정체라는 것은 우리의 경험에서 상당히 규칙적으로 조직된 고체 중의 하나이니라. 그것은 미소微小로 시작하여 점차 대大하여지는 것이니라. 예를 들면, 설탕 같은 결정이 용화되거나 무슨 다른 형식으로 되는 것을 보면, 처음에는 가장 근소한 결정이 점차 외부 물질의 섭취로 생장하느니라.

무기물계의 생장은 유기물계의 생장과 달라서, 동물이나 식물이 그들의 신체 내부로 양분을 소화하고 화학적으로 변화시켜 성조成造하는 데에 이용하는 것과 완전히 다르니라.

원자가 결정체 내에서 어떻게 조직되었는지 알고자 한다면, X선에 의하여 행할 수 있느니라.

소금은 나트륨과 염소 원자로 되었나니, 전자는 백색, 후자는 흑색으로 보인다. 우리는 나트륨과 염소가 가장 정제히 정렬된 것을 볼 수 있다. 이와 같은 골패骨牌짝 같은 것들을 원소골패짝이라 한다. 이와 같은 원소골패짝들이 차례로 놓인 것을 한 물체인 데 한하여 상상할 수 있다. 그리하여 소금결정체를 형성함에 이르니라. 혹 다른 형식으로 조직된 식염食鹽도 볼 수 있느니라. 결정체들은 각개마다 무수히 많은 형식의 격자로 조직되었으나, 규칙적인 것은 항례恒例이니라. 이 결정체가 규칙적 성조인 것은 반드시 X선을 필요로 하지 아니하며 다른 광선으로도 쉽게 알 수 있는 것이니라. 이 신기한 결정체의 규칙적 구조는 현미경에 참으로 찬란히 나타난다. 이와 같은 것은 고등 유기조직체를 연구한 후에 보이는 것과 다르지 않다. 즉 원자마다 특별한 고유의 광선이 분열할 때나 수를 헤아릴 때 발하나니, 이것은 참으로 장관을 드러낸다.

예를 들면, 나트륨 광선은 황색을 드러내니, 이 광선이 결정판을 통과할 때의 장관이야말로 어떠한 서광瑞光이 여기에 당할까! 법화法華 당시에 석가여래가 발하던 미간眉間 광명이나 '황색황광黃色黃光'이라는 극락세계 칠보지七寶池 중 차륜연화車輪蓮花를 보지 못하였으니 비교할 수는 없지만! 나머지 각 원자들은 각각 순일색의 광휘로 장관을 드러내니, 백색이면 백광, 홍색이면 홍광, 청색이면 청광 등이니라. 87종의 원소적 원자들은 다시 두 가지 재료로 성조되었나니, 이를 양전자 또는 음전자라 명하느니라. 이들 전자 스스로가 역시 원자 조직의 방식에서 구조되었느니라.

각종 원자들은 비슷한 수의 전자로 성조되었나니, 외면적 작용은 중성을 나타낸다. 수소는 각 1개씩, 헬륨은 각 2개씩의 전자로 성조되었고, 나머지는 예로 미루어 알리라 한다. 우라늄 원자는 92개씩의 전자들로 성조되었느니라. 음전자들은 모두 양전자군에 집합하나니, 이 양전자군을 '원자핵'이라 명하느니라.[*] 동시에 음전자들은 각각 원자핵의 주위에 운행 궤도를 정하고 회전하나니, 한 궤도상의 전자는 최소 1개, 최대 8개의 전자로 각각 운행한다. 음전자의 공전은 매우 빠른 속력으로 원자핵 주위를 회전하느니라. 분석적 견지에서 보면, 각각의 원자는 하나의 태양계처럼 조직하였다. 즉 각각의 원자는 운행하는 하나의 우주이니라. 형세로 말하면, 원자핵의 지름은 10^{-13}cm이요, 원자핵 주위를 도는 궤도의 지름은 10^{-8}cm인데,[**] 그 거리의 비율은 태양의 지름과 태양계의

---

[*] 이 글이 쓰였을 당시는 중성자가 발견되기 이전이다. 현대 과학에 따르면, 원자핵은 양성자와 중성자로 이뤄져 있다. _편집자 주

[**] 원문에는 '전자의 지름이 10^{-13}cm'라고 되어 있는데, 확인해보니 이는 전자의 지름이 아니라 원자핵의 지름이어서 '원자핵의 지름'으로 수정하였으며, 그에 따라 '지구의 지름'을 '태양의 지름'으로 수정하였다. 또한 원문에는 '원자핵 주위를 도는 궤도의 지름은 10^{-3}cm'로 되어 있는데 확인해보니 10^{-8}cm여서 수정하였다. _편집자 주

지름에 상응한다.

우리는 여기에서 최소 부피의 우주를 발견하였다. 즉 극소한 물체가 하나의 우주를 조직하되, 가치와 효능이 극대한 것과 비슷한 것을 볼 수 있다. 아! 얼마나 미소微小한가! 즉 1cm의 1조 분의 1이 되는 작은 전자 이것이 원자의 대大에까지 10만 배를 증대하였나니, 이와 같은 미소한 태양계들은 1g의 수소나 108g의 은에 함재되었느니라. 얼마나 불가사의한 일인가? 원자가 전자로부터 규칙적으로 성조되기가 마치 태양계와 비슷한즉, 또 원소의 순서대로 음전자와 양전자의 수가 비례하여 증가하나니, 이것들이 우연히 된 것일까? 태양계의 조직이나 원자의 조직이 극히 수학적이고 천재적인 설계도에 의하여 된 것일까? 이 점에서 우리는 샤키아무니나 아슈바고샤나 나가르주나의 광원한 지식을 더 연구해야 하고, 그들의 덕망을 더 앙모仰慕해야 하며, 그들의 실제적 응용을 본받아야 하느니라. 그들과 같이 새로운 방식으로 기존 방식의 불완전함을 깨닫고 새로운 이치를 기존 이치로부터 만들어내어, 전 인류와 전 우주를 행복지幸福地로, 즉 무의미·무취미한 생활 방식에서 유취미·유의미한 생활 방식으로 인도해야 할 것이다. 계급에 의해 차별하던 브라만의 낡은 방식을 인류 평등의 새로운 방식으로, 상고인上古人들의 만용이 지구를 정복하던 부자연스러운 방식을 평화롭고 자연스러운 방식으로, 중국인의 불통일적 사상을 통일적 사상으로, 반도의 수렵생활을 문화생활로, 일본을 문명사회로, 유럽인의 협견狹見으로 인한 부자연스러운 방식을 광의적·덕의적 방식으로, 전 세계를 문화 세계로 만들도록 하였고 또 만들고 있는 것은 오직 이상 성자들의 공적이라 하노라. 우리 눈앞에 오지 아니하였다고 부인하지 말지니, 어린아이의 목소리가 작다고 냉소하지 말라. 시간이 지나면 그것으로 큰 소리 만들기가 어려운 일이 아닌 것이다. 만반 시설이 아직 예전 방식이라고 낙망하지 말지니, 어느 때를 막론하고 절대의 새로움은 없느니라. 신식에다 신식을 더하여 진행하는 시간에서는 출발점과 귀착점이 정반대되는 것을 볼 수 있느니라. 각각 자기 입장부터 이 새로운 방식에 적당하도록 하여, 이 새로운 방식으로 건설할 신세계의 시민이 될 자격을 미리 닦을지라. 학자는 학예로, 종교가는 종교로, 정치가는 정치로, 공업가는 공업으로, 농민은 농업으로 한 걸음 한 걸음 전진하되, 원수를 사랑하기로는 샤키아무니가 카리Kāli(가리歌利)왕으로부터 할절신체割切身體(몸을 베고 자름)를 당할 때의 자심삼매慈心三昧(오직 자비로운 마음의 상태)를 본받아라! 구시대 방식에 의하여 인류의 정당한 권리를 압제하거든, 그들을 죄악으로부터 구제할 방법을 연구하기를 샤키아무니같이 하라. 개인적인 사념을 피하고 개인적 영화를 희생하여, 전 인류의 불평에 대분노를 발하고 구시대 방식에 대하여 대용맹을 발하라. 마치 샤키아무니가 스스로 경험하였던 것처럼!

근래에 와서 수소와 우라늄 원자 사이의 다섯 가지 원소를 발견하는 과정에 있나니, 즉 45, 61, 75, 85, 87 원소*는 아직도 알지 못한다. 이것들은 반드시 발견해야 할 여러 문제 중의 일부인 동시에, 극히 어려운 발견에 속한 것들이니라. 이에 대하여 극히 필요 있는 광선활력적 현상은 우리가 쉽게 해석하리라 한다. 원자의 조직체는 정밀한 수학적 성격을 띠는즉, 그것의 원소는 폭발성을 가졌다. 음전자와 양전자가 원자핵 안에서 충돌할 때 원자 전체가 완강한 힘으로 폭발하는 것이, 마치 분화구에서 화산이 폭발하는 것과 비슷하니라.** 이 폭발을 거친 원자의 잔류물은 다시 단순 조직의 원자로 변하느니라. 여기에서 재미있는 것으로 말하면, 원자의 변화이니 우라늄 원소를 광선활력으로 폭렬爆裂시키면 라듐이 되고, 이것이 다시 폭렬을 거치면 납이 되느니라. 만일 우리가 1g의 우라늄을 가지고 조사를 행한다 하면, 이것은 무수한 원자들로 성립되었나니, 각각의 우라늄 원자가 92개의 음전자들과 92개의 양전자들로 조직된 이유이니라.***

원자들이 같은 제조소에서 만들었다는 생각에 대해서는

---

* 순서대로 로듐Rh, 프로메튬Pm, 레늄Re, 아스타틴At, 프랑슘Fr이다. _편집자 주

** 핵분열을 설명하는 부분으로 보이는데, 현대 과학에서 핵분열은 중성자 같은 입자가 원자핵과 충돌해 가벼운 원자핵 2개로 나눠지는 것을 말한다. 이 글이 쓰였을 때는 1926년이고, 중성자는 1932년에 발견되었다. _편집자 주

*** 현대 과학이론으로 설명하면, '92개의 전자와 92개의 양성자'가 된다. _편집자 주

이견이 없겠지만, 여러 방식으로 제조한 것은 사실이니라. 우리는 전자들이 각각 자기들의 속력으로 원자핵을 운회하는 것을 잘 안다. 이와 같이 많은 원자는 1g의 우라늄 원소 안에 있다고 생각한다. 그중에 어떤 것은 심히 빠르게 또 어떤 것은 심히 더디게 폭발하나니, 이것을 준해보면 무기계 자연물들은 형형잡다한 방식으로 조직된 것을 짐작할 수 있다. 나무의 잎사귀들이 서로 같지 않은 것과 같이 우라늄 원자들도 서로 같지 아니하니라. 1g의 우라늄 원소를 원자로 분열하는 시간은 수억 년을 필요로 하고, 어떤 원소는 1g이 분열하는 데 1초도 걸리지 아니하니라. 1g의 라듐이 납이 되도록 폭발하자면 장구한 세월을 요한다. 원자마다 열을 충분히 모아서 행하는 것은, 마치 천만 리터의 물을 100℃의 열로 데우는 시간과 비슷한 까닭이라. 그러면 각 전자의 내부에 얼마만 한 힘이 함재되었는지 상상할 수 있을 것이다. 이상보다 20배의 힘이 있는 물질도 볼 수 있느니라.

그런즉 물리학적 힘은 무슨 대★적 물체에서 조사하고 응용하는 것이 아니라, 극미소한 전자 등에서 조사하고 응용하는 것이니라. 이에 의하여 우리는 원자의 폭발성을 알았으나 전자의 폭발은 아직 의문이다. 대략 폭발하리라고는 생각하지만 확실한 증명은 없다. 이 우주는 원자나 전자로 성립되었다. 만일 이 원자나 전자가 폭발성을 가졌으면, 당연히 이 우주가 폭발성을 가지는 것은 사실일 것이니라. 이것이 사실이라면, 샤키아무니의 말인 "약유일인 발진귀원 시방허공 실개

소운 若有一人 發眞歸源 十方虛空 悉皆消殞(만약 어느 한 사람이라도 진리를 발하여 근원으로 되돌아가면 시방의 허공이 모두 사라져 없어지리라)"이란 것이 선견이 아니고 무엇일까?

분자의 운동

결정체 속에 있는 원자는 움직이지 않는 것이 아니라 역시 격자의 궤도로 운동한다. 이 운동은 엄청난 속력으로 운회하고, 또 방향의 상환相換은 수학적으로 행하느니라. 소위 물리학적 절대 영도(영하 273℃) 이하부터는 정지 현상에 있고, 또 온도가 높을수록 그들의 운동은 정비례한다. 용화될 정도에 이르면, 물체에 따라서 다르나, 대략 결정체의 격자는 산산이 분해되어서 수만 개로 나뉘고, 여기에서 분산된 소편小片의 물체를 '분자'라 명하느니라. 물체에 따라서 다르나, 이 분자에는 대략 1개의 원자에 100개의 원자가 합하는 소편도 있다. 이것들은 액체 내에서 맹렬한 속력으로 서로 운왕운래運往運來하느니라.

그러므로 결정체인 고체 내에는 분자가 있지 아니하느니라.* 다만 액체나 기체에만 분열되나니, 예를 들면 암염결정

---

* 　현대 과학에 따르면, 고체 상태에서도 분자는 유지된다. 고체 상태에서 격자의 분자들은 일정한 거리와 공간을 두고 질서 있게 나열되어 있다. 그것을 결정이라고 한다. _편집자 주

체 격자가 용화할 때 1개의 염소 원자와 2개의 나트륨 원자들로 된 염화나트륨 분자를 이룬다. 이 2개부터 100개 이상의 원자로 구조되는 분자는 물체 성립에서 미소한 재료가 되느니라. 이것들이 액체나 기체 속에서 그 사이의 공간을 이용하여 각각 독립적 개성으로 운동하느니라. 이 분자가 물체 내에서는 차례로 층적層積하였고 또 물체에 따라서 분자는 같지 아니하다.

보통 이와 같은 분자군은 무기자연물이나 유기자연물(초목, 금수, 인체 등)에서, 즉 항다반 접할 수 있는 물체에서 분명히 볼 수 있는데, 1개부터 100개 이상의 원자로 된 분자들이 물체 내 공간을 이용하여 운동한다. 분자의 운동은 원자의 운동과 별로 차이가 없다.

분자의 유동流動은 보통 증기蒸氣에서 볼 수 있는데, 기체 상태의 분자 운동은 대단히 빠르니라. 0°C의 수소 가스에 있는 2개 수소 원자로 성립된 분자들은 평균 약 1.7km/s의 속력으로 운행된다. 이들 분자는 극히 밀접히 있나니, 예를 들면 1cm³ 안에 3·10·19개의 분자들이요, 또 운행하는 궤도가 극히 불규칙하므로 충돌이 생긴다. 예를 들면, 0°C에 있는 수소 기체 중 1개의 분자는 매초에 약 백억 번 다른 분자들과 충돌하느니라. 기체나 액체 상태의 분자 운동은 지그재그로 행한다. 분자의 충돌로 생기는 힘은 기체면 열이 되고, 액체면 물결을 이룬다. 이들 분자 운동은 소위 물리학적 절대 영도에 이르면, 기체나 액체 상태를 막론하고 정지되느니라. 그래서 다시 온도를 따라서 점차로 전자의 열, 원자의 열, 분자의 열이 되어 운행을 시작한다.

우리는 앞에서 미소한 전자까지 해득하였나니, 이에 의하여 우리는 보다 더 미소한, 즉 극미소한 것을 실험하고자 한다. 은하군 이전은 차치하고라도 은하군이나 은하계나 태양계나 분자나 원자나 전자의 존재가 확실하기는, 마치 우리가 육안으로 볼 수 있는 물체의 존재나 현상이나 운동을 설명함과 비슷하느니라. 그러나 여기에서 한 걸음 나아가서 우주의 건축 재료가 되는 공기空氣 원자*는 불확실하고 존재나 형체는 아직 암흑하니라.

이에 대한 학술적 조사는 근 10년간 상당히 활발했음에도 여기에 대한 경험은 아직도 확실치 못하다. 현재 세계의 물리학적 사색은 별과 별 사이의 공간이나 분자와 분자 사이의 공간이나 원자와 원자 사이의 공간이나 전자와 전자 사이의 공간이 중간에 일종의 볼 수 없는 물物, 즉 공기로 채워졌으리라 한다. 이러한 경험에 의하여 우리가 이에 대한 관념에 한층 어려운 주의를 가졌지만, 그래도 믿을 만한 것은 공기도 일종의 물체, 즉 전자보다 미소한 것으로부터 성립되었을 것이라 한다.

---

* 여기서 '공기'의 의미는 '빈 공간'이라는 의미에 가까우며, 백성욱 박사는 그 빈 공간 역시 어떠한 물질로 구성되어 있으며, 이 물질로부터 전자가 발생하였다고 추측했던 것 같다. 이는 현대 과학과 다르며, 이후 전개되는 내용들은 이를 감안해서 읽어주길 바란다. _편집자 주

공기

우리는 여기에서 공기가정설을 볼 수 있느니라. 그러나 공기의 속력이나 운동에 대해서는 아직 어떤 말을 듣지 못하였다. 공기 중에서는 모든 물체가 운동하나니, 예를 들면 성수·분자·원자·전자이다. 참으로 몽매한 것은 '전자가 공기로부터 축조되었을까'이다. 일이 만일 이와 같이 된다면 공기는 우주만상을 축조한 근본 재료가 될 것은 사실이다. 즉 공기에서부터 모든 물리학적 물체가 건조되었으리라 한다.

1개의 전자는 일정한 부피를 가진 한 조각의 공기, 즉 일정한 기회를 이용하여 다른 공기로부터 분리된 공기로부터 생기는데, 예를 들면 이 공기 조각이 운동을 거쳐 다른 공기들보다 독립적 운동을 하게 되어 전자라는 지위를 점하니라(이리되려면 물론 많은 지위의 계급을 지나야 될 것은 무엇보다 사실이겠지). 예를 들면, 0℃ 이하에 있는 물이 아주 극미한 체體(얼음)를 만들거나 물이 과도한 운동을 함으로써 수포水泡가 되어 다른 물과는 완전히 다른 움직임과 형태를 취하다가 다시 물로 변하는 것과 같이, 전자력 중간에 있는 공기는 다른 공기와는 완전히 다른 움직임을 취한다. 즉 음전과 양전이 서로 충돌하고자 하는 전자력 중간의 공기는 양편의 맹렬한 전력에 의하여 순간 특별한 상태를 나타낸다.

그러나 이 변한 상태의 공기를 아직 학술로 실험하지 못하였다. 우리는 여기에 대해서 특별히 많은 물리학자의 생각과 다른 공기 변천의 과정을 실험해볼 것이다. 즉 공기 중에다가 광파光波, 즉 '전자기파electromagnetic wave'를 일으켜보면, 이 순간 공기 중에 특별한 현상이 일어나는 것을 볼 수 있다. 만일 구형의 입자를 던지면 수평면상에 일어나는 굴절의 동작은 물결을 일으킨다. 이와 같은 방식으로 한 번에 수백 곳에다가 구형의 입자를 던진다면, 이로부터 생기는 물결들은 각각 일정한 한도에서 각각 독립적 작용을 하는 것이다.

이 물결들의 길이·넓이·높이를 계산할 수 있느니라. 이들 물결이 파동 중심부터 퍼져나가는 속력은 1m/s로 수면 위에 행한다. 만일 수면 위 일정한 장소에서 일정한 시간에 끊임없이 입자를 던진다면, 물결의 운동은 일정하여 일정한 길이·넓이·높이로 행한다. 자주 던지면 물결의 길이·넓이·높이는 짧고, 천천히 던지면 물결의 길이·넓이·높이는 기니라. 공기의 동작도 이에 준하리라 한다. 이 같은 방식에서 우리는 광파나 무선전신기를 사용해온 것이다. 이것을 '공기 파동' 혹은 '전자기파'라 하느니라. 이것은 공기 중에서 30만 km/s의 속력으로 파급된다.

가장 긴 전파를 전자파라 하고 가장 짧은 전파를 에스전파라 하나니,˙ 만일 공기에 X선을 비출 때에 공기의 파동은 급

˙　현대 과학에 따르면, '전자파'는 곧 전자기파를 말하며, '전파'는 전자기파의 하위 항목으로 '라디오파'의 이칭이다. 따라서 "가장 긴 전자기파를 전파(라디오파)라 하고"가 되어야 옳다. 그리고 가장 짧은 전자기파는 '감마선'이다. _편집자 주

하여 매초 10^{18}번 이상으로 운행되는데, 육안으로 볼 수 없는 X선은 사진에 의하여 조사한다. 또 10^{-6}부터 10^{-4}mm 사이의 전자기파는 아직 학술에서는 알지 못한다.*

$0.4 \sim 0.8\,\mu m$**의 전자기파는 볼 수 있느니라. 육안에는 자연적 광파(가시광선)에 불과하다. 이와 같은 것은 보통 행성으로부터 오는 유광流光이나 다른 자연체로부터 보이는 것이니라. $0.75\,\mu m$에서 1mm까지의 전자기파는 적외선 혹은 열파라 하나니, 볼 수는 없으나 느낄 수는 있느니라. 예를 들면, 난로가 홍열紅熱되었을 때에 생기는 공기이다. 약 1mm부터 100m까지의 전자기파는 헤르츠Heinrich Hertz(1857~1894)가 발견한 것으로, 라디오파 혹은 전파라 명한다. 1m에서 100m 사이의 전자기파는 무선전신에 이용한다. 30m에서 약 500km는 전지電池에 이용되고, 10km에서 10,000km의 전자기파는 대기계를 움직이는 데에 이용한다.

이러한 전자기파들은 별과 별 사이를 뛰어넘고 또 그것이 가진 화학적 물질이나 동작을 다른 행성으로부터 우리 지구에 또는 우리 지구로부터 다른 행성에 통지해줄 수 있다. 이와 같은 견지에서 몇 해 전에 우리는 화성으로부터 무선전신을 받은 줄로 짐작했느니라. 이 전자파의 길이나 파동의 수

•   감마선을 가리킨다. 하지만 이 글이 쓰일 당시 감마선은 이미 발견되었었다. _편집자 주

•• μm은 1mm의 1,000분의 1이다.

는 가장 정확하게 정하였느니라.

전기장과 자기장

우리는 여기에서 공기·원자 연구에 필요한 전기장과 자기장을 연구하리라 한다. 두 개의 금속체, 즉 하나는 원형 또 다른 것은 사각형의 체를 금속판 위에 서로 마주하여 세우고 전기를 흐르게 한다면, 원형은 양전이 되고 사각형은 음전이 된다. 여기 주위에는 가관可觀할 공기의 파동이 생기나니, 두 물체의 중간과 비슷하니라. 우리는 한 개나 여러 개의 전침電針을 두 물체의 중간에 두는 것이 가능하다.

이것은 두 개의 병마개(떡갈나무의 껍질)를 구형으로 만든 것이다. 이 구체를 연결하여 전도체의 금속을 서로 이은 것이니라. 이 구체들은 유리관을 통해 온 철침 끝에 있나니, 전자는 양전, 후자는 음전이 흐른다. 이 전침들을 두 개 금속의 중간에다가 일정한 방향을 향하게 하여둔다. 두 금속체에 전기가 흐르는 동안 이것들은 각각 다른 거리에서 가관할 만한 '힘'을 일으킨다. 이러한 것을 하나의 유리 기구에다 담고 진공이 되도록 한다면, 분자나 원자나 전자들이 자유롭게 된다고만 한다면, 이것을 명하여 '전기장이 전도체를 운회한다' 하느니라.

우리가 1개의 자석 조각을 조사해본다면, 역시 앞서 기술한 전기장과 같이 주위에서 행하나니, 이것을 역시 진공낭眞空囊 안에 둔다 하면 가관할 에너지장*을 만드느니라. 이 자석 조각의 에너지장 주위에다가 철가루들을 둔다면, 이 철가루들은 각각 일정한 선상에서 자석 조각을 향한다. 자석 주위에는 에너지장이 생기고, 에너지장은 자력을 만든다. 다시 말하면, 자석의 에너지장이 철가루를 잡아당길 때 이와 같은 것이 공기 중이나 진공 중에서 행하는 것을 '자기장이 자석을 운회한다' 하느니라.

그렇다면 전기나 자기의 에너지장은 무엇일까? 전도체와 자석에서 전침을 돌리고 철가루를 잡아당기는 것을 물리학자들은 전도체나 자석의 주위에 있는 힘이 순전히 공기의 에너지로 된 것이라 한다. 그러나 어떻게 되는 건지 아직은 알지 못한다. 공기를 인정하는 물리학자들의 견지는 일정한 물체, 즉 공기가 분자와 분자 간이나 원자와 원자 간이나 전자와 전자 간의 공간에 채워져 있다가, 전력이나 자력에 의하여 가관할 만한 에너지장을 만든 것이라 하느니라. 다른 물리학자들은, 예를 들면 아인슈타인, 리츠** 등이 말하기를, 진공은 실로 진공이요 아무것도 없고, 전기장이나 자기장은 전

•   원문에는 '흥분興奮'이라고 되어 있으나, 현재 흥분은 심리적 혹은 생리적 용어로만 쓰이기 때문에 문맥상 '에너지 장'으로 수정하였다. _편집자 주

••   원문에는 '으리스'로 되어 있으나, 리츠Walther Ritz(1878~1909) 교수로 추정된다. 리츠는 스위스의 물리학자로, 선 스펙트럼계열의 이론적 해명에 힘써 '뤼드베리의 공식'을 보정한 '리츠의 공식'을 발표했다. _편집자 주

도체나 자석에서 생기는 것이요, 전침이나 철가루를 잡아당기는 힘은 어떤 물질도 요구하지 아니한다고 하느니라.

전자기파가 공간을 통하여 행할 때에 전력이나 자력은 전류가 흐르는 순간이나 자석의 양단에서 일정 기간 증대되느니라. 물리학자들의 견지에 따라, 일정 기간 상환相換하는 힘이 전기 에너지장에서 일어나는 것을 공기겠다 하니라. 전력이나 자력은 어떠한 물질체도 요구하지 아니하니, 전력이면 전기파요 자력이면 자기파겠다 하는 까닭이라. 그 외에 더 기억할 것은 시간상으로 불변하는 자기장이나 시간상으로 전자들에 의하여 변하는 전기장, 즉 파동에 의하여 변하는 것들은 각각 그들의 방식에서 의기意氣를 일으키는 것이라.

우리는 이상 서술에 의하여 대大로는 지구·달·태양·행성·태양계·은하계·은하군 즉 우주 건물의 대적 재료를 조사함으로 시작하여, 소小로는 분자·원자·전자·공기 즉 우주의 소적 재료까지 미쳐서 해득하였다. 우리의 본문제인 '대입소의 일리' 연구를 계속할 것은 물론이지만, 이 문제를 연구하기에 필요할 만한 사상의 배경과 문자의 의미를 확정시키는 것으로 우선순위를 삼는 것이 필요하다고 생각한다.

'일모단 현보왕찰 미진리 전대법륜'의 의미

"일모단 현보왕찰 미진리 전대법륜一毛端 現寶王刹 微塵裏 轉大法

輪"이라 하는 문구는 우리가 산스크리트어로나 팔리어로나 우리의 모어로나 또 다른 언어들, 예를 들면 유럽어들을 통하여 해득하였던들 아무 난관 없이 문장의 이치를 해득할 것이다. 그러나 동사가 부정확하고 문장이 불명백한 중국어인 한문을 통하여 온 것인즉, 이 문장의 뜻을 해득함으로는 언어학적 견지 방식으로 조사해야 할 것이다.

이 문구는 두 가지로 해석할 수 있으니, 하나는 적극적 방식이요 다른 하나는 소극적 방식이니라. 한편으로는 일모단인 까닭에 보왕찰을 드러낼 수 있고, 미진리인 까닭에 대법륜을 굴릴 수 있다는 것은 소극적 해석이니, 즉 일모단이나 미진리가 광대해서 보왕찰이나 대법륜을 드러내고 굴리기에 족하다는 말이다. 다른 한편으로는 일모단에라도 보왕찰을 드러내겠다 하고, 미진리에라도 대법륜을 굴리겠다 하는 것은 적극적 해석이니, 즉 모단이나 미진이 아무리 작더라도 보왕찰이나 대법륜이 아무리 크더라도 드러내거나 굴리겠다는 의미이니라. 그러면 우리는 여기에서 두 가지의 정반대되는 해석을 얻었나니, 두 가지의 의미 중에서 진의를 구하고자 한다면, 이상 문구는 이만 내려놓고 이 문구의 작자인 샤키아무니의 견식을 심리학적 방식에 의하여 연구하는 것이 필요하다.

샤키아무니의 견식인즉, 그 당시 브라만교의 교리가 부자연함으로 인하여, 자연적으로 인류가 평화롭게 공존동생共存同生하고자 했던 많은 학자의 방식이 소극적이어서 성적이 좋지 않음에 분기奮起하여, 적극적으로 방법을 연구하고 적극적으로 선전하면서 적극적으로 실행하였느니라. 예를 들면, 신에게 부속하였던 인류가 독립하도록 네 가지 계급을 폐하고 하나의 계급을 설하였고, 상키야나 요가나 베다나 브라만의 철인들이 마나스(말나식)를 설하면 샤키아무니는 알라야(아뢰야식)를 설하였다. 또한 베다교나 브라만교에서 13천天을 설하면 샤키아무니는 색계나 무색계를 설했고, 베다교나 브라만교에서 인드라(제석천왕)나 브라흐마(대범천왕)를 우주 창조신으로 믿으면 샤키아무니는 그들의 신들을 6취 중 천취에 속하게 하여 아무 능력 없이 만들어서 자기 제자들의 수호신으로 만들었으며, 베다교나 브라만교에서 일사천하一四天下와 일일월一日月과 일수미一須彌를 설하여 일천세계一千世界에 견줄 만하게 하면 샤키아무니는 삼천대천세계三千大千世界를 설하여* 당시 학자들이 그들의 이론이 협견狹見임을 스스로 자증自證하게 하였다. 만일 일모단 등의 문구가 샤키아무니의 말이라면 적극적 해석이 정당하리라 하노라.

우리는 이상의 문구를 산스크리트어로 보지 못하였으므로 모단이나 미진에 수학적으로 어떠한 가정이나 한정이 있는

---

* 《유마경》에 따르면, 한 세계는 중앙의 수미산須彌山을 중심으로 사방에 4대주四大洲가 있고 그 바깥 주위를 대철위산大鐵圍山이 둘러싸고 있는데, 이것을 일사천하一四天下라 하고, 1천 개의 사천하를 합하여 일소천세계一小千世界라 하며, 1천 개의 소천세계를 합하여 일중천세계一中千世界라 하고, 1천 개의 중천세계를 합하여 일대천세계一大千世界라 한다. 그리고 일대천세계에는 소천·중천·대천 세 종류의 천千이 있으므로 삼천대천세계三千大千世界라 한다. _편집자 주

지는 알지 못하나, 대략 문자의 의미와 우리의 경험에 의하여 소小적 양量인 줄로 짐작할 뿐이요, 원자나 전자처럼 기호로는 표시할 수 없느니라.

당시 인도의 수학 수준이 물론 고등하였던 것은 사실이다. 대략 유클리드식의 숫자처럼 3차원의 길이·넓이·높이를 가졌던 것이 사실인즉, 현재 상대성 이론에 의한 4차원의 길이·넓이·높이·시간이 아니었을 것은 명백하니라. 또 모든 물체를 추상적으로 생각하였던 인도인들이므로 구체적인 숫자를 주지 못하였던 것은 무엇보다도 사실이니라. 그러나 어느 정도는 진즉에 결정되었으리라 믿는다. 그러나 필자가 그것을 보지 못하였으므로 여기에 기록하지 못함은 유감이라 하노라.

대법륜이나 보왕찰이란 말은 삼천대천세계를 가리킨 것인 듯하다. 보왕찰이라 함은 보왕여래寶王如來의 보찰報刹*을 의미한 것이니라. 부처는 3신三身을 구족具足하였나니, 첫 번째는 법신法身 즉 청정허공신淸淨虛空神이다. 허공과 같이 무소부재 무시불유無所不在 無時不有(어디든지 있지 않은 데가 없이 어디서나 다 있고, 언제든지 있지 않은 때가 없이 언제나 다 있다)한 일리를 가리킴이니, 3세제불三世諸佛들의 실현경實現境이요 시방성현十方聖賢들의 이상지理想地이니라. 이 법신은 재성부증 재범불감在聖不增 在凡不減(성인이라고 해서 늘어나는 것이 아니고, 범부라

•   오랜 과거 동안 쌓은 공덕의 대가로 들어서는 극락세계. _편집자 주

고 해서 줄어드는 것이 아니다)하며, 이 법신의 모습은 "처생사류 여주독요어창해 거열반안 계륜고랑어벽천 處生死流 驪珠獨耀於滄海 居涅槃岸 桂輪孤朗於碧天(생사의 흐름에 처하여서는 밝은 구슬이 홀로 광활한 바다에 빛나는 것과 같고, 열반의 저 언덕에 걸터앉아서는 둥근 달이 푸른 하늘에 외로이 밝은 것과 같다)"이라 하였다. 법신의 크기는 "찰진심념가수지 대해중수가음진 허공가량풍가계 무능진설불공덕 刹塵心念可數知 大海中水可飲盡 虛空可量風可計 無能盡說佛功德(우주의 먼지 같은 많은 생각을 헤아려 알아도, 대해의 바닷물을 다 마셔도, 허공을 가늠하고 바람을 휘어잡아도, 부처님의 공덕은 다 말할 수 없다)"•이라 하였느니라.

두 번째는 하나의 보찰을 중심으로 중생을 교화하고자 백억의 몸으로 화현化現한 보신報身이다. 백억 분의 한 몸을 세 번째인 화신化身이라 하느니라. 이 화신은 하나의 화찰化刹을 중심으로 중생을 교화하나니, 한 화찰의 작용은 태양계에 비하리라 한다. 즉 한 개의 태양을 가졌단 말이다. 그런즉 하나의 보찰 내에는 백억의 태양계와 백억의 화신이 있나니, 예를 들면 "삼천대천세계지중 유백억일월 백억수미산 백억사천하 일국일석가 각좌보리수 일시성불도 천백억석가 각접미진중 三千大天世界之中 有百億日月 百億須彌山 百億四天下 一國一釋迦 各坐菩提樹 一時成佛道 千百億釋迦 各接微塵衆(삼천대천세계 안에는 백억의 해와 달, 백억의 수미산, 백억의 사천하가 있다. 한 나라에 한 명의 샤키

•   《화엄경》〈입법계품〉._편집자 주

아무니가 각각 보리수에 앉아 일시에 성불을 이루고, 천백 억의 석가는 각각 티끌 수만큼 많은 중생을 제도하신다)"이 그것이다.

마르베* 교수의 말처럼, 무슨 아리스토텔레스가 철학의 원조라 하리까? 그의 말이면 다 옳은 줄로만 알지만 그중에는 역시 유치한 말도 있는 것과 마찬가지로, 샤키아무니의 말도 종교상으로 보아서는 다 옳다고 믿어야 하고 또 반드시 믿어야 할는지 알 수 없으나 학술상으로는 옳지 아니하니라. 샤키아무니의 말도 옳은 말은 옳지만 유치한 말도 많이 있는 것은 사실이니라. 인도 세계관인 베다교나 브라만교의 세계관을 진취시킨 샤키아무니의 세계관인 "백억수미 백억일월 백억사천하百億須彌 百億日月 百億四天下"라는 말은 현대 과학에 견주면 당연히 유치한 관념이니라. 이 말은 베다교의 것, 다시 말해 브라만교의 생각인즉 샤키아무니의 말이라 할 수 없다. 그래도 샤키아무니의 죄라고 한다면 오직 유치한 세계관을 맹종하였다는 책망을 할 수 있겠으나, 당시 샤키아무니가 살아 있을 당시 인도의 많은 사람이 이러한 언구言句가 아니면 해득치 못함이니, 구태여 다른 말로 못 알아듣게 할 것이 없느니라. 더군다나 세계관 같은 것은 우주관이나 인생관과 달라서 그다지 필요하지 아니할 뿐 아니라 역시 샤키아무니의 본문제도 아니요, 오직 필요가 있다면 자기 교리를 설

---

*   원문에는 '말베'로 되어 있으나, 마르베Karl Marbe(1869~1953) 교수로 추정된다. _편집자 주

명하는 재료에 불과하니라. 그러므로 샤키아무니가 이에 대해 방심하였다고 현재에 와서 그를 책망하는 것은 지나치니라. 그래도 책망하려 하는 자가 있다면, 그의 지식은 유치하여 샤키아무니를 이해해줄 수 없는 자일 것은 무엇보다도 사실이겠다. 그럼에도 책망하기를 시도하려 한다면, 그 자의 심리가 병적인지 의심할 만하느니라.

그런즉 보왕여래의 보찰은 하나의 삼천대천세계를 의미함인즉, 다시 말하면 하나의 태양계를 천 개 모은 것을 일소천세계一小千世界라 하고, 하나의 소천세계를 천 개 모은 것을 일중천세계一中千世界라 하며, 하나의 중천세계를 천 개 모은 것을 일대천세계一大千世界라 하나니, 삼천대천세계라 함은 무슨 3천 개의 대천세계를 말함이 아니요, 소천·중천을 거친 대천세계를 말하느니라. '대법륜'이라는 말 역시 한 보신의 법문을 의미한 것이니, 백억 화신의 법문인즉 서로 동일한 까닭에 일구여출一口如出하여 백억의 불佛이 각각 연설하였으나, 사실은 보신의 방식에 의하여 행한 것이니라. 하나의 보찰 내에는 오직 하나의 법문이 있을 뿐이므로, 보신이 연화장세계蓮華藏世界*에 좌정坐定하고서 자기의 화신들을 모아

---

* 우주의 중심에 있다고 하는 바이로차나Vairocana(비로자나불毘盧遮那佛 혹은 노사나불盧舍那佛)의 정토. 《범망경》에 따르면, 이 불佛은 천 개의 잎을 가진 연화좌蓮華座에 앉아 있는데, 그 잎은 낱낱의 세계를 상징하며, 그 낱낱의 세계에 100억 국토가 있고 그 국토에 보신이 출현한다고 한다. _편집자 주

반중伴衆을 삼고 법문을 설한 후에, 화신들은 주불主佛로부터 받은 법문을 각자 화찰로 돌아가서 다시 설한다는 것이니라.

여기에서 우리는 벌써 미진리에 대법륜을 굴렸다는 말을 해석하였다. 하나의 보찰을 단위로 삼고서 그것의 백억 분의 일이 되는 화찰을 바라보면 미진에 불과하다 생각하였던 것은 '각접미진중各接微塵衆(각각 티끌 수만큼 많은 중생을 제도하신 다)'이라는 문구가 증명해준다. 이 미진에 있는 법문인즉 '대법륜'일 것이니, 보신이 직접 설하지 못하였으나 간접으로 화신을 통하여 설하였고, 또 보신이나 화신의 모습이 대소가 있을는지 알지 못하나, 작용은 보신이 연화장세계에서 그의 화신들을 반중으로 삼고 설법한 것이다. 화신이 보리수 밑에 앉아서 중생을 반중으로 삼고 설법한 것은 태양계의 자공전이 원자의 자공전과 추호도 다름이 없는 것과 비슷한즉, 원자 내에 하나의 태양계가 있다는 말이 사실이라면 하나의 화찰 내의 조직이 하나의 보찰 내의 조직과 비슷해서 백억 분의 일이 되는 화찰이 그것의 백억 배 되는 보찰을 당할 수 있느니라. 즉 대법륜이 미진리에 구른다 함이라.

그런즉 대나 소는 한 이치이니라. 조직이나 작용으로 보아서 원자의 소나 태양계의 대는 한 이치에서 축조되었느니라. 조직이나 작용으로 보아서 추상적이고 철학적인 이론으로나 구체적이고 수학적인 이론으로나 대와 소를 한 이치라 하기에 어떠한 반대가 없느니라. 예를 들면, 원이 대大로는 은하군의 궤도나 은하계의 궤도나 태양계의 궤도나 지구의 궤도나 달의 궤도나 차륜의 바깥 궤도나 차륜의 중심 등이 있고, 소小로는 분자의 궤도나 원자의 궤도나 전자의 궤도 등이 있나니, 이 우주나 다른 우주의 안이나 바깥을 막론하고 자연적인 원들이나 인위적인 원들은 당연히 360도이고 또 360도가 되어야 한다.* 지난 시대 수학 방식이던 유클리드식에도 원은 360도요 현재 상대식의 수학으로도 360도는 불변하느니라. 그러면 이 우주는 불변의 정리인 '대입소의 일리'라는 방식에 의하여 축조된 것인가 하노라. 즉 대소를 막론하고 우주의 만물은 일리의 방식으로부터 건축되었을 것은 의심할 여지가 없느니라.

그러면 일리는 무엇일까? 이것을 해석해야 하고 또 해석하는 것이 우리 인류의 의무이니라. 즉 이 해석이 우리에게 새로운 방식을 가르쳐줄 것은 의심의 여지가 없느니라. 예를 들면, 독일이 어찌하여 현재 세계 공업계에서 우위를 점하는가? 이유는 석탄의 부富도 철광의 부도 무엇도 아니요, 오직 식물학자가 식물의 조직체를 분석하다가 식물체의 구조 방식을 연구하여 공업에 이용하였음에 말미암음이니라. 단순한 식물체의 조직 방식을 공업에 이용한 것만으로도 세계를 정복하려 하는데, 하물며 복잡한 동식물체의 조직 방식을 우

---

* 원문에는 "365도 4분의 1이고 또 365도 4분의 1이 되어야 한다"라고 되어 있는데, 이는 지구 공전 주기를 의미하므로 360도로 수정하였다. _편집자 주

리 생활에 이용한다면 우리 인류는 어떠한 경지에 이를 것인지 상상하기 참으로 쉬우리라 한다. 자연에 접하라! 자연을 배우라! 자연은 시시각각으로 우리에게 새로운 방식을 설명하나니, 잘 듣고 잘 이용하라! 신라 철인의 "산천山川도 위아爲我(자신을 위함)인데 황유정호況有情乎(하물며 마음이 있는 사람이랴)"를 기억하고 또 실행하라. 몽매간이라도 유치한 생각인 '자연을 정복한다'는 문구를 멸시하라. 그 말을 한 유럽인도 이제는 후회하느니라.

우리가 우주만물을 건축한 방식인 '일리'를 연구하여 우리 실생활에 적용한다면, 이 방식을 가지고 '오탁세계五濁世界'라는 현재 세계를 향적세계香積世界나 연화세계蓮花世界로 변하게 함에 샤카아무니의 수고를 더하지 아니하고도 될 것은 무엇보다 명백하니라. 극락세계를 멀리 서방으로 십만억 불토佛土*를 지나쳐 구하지 말라. 도솔兜率(육욕천의 넷째 하늘)과 야마夜摩(육욕천의 셋째 하늘)의 천궁天宮을 창천蒼天 위에서 구하지 말라! 거추이취묘去麤而就妙(거칠고 추한 것을 없애 묘한 것을 얻음)하지 말고 명추현묘明麤顯妙(거칠고 추한 것을 밝힘으로써 묘함이 드러남)하는 방식에 의하여 인류답게 이 현실계에 건설해야 할 것이니라!

법률생활

우리는 일리를 인류 실생활에서 구해보고, 또 현실에서 시험해보려고 한다. 일리는 벌써 인류에게 얼마간 실현해왔다. 현재 인군人群의 단위인 국가는 정신생활·법률생활·경제생활로 조직해야 하고 또 하려 하나니, 정신생활의 영역은 학술·종교·예술·교육 등이요, 법률생활의 영역은 입법·사법·행정법 등이요, 경제생활의 영역은 국민경제·민족경제·세계경제 등일 것이다.

법률은 대大로는 세계적 국가에 미치고 소小로는 개인 생활에 미치는, 인간 집단의 규칙을 의미하는 것이니라. 이 법률에 대한 연구는 독립적으로 설립한 많은 연구소 및 뢰리히 Nicholas Roerich(1874~1947),* 슈타이너Rudolf Steiner(1861~1925), 니엔캄프Heinrich Nienkamp(1870~1929) 등의 학자가 선구적으로 행하고 있다. 법률이나 도덕이라 하는 것은 동일한 의미에서 동일한 결과를 구하고자 하는 것이다. 즉 권선징악하는 견지에서 인류를 향상시키고자 하는 것이 유일한 목적이니라.

선이나 악은 종교상에서 생각하듯 절대가 아니라 오직 상

---

* 원문에는 '니콜라이'로 되어 있다. 이 사람은 러시아 출신의 학자 니콜라이 콘스탄티노비치 뢰리치Nikolai Konstantinovich Rerikh로 추정되며, 세간에서 주로 알려져 있는 영문명인 니콜라스 뢰리히Nicholas Roerich로 표기하였다. 또한 뒤의 열거되는 인물은 이름이 아니라 성으로 불리고 있으므로, 여기에서도 이름인 '니콜라스'가 아닌 '뢰리히'로 표기하였다. _편집자 주

대이니라. 법은 인류의 대다수가 불쾌히 여길 악에 대하여 개과천선하도록 하자는 것이요, 도덕은 개인이 불쾌히 여길 악에 대하여 남의 자유를 침해하지 아니하도록 인류의 공존동생을 도모하게 하자는 것이니라. 이로써 평등이라는 규정하에서 인류의 공존동생의 양심을 발휘하고자 함에 있느니라. 즉 법률상 최고 이상에 적합하도록 실현하자는 것이요, 동시에 인류의 법률적 천재의 손을 거처 실행하고자 함에 목적한 것이니라. 이상법적 자연법(관습법)이 '입법자'의 손을 거처 사법자나 행정자의 손에 있게 되는 것을 적극적 법률이라 하고, 이에 반하여 어떤 문명文明이 없어도 은연히 공중에서 실행되는 것을 소극적 법률이라 하느니라. 즉 도덕의 최저도最低度는 법률이니라. 입법자의 이상이라는 것은 자기와 함께 사는 사람들의 현재의 불편과 미래의 불행과 과거의 불비不備를 관통하여서, 과거에 준하고 현재를 고치며 미래와 맞서려는 인류의 양심을 대표하여 입법에 유의하는 것이니라.

사법자나 행정자의 이상으로 말하면, 입법자의 의도를 통찰하며 함께 사는 사람들의 처지와 사정을 관통하여 적용함으로 말미암아 인류의 행복을 증진함에 있느니라. 무엇보다 필요한 것은 법률생활이 경제생활이나 정신생활로부터 한계를 엄수하는 것이니라. 법률생활을 운용하는 국가라는 것은 유일무이의 법률적 조직으로 독립되었을 뿐만 아니라 인류를 평화적 정돈의 생활에 있게 하기 위하여 존재하였으므로, 보호한다고 경제생활 또는 정신생활을 이용하거나 무시해서는 절대 불가하니라. 경제생활이나 정신생활이나 자유를 존경함으로 천직天職을 삼을 것이라.

그러므로 국가 즉 법률생활이 경제생활인 경제 조직(상사, 우편, 전신, 철도, 광산 등 경제 의미를 가진 조직)을 직접이나 간접으로 경영하는 것은 불가하니라. 예를 들면, 재직 법률가나 행정가가 상사를 경영하는 것에 대해 현재 법률이 금지하거나 부도덕한 것으로 인정하는 것을 보아도 미루어 생각하리라 한다. 이는 법률생활의 힘을 빌려 경제 정의를 방해할까 우려함에 있느니라. 법률생활에 대한 상세한 수치나 국가 간 전쟁이나 건설의 방법은 여기에서는 생략하느니라.

경제생활

경제생활의 정의는 잘 분배하는 데 있다. 이 인생이라는 것은 육체와 정신생활을 가졌으니, 육체의 영양이 부족하면 사람들이 멸하는 참화가 있나니 미국 원주민이 실례요, 정신의 영양이 부족하면 사람들이 야만화되는 불행이 있나니 불교 유입 전의 몽골족(만용으로 동서를 정복하던 것)이 그것이니라. 이러한 문제의 요지인즉 생산자로부터 소비자에게까지 평균으로 분배하여 아무 결함이 없게 함으로써 사람들의 행복을 증진하는 것이니, 이러한 것을 건전한 경제라 하고, 이에 반한 것을 불건전한 경제라 하느니라.

인간 지능의 발달은 무의미한 생존을 부인함이니, 다만 육체적 생명의 연장으로 이상을 삼던 금수 같은 야비한 생각을 문명인들이 취하지 아니함에는 동서를 막론하고 많은 철인의 천부적인 재능의 희생이 따랐느니라. 예를 들면 "조문도석사가의 朝聞道夕死可矣(아침에 도를 들으면 저녁에 죽어도 좋다)"[*]나 "종신역역이불견기성공 終身役役而不見其成功(평생토록 악착같이 고생하면서도 그 성공을 볼 수 없다)"[**]이나 "시사여귀 視死如歸 (죽음을 고향에 돌아가는 것처럼 여긴다)"[***] 등이다. 그 외 다른 서양학자들도 인류가 다만 육체적 생명의 연장으로만 만족을 느끼지 못한다고 생각하였느니라.

그러면 육체생활을 유지하겠다는 정신은 정신생활의 목적을 달성하는 수단에 불과하니라. 인류는 이 수단을 통하여 의미 있고 재미있는 생활을 하고자 하는 것, 즉 학구적 생활·종교적 생활·예술적 생활을 하고자 하는 것이다. 경제적 최고 이상은 경제적 분배의 입장을 박애에 두고서 인류 생존적 욕망(정신 및 육체)을 만족하게 하고자 함에 있느니라. 그런즉 건전하고 불철저한 유럽인의 생각인 유심론 唯心論도 유물론 唯物論도 아닌 사회민주주의나 오직 야만적인 육체적 생활 연장에만 골몰하는 '마르크스주의(공산당 등 마르크스 사상으

---

[*]   《논어》〈이인 里仁〉._편집자 주

[**]   《장자 莊子》〈제물론 齊物論〉._편집자 주

[***] 《사기 史記》〈채택열전 蔡澤列傳〉._편집자 주

로 된 사회주의)'의 유치한 생각은 혹 지난 시대에 적합하였을지 모르나, 현재에는 만만불가萬萬不可하니라. 정신생활이나 법률생활은 금수 같은 육체생활만 연장하고자 하는 경제생활의 필요로 인하여 존재한 것(마르크스주의에서 생각하는 것과 같은 것)이 아니요, 오직 정신생활의 목적을 달성하기 위하여 존재하는 것이다.

그러므로 인류의 경제는 국경이 없는 것이 가장 명백하니라. 예를 들면, 현재에서도 볼 수 있는, 국경(관세) 없이 상통相通하는 서적이나 약품 등을 보아도 짐작하리라 한다. 생산이란 것은 인류의 천부적 재능을 발휘한 것(예를 들면, 학술, 예술, 종교, 공업 등)이요, 자연과 인류 간의 공통된 소득(모든 농산물)이요, 이것을 '박애'라는 견지에서 소비에 이바지할 것인즉, 당연히 세계적으로 공통해야 할 것은 무엇보다도 명백하다.

경제생활이 법률생활이나 정신생활의 경계를 넘지 아니함이 가장 필요하나니, 현재에는 법률생활이나 정신생활이 경제생활에게 병탄倂呑을 당한 상태에 있느니라. 이것은 물론 다시 자유로 회복해야 할 것이다. 경제생활의 강함에 의하여 법률생활이 마치 수단과 같이 보이는 마르크스주의와 법률생활의 강함에 의하여 경제생활이 마치 수단과 같이 보이는 공화정치나 군주정치는 물론이거니와 현재의 정책에서 이상 현상을 만들어낸 현재 상황 또한 바로잡아야 할 것이다. 정신생활은 물론 물질(경제)로부터 독립해야 인류의 천부적 재능을 발휘할 수 있느니라. 예를 들면, 샤키아무니는 장도障道

(정신생활에 방해됨)될까 두려워 주궁主宮을 떠났으며, 정교일치政教一致된 브라만교로 인하여 인류의 불안과 아픔이 산출되었음을 깨닫고 그의 종교를 정치로부터 독립시켰음이니라. 톨스토이Lev Nikolayevich Tolstoy(1828~1910)는 가정의 부유가 그의 정신생활에 방해됨을 자각함에 따라 집을 버리고 다니다가 객사하였고, 장자莊子(B.C.365?~B.C.270?)와 도스토옙스키Fyodor Mikhailovich Dostoevsky(1821~1881)는 집안의 가난과 부채로 인하여 그들의 문학적 재능을 다 발휘하지 못하였으며, 칸트나 피히테Johann Gottlieb Fichte(1762~1814)는 학비가 부족하여 재미없는 신학을 연구하거나 가정교사 노릇을 하였느니라. 그들이 시간을 허비하지 아니하였다면 현재 우리 인류에게 얼마나 더 가치 있는 유물을 주었을까. 또 정신생활이나 법률생활이 경제생활로부터 독립하지 못한다면 인류는 일개 노동 기계로 전락하나니(마르크스주의에 기인하여 조직된 사회, 즉 노농勞農 러시아), 결과는 역시 무취미하고 무의미한 생활을 만들어내는 참극을 연출하였고 또 그러할 것은 사실이 증명하고 있으며 명약관화明若觀火하니라.

인류는 금수와 달라서 어찌하여 노동을 하는지 알고자 하니라. 인류 사회는 어찌하여 필요한지 알고자 하니라. 이것을 해석한 인류는 비로소 사회를 위하여 노동하고자 하므로, 일동일정一動一靜이 의미 있고 취미 있고 가치 있다고 느끼고 개인의 존재가 어찌하여 있는지를 인식하게 되니라. 그러한 연후에 법률생활로써 노동의 한계를 인식하고, 노동의 힘을 자극하며, 지구와 기후와 생산에 의하여 소비는 제한하고(욕망은 무한하기 때문), 정신생활로써 노동의 가치를 이해하여, 결국은 인류가 노동 기계가 되는 참극을 면하고 인류적 경제생활의 양심을 발휘하게 될 것이다. 경제에 대한 개선점과 경제 전쟁과 상세한 수치와 건설 방법은 여기에서 생략한다.

정신생활

정신생활의 정의는 법률생활의 혼돈부터 경제생활의 혼돈까지의 무의미하고 무취미한 생활에서 벗어나 유의미하고 유취미한 생활을 하는 것이다. 즉 인류가 법률생활이나 경제생활을 위하여 사는 것이 아니요, 이것들은 인류가 생활을 이행하기 위한 수단임을 이해해서 인류답게 생활하자는 것이니라. 정신생활의 한계는 위로는 세계에, 밑으로는 개인의 정신 건강을 도모하자는 데에 있다. 법률생활과 경제생활도 무방향하기가 심하지만, 정신생활은 더욱이 무방향이 극에 달하니라. 즉 학술 간의 무방향, 예술 간의 무방향, 종교 간의 무방향한 현상이니라. 이러한 것들을 옳은 방향으로 인도하려면 정신생활을 물질주의로부터 독립시켜야 할 것이다. 문화계의 무방향은 성별의 전쟁을 일으키나니, 부녀에게 무리한 압박을 줄 남성의 금수적 욕망에 의한 다처多妻주의(동양은 물론 서양에도 심하다)는 여성을 노예화하느니라. 이러한 무리하고 부자연한 압박은 남편과 아내 간에, 부모와 자녀 간에 나타나는즉, 자녀의 정신적 자유를 속박하니라. 이 야비한 물질적 견지는 계급과 계급 간에서, 인종과 인종 간에서, 국가와 국가 간에서 백주白晝에 행하되 회개할 줄은 모르니라.

이러한 생활방식은 인류 향상을 위하여 있는 인류적 정신생활의 주역들인 발명가, 시인, 예술가, 종교가들을 아사餓死하는 참경慘景(비참한 광경)에 두었고, 아무도 양심상 가책을 느끼지 아니하느니라. 예를 들면, 신라의 인도 및 중앙아시아 유학생들(혜초惠超 등)이나 중국 유학생들이나(무염無染, 최치원崔致遠 등), 그 외 철학자들(원효, 의상 등), 고려의 중국 유학생들(의천義天, 16국사* 등), 조선의 철학자들(서경덕徐敬德 등), 중국의 학자들(사마천司馬遷 등) 그리스의 학자들(소크라테스 등), 이탈리아의 학자들(갈릴레이 등), 프랑스의 학자들(루소Jean Jacques Rousseau 등), 영국의 학자들(밀턴John Milton 등), 독일의 학자들(레싱Gotthold Ephraim Lessing 등)이 있나니, 그들의 발명이나 창작이 귀중한 가치를 가질수록 그들의 참경은 정비례하였느니라.

정신생활의 발달에서 무방향이 법률생활이나 경제생활에 비하여 훨씬 극심함에도 벌써부터 세계적으로 되었나니, 이

---

* 고려시대에 수선사修禪社의 사주社主로서 국사의 칭호를 받았던 15인 보조普照, 진각眞覺, 청진淸眞, 진명眞明, 원오圓悟, 원감圓鑑, 자정慈靜, 자각慈覺, 담당湛堂, 혜감慧鑑, 자원慈圓, 혜각慧覺, 각진覺眞, 정혜淨慧, 홍진弘眞과 조선 초기에 송광사를 중창하였던 고봉高峰을 합쳐서 16국사라고 칭한다. _편집자 주

것은 인류의 본능임이라. 공업 발달, 철도·우편·전신 등의 교통의 편리에 의하여 비로소 시작된 것이 아님은 교통이 발달되지 않은 시대에도 부지불식간에 행하였던 것을 보면 짐작할 수 있다. 예를 들면, 알렉산더 대왕의 전쟁으로 인하여 중앙아시아에 발생하였던 그리스·인도 문화와 훈·고트·켈트·마자르·슬라브·게르만·앵글로색슨·노르만 및 상고로부터 근고에까지 진행된 민족의 유동으로부터 발생된 문화, 로마족의 동양 정복으로 생긴 문화, 몽골족의 서양 정복으로 생긴 문화, 퉁구스(만주족)의 중국 정복으로 생긴 문화, 그리고 한민족의 유동流動으로 생긴 일본 동해도東海道 문화, 고조선족의 중국 정복으로 생긴 문화 등이 있나니, 현대에서 학술생활이나 종교생활이나 예술생활들이 세계화되는 것은 당연한 사실이니라. 예를 들면, 학자들의 세계 주유周遊나, 민족심리학의 연구로 생긴 비교종교학이나, 세계적 공통 사상의 연구나, 비교언어학의 연구로 생긴 문학적 세계 공통이나, 주의·선전의 세계적 공통이나, 선전사들의 세계 선전이나, 인쇄물·활동사진·각본·음악·곡마단들의 세계적 공통이나, 기독교(구·신교)의 사원이 불교 지방에 완전히 들어오고 불교의 사원이 기독교 지방에서 볼 수 있는 것들이 있나니, 정신생활이 법률생활이나 경제생활로부터 독립해야 할 것은 무엇보다 필요하니라. 정신생활이 법률생활로부터 독립하지 못하면, 정신생활의 본의인 세계적 공통이 변하여 부분적으로 부자연 또는 불행의 참화를 인류 전체에 가져오고, 경제생활로부터 독립치 못하면 인류의 천부적 재능 발휘에 방해를 주는 불행을 불러들일 것이니라. 정신생활을 개선할 여지와 상세한 수치와 건설의 방식은 여기에서는 생략하느니라.

이상 세 가지 정신생활·법률생활·경제생활의 독립으로 건설할 인간의 조직은 역시 세 가지 생활로 조직한 도·군·면·리·개인(혹 가정)을 재료로 삼아야 할 것이고, 형성하기를 원자의 조직이나 태양계의 조직 같은 설계에 의하여 성조되는 것처럼 해야 할 것이며, 도·군·면·리·개인에서 역시 세 가지가 절대 독립해야 할 것이니라.

그것을 위한 형식은, 선거제를 모꼬지 '모임'처럼 하면 좋을 것이다. 예를 들어, 1리에 10만 인구가 함께 산다고 하면, 정신생활·법률생활·경제생활에 각 100인의 대표를 선발하여 적게 잡아도 3년간을 '리 모꼬지'에서 종사하여 경험과 실험과 실습을 하게 하고, 그들 중 완숙한 자를 다시 '면 모꼬지'에 보내고, 다시 군, 도, 인간 세계에 미치게 할 것이다. 태양계를 원자나 분자들로 조직한 것처럼, 이러한 인간의 조직은 개인으로 시작하였나니, 우리는 여기에서 개인을 연구해야 할 것이다.

가정의 성립

사람이라는 것은 아리스토텔레스의 "사람은 사회적 동물"이라는 말을 아니 가지고도 잘 아는 것이니라. 사회적 생활의 근원은 가정에서 일어났으니, 가정이라는 것은 인간 집단을 이룸에 가장 필요한 재료이니라. 가정의 본의인즉 '친교親交'에서 출원出源한 것이요, 친교는 개인의 느낌에서 출원되었느니라. 인류는 감정적 동물인 까닭이다. 이 느낌은 자연과학이 가르쳐주는 자연물에서 구할 수 있나니, 그 단위는 양전과 음전이니라. 이 양전과 음전이 합하면 완전히 중성을 드러내는 한 물체, 즉 불상리不相離(서로 분리되지 않음)하는 체를 이루나니, 예를 들면 원자가 양전자 및 음전자를 조직한 후에 외면으로는 중성을 드러내는 것과 비슷하니라.

어떤 중성을 드러내는 불상리한 하나를 이루었다 하더라도 음전자와 양전자들이 합하여 조직되었음을 잊어버린다면 대단한 착오일 것이다. 이유는 원자 조직의 부조화로 폭발이 일어나서 원자 전체가 공도동망한 참화를 연출할 때에, 그 원인을 추적함에 의해 반드시 양전자와 음전자의 자유를 존중할 필요가 있음을 느끼느니라. 이와 비슷하여 남자와 여자가 합하여 한 가정을 꾸릴 때, 표면적으로는 중성을 나타내는 불상리한 하나의 조직을 이루지만, 실상 이면에서 남자는 남자의 한계, 여자는 여자의 한계를 엄수하고 또 각각 서로의 자유를 존중함으로써 공도동망의 참화가 오지 아니하게 하는 것이 유일한 목적이니라.

어찌하여 남자나 여자는 집합을 요구하는가 혹은 남자와 남자 간의 혹은 여자와 여자 간의 집합은 성립할 수 있는가 하는 문제의 해석인즉, 전기학에 의하면 양전이라는 것은 발산하는 작용에만 국한한 것인 동시에 음전이라는 것은 수렴하는 작용에만 국한한 것이니, 양전은 적극적인 이유로 남성에 비하고, 음전은 소극적인 이유로 여성에 비하느니라. 양전과 양전이 합하면 무생기無生氣한 상태를 이루는 까닭에 합한다는 말을 할 수 없느니라. 두 개의 금속이 서로 닿으면 일부는 양전을 나타내고 동시에 다른 일부는 음전을 나타내는데, 두 개의 양전은 서로 힘을 발산할 뿐이요 합할 가능성이 없는 까닭이니라. 그런즉 순남성과 순남성 간의 화합은 절대 불가하니라. 음전과 음전이 합하면 무반응한 상태를 이루니라. 두 개 음전은 힘을 수렴함에 그치니, 아무런 반응이 생기지 못하는 까닭이니라. 그런즉 순여성과 순여성 간의 화합은 절대 불가하니라. 생물의 조직은 원자 조직이 기초되었으므로 반분의 양전과 반분의 음전으로 성립하였느니라. 그래서 한 물체가 만들어질 때 양전이 음전보다 많으면 남성이 되고, 이에 반하면 여성이 되느니라.

인체의 조직도 이에 준하여 제조한 것이라. 이것은 무슨 육체에만 국한한 것이 아니요, 정신과 성격에까지 드러나느니라. 그러므로 두 남성 간의 친교나 두 여성간의 친교는 실제로 볼 수 없느니라. 이것을 학술상 견지에서 조사를 행한다면, 두 남성인 김이라는 자와 이라는 자가 친교를 두텁게 한다고 가정하자. 김은 이의 성격 중에 어떤 여성성, 이는 김의 성격 중에 또 다른 어떤 여성성에 끌려 각각 친교가 시작되느니라. 그러나 이와 같은 친교가 오래가지 못하느니라. 오래간다면 이나 김 중에 하나는 특별히 안존하여 여자 같은 성격이 있고, 다른 하나는 걸걸하여 남자다운 성격이 있는 것을 보기가 쉬우니라. 그러나 이러한 경우의 친교로 말하면, 서로 요구하는 목적이 동일해야 하며, 극히 서로의 자유를 존중히 여기고 서로 이해하며 용서함으로 인하여 함께한 시간이 오래되어야 친교성이 커지느니라. 이러함으로 남성과 남성 간이나 여성과 여성 간이나 친교를 우리 실제 생활에서 볼 수 있느니라.

그러나 남성과 남성 간의 교제와 여성과 여성 간의 교제는 인류 본능으로부터 정신상 피곤을 느끼게 하므로, 이성 간 친교만큼 화합적이고 자연적임을 느끼지 못하느니라. 그러므로 가정의 제도가 자연적으로 되지 못한 인간 집단에서는 인류 전반의 원기元氣가 멸하는 상태를 이루느니라. 완전한 사회로 조직함에는 완전한 가정 조직이 필요한 것이 가장 명백하니라. 가정 조직의 정의定義가 인류의 느낌에 기인하였고, 느낌은 인류 각각의 천부天賦이므로 절대 자유에 맡길 것이니라. 반도를 포함하여 모든 아시아 민족뿐 아니라 루마니아, 세르비아 등지에서도 볼 수 있는 부모가 자녀의 배우자를 택하는 관습이나, 부녀를 공유하겠다는, 인류를 기계화하고 금수화하고자 하는 어리석은 생각(일부 공산주의 사회관)*

들은 구시대에 속할는지는 모르나, 현대 양심에는 절대 옳지 아니하니라. 빈자는 부자의 재물로, 부자는 빈자의 용색容色으로 배우자를 택하겠다는 야만적 생각(정신생활이 경제생활로부터 독립되지 못한 참화)이나 문벌門閥의 높고 낮음으로 배우자를 택하는 것 즉 권력에 의하여 배우자를 택하는 것(정신생활이 법률생활로부터 독립되지 못한 참화)들은 인류와 시대의 양심상 요구가 허락하지 않느니라.

한 가정이 동수의 남성과 여성으로 조직되기가 마치 원자가 동수의 양전자 및 음전자로 조직된 것과 같은 것은 의심할 바가 없다. 즉 한 남성과 한 여성의 친교로 시작하여 동일한 목적을 요구함에 의하여 동거할 필요가 생기느니라. 이러한 예는 동물계에서 찾을 수 있나니, 사자는 교미를 통하여 새끼를 출산하게 되면, 그 시일부터 암수가 동거를 시작하여 그들의 새끼가 부모의 보호가 필요치 아니할 때 그치느니라. 이것은 새끼를 보호하고 양육하겠다는 두 사자의 동일한 요구가 있는 까닭이니라. 우리는 여기에서 사자들에게 일부일처제가 실제 존재함을 알았다. 인류의 느낌은 동시에 두 개의 대상을 요구하지 아니하니라. 인류의 본능이 동시에 많은 대상을 기억하고 이해하지 못하는 것은 실험심리학이 증명하느니라.

그러므로 언제를 막론하고 인류의 본능적 요구, 즉 절실한 요구는 하나에 그치느니라. 다처제나 노예제라는 것은 인류 문화가 아직 수준이 낮음으로 인하여 야만적이고 금수적인 욕망에 의해 오직 물질적 생활만 이해하고 아직 정신적 생활을 이해하지 못하였을 때에 행하였던 것이니라. 이후 문화 발달로 인하여 회개될 것임은 이에 많은 말이 필요하지 아니하느니라. 정치적 관계로 다처주의를 실시한 일도 있으나, 이것은 군대를 양성하자는 위정자의 일시적 요구와 야만적 주견, 즉 인류를 노예로 보는 데서 나온 것이요, 행복을 의미하는 것은 아니다. 정신생활이 법률생활에 속하였던 참화 역시 지리상·영양상 관계로 여성의 출생 수가 남성에 초과하였을 때의 부득이함이었으나, 현대에는 만반 시설로 인하여 이러한 것은 문제되지 아니하느니라. 그러면 다처제라는 것은 한마디로 인류 도덕이 아직 불완전하고 유치하였을 시대에 임시적 요구에서 행하였던 것이 명백하므로, 인류의 행복 전반에는 아무 의미가 없는 것이다. 그러면 문화 인류의 생활방식은 일부일처제가 가장 의미 있는 것이요 필요한 것으로, 우리는 이상 서술에 의하여 느끼었다.

미적 취미

가정이라는 것은, 마치 수소 원자가 각 한 개씩의 양전자 및 음전자로 조직된 것처럼, 각 한 명의 남성과 여성으로 조직할 것은 가장 명백하니라. 여기에서 문제되는 것은 남성과 여성을 동거하게 하고 가정을 조직하게 하는 동일한 목적이 무엇이고 일치되는 점이 무엇인지이다.

이것을 답하기에 족한 것은 연애라는 것이 있다. 이 연애는 윤리상에 많은 연구를 주고 그 당시 사람을 설명하게 하는 현장에 있는 기물奇物(기이한 것)이다. 이것은 가정에서의 정신생활에 속하느니라. 인류는 앞서 설명한 바와 같이 육체생활만 있는 것이 아니라 동시에 정신적 작용의 느낌을 가졌느니라. 이 느낌은 친교의 원인이 되고, 친교는 다시 연애의 원인이 되느니라. 인류는 하등 동물과 달라서 육체적 교제에만 만족하지 못하고 동시에 취미를 구하느니라. 인류가 고등동물답게 정신과 육체가 일치되는 행동을 할 수 있는 까닭이니라. 인류는 감정적 동물이므로 취미를 가지고 미美를 느끼는지라. '미'라는 것을 칸트 같은 학자들이 대략 네 가지로 나누었느니, 첫 번째는 거대 미인 창천蒼天, 대지, 산악, 해양 등이요, 두 번째는 수학적 미인 성수星宿, 삼림 등 종합적 체요, 세 번째는 예술적 미인 음악, 서화, 소설, 각본이요, 네 번째는 감정의 미인 생물과 생물 간의 느낌을 이해함에서 생기는 것들이다.

이러한 미학적 대상인즉 추호라도 학술적·객관적 사색을 요하는 것이 아니요 주관적 해석에 의하므로, 사람마다 보는 점이 다르고, 따라서 설명하기 어려운 인류의 느낌을 한 가지 언사로 표현할 수 없느니라. 예를 들면, 달을 보고 좋아하는 사람도 있고 슬퍼하는 사람도 있으며, 어떠한 사람은 닭고기를 좋아하는데 어떤 사람은 쇠고기를 좋아하며, 어떤 사람은 〈대영산곡〉을 듣기 좋아하는데 어떤 사람은 〈봉황곡鳳

風曲〉이나 〈용비어천가龍飛御天歌〉를 듣기 좋아하며, 어떤 사람은 〈수심가애곡愁心歌哀曲〉을 듣기 좋아하는데 어떤 사람은 〈육자배기〉를 듣기 좋아한다. 그러므로 인류는 스스로 알지 못한다. 만일 누가 어찌하여서 좋아하고 싫어하는지 묻는다면, 무엇이라고 말할 수 없어 "퍽 좋아요" 할 뿐이니라.

이와 같이 대중은 될 수 있으면 자연적 미와 우주의 비밀을 인류에게 보고하는 임무를 맡으므로, 자연 그 자체나 취미를 가진 인류, 즉 예술가들을 통해 온 것이 아니면 미학적 대상이 되지 못하느니라. 예를 들면, 수공품들은 미적 취미를 드러내는데, 기계제품은 미적 취미를 방해한다. 또 그리스 철학자 플라톤 등이 말하기를, "예술품, 그림, 책 등은 자연을 복제하므로 인류에게 미를 느끼게 한다" 하였다. 그러나 현재 사진같이 자연을 복제하는 데 더 이상 나은 것이 없음에도 미적 가치를 가지지 못하는 것을 보면, 예술이란 자연을 복제하는 것이 아니요 자연의 비밀을 드러내고자 함에 있느니라. 그러므로 '작시作詩에 일자난一字難이요 작화作畵에 일점묘一點妙(시를 지음에 한 글자가 어렵고, 그림을 그림에 한 획이 묘하니라)'는 예술작품 활동 경험으로 얻은 금언金言으로, 예술가들은 일자와 일점 채색에 일생을 바친다 하였느니라.

"사랑이 어떻더니 둥글더냐 모나더냐/ 사랑이 길더냐 짜르더냐 밟고 남아 자힐러냐/ 하 그리 긴 줄은 모르되 끝간 데를 몰라라." 이 시를 우리가 볼 때에 얼마나 많은 미적 취미를 가지는가? 한 글자 한 글자마다 일관된 어떠한 신비는 우리의 가슴을 명랑하게 해주느니라. 산악을 보매 기상을 느끼고, 바다를 보매 광활을 느끼며, 청계淸溪에 임하여 즐거움을 느끼고, 어린아이가 놀이에 몰입하는 데 천진난만을 느끼며, 초목은 번식을 위하여 꽃을 피우지만, 그것의 미를 느끼는 것은 인류가 취미를 가지었음에 말미암음이니라.

인류와 인류 간에서도 미를 느낄 수 있느니라. 이것은 앞서 말한 것 중 네 번째 감정의 미에 해당하느니라. 이 미는 다시 네 가지로 나눌 수 있다. 첫 번째는 용색容色의 미이니, 이 범위는 극히 광범위함에도 시간은 반비례되느니라. 예를 들면, 용색을 보면 별로 지식을 요구하지 아니하나니 맹인 이외에는 다 볼 수 있으되, 인류 심리는 장점에서 단점으로 향하고 비교하자는 생각을 하며 '보다 더'를 구하는 것은 불가피한 사실이므로, 대상 중에서 단점을 발견할 때에는 불쾌를 느끼느니라.

두 번째는 태도態度의 미이니, 이 범위가 전자에 비하여 좁은 것은 태도를 이해할 줄 아는 자에게 한하기 때문이며, 시간은 점점 길어지는 것은 태도라는 것이 한 번에 다 볼 수 없는 까닭이니라. 그러나 태도를 다 본 후에 그의 태도가 다시 중복될 때에, '보다 더'를 구하는 심리적 작용에 의하여 태도가 제도制度되느니라.

세 번째는 은애恩愛의 미이니, 이 범위는 극히 협소하니라. 예를 들면, 자녀와 부모 간의 특별한 은정으로 친교에 한하는 것이니, 이것은 대상의 용색도 태도도 취하지 아니함이요,

오직 정신 중에 잠재된 은애로부터 발하느니라. 시간은 앞의 두 가지에 비하여 장구하나니, 다만 '보다 더'한 연애의 미가 생길 때에 한하여 미적 취미가 감쇄되느니라. 사람의 심리는 동시에 하나 이상의 대상을 요구하지 아니하는 까닭이다. 예를 들면, 배우자를 얻기 전 부모자식 간이나 형제자매 간의 애정이 결혼 후에 일정 정도 감소하는 것 등이다.

네 번째는 동취미同趣味의 미이니, 범위는 형언할 수 없이 협소하며 미적 대상도 역시 있고 없음을 묻지 아니하는, 오직 인간문명의 높은 수준인 인류에게만 있는 대상적 느낌이니라. 예를 들면, 종교가의 대상, 즉 기독교도들의 예수, 이슬람교도들의 무함마드, 브라만교나 힌두교도들의 브라흐마, 베다교도들의 인드라, 공자의 몽견주공夢見周公,* 장자의 신인神人, 알렉산더 대왕이 아킬레우스Achilleus를 사모하고 카이사르Julius Caesar가 알렉산더 대왕을 사모한 것들, 시인·학자·철학자·예술가들의 대상, 즉 소크라테스의 디오티마, 인도 및 극동 철인들의 샤키아무니, 루터 및 톨스토이의 예수 등이 있느니라. 시간은 극히 장구한 것이니, "생생세세 재재처처 상문여시生生世世 在在處處 常聞如是(어느 세상에 태어나든지 어느 곳

---

* 공자가 가장 이상적인 인물로 여긴 주周나라의 주공周公이 있었으니, 그는 주나라의 예법 제도와 음악 제도를 완성하였는데, 공자가 극찬을 하면서 따랐다. 연대 차이가 나기 때문에 공자가 주공을 만날 수는 없었지만, 워낙 주공을 숭배한 나머지 꿈속에서 가끔 만났다고 한다. _편집자 주

에 있든지 항상 이와 같이 듣는다)"• 등의 경전 문구를 보아서 알리라 한다.

남성의 이상적 미의 대상은 안존하고 자비로우며 유연하고 여성적으로 용색도 태도도 있는, 다시 말하면 남성의 발산적 힘을 잘 수렴하여 편안히 이끌고 위로해주되 만능하여 취미가 크게 달하게 하는 이니라. 예를 들면, 소크라테스의 디오티마, 기독교도들의 성모마리아, 불교도들의 관세음보살觀世音菩薩(아바로키테슈바라Avalokiteśvara), 타고르가 자연을 여성화한 것이 있느니라. 여성의 이상적 미의 대상은 충성스럽고 활발하며 걸걸하고 과단성 있으며 남성적으로 용색도 태도도 있는, 다시 말하면 여성의 수렴에 응할 만하여서 그 방식에서 기개도 만능도 있고 전지全智해서 다른 남성으로부터 정복을 당하지 아니할 만한 것에서 취미가 일치하는 자이니라. 한편 종교 대상 중에 남성이 있나니, 천주교 수녀 사원에서 수녀가 득도 시에 예수와 혼례식을 행하고 일생 동안 얼굴에다가 면포面布를 치고서 외부인(물론 가족이나 동료인 수녀들도 보지 못함)과 접촉하지 아니하는 것 등이 특별히 여성적 이상에 맞게 만든 것이다.

• 　《화엄경》〈사성제품四聖諦品〉._편집자 주

정신과 육체가 조화되어 행하는 사랑

여성은 남성의 미를 느끼고 남성은 여성의 미를 느끼느니라. 안 보면 보고 싶고, 보면 서로 떠나기 싫고, 보기 전에는 할 이야기가 많고 이야기하면 '그가 웃겠지' 생각하던 것이, 정작 보면 아무 할 말도 없고 공연히 가슴만 두근두근하고 얼굴이 붉어지되 어찌하여서 이렇게 되는지 스스로 알지 못하느니라. 이러한 정신적 사랑 즉 느낌이 매개가 되어서 이야기하니, 같이 앉아 있던 시간 동안 남녀 사이나 주위에 정신적 에너지가 충만하기가, 마치 진공眞空 속에 있는 양전체와 음전체들 주위로 그들의 전기장이 둘러싸는 것과 비슷하니라. 부지불식간에 두 육체는 각각의 신경이 흥분에 이르도록 서로 자유를 존중함인즉, 무례한 언사를 개의치 아니하고 남녀는 정신과 육체가 조화되느니라. 이와 같은 느낌의 사랑이 제3자에게 방해를 받을 때 목숨을 바쳐 항거하고자 하는 것은, 셰익스피어William Shakespeare(1564~1616)가 그의 작품 속 인물인 햄릿Hamlet의 입을 빌려서 "사느냐 죽느냐, 그것이 문제로다"라는 말을 세계 인류에게 고한 것에서 잘 드러나노라.

오스트리아 빈대학의 라이닝어* 교수가 칸트의 미학을 쓰다가 말하기를, "정신과 육체가 일시에 조화되어 행하는 사

---

* 원문에는 '으라인 임머'로 되어 있으나, 라이닝어Robert Reininger(1869~1955) 교수로 추정된다. _편집자 주

랑은 우리 철인들이나 시인들에게나 있을까"라고 하였나니, 이 말만 들어도 유럽 학자들의 이에 대한 관념이 얼마나 많고 또 실행하고자 하였는지 짐작할 만하니라. 그런즉 이와 같은 미를 추구함이나 또 다른 것이나 부부는 동일한 목적을 가지는 까닭으로 화합이 쉬우니라. 이와 같은 화합을 거쳐 자녀가 생산된다면, 역시 부부의 요구는 동일하여 자녀의 교육과 발육에 전심하느니라. 사회에서 각종 불안과 공포를 가졌다가도 집에 돌아오면 여성의 따뜻한 애정에서 나오는 위안으로 다시 반응하여 인류의 문화를 위하여 일하게 되면, 거기서 번 돈으로 가정적 경제생활을 운영하면서 아직 생산할 능력이 없는 자녀를 양육하여 장래 사회의 건전한 분자分子로 만드느니라. 가정적 법률생활로 부부의 분업을 약속하고 이를 통해 자녀의 교육을 부추겨서, 세 가지 생활의 경계 안에서 가정을 상당히 잘 운영한 것을 재료 삼아 리·면·군 또 인간 집단에 미치게 할 것이니라. 각 한 쌍의 남성과 여성으로 조직된 가정은 외면으로 중성을 나타내기가, 원자가 양전자 및 음전자들을 조직하여 외면으로 중성을 표시함과 비슷하여, 물체를 조직하는 재료가 되는 데에 가장 적합하니라.

우리는 이상 서술에 의하여 '대입소의 일리'가 대大로는 일군一群, 소小로는 가정에서 행하기가, 마치 태양계나 원자 간에 행하는 것과 같이 적용되는 것을 발견하였다. 이는 미진리(가정)에 대법륜(인간 집단)을 굴린다는 말을 실제로 조사해 본 것이니라. 그 외에 아직 조사할 여지가 있겠다 생각하는 것은 개인, 즉 인체 중 정신·법률·경제 세 가지 생활의 존재 여부를 연구하여 다시 심리학상 견지로 시대 양심을 조사하는 것이다. 특별히 1919년 이후에 세계에서 발현되고 행한 사정을 주제로 하고, 18세기 및 19세기에 미친 영향과 미래에 미칠 영향을 살펴보는 것이니라.

그러나 필자의 사정이 허락지 아니하므로 부득이 용서를 청하니라. 독자 여러분에게 불쾌감을 드릴는지는 알지 못하나, 학술 연구는 농담이 아니므로 가장 엄격한 판단과 명철한 비평으로 여러분과 연구를 같이하고자 하노라. 무능한 필자는 일후에 좋은 시기를 얻어서 다시 계속하고자 하노라.

《동아일보(1926. 1. 12.~1926. 2. 5.)》

대우大字와 인류의 생生적 준칙

우주라는 명사는 '우주론字宙論, Cosmology'이라는 베이컨Francis Bacon(1561~1626)의 주창에서 온 것이요, 그중에서 대우주大宇宙라는 것은 분석적 명사인즉 로체Rudolf Hermann Lotze(1817~1881)의 저술인《소우주小宇宙, Mikrokosmus》*에 근거한 것이다.

대우주라면 우리의 육안으로 볼 수 없는, 오직 기계에 의하여 우리의 인식 경계에 들어오는 것을 가리킨다. 예를 들면, 천문학에서 이야기하는 태양계, 다시 말하면 하나의 중심점을 두고서 그 주위에서 많은 행성이 운회하는 것을 말하는 것이요, 다시 많은 태양계가 모여서 하나의 중심점을 두고서 각각 운회하는 것인 은하계, 다시 많은 은하계가 모여서 하나의 중심점을 두고서 각각 일정한 경계에서 운회하는 것인 은하군, 이런 식으로 얼마나 확대되는지 아직 학술이 알지

---

* 원문에는《대우주와 소우주》라 나와 있는데,《소우주》로 추정되어 수정하였다. _편집자 주

못한다.

　여기에서 우리는 다시 소우주를 연구하나니, 소우주라 함은 이 우주를 건설한 재료이다. 다시 말하면 분자·원자·전자·공기이다. 분자라는 것은 물질을 구성한 재료이니 액체나 기체나 고체를 막론하고 구성된 것인즉, 그 형체를 보자면 물리학적 절대영도에서만 정지 상태를 보존하고 그 외에는 유동되는 것을 볼 수 있다. 그들의 조직체는 일정하지 아니하여서 열 개 및 천 개의 원자로 조직되었다. 보통 기계에 의하여 기체 중에서 유동 상태를 본다면 지그재그 형식으로 움직인다. 원자atom는 본래 그리스 학자로부터 유래된 것이지만, 그 당시에는 하나의 가정이었고 있다 할 만한 증거를 별로 가지지 못하였다. 그러나 근래에 라듐의 발견으로 시작하여 원자라는 물체가 확실히 존재함이 밝혀졌으니, 그것에 대한 부정이 자아를 부정함과 비슷하다 한다.

　원자는 미세하여 우리의 육안으로는 알 수 없고 오직 기계에 의하여 검사할 수 있나니, 원자는 물질에 따라서 다르다. 예를 들면, 수소는 원자 중에 극히 단순하나니, 하나의 양전자가 중심점이 되고 하나의 음전자가 일정한 궤도에서 중심점 주위를 운행하며, 헬륨은 두 개의 양전자가 중심점이 되고 두 개의 음전자가 일정한 궤도에서 중심점 주위를 운행하며, 그리고 우라늄은 92개의 양전자들이 중심점이 되고 92개의 음전자들이 각각 자기의 궤도에서 운행한다. 이들의 부피는 극히 미세하고 운행하는 속력은 30만km/s가 된다. 전자의 내용인즉 아직 알지 못한다. 동시에 전자가 무엇으로 되었느냐 하는 문제인즉 대략 공기로 되었다 하나, 이에 대한 시비인즉 아직 귀결이 없다. 원자가 잠재하여 있는 부피인즉 고체와 액체가 서로 다르니, 예를 들면 은 1g의 원자수와 물 한 잔의 원자수는 비슷하여 약 1조 개이다. 그러나 원자를 분석한 결과와 효과인즉 별개 문제이기에 생략한다.

우리는 대우주와 소우주를 연구한 결과, 미세의 극인 원자나 거대의 극인 은하군의 성질이 각각 우주적이어서 조금의 손색이 없는 동시에, 각개가 우주 전체적이요, 전부를 총합한다 하여도 역시 우주 전체적이다. 그래서 나는 대우주와 소우주를 합한 것을, 즉 전체를 '대우大宇'라 한다.

그런즉 이들이 운행함에 각자 자기의 위치와 궤도를 엄수하여 조금도 서로 어긋남 없이 운행되고, 운행이 잘 됨으로 향상하는 것이 사실이다. 이것은 물적 증거가 없다 하지만, 이들이 궤도를 벗어나게 될 때에 원자의 내부에서 전자가 서로 충돌하여 분열하고, 분열한 후에는 다시 저급의 원자가 되는 것을 보면, 잘 운행됨으로 향상하는 것은 사실이라 하겠다. 그러나 우리 현재 학술 수준은 자연물을 파괴할 수 있으므로 원자의 저급화는 볼 수 있으나, 자연물을 완성할 수는 없으므로 잘 운행하여서 향상되는 것은 알지 못한다. 예를 들면, 라듐을 구할 때에 우라늄을 기계 속 금강석 얇은 판 위에다 두고, 그 하부 진공관에 광선활력 장치를 한 후에 라듐이나 헬륨 광선으로 우라늄 원자의 하부를 비추면, 그 광선이 우라늄 원자의 내부를 직사直射하여 음전자들이 운행하는 궤도에 굴곡을 준다. 이 굴곡의 선을 통과하는 음전자들은 충돌이 생기고, 충돌이 생김으로 폭발이 일어난다.

이와 같은 폭발은 역시 광선속행光線速行 법칙에 의하여 일어나는지라, 1초에 몇 억 번을 하는지 모른다. 우라늄 원자의 폭발로 인하여 아연까지 가는 도중에 라듐이 되기도 하나, 현재의 학술은 그것을 설명하지 못함으로, 현재 구하여 가진 라듐은 완전 요행에서 온 것이다. 학술이 어찌 요행이 있을 것이랴! 우리 인류의 운명은 이것뿐이다. 역시 금을 만드는 방법도 이와 큰 차이가 없기는 하나, 조금술造金術만큼은 요행이 아니다. 역시 물력物力이 자연 금에 비하면 여간 고가高價라야지!

우주는 움직인다. 일정한 궤도에서 운행되므로 이 우주는 향상하여 완전에서 완전으로 나아갈 뿐이다. 인류도 이 우주 속의 한 물건이다. 한 물건이므로 이 우주의 운행법칙에 의하여 생활함으로 향상되고, 생활하지 못함으로 타락되는 것이다. 그러므로 학자들이 "자연으로 돌아가자!" 하였지만, 인류는 아직 돌아갈 만한 방식을 가지지 못하였다. 인류는 방황에서 방황으로, 타락에서 타락으로 진행할 뿐이었다.

우리가 연구한 결과로 우주의 생生적 준칙을 대략 기록하였지만, 한 걸음 나아가 인류의 생적 준칙도 연구해볼 것이다. 인류의 역사를 사고한다면 생적 표준이 약 세 가지였나니, 정신생활·법률생활·경제생활이다. 이것이 하나에 치우칠 때마다 인류는 불행하였다. 즉 정신생활이 법률생활과 경제생활을 지배할 때인즉 원시시대·신권정치시대에 준하나니, 그 당시의 사상인즉 인류는 신의 소일적 작품이었는지라, 일종의 노리개에 불과하였다. 그러므로 인류 스스로가 생존할 필요를 느꼈다기보다 신이 생존하라니까 생존한 것이어서 하등의 가치가 없었다. 신의 뜻에 합함으로 선善이요, 신의 뜻에 불합함으로 악惡이었다. 그러므로 신관 계급이 암시Oracle에 의하여 행한 것이 그 당시의 법률생활이었다. 심하게는 일용적 수요도 신의 의지에 의한 것이라 하였다. 목축·경농시대에서 경농이 인류의 지능적 개선으로 된 것이라기보다 신의 유희적 호의와 불호의에서 나온 것이라 하여 인신공희에까지 미쳤나니, 어느 겨를에 경제생활을 논하랴!

신권정치시대가 다시 귀족정치·과도기적 공화정치를 거쳐 군주정치에 와서는 정신생활과 경제생활이 법률생활에 지배당하게 됨으로 교육의 정신 소재가 완전히 대중적이 아니요 오직 군주적 노예의 훈련이며, 경제적 시설이 완전히 군주적 지위 보전에 급급하였다. 일상의 준비와 훈련이 이러함에, 군주와 군주 간의 반목은 인류의 불행을 만들어서 참극에 참극을 더하였다. 이것이 다시 공화정체로 변하여 법률생활이 대중공론에 의하여 조직되었지만, 현재의 국가라는 것이 군주정체적 이상에서 건설된 후로 특별히 개선점이 없었고, 법률 제정의 기원을 로마황제시대에 둔 후로 시대적 조류에 의하여 수정되기는 하였지만, 근본정신인즉 변개變改

되지 못하였다.

그런즉 현재에 있다는 공화정체도 그저 표현하는 명사일 뿐이요, 내부 실질을 설명하는 명사는 아니다. 이러한 조직 아래에 있는 법률생활인지라 국가와 국가적 반목이나 군주와 군주적 반목은 대중의지의 여하에서 된 것이 아니다. 오직 어떠한 계급이나 군주 개인에 의하여 성립되는 동시에 전쟁이 일어나고, 여러 해 각고한 대중적 노력과 생존은 수포로 돌아가더라도 특수 계급이나 군주 자신만 안온할 수 있다면 이것을 승리라 하였다. 역시 인문의 발달에 의하여 국민의 은부殷富(넉넉하고 풍성함)가 국가의 부강을 말하는 것이라 하여 장려하지만, 이것도 대중을 이용하고자 함이지 대중적 의지가 아니다. 장려한다 하더라도 역시 특수 계급의 안온을 얻자는 방책이지 모든 대중적 행복을 위한 시설은 아니다.

경제생활이 법률생활과 정신생활을 지배한 때는, 인류 역사에서 아직 알 수 없다. 차라리 아직 오지 아니하였다고 할 수 있다. 그러나 머지않은 장래에 오고자 하는 징조가 보인다. 이 운동은 현재에서 전혀 알지 못하는 것이 아니니, 마르크스 사상 계통의 운동이 그것이다. 시기적 여유만 있으면 이 운동의 출발점과 현재 지점을 연구하는 것도 그다지 탈선은 아니겠으나, 여기서는 부득이 생략한다. 이 운동이 성립된다 하더라도 우리는 정신생활과 법률생활의 독단시대를 연구해보았는지라, 경제생활이 독단하는 시대가 오면 역시 불행을 면하지 못할 것은 사실이다.

우리는 이상과 같이 연구해본 결과, 인류의 생활이 정신·법률·경제생활에 의하여 운행하되 궤도를 벗어날 때는 타락·불행·참극으로 되는 것이다. 이것이 잘 운행됨으로 향상은 물론이고 보다 더 진화될 것은 사실이다. 마치 태양계나 원자가, 즉 대우주나 소우주가 각각 일정한 궤도에서 잘 운행하여 진화하는 것과 같이, 인류의 세 가지 생활도 규칙이 정연함으로 시작하여 전 우주적 보조步調와 서로 일치되고 인류의 일동일정一動一靜이 그대로 우주적으로 조화되면, 인류가 상상하던 극락과 천국을 어찌 실현하기 어려우며, 우리의 행동이 광명정대光明正大한지라 인류의 생적 진전이 우주의 그것이 아니라고 어찌 말하겠는가. 하나도 아니요 다르지도 아니한 논법에 의하여 설명할 수 있는지라, 오직 우주답게, 즉 나다운 법칙에서 나다운 궤도로 나답게 진행하는 도정에서 부지불식간에 완전무결로 나아갈 뿐이다.

우리는 이것을 '삼지사회三枝社會 조직론'이라 하고 싶다. 여기에 대한 시설과 방식과 수치인즉 여기에서는 별로 필요가 없기에 생략하고, 이것으로 마무리 짓고자 한다. 이 원고는 지난날 여시사如是社 주최의 강연 원고에서 초출抄出한 것이므로 당연히 간략과 미비한 점이 많음에 대해서는 독자의 관용과 용서를 빈다.

《불교 제50호·51호(1928. 9.)》

'나'란 무엇일까

시작하며

나는 아침에 일어났다. 그다음에 세수하고 밥 먹고 나서는 나의 주위에 있는 모든 물건을 보았다. 남들이 무슨 이야기를 하면 참여도 하는 중, 틀리면 성도 내고 좋으면 웃기도 하고 또 이리저리하다가 해가 지면 자는 것이 나의 일이다. 이리하는 중 누가 나를 칭찬하면 좋아하였고, 나무라면 재미없게 들었다. 이것이 '나'라는 것을 중심으로 하여 있는 것이다. 그렇다. 나는 이 꼴로 오늘까지 살아온 것이다. 그러나 오직 의문 하나가 나를 늘 불편하게 하였지마는 해결하여볼 용기를 내지 못하였다. 이 의문인즉 별로 신기한 것도 아니요 외면으로 보아서는 아주 쉬운 것이니, 이 말을 듣는 이는 참으로 못생긴 문제라 생각하리라마는, 나에게는 중대하기가 그 문제 자체가 단순하여 보인 만큼 반비례한다.

  '나'란 무엇일까? 이것을 가지고 나는 기회 있을 때마다 물어보고 또 해석하였지마는, 이 말을 듣는 이들은 시원하게 대답하지 아니할 뿐 아니라 도리어 나를 미친 사람으로 만들어서 핀잔만 주는 통에 나의 사색은 점점 오리무중에 방황하게 되었다. 그러므로 나는 할 수 없이 모든 책자 중에서 해답을 구하여보고자 하였지마는, 그것도 만족을 주지 못하므로 한때는 그냥 지나친 적도 있었다. 나의 기억 중에 낙사진이 된 이 의문은 결국 오늘에 와서 좀 다잡아 생각하여볼 필요를 느낀다.

대관절 누가 밥을 먹고, 누가 이야기를 하고, 누가 칭찬을 하면 좋아하였는가? 모든 것은 나이지. 그래 내가 칭찬을 들으면 좋아하지. 그러면 '나'는 누구란 말인가? '나'란 것은 무엇을 가리켜서 한 말인가? '나'란 것은 문법상으로 보아서 일개의 가정적 명사이니, 실상은 일정한 인체를 지정하여놓고 그 인체가 주동主動이 될 때에, 즉 자기 자신이 남을 상대하여 자기의 존재를 표현할 때에 비로소 생기는 문자이다. 만일 이것이 옳다면, 그 인체의 어느 부분을 지정하여 한 것인가? 내가 무엇을 볼 때에 내가 보았다 하니, 눈이 '나'인가? 눈은 눈이요, 내가 아니다. 그러면 귀가 '나'인가? 귀는 귀요, 내가 아니다. 이와 같은 방식으로 온몸을 탐구하여보아도 결국 나라는 것은 그림자도 찾을 수 없다. 그러면 눈, 귀 등 모든 것을 총합하여 '나'라 하나? 이것이야 인체라 하지 '나'라고는 하지 않는다. 그런즉 결국 '나'라는 말은 문법상 정의대로 일개 가정적 명사인 것이 분명하다. 일단은 문법상 정의가 옳다 하면, 다음에 오는 의문인즉 '내가 왜 사나? 나를 위하여 사나, 아니면 남을 위하여 사나?'이다. 남을 위하여 산다는 말은 너무도 무의미할 뿐만 아니라 실로 인생의 무가치함을 설파함에 불과하다.

나는 나를 위해 사는가

그러면 인생이라는 것은 '자기를 위해 사는 것인가' 하는 의문 먼저 탐구하여보자. 우리가 자연 세계의 성조成造를 들여다볼 때에 무엇 하나가 자신을 위하여 되지 아니함이 없는 것 같다. 예를 들면, 우리의 육체가 지금의 상태에까지 오게 된 것인즉 그 과정이 실로 복잡하니, 각개의 전자인 '나'가 그들의 존재를 위하여 합하여서 일개의 원자인 '나'를 건설한 것이다. 이와 마찬가지로, 각개의 원자인 '나'가 다시 일개의 분자인 '나'를 축조하므로 지금에 온 것이다. 즉 이와 같은 많은 복잡을 거쳐 일정한 물체를 이룬 것을 보아서는 단위의 일개체로 보이지마는, 실상 내용을 탐구하여본다면 각개의 '나'가 그들의 존재를 위하여 노력한 결과 이와 같은 방식으로 이 우주 안에 나타나게 된 것이다. 예를 들면, 여기에서 100리터의 물을 100도가량의 열로 끓인다 가정하자. 이 순간에 물은 일개 화학적 변태變態인 끓는 물이 된다. 그러나 이 물이 끓게 된 원인을 생각하여보면, 대답이야 물론 열이라 하겠지마는, 물 자체가 어떠한 형식으로 열을 받는지 하는 의문인즉 그다지 단순하지 않다. 물은 아무리 뜨거운 불 위에 있더라도 상당한 시간을 요구한다. 이유인즉 물 안의 각개의 분자가, 각개의 원자가, 각개의 전자가 자기 안에다가 자기가 소요할 만한 열을 준비하여 이것이 원자의 열을 만들고 다시 많은 계제를 거쳐 전체 물의 열을 만드는 것이다. 각 전자 안에 함재된 열이 증가됨을 따라서 그들의 운행선이 팽창하여지고, 이것이 다시 폭발성을 만드나니, 이들 각개의 폭발성은 결국 물이 끓는 상태로 우리에게 보여주느니라. 이 폭발을 거친 각개의 분자는 다른 형태로 변하나니, 즉 수증기라는 것이다.

이와 마찬가지로, 인체의 가정인 '나'라는 것도 인체 내에 조직된, 즉 함재된 전자 및 원자가 '나'를 각각 실현하고자 하는 욕망에서 집합된 것이요, 또 이 조직된 각개의 '나'는 결국 인체의 나를 만들 것은 모두 명백한 사실이니라. 동시에 인체를 가정한 명사인 '나'인즉 실상 우리가 가정하지 아니할 수 없고, 또 반드시 가정하여야 할 만한 운명을 가지게 된 것을 잊어버려서는 불가하니라. 마치 천문학자가 지구를 측정하고자 할 때에 가상선인 '경經'과 '위緯'를 지구상에 많이 둘 수 없는 것이나, 수학자가 원의 물체를 측정할 때에 그들의 가정인 365도를 형식상이나 관념상으로 아니 가질 수 없는 것과 유사하니라. 이상 탐구하여본 결과, '나'란 것이 단순하게 문법상으로 본 남과 상대하여 생기는 자아를 가정한 관넘이라기보다는 인체로부터 아니 나올 수 없다는 것이 깊은 느낌의 발로이다. 실로 인류는 '나'를 실현하기 위하여 되었다는 것이 모두 완전한 사실이니라. 인류의 향상으로 보든지 인류의 모든 요구가 오직 나를 실현하고자 함이라 생각하는 것이 결코 의미가 없는 것이라 생각할 수 없다. 즉 자연물들이 모든 형식으로 자기의 존재를 위하여 움직이고 향상하는 것은 다 우주의 법칙이겠다 함에 누구나 긍정하겠으므로 여러 말을 요구하지 않는다.

무가치한 생활

오늘까지 인류의 경험에서 보면, 우리는 자아를 잘 살피지 못한다. 나보다 남을 잘 살피며 자기의 결점을 잘 살피는 대신 남의 결점을 잘 보고자 하므로, 남의 불충분은 잘 살피지마는 항다반 자기를 몰각하는 편이 많다. 이와 같이 하는 중 타인의 장점을 발견할 때에는 모방하고자 하되, 자기가 그것을 모방하므로 어떠한 결과가 올까 고민하는 편이 적다. 오직 실행하고자 하다가 결국 그 노력이 실패로 돌아가면, 시기가 생기고 이것이 어느 한도에서 열을 발하다가 열이 쉬게된다. 그때야 비로소 자기를 돌아보고 후회하는 지경에 이르기는 하나, 사이지차 무가내하事而至此 無可奈何(일이 이 지경에 이르니 가히 어찌할 수 없다)로 귀결하고 다시 용기까지 발하지 못하는 일이 많다. 예를 들면, "조지장사 기명야애 인지장사 기언야선鳥之將死 其鳴也哀 人之將死 其言也善(새가 장차 죽으려 할 때에는 그 소리가 구슬프고, 사람이 죽을 때가 되면 그 말이 착하다)"라는 말은 일생을 헛되이 보냄을, 즉 그의 종전 생활이 무의미하였음을 후회하고 동시에 낙망하였던 것을 잘 그린 것이라 아니할 수 없다.

모든 자연계가 자아의 존재를 실현함으로 비로소 가치가 생기는 것과 같이, 인류는 자아를 실현함으로 가치가 생기는 것이다. 그러나 유한한 인류 일생의 노력이 결국 가치가 없는 것으로, 즉 무의미한 것으로 마지막을 고한다면 그 얼마나 불행인가! 날품팔이꾼이 종일토록 복역하고 집에 돌아갈 때에 임금을 못 받아도 섭섭하거늘, 하물며 전 일생에 걸쳐 노력하고서 결국 가치가 없게 된다면 그 얼마나 불행이랴? "종신역역 이불견기성공終身役役 而不見其成功(평생을 발버둥쳐오면서도 이루어놓은 공은 없다)"이라는 장주莊周의 구절을 읽을 때, 우리는 그의 아프고 쓰린 느낌을 짐작하리라. 얼마나 그의 무취미한 생활을 후회하였으며, 전 인류를 향하여 부르짖는 그가 얼마나 인류 생활의 불충분을 느끼었을까 생각하기에 참으로 쉬우니라.

한인의 자아실현 방식

우리는 여기에서 남들이 생활하여온 방식을 연구하여볼 필요가 있다. "도가도 비상도 명하명 비상명道可道 非常道 名可名 非常名(말로 형상화된 도는 늘 그러한 원래의 도가 아니고, 말로 형상화된 이름은 늘 그러한 원래의 이름이 아니다)"*으로 시작하여 "불감위천하선不敢爲天下先(천하에 나서지 않는다)"**이라는 말은, 중국 문장이 아무리 해석하기에 불충분하다 하더라도, 이 문자의 의미대로 보아서는 극단의 소극이라 하지 아니할 수 없다. 그러나 이 말인즉 실로 자아를 실현할 방식을 연구하느라고 고심참담하였던 마음에서 나온 결정이라 아니할 수 없다. 이것이 소위 중국인의 장기인 소굴대신小屈大伸(조금 굽혀 크게 편다)이라는 방식의 중추이다. 우리 속담인 "호랑이에게 물리어 가더라도 정신만 차리면 산다"는 말은 비록 백난지중百難之中(온갖 괴로움과 어려움을 겪는 가운데)에서라도 자아만 잊어버리지 아니하면 해결할 수 있다는 의미니, 실로《도덕경》에 공명할 말이다. 즉 매사에서 일정한 목표가 있으면 결국 그의 행동은, 아니 차라리 그의 향상은 오직 그가 요구한 목표에 이를 것이다. 그러나 목표 이전, 즉 목표보다 더 완전한 원대遠大라는 것은 그에게는 참으로 생각지도 못할 것

- 　　《도덕경》1장._편집자 주
- ・・　《도덕경》67장._편집자 주

이다. 목표를 정할 때에는 많은 유의留意를 하여야 하지마는, 일시적 우발로 정하는 것은 결국 그의 범위가 참으로 줄어들어서 자아가 요구하는 이상과는 딴판이 되는 것이다. 인류의 지식 향상은 실행하는 도정途程에서 발달 혹은 진보가 되는 까닭이다. 그러므로 "도가도(도道를 도라 함)"나 "정신 차린다"는 말은 모두 변이성變易性이 작은 목표들이라 하지 아니할 수 없다. 도를 도라 하면 벌써 이 순간에 상도常道하고는 딴판이 되고 마니, 도를 도라 정하지 아니하여 무한대를 포용하자는 것이다. 즉 진리를 포용하고자 함이다. 이것을 실현하자면, 당연히 작은 것을 희생함에 아무 유감이 없어야 할 것이다. 그러므로 "불감위천하선"이라는 말은 이것을 실현하고자 함에서 참으로 없지 못할 방식이다. 예를 들면, 타인이 만용으로 나를 대하더라도 나는 결코 만용으로 그를 대하지 말지니, 차라리 그의 어리석음을 불쌍히 여기어 회개하도록 할 것이다. 일시의 분을 참지 못하여 만용을 만용으로 대하는 과정에서 자아의 존재가 위험하게 된다면, 결국 자신의 귀중한 생명을 무가치한 일시의 분함에 희생시키고서 자아를 실현할 여지까지 없애게 되는 불행에 빠지는 것이다.

이러한 관념은 결국 한인漢人의 문화로 화和적 팽창을 거쳐 이민족을 동화시키었고, 또 동화시키는 중이다. 이 방식은 칭기스 칸(1167?~1227) 앞에서 어른거리면서 결국 칭기스 칸을 잡아먹었고, 만청滿淸('청'을 달리 이르는 말) 앞에서 신음하면서 만청을 여지없이 집어삼킨 원동력이라 하지 아니할 수 없다.

그러나 이 방식이 중국 민족에게 즉 모방성이 박약한 민족에게 얼마나 한 효과를 주었지마는, 다른 민족에게는 참으로 위험한 것이라는 것을 잊어버려서는 불가하니라.

　우리도 역시 그들에게 걸려서 많은 신음을 하였고, 결국은 모든 것을 그들에게 빼앗긴 현상이다. 이것은 우리 선민先民이 한인의 심리를 자세히 관찰하여 대책을 연구하지 아니하였던 여앙餘殃(남에게 해로운 일을 많이 한 값으로 받은 재앙)이라 아니할 수 없다. 만일 우리가 중국 민족 말고 다른 민족과 이웃하였던들 오늘에 어떠한 상태를 가지었을는지는 참으로 알 수 없으리라 생각한다. 그러면 우리는 이것을 민족적 이기주의에서 된 자아실현이라 하지 아니할 수 없다. 중국 격언에 "대성무성大聲無聲(큰 소리는 소리가 들리지 않는다)"이라는 것은 결국 이것을 가르친 것이다. 표면으로 보아서는 그다지 소극적이고 용기 없어 보이는 중국적 사상, 즉 한인의 자아실현인즉 오직 원대한 이상을 실현하고자 함에서는 만반을 희생하겠다는 뜻이 보인다.

서구인의 자아실현 방식

이와 반대의 방식을 가진 서구 민족의 자아실현인즉, 무엇이든지 자기를 먼저 내세우겠다는 생각이 결국 일신一神적 자아를 실현하고자 함에 불과하여 보인다. 이 생각의 이면에는 무엇이든 정복하면 자기 것이 된다 생각하였다. 본래부터 그리스 문명은 산곡과 섬곳 사이에서 자라났으므로 오직 정복을 일삼았다. 그러므로 그리스의 최고신인즉 전쟁의 신을 의미한 것이요 그리스의 아리스토그라틱Aristogratic인즉 군벌軍閥(군부를 중심으로 한 정치 세력)을 의미한 것이다. 이 문화를 전수한 유럽 문화인즉 자연히 이것을 내어버릴 수는 없는 것이다. '인류의 문명은 자연을 정복하는 데 있다'라는 잘못된 생각을 상투적으로 하였다. 예를 들면, 그 당시에 불가항력을 가지고 다른 모든 약한 민족을 노예화하여 참으로 포용성 없는 문화를 만들었다. 심지어는 이민족을 잡아다가 그들의 유희 기구로 사용하고, 결국 이것이 극도에 달하여서는 사자와 같은 맹수로 이민족을 잡아먹게 하는 광경을 극장 대신 환락하였으며, 각 식민지에서 세납을 받아다가 오직 로마만 장엄함을 유일한 능사로 삼은 중 군대까지도 하관下官은 이민족으로 채웠다. 이것이 로마 문명 때에 그들의 행동이요, 고통받던 민족들인즉 서부 게르만족(서부 독일), 갈리아족(프랑스), 이베리아족(스페인) 등으로 시작하여 카르타고* 및 소아시아(터키 부근) 등 지중해 연안에 있던 민족들이었다. 그러나 결국 이 문화가 어떠한 지위를 차지하였느냐 하면, 영향이야 물론 있지마는, 한인과 같이 오늘까지 있기는 고사하고, 점점

---

* 고대 페니키아인이 북아프리카의 튀니지에 세운 식민 도시. 기원전 6세기에 서지중해의 무역을 장악하여 번영하였으나, 포에니 전쟁에서 패하여 로마의 속주屬州가 되었다. _편집자 주

그의 범위를 넓히는 한인의 문화에다 비하면 참으로 비교가 되지 아니한다. 결국 로마가 망할 때인즉 그들의 옛 땅을 그들에게 학대받던 민족들이 차지하고 마는 동시에, 결국 이민족들의 주권하에서 다시는 일어나지 못하게 되니, 이것이 로마 문명의 최후이다.

주신족의 자아실현 방식

우리는 다시 한 걸음 나아가 좀 다른 예를 구하여볼 것이다. 자아실현 방식의 수단이 극히 비열하여서 결국 자아를 실현하기는 고사하고 자아를 더욱 미혹하게 하고 심지어는 멸망이라는 운명에 들어 야만으로 변하였나니, 이러한 예는 멀리 다른 민족에게 구하는 대신 반도 민족, 즉 주신珠愼 민족(고조선 때에, 지금의 만주와 연해주 지방에 살던 퉁구스족)에게서 구하여 보는 것이 우리 앞길에 대하여 참으로 의미 있는 것이라 생각한다. 주신 민족이야 실로 장구한 역사를 가졌고 위대한 문화를 가졌지마는, 실로 근고에 그들은 그들의 정신상 인도자를 잃어버렸던 결과 참으로 비열한 과정을 밟은 것이다. 이와 같은 처지에 있는 주신 민족은 이웃에 있는 당송의 문화를 흠모하였다. 적이나 총명한 민족 같으면 당송의 문화가 그들에게 좋게 보이는 만큼 당송의 문화의 소종래를 연구할 것이건마는, 이것을 하는 대신 당송의 문화에 취하였고 혹하였다. 또한 이와 반대로, 그들은 자기의 문화가 비열하다는 잘못된 생각을 가지었다. 그러므로 그들은 결국 당송의 문화를 그대로 모방하고자 한 것이다.

어떠한 민족을 막론하고 문화민족이라면 자존심을 가지나니, 자존심이란 것은 그들의 역사에 나타난 위대한 인격을 숭앙하는 과정에서 생기는 기물奇物이니라. 자존심이 강한 한인이라 그들의 역사적 위인을 찬미하는 것인즉 실로 당송 문화의 중축이라 하지 아니할 수 없다. 이것을 본 주신 민족은 그들의 역사적 위인에 대한 이해가 적은 상태에서 한인의 역사적 위인을 찬미하고자 하였다. 이것을 하고자 자기들에게 성대히 선전하였고, 동시에 보수성이 강한 농민에게 보급하여 터무니없는 지명과 산명을 만들어서 주신 민족의 신성神聖을 파괴하였다. 동시에 한인의 위인을 외래물이 아닌 것과 같이 만들었나니, 예를 들면 황해도의 수양산首陽山,* 평양의 기자릉箕子陵**으로 시작하여 전부를 개정하고, 그것도 부족하여 나라의 수도를 시작하여 방방곡곡에 관왕묘關王廟(관우묘), 공자묘孔子廟 등을 두었다. 이 통에 주신 민족의 많은 위인 숭

---

* 원래 수양산은 중국 산시성山西省 푸저우蒲州 서남쪽에 있는 산이다. 은殷나라 고죽국孤竹國의 왕자였던 백이伯夷와 숙제叔齊는 주周나라 무왕武王이 은나라 주왕紂王을 멸하자, 신하가 천자를 토벌한다고 반대하며 주나라의 곡식을 먹기를 거부하고 수양산에서 들어가 몸을 숨기고 고사리를 캐어 먹고 지내다가 굶어 죽었다고 한다. _편집자 주

** 중국 은殷나라의 기자가 조선으로 건너와 기자조선을 세웠다는, 이른바 기자동래설에 따라 후대에 만들어진 무덤이다. _편집자 주

배물은 파괴의 운명으로 마지막을 고하였을 것은 더욱 명백하니라. 그러므로 오늘까지 항간에 떠도는 무수한 우부우부愚夫愚婦(어리석은 남자와 어리석은 여자)의 좌담 중에서 백이伯夷와 숙제叔齊는 황해도 사람이니, 관우關羽는 경상도 사람이니 하는 것을 듣게 된다. 이와 같은 것이야 물론 위정자들의 짓이라 하지 아니할 수 없지마는, 동시에 주신 민족이 이에 대하여 전연 감수성이 없었으리라고는 할 수 없다. 이것이야 물론 장구한 세월의 힘이라 하겠지마는, 그래도 완전경에 이를 만큼 된 것인즉 종래 동양에서 정신계를 지배한 학자와 정치가를 그다지 구분하지 못하게 되었던 중 더욱이 주신 민족의 학자는 정치가가 되고자 하는 습관을 가졌던 것이 원인이다. 즉 학자적 때를 벗지 못한 그들의 이상이나 공상이나 일시적 불철저한 생각을 쉽게 실현하게 된 것이다. 결국 아무리 잘하더라도 정가政街에 고식적 영화가 영합된다면, 이와 같은 가능성을 가지는 것이다.

앞에서 말한 바와 같이, 사람이라는 것은 남을 상대하여 비로소 자아를 알게 되므로 자신을 표시하기 위하여 일정한 명사로 자아의 존재를 표현하였나니, 이것이 현재 우리가 볼 수 있는 성명姓名이다. 사람은 유사 이래로 두 개의 명사를 가지고 자기를 표현하였다. 첫째는 보통 가정적 명사이니 '나'요, 둘째는 고유명사이니 즉 한 개체에 국한한 명사이니 '남'이다. 이것을 우리는 성명이라 한다. 성명은 사람마다 같지 아니하므로 그의 본능을 발휘한다. 이 성명은 보통 인류 역사에서 보건대, 각개의 직업에 의하여 그의 근원을 발한 흔적이 있다. 예를 들면, 한인들도 창倉씨, 고庫씨라 하여 창고사倉庫吏(창고의 일을 맡아보던 벼슬아치)의 후세後世임을 드러내었다. 이와 같은 직업적 명사인즉, 적어도 인류가 그다지 미개하여서 언어가 없었다면 모르거니와, 있다면 적어도 자기들의 모어母語로 표현하였을 것은 무엇보다 명백하다. 예를 들면, 독일인들의 성으로 보아서도 슈미트Schmidt라 하면 대장장이를 의미한 것이요 뮐러Müller라 하면 방아쟁이를 의미한 말이니, 역시 그들 선조의 직업에서 근원을 발하였고 동시에 그들 선조들이 사용하던 언어로 표시하였으므로, 오늘에라도 그들이 모어를 가졌던 것을 쉽게 알게 되는 것이다. 주신 민족도 다른 많은 민족과 같이 그들만의 성명이 있었던 것은 사실이요, 또 있었다면 그들 선조의 직업이다. 기호에 의하여 근원을 발하였을 것이다. 즉 그들이 쓰던 모어로 발표하였을 것이 가장 명백하니라. 그러나 현재 주신 민족의 성명을 보면, 앞의 원리와 달리 자기들의 모어가 아닌 한문으로 "이가李哥"이니 "김가金哥"이니 하여서 주신 민족 스스로가 그 문자의 의미를 충분히 느끼지 못하고, 따라서 주신 민족은 야비하여서 모어까지 가지지 못한 것같이 보인다. 그러면 주신 민족은 참으로 언어도 직업도 아직 가지지 못한 상태에서 한인의 문화를 수입하였는가? 동시에 '반만년 역사'이니 '여요병위與堯並立(요堯임금과 같은 시기에 개국한 역사의 나라)'이니 무엇이니 하는 말은 실상 터무니없는 소린가? 그러면 주신 민족 자체가 실상은 한족인데, 오늘에 와서야 비로소 주신 민족이니 하나? 이러한 의문은 실로 주신 민족의 후예인 우리로 하여금 오리무중에서 방황함을 면치 못하게 하는 현상이다.

아니다. 주신 민족은 실로 장구한 세월에서 독립적 역사를 가지고 그들의 특성을 발휘한 민족이다. 그들의 근원은 북만주 평야에 두고서 발달된 퉁구스족의 일파로, 반도의 선주민을 정복하고서 이 땅에 굳건한 기초를 다졌던 것은 시방 다시 새삼스럽게 이야기할 필요도 없다. 그들의 역사가 독립된 것만큼 그들의 언어가 독립하여 자라왔다. 이것이 주신 민족 후예인 우리가 비로소 이야기하는 것이 아니라, 실상 학술에 입각한 것이니 앙탈할 사람이 없겠다.

그러면 어찌하여서 주신 민족은 현재 성명도, 역사도, 의복 제도도 불명확하게 되었을까? 이 대답은 좀 더 부끄러운 말이지마는 앞서 이야기한 바와 같이, 주신 민족을 선도하는 책임을 가진 사람들이 당송의 문화에 취함으로 인하여 한인의 위인을 숭배하는 통에 자신의 역사적 위인을 이해할 여지가 없었으며, 이해가 적은 까닭으로 결국은 배척하는 태도로 변한 까닭이다. 자신의 고유한 문화를 버리고 한인의 것을 취함이 학제學制로 시작하여 풍속, 습관에 이르렀나니, 예를 들면 고유한 성명을 한자로 번역하고, 의복도 한인의 제도대로 하고, 모든 것을 한인 중심으로 하고자 하고 한인이 되고자 노력한 것이다. 이것을 선전하기 위하여 자제에게 한인의 역사를 가르치며, 근저를 깊게 하고 좇아 한인의 정치적 학술이라 할 만한《논어》《맹자》를 시작하여 시詩, 서書 등의 번역에까지 미치었나니, 주신 민족은 아주 터무니없는 한인의 우주관을 배움에 얼마나 고통을 가지었을까! 이것을 실행하고자 함이 물론 순조롭게 되지는 아니하였을 것이지마는, 정치적 권력에 의하여 반대자를 살해하여가면서 장구한 세월을 진행하였다. 교통의 불편으로 타민족의 생활방식은 볼 수 없었고, 오직 보는 것이 있다면 한족이요, 그 밖의 것인즉 당시 저급문화에 있었는지라, 어느 겨를에 반성할 기회를 얻었을 것인가. 결국 불철저한 원숭이적 모방은 장구한 역사를 가진 주신 문화를 오유烏有(있던 사물이 없게 되는 것)로 만들기에 어렵지 아니하였다.

무정한 세월이 흘러가는 중, 그와 같이 찬란하던 당송의 문화도 결국은 다른 민족의 핍박하에 신음하게 되었나니, 이것이 소위 오호난화五胡亂華°라는 것이다. 이것을 듣고 본 반도의 소위 시인이라는 계급은 그들의 이상적 조국을 위하여 통분하며 '오호라' 탄식하였던 꼴은 지금도 눈에 훤하다. 그러나 꿈에서라도 회개하고자 하지는 아니하였다. 이제야 말

• 5호16국시대五胡十六國時代(304~439)를 이른다. 여기서 5호伍胡는 흉노匈奴, 선비鮮卑, 저氐, 갈羯, 강羌으로 중원 변경에 사는 다섯 이민족을 가리키는 말이다. 삼국을 통일한 서진西晉이 멸망한 후, 5호를 비롯한 16개의 국가가 회수淮水 북부에 여러 나라를 세우며 난립하였다. 이 당시 한족은 다섯 이민족에게 엄청난 핍박을 받았다. _편집자 주

이지만, 그들이 상당한 병력만 가지고 있었다면 한인을 위하여 귀중한 생명까지라도 바치어서 자신의 어리석음을 더욱 발전시키었으리라마는, 하늘이 두남두어 그러한 능력은 그들에게 있지 아니하였다. 이와 같은 주신 민족의 비참은 명明 제국의 건설로 의운疑雲(의심스러운 점이나 사건)을 벗었나니, 그 당시의 광경인즉 참으로 장관이다. 진짜 한인의 희열이야 물론 당연하지마는 가짜 한인의 희열적 발광은 참으로 포복할 만하였다. 시간이 오래 지나지 않아 명 제국이 주신 민족의 일부라 할 만한 만청에게 정복을 당할 때에 반도에는 다시 비할 때 없는 치극癡劇을 연출하였다. 예를 들면, 동족인 만청을 오랑캐라 하며 남인 명이 오랑캐에게 정복당하였음을 마음 아파하고, 한편으로 단군의 유제遺制(예로부터 전하여오는 제도)를 충실이 실행하는 만청의 변발을 야만풍이라 비웃고, 숭정崇禎(명의 마지막 황제 의종毅宗 때의 연호) 초기에 멸망한 명을 위하여 부흥을 축원하기 위하여 반도의 문인 계급에서는 무엇을 기록할 때마다 숭정 기원후 60년을 쓰도록 하니, 그 얼마나 가증하며 어리석은가! 만일 구안자具眼者(사물의 시비를 판단하는 식견과 안목을 갖추고 있는 사람)가 이것을 보았더라면?

이와 같은 관념을 가진 반도의 위정자가 만청을 대하여 얼마나 오만무례하였을까? 그러나 역사적 관념이 명백한 통구스의 종가인 만청의 동족 사랑은 실로 과분한 우대로 반도를 향하였다. 이 중에 묻혀 있는 희극적 일화는 아직도 우리의 기억을 새롭게 한다. 이와 같은 만청의 뜻을 반이라도 짐작하였다면 그 얼마나 다행이며, 친척의 예로 대하는 만청인들 그 얼마나 위안되었으리라마는, 사실인즉 이에 반하여 반도 위정자들은 만청의 호의가 오직 자신의 강성을 두려워하며 문물을 숭앙함에서 나온 것이라 해석함에 불과하였다. 결국 반도에 있는 주신 민족은 참으로 뱃속 편하게 있었다.

나는 몇 해 전에 중국에 있을 때에 한인과 접할 때마다 종종 이러한 말을 들었다. "당신의 성명은 흡사 중국 사람과 같소." "당신은 어느 틈에 중국 문자를 그리 많이 연구하였소?" 이 말은 범연히 들음에야 그다지 의미 있는 것이라 할 수 없지마는, 좀 더 생각하여보면, 전자는 그들이 우리의 문화를 짐작하였으므로 우리의 성명이 한문으로 된 것을 의심한 것이다. 그러나 이것이야 좀 비루하지마는 극복할 방법도 있나니, 한문을 번역하여서 중국에 있는 동안에만 임시로 정함도 무리가 아니겠다. 후자는 내가 한문을 면무식免無識이나 하는 것을 보고, 내가 우리 문학을 다 연구한 후에 특별히 전문지식으로 한문을 연구한 줄 그들이 생각함으로 나를 존경하여 묻는 것이다.

그러나 그들이 우리의 내부 사정을 알고 본다면, 그 얼마나 우리의 비열한 생활을 비웃는 동시에 그 얼마나 자기들의 문화가 좋은 것이라 하며 자만할 것이냐? 이와 같은 도정을 취한 주신 민족은 자아를 남처럼 실현하고자 하는 대신 아주 편하게 남을 닮고자 하는 비열한 수단을 취하였다. 예를 들면, 양반이 되고자 학문으로든지 지위로든지 노력하지 아니하고, 다만 양반의 족보를 사고자 하였다. 그들은 이것만 가지면 이 순간에 양반이라 생각하였다. 이 꼴을 하다 보니, 우리는 결국 진짜 한인도 못 되고, 가짜 한인이 되고자 하는 통에 성명도 의복도 역사도 문화도 다 자발적으로 없애버리는 것만 능사로 여기었다. 이와 같이 하다가 그들은 그들의 사업이 성공했음을 눈치채었는지 제법 자경자득自慶自得(스스로 상을 내려줌)한 문구를 우리에게 주었다. 예를 들면, "어희아국 수벽재해우 양지편소 예악법도 의관문물 실준화제 인륜명어상 교화행어하 풍속지미 사의중화 화인 칭지왈소중화扵戲我國 雖僻在海隅 壤地偏小 禮樂法度 衣冠文物 悉遵華制 人倫明扵上 敎化行扵下 風俗之美 侔擬中華 華人 稱之曰小中華(아, 우리나라가 바다 귀퉁이에 치우쳐 있어 땅이 좁고 작으나, 예약과 법도와 의관과 문물이 모두 중국의 제도를 준수하여, 인륜이 위에서 밝고 교화가 아래에서 행해져서 풍속의 아름다움이 중국과 같아 중국인이 작은 중화라 칭한다)"* 등이다. 아, 그들이 얼마나 알미우냐! 어찌하여서 그들은 한인으로부터 후생가외後生可畏(젊은 후학들을 두려워할 만하다는 뜻으로, 후진들이 선배들보다 젊고 기력이 좋아, 학문을 닦음에 따라 큰 인물이 될 수 있으므로 가히 두렵다는 말)라는 문자를 배우지 아니하였더냐.

---

* 박세무朴世茂, 《동몽선습童蒙先習》._편집자 주

마치며

우리는 앞에서 자아를 실현하는 방법을 세 종류로 연구하여 보았다. 한인의 문화인즉 소굴대신하는 방식으로 결국 성공하였다 하겠지마는, 그 방식이 부지중 남을 정복하겠다 하므로 자신의 고통이 참으로 없지 못하였다. 진화론적 견지로 보아서는 이만큼 완전한 것이 드물다 할 만한 기형적 생활방식이라 아니할 수 없다. 또 서구 민족의 자아실현인즉 오직 일념이 '자아를 정복한다'는 불철저한 버르장머리 없는 관념에 있는지라 오직 정복으로 능사를 삼았다. 문화야 자연율에 의하여 후대 민족에게는 영향을 주었지마는, 결국 자기 민족 자체인즉 영원靈園(공동묘지)에 들어가버리고 자신의 옛 땅에는 그 당시 이민족의 주거를 만들었을 뿐이다. 이것이 소위 중국인의 "필부지용匹夫之勇(깊은 생각 없이 혈기만 믿고 함부로 부리는 소인의 용기)"이라거나 "북방지강北方之强(기질이 거세어 강한 용기만으로 밀어붙이는 사람)"이라거나 "만용은 멸신滅身"이라는 것이다. 주신 민족의 자아실현인즉 오직 원숭이적 모방에만 종사하였는지라, 결국은 멧돼지 잡으려다가 집돼지 잃는 격으로 문화도 무엇도 없어지고, 즉 자아를 실현하기는 고사하고 자신까지 잊어버리었다. 그런즉 한인의 소굴대신으로 된 자아실현인즉 신고辛苦야 실로 많았지마는, 결국 문화와 민족이 함께 일어났다. 서구인의 자연을 정복한다는 원리에 의한 자아실현인즉 그 당시의 일시적 향락이야 몇 분간 만족하였다 하겠지마는, 결국 그들의 문화는 다른 민족들의 이용에 이바지하는 중 자기 민족 자체는 오유烏有(있던 사물이 없게 되는 것)로 마지막을 고하였다. 주신 민족의 원숭이적 모방으로 된 자아실현은 결국 아무것도 없는 야만으로 변하여버렸다.

이상과 같은 방식이야 무엇을 막론하고 벌써 구시대에 속한 자아실현적 방식이지마는, 이것을 연구하게 된 우리는 실로 흥미를 느낀다.

《동광東光 제1~2호(1926. 5.~1926. 6.)》•

•   《동광》은 1926년 5월 20일에 주요한朱耀翰(1900~1979)의 주도하에서 창간된 종합잡지이다. 안창호安昌浩가 1913년 미국에서 조직한 독립운동단체 흥사단興士團을 배경으로, 또 같은 계열의 단체로 1926년 1월에 조직된 수양동우회修養同友會의 기관지 성격을 띠고 발행되었다. 그 무렵 사회주의운동을 표방하던 잡지들에 맞서,《동광》은 민족운동지임을 분명히 내세웠다. 제3호는 원고가 다량 압수되어 나오지 못했고, 1927년 8월까지 제16호를 내고는 휴간했다가, 1931년 1월 속간호를 내고 1933년 1월호까지 통권 40호를 기록했다. _편집자 주

'나'에 대한 고찰

3독심

나는 전에 모 잡지를 통해 〈'나'란 무엇일까〉라는 제목으로 '나'를 고찰해보았다. 내적으로 '나'를 고찰해보자는 것이다. '나'라면 누구나 알기 쉽게 남이라는 상대 관념에서 주관을 인정하는 것이다. 그러므로 '나'라는 명제인즉 객관이 없고는 성립되지 못한다. 즉 성립될 가능성이 없는 것이다. 인류의 수학적 관념이 '둘'부터 시작하여 다시 '하나'를 인식하게 된 것과 같다. '나'라는 관념이 단독으로 성립되지 못하는 것인 즉, 이것은 반작용으로 인식하도록 하는 것이므로 당연히 다른 대상을 요구한다.

《원각경》에서, 4대(지·수·화·풍)가 안정되어 아무런 구애 拘碍가 없을 때는 '나'의 소재를 알 일이 없다가, 4대의 고통이 있을 때라야 비로소 '나'를 안다고 하는 것 역시 다른 대상을 요구하는 증거일 것이다. 또《장자》의 〈제물론〉에 의하

면, "은궤이좌 앙천이허 답언사상기우隱几而坐 仰天而嘘 苔焉似喪
其耦(책상에 기대고 앉아서, 하늘을 우러러보며 길게 숨을 내쉬니, 멍하
니 일체의 존재를 잊은 듯하였다)'라 하였으니, '답언사상기우'의
발현은 대상으로 인해 비로소 인식되는 증거일 것이다. 이와
같이 대상으로써 비로소 인식되는 '나'는 하나의 개체를 대
표하는 명사로서, 인류의 사색에 고정화하여 생활상 중심축
을 이루었느니라.

자기의 인식 한도 내에서는 주재자격으로 모든 일을 처리한
다. 이 처리 행동에 의해서 우리는 '인격적'이라 명명한다. 동시
에 어떠한 행동은 '자리自利'라 하고, 어떠한 행동은 '타리他利'
라 하나니, 자리는 자아의 수련을 의미한 것이요, 타리는 자아
가 수련한 결과를 남에게 미치게 하여 감화적 몽리蒙利(이익을
받음)를 도모하는 것이다. 감화적 몽리라는 것은 자기의 정신적
능력이 자기 자체에만 국한하여 이익을 도모하는 것이 아니요,
남에게까지 미친다는 것이다. 자리 즉 자아의 수련이라는 것은
간단히 말하자면, 인중자연人中自然을 정복한다는 의미이니, 인
류는 생활적 기능이 천연天然적으로 발전되어서 극히 단순한
범위에서 발달되었다.

이 발달의 중심축이 되는 점인즉 3독심三毒心, 즉 탐貪·진嗔·
치癡이니, 경제생활상으로 분배의 불충분을 느껴 그것을 만족
하게 하기 위하여 몰두하므로 자아까지 잊어버리면서 무한적
인 발달을 하게 하나니, 이의 경로인즉 '탐심貪心'이다. 이것이
정확한 한도에서 운행되는 것은 탐심이라기보다 평상시의 '정

칙定則'이라 하고, 이것이 탈선해서 운행되는 것을 '탐심'이라 하나니, 타인의 자유를 침해한다는 의미이다. 이것은 자유를 침해할수록 무한도로 전개되므로, 인류는 이것을 '비윤리적'이라 한다.

다시 제재상으로, 즉 법률생활상으로 인한 불평에 의하여 무제한으로 발전하고자 하는 것은, 즉 자아를 몰각沒覺해가면서 비윤리적으로 향하는 것을 '진심瞋心'이라 한다. 즉 제재상으로 무한적인 발전을 요구하여 타인의 자유를 속박하는 것이다. 이것이 만족하면 진심의 발달을 보게 되고 불만족하면 진심의 행동을 보게 되나니, 진심의 발달이나 진심의 행동은 동일한 가치를 가질 뿐이다.

정신생활상의 기아飢餓나 소화불량으로 발생하는 현상을 '치심癡心'이라 한다. 이것의 행동인즉 극히 미세하여 잘 해석하기 어려우나, 경제생활상 이상 현상인 탐심과 법률생활상 이상 현상인 진심이 이것의 구성 분자가 되었느니라. 인류의 인식은 탐이나 진의 행동을 보고 인식할 수 있지만, 치라는 것은 극히 미세하여 인식할 수 없으므로 판단하기 어렵다. 이것의 방향이라는 것은 오직 종합적 진각眞覺이라야 사색할 여지가 있을 것이다.

그러므로 이를 다스릴 방법에서도 탐이나 진은 단순한 한 가지 방법, 즉 '다탐중생부정관多貪衆生不淨觀(탐심이 많은 중생에게 부정관을 닦게 함)' '다진중생자비관多瞋衆生慈悲觀(진심이 많은 중생에게 자비관을 닦게 함)'으로 하였지만, 다치중생은 단순치 아니하므로 인연관으로 하였다.

치가 일정하지 아니하므로 단순한 방법이 없고, 단순한 방법이 없으므로 다스리는 방법이 복잡하다. 즉 '계기청정심월방현戒器清淨心月方現(계의 그릇이 청정해야만 마음의 밝은 달이 그대로 비친다)'이라는 말인즉 탐·진이 없어야 치의 발로가 적어진다는 것이다. 이상의 세 가지는 '나'를 나답게 하지 못하게 속박하는 것, 즉 경제생활(분배작용)·법률생활(제재작용)·정신생활(주재작용)이 탈선되어서 궤도를 얻지 못하게 하는 것이다. 이 세 가지가 완전무결하게 발달하면 인류가 향상되고, 불완전하게 발달하면 인류가 타락하는 것이다. 그런즉 '나'라는 것이 완전무결하게 발달하자면, 먼저 이 탐·진·치에서 '나'를 구제해야 할 것이다.

9상차제

이 '나'라는 것이 대략 두 가지의 방향을 가졌나니, 하나는 '타락', 다른 하나는 '향상'이다. 그러나 행하는 방식인즉 대략 동일하다 하리라. 예를 들면 초생아初生兒에 비교하리니, 처음에는 무감각無感覺하다. 이것을 불교에서는 '생일업상生一業相'이라 한다. 이 업상을 보통으로 본다면 단순하다 할지나 실상 그러한 것이 아니요, 달관達觀으로 본다면 이것을 복잡하다 할 것이다. 즉 이것이 단순한 일생의 초발初發이라 하면 물론 단순할 것이나, (아직 우리 학술이 미치지 못하는 일이지만) 이것이 윤회설에 의한 사차생피死此生彼(여기에서 죽어 저기에서 태어남)적 견지로 본다면 아주 복잡할 것이다. 육체를 떠난 생물의 정신은 안·이·비·설·신·의를 가지지 못하나, 이러한 작용을 가지지 못한 만큼 인습因習은 가졌느니라. 이 인습을 가진 총체를 불교에서는 제8식八識이라 한다. 이 식의 작용이라는 것은 전5식, 즉 안·이·비·설·신과 같이 오직 경계에만 작용할 수 있는 것이다.

그러면 육체를 떠난 정신*이라는 것은 전5식이 없으므로 막연하고 미지한 것이 되나, 자기의 기구器具인 전5식과 제6의식과 제7말나식을 다시 얻으면, 그제야 인습 즉 과거에 행하였던 여기餘氣(아직 남아 있는 버릇이나 관습)가 발로되는 것이다. 즉 업상이라는 것이 미지인 것은 사실이나, 발육됨에 따라서 과거생의 인습이 발로하는 것이다. 예를 들면, 카시아파의 호무好舞나 사리푸트라의 다진多嗔이나 아난다의 총명聰明 등이다. 현재 이것은 유전이나 임산기의 교접 관계로 해석하나, 실상은 그리 단순한 것이 아니요 아주 복잡한 관계를 가졌느니라. 어떤 상황의 영향도 없고 선조의 유전도 아니라 할 만한 범위에서 유아가 다른 습관을 가질 때는 무엇으로 설명할 것인가? 이러한 사건이 실제에는 참으로 많으니, 이

---

* 제8식. 아뢰야식. 업력의 종자를 저장하고 있으므로 장식藏識이라고도 한다. _편집자 주

러한 것을 오직 의문에 부치는 동시에, 여기에서도 본 문제가 아니므로 생략할 것이다.

업상이 무지하므로 하등의 감각이 없다가 유아가 발육됨에 따라서 안식이 사물을 비출 만한 기간, 즉 업상이 '현상現相'으로 변하는 과도기를 '전상轉相'이라 한다. 이 전상이라는 것은 참으로 설명하기 어렵다. 이것을 비유한다면, 경공鏡工이 거울을 만드는데, 최초 유리는 업상에 비할 것이요, 유리의 수은 도금은 전상에 비하겠고, 수은 칠을 거친 거울은 현상이라 할 것이다. 그러면 현상을 거쳐 물체를 인식하나니, 이것을 '지상智相'이라 한다. 이 지상은 상당한 시간을 요하는 까닭에 '상속상相續相'이라 하고, 인식이 상속되어 물체를 취하니, 이것을 '집취상執取相'라 한다. 물체를 취함에 따라 부수되는 것인즉 형용形容과 양量에 의하여 기억할 표기標記이니, 이것을 '계명자상計名字相'이라 한다. 물체에 대해 표기를 가졌는지라 호好와 오惡를 가릴 것이니, 호는 취하고 오는 버릴 것이다. 이것으로 인연因緣이 되어서 행동이 생기고, 행동이 생기므로 사유가 발생하나니, 이것은 '조업상造業相'이다. 사유가 발생하므로 좋은 일에는 좋은 결과, 좋지 못한 일에는 좋지 못한 결과가 오나니, 이것을 '수보상受報相'이라 한다.* 이러한 9상차제九相次第로 선과 악 사이에서 행동하나니, 악을 제지하고 선을 조장하여 원만무결圓滿無缺한 인격자에까지 이르러야 하느니라.

5종계

이것을 제지하는 방식인즉 5종계伍種戒**이니, 첫 번째는 '불살생不殺生'이다. 살생은 우주의 생生적 준칙을 위반해서 우주를 참극화惨劇化하는 것이니, 이것을 행함은 물론 탐·진·치로 행하는 것이요, 동시에 이와 같은 원인은 다시 이와 같은 결과를 부르느니라. 여기서 중요한 점인즉 불살생은 오직 사회질서를 유지하겠다는 광범위한 무엇에만 그치는 것이 아니요, 한 걸음 나아가 개체를 구제하여 죄망원결罪網冤結(죄의 그물에 걸려 원한을 풀지 못함)로부터 벗어나게 하는 것이다. 즉 자기가 다른 생명을 해한다면 다시 자기의 생명으로 보상하는 이외에는 별 도리가 없음이니, 자승자박自繩自縛하는 것이니라. 불살생은 자기를 구제하고 동시에 타인을 이롭게 하여서 사회질서를 유지하는 것이다.

- 《대승기신론》의 일심사상에 의하면, 마음은 자성청정한 진여이지만, 무명의 훈습을 받아 불각의 생멸심을 일으키게 된다. 《대승기신론》은 진여의 마음이 불각의 생멸심으로 오염되는 과정을 3세6추三細六麤(3가지 미세한 번뇌와 6가지 거친 번뇌)로 설명한다. 아뢰야식상에서 이루어지는 3가지 근본번뇌는 업상-전상-현상이고, 이후 제7식과 제6식에서 이루어지는 6가지 거친 번뇌는 지상-상속-집취상-계명자상-조업상-수보상이다. 이와 관련한 자세한 내용은 원효의 《대승기신론소》와 현수 법장의 《대승기신론 별기》를 보라. _편집자 주

- 다섯 가지 중요한 계율로, 살생하지 않는 계인 불살생계不殺生戒, 훔치지 않는 계인 불투도계不偸盗戒, 음행하지 않는 계인 불사음계不邪婬戒, 망령된 말을 하지 않는 계인 불망어계不妄語戒, 술 마시지 않는 계인 불음주계不飮酒戒이다. _편집자 주

그런즉 칸트의 명령적 양심인 '절대 죽이지 말라'와는 다르다. 이것은 내발적 양심이라 하여 자연히 하지 않는 것이니, 이는 오직 같은 종에 국한한 사회질서 유지이므로 다른 종에는 행할 수 없다. 그러므로 같은 종이라도 마치 다른 종처럼 투쟁하게 되는, 즉 전쟁과 같은 상태에서는 상대편을 죽임으로 만족을 얻을 수 있고, 더구나 직업적으로나 습관적으로나 기탄없이 죽일 수 있는 것이다. 그러므로 심리학적 판단에 의하여 보면, 백정과 망나니가 전시 상황에서 적을 더 잘 죽였고, 종교적으로 보더라도 터키인이 아르메니아인을 죽임을 쾌사快事로 안 것이니라. 큰 전쟁의 경험에서 본다면, 모로코인이 살인하는 것을 좋아하여 프랑스 측에서 성적이 좋은 강병을 가졌다 자랑하나 실상은 신앙상으로 그러하였나니, 그들의 신앙인즉 사람의 사후는 곧 낙지樂地에 환생하는지라 타인을 좋게 하는 방법이므로 죽이는 것을 선善으로 알았던 까닭이다. 이러한 예는 완전히 치癡로 지은 것이다.

그러므로 불교에서는 살생의 범위와 행동을 말하였나니, "불언, 불자, 약자살, 교인살, 방편살, 찬탄살, 견작수희, 내지 주살. 살인, 살연, 살법, 살업, 내지일체유명자, 부득고살, 시보살응기상주자비심, 효순심, 방편구호일체중생, 이반자자심, 쾌의살생자, 시보살파바라이죄佛言, 佛子, 若自殺, 教人殺, 方便殺, 讚歎殺, 見作隨喜, 乃至呪殺. 殺因, 殺緣, 殺法, 殺業, 乃至一切有命者, 不得故殺. 是菩薩應起常住慈悲心, 孝順心, 方便救護一切衆生, 而反自恣心, 快意殺生者 是菩薩波羅夷罪(부처님께서 이르시길, 불자들이여, 스스로 죽이거나, 남을 시켜서 죽이거나, 방편을 써서 죽이거나, 죽는 것을 좋게 여기게 하여 죽게 하거나, 죽이는 것을 보고 기뻐하거나, 주문으로 죽이는 그 모든 짓을 하지 말지라. 죽이는 인因이나, 죽이는 연緣이나, 죽이는 법法이나, 죽이는 업業을 지어서 일체 생명이 있는 것을 짐짓 죽이지 말아야 하느니라. 보살은 마땅히 상주하는 자비심과 효순심을 일으켜 온갖 중생을 방편으로 구원해야 할 것이거늘, 도리어 방자한 마음과 유쾌한 뜻으로 산 생명을 죽이는 것은 보살이 승단을 떠나야 하는 무거운 죄니라)"[•] 이러한 의미로 본다면, 자기를 스스로 구한 후에라도 살생을 한다면, 우주를 통솔함에서 타인뿐만 아니라 자기에 대한 신앙까지 소멸하게 하는 것이다.

두 번째는 '불투도不偸盜'이다. 이것은 타인의 재물을 은밀히 취하거나 빼앗아 취하거나, 무슨 수단으로 타인이 주지 아니하는 재물을 취하는 것을 '도취盜取'라 한다. 이것을 하게 되는 원인 역시 탐·진·치이니, 도취는 인류 생활상 분배작용, 즉 경제생활을 무질서화한다. 인류는 본능상으로 타인의 부요富饒를 탐하는 동시에 자기 생활에 안정을 얻지 못하는 불만을 갖는다. 이 불만을 보충하고자 하는 것을 '물욕物慾'이라 하나니, 이와 같은 동기에 의한 행동은 '탐의 소치'라 하고, 다시 자기의 불안정으로 타인의 부요를 질시하는 것을 계속하여 타인의 안정을 방해하고자 타인의 재물을 취하는 것은 '진의 소치'라 한다. 이상 두 가지를 행한 후에라도 후

• 《범망경》 권2. _편집자 주

회하지 아니하고서 반대로 잘한 것이라 생각하는 것인즉, 예를 들면 아무개가 평소에 불량하여 고의로 해롭게 하기 위하여 얼마를 훔쳐왔다는 등의 이야기일 것이다. 또한 무의식적으로 행하는 것도 있는즉, 예를 들면 부모의 유전이나 직업으로 인하여 행하는 것이다. 이것은 다 인격상 타락을 가져오는 것이다. 이 외에 사음邪淫·망어妄語·음주飮酒를 들어 인격적 타락을 지적하였나니, 이것들은 다 자아를 멸망케 하는 동시에 향상의 도정으로 나아가는 세 가지 생활을 탈선하게 하여 윤회의 근본을 만든다.

6도윤회

윤회라는 것은 인격적 타락의 도정을 설명함에 불과하니, 예를 들면 천도天道·인도人道·지옥地獄·아귀餓鬼·축생畜生·수라修羅이다. '천도'라는 것은 인도 재래 신앙의 이상경理想境, 즉 그리스의 올림포스나 엘리시온이나 유태인의 에덴이나 중국인의 선경仙境과 가깝다. 이것은 다 현실계의 불안을 대할 때마다 보다 나은 무엇을 생각하였고 이를 생각함으로써 이상경을 상상화한 것이니, 이 구조 역시 탐·진·치 세 가지를 버리지 못한 인류의 수확물이지 완전한 인류의 절대능력 위에다 구성한 것은 아니다. 그러므로 절대능력을 완전히 소유한 성자聖者는 완전경完全境을 보지 아니하는 동시에 말하기를, "절대능력을 사용치 못할 때에 또 사용치 못하는 우리의 고식지계姑息之計(임시방편)라" 하였다. 또한 성자에게는 천도가 있느냐 없느냐는 문제가 아니요, 이러한 문젯거리를 가지고 와서 해결을 구하는 무리를 위한 설명이었던 것이다. 동시에 이 우주의 삼라만상은 미혹한 중생의 심리상 집착으로 만들어냈고, 원만한 절대능력상으로 보아서는 모든 것이 환화幻化(실체가 없는 것이 환술로 현재 있는 것처럼 됨)라 하였다.

그런즉 천도라는 것도 미혹한 중생의 집착으로 있는 것이요, 있다고 해도 미혹한 중생 자체가 그곳에 가기는 아주 험난하므로 천도에 가는 것도 극소수에 불과할 것이다. 동시에 그것은 성자 자신이 자신의 경지를 우리에게 설명한 것이 아니요, 적어도 우리의 미경迷境(미혹함의 경계)을 토대 삼아서 오경悟境(깨달음의 경지)으로 나아가도록 한 것인즉, 이것은 미경을 설명한 것이다. 그러므로 천도 구조가 민족마다 다르다. 예를 들면, 그리스 민족의 천도 구조인즉 당시의 정치 영향으로 제우스가 절대통솔자이면서도 그의 부하인 프로메테우스에 의해 곤란에 처하게 되었고, 독일 민족의 천도 구조인즉 보탄Wotan*이 절대통솔자이면서도 그의 부하인 프라이에게 어려움을 당했으며, 유태인의 천도 구조인즉 여호와가 절대자이면서도 그의 부하인 사탄에게 방해를 받게 되었고, 인

• 북유럽 신화의 오딘Odin에 해당하는 게르만 신화의 신. Wednesday는 그의 이름에서 유래. _편집자 주

도인의 천도 구조인즉 인드라가 위력자요 통솔자이건만 수라*에게 때때로 파멸을 당하게 된 것이다. 그런즉 천도라는 것도 3독심을 떠나지 못하였으므로 미경으로 여겼다. 동시에 천도라는 것은 오직 안일과 방종으로 구성하였는지라, 복福과 낙樂에 취해서 가히 3독심을 쉬이고 자기의 절대능력을 사용할 수 없다. 그러므로 "제천정락불가수도諸天正樂不可修道(모든 하늘은 즐겁지만 도를 닦는 건 불가능하다)"라 하였다.

'인도'라는 것은 우리의 현실계를 지칭한 것이니, 역시 3독심으로 구성되어 어지러운 것은 사실이다. 천도의 정락正樂은 자아를 찾기에 너무나 여유가 없고, 지옥 및 그 나머지 곳의 정고正苦는 자아를 실현할 가능성조차 없다. 그러나 인도는 중간급에 있어서 자아를 실현할 수 있으며 동시에 선악의 분기점에 있는지라, 오직 인도에서만이 향상하든지 수도할 가능성이 있다. 그러므로 성자는 순전히 인류중심론적 견지에서 인도를 추천하고 장려하였다. 다시 말하면, 인류를 이 우주의 통어統御(통솔자) 자격으로 알았던 것이다.

'지옥'이란 것은 우리의 현실 이하의 등급을 가리켰나니, 이 문자는 많은 종교단체에서 사용한다. 이 문자는 원시 인류에서 암흑을 의미하는 상상적 문자로서 악을 대표한 것이며, 동시에 광명을 신이라 지정한 만큼(예를 들면 구약舊約) 암

---

* 아수라. 싸우기를 좋아하는 귀신으로, 항상 제석천과 싸움을 벌인다. _편집자 주

흑을 악 또는 신의 반대인 악마라 표현한 것이다. 이 문자에 대한 해석이 각각 다르나 불교에서는 이 문자를 인도의 하급, 축생의 상급으로 사용해왔다. 즉 인도에서 타락되어 과보를 얻는 곳이 지옥이다. 이에 대한 문헌인즉 참으로 광범위하여 이에 기록을 피하고 싶지만 간략히 거론한다면, 크고 작은 무간옥無間獄으로부터 다양한 단계를 설하고, 건설의 방법으로 말하면 인간계와 다름없이 설하였나니, 이것은 다 인도 재래의 브라만교에서 사용하던 것이요, 불교에서는 무엇을 건설하였다는 것은 보이지 않는다.

'아귀'라는 것은 귀취鬼趣 즉 지옥류에 속하는 것이니, 이것은 지옥에서의 선연善緣에 의하여 지옥은 탈출하였으나 전의 습관으로 아직도 암흑한 귀취에서 기아보飢餓報를 계속해서 행한다는 것이다. 이것도 인도 신화에서 많이 볼 수 있는 것으로서 인간과 축생들을 괴롭게 한다 하였다.

'축생'이라는 것은 지옥 즉 암흑계에서 광명계로 다시 출생할 때, 자아가 극도로 마비되고 사리에 어둡고 어리석음으로 인하여서 인류가 되지 못하고 금수류로 화한다는 것이다. 금수는 비금飛禽(날아다니는 짐승)과 주수走獸(기어다니는 짐승)를 통칭한 것이다. 이들의 전업前業이 탐·진·치 등에 의한 살생 등으로 되었는지라, 오직 서로 죽이고 해함으로 인해 향상하기가 참으로 어렵다 한다.

'수라'라는 것은 인도 신화에서 유래한 것이니, 언어학으로 풀이하면 '주酒'인즉, 원래 호음好飮(술 마시기를 좋아함)한다는 말이다. 그러나 신체가 워낙 방대하여 약간으로 그의 주량을 채울 수 없다. 그래서 바다 속에다가 술을 담그고자 하였으나 해수海水는 술이 되지 아니하므로, 결국은 스스로 금하는 편이 좋다 하여 그 후로는 다시 금주禁酒하였으므로 아수라, 즉 '금주'라 하였다. 이들은 신통과 변화가 천도에 비교할 만하나, 과보에 의하여 거처가 암흑하고 동시에 식사할 때 음식의 뒷맛에서 악감惡感을 받도록 되었다. 이것이 원인이 되어서 절대의 신인 인드라와 전쟁을 하니, 이기거나 지거나 하여 그의 여파가 인간계에 일식·월식·낙뢰로 나타난다는 것으로 시작하여 인도 신화 사상에 많은 부분을 차지한다. 현재 싸움으로 인한 혼잡한 상태를 아수라장이라 하는 것도 여기에서 유래한 것이다.

이상 여섯 가지를 6도六途라 하여 인도 재래, 즉 브라만교에서 사용하여오던 것을 성자가 설명의 도구로 사용한 것은 당시 대중의 편의를 헤아린 듯하다. 여하간 이와 같이 오고 가고 관계를 맺는 것이 멈추지 아니하여서 빠져나올 시간이 없다. 성자는 이것을 단절하고 이 윤회에서 빠져나오는 것을 찬탄하였다. 이것을 실행하자면 자아를 실현해야 한다. 그러나 3독심이 5종계를 파하게 하고, 이것을 파함으로 다시 6도 윤회가 옴으로 인하여, 인이 과를 내고 과가 다시 인을 내는 연쇄 과정에 의해 자아를 실현할 겨를이 생기지 아니한다. 이상 미혹의 경로를 설명하였다.

절대 능력의 실현

다시 깨달음으로 향상하는 도리를 설명하자면, 각개의 '나'를 실현하자는 것이다. 예사롭게 생각하면 '나'를 실현한다는 말이 무의미한 듯하지만, 그것은 다른 것이 아니라 각개 인체 내에 잠재하는 능력, 다시 말하면 철학상으로 절대능력을 발휘하여 완전하고 확실하게 운용하자는 것이다. 각개 인체 내부에는 절대능력의 흔적을 볼 수 있나니, 예를 들어 절염박명絶艶薄命(절세미인은 불행하거나 병약하여 요절하는 일이 많음)의 섬섬한 미인이 있다 가정하자. 남성이 이와 같이 상상한다면, 그 인물 구조가 섬약해서 일거수일투족이 곤란하여, 다른 할 일을 하기에 적당하지 않아 보일 것이다. 이 여자가 나이 스물여덟아홉에 초산으로 2개월가량 된 남아를 가졌는데, 여행 중에 호환虎患(호랑이에게 당하는 화)으로 아이를 잃어버렸다고 하자. 그 여자는 신경의 과도한 자극과 절망으로 인하여 모든 능력을 다하여 잃어버린 아이를 찾고자 노력할 것인즉, 그의 행동과 신체적 변화로 말하면, 그의 눈에는 전광電光이 돌고 그의 가냘프고 부드러운 피부는 철골처럼 되어서 완전히 인식하지 못할 만한 상태가 될 것이다. 잃어버린 아이의 소재를 향하여 가는 중, 평소에는 공포로 인식할 만한 것이 완전히 무감각 상태에 있는지라 위험과 안전에 대한 계탁計度(헤아려 판단함) 없이 호랑이와 충돌해가면서라도 아이를 구하고자 할 것이다. 여기에서 아이를 구하고 구하지 못하였다는 것은 별개 문제이고, 말하고자 하는 바는 오직 이와 같이 흥분하면 위대한 불가항적 능력이 생긴다는 것이다. 우발적인 상황에 의하여 생리적으로 일어난 급격한 변화는 결국 능력이 발로한 만큼의 변함인즉, 극렬한 상태로 발병하여 심지어 사망이나 폐인에 이를 것이다.

이러한 경험은 결국 정신 수양이 저급한 인체 내에서도, 그리고 어떠한 동물을 막론하고 발로할 수 있으니, '궁구난축窮狗難逐(궁한 개는 쫓지 말라)'이라는 문자는 이것을 말한 것이다. 이것이 일시적 발로만으로도 어느 정도에서 위대하다 할 만하거늘, 많은 수양으로 순서를 밟아서 발로된다면 쾌히 위대한 능력을 소지한 인격을 실현할 수 있는 것이다. 이에 대해 성자는 "천상천하 유아독존天上天下 唯我獨尊(하늘 위와 하늘 아래 오직 내가 홀로 존귀하다)"이라 하였다. 여기에서 '아我(나)'라는 것은 사실상 모든 우주를 지배하는 것이다. 동시에 이것을 발휘하여 사용하므로 인류라는 가치를 가지게 되는 것이다. 이것이 불교에서 말하는 일대사인연一大事因緣(중생을 제도하기 위하여 부처가 세상에 나타나서 교화하는 일)이라는 것이니, 이 우주 안에 인류의 사명은 오직 이것에 그친다는 것이다. 그러므로 '보관중생 동품이미普觀衆生 同稟而迷(모든 중생이 불성을 가지고 있지만 미혹한 채로 있다)'라 함은 실로 개개가 이 절대능력을 가졌건만 사용치 못하고 부자연한 생활을 계속한다는

•   《금강경오가해》._편집자 주

것이다. 이러한 유례는 우리가 《법화경》〈신해품등信解品等〉
에 의해 잘 기억한다.

자아를 단련하여 절대능력을 발휘하는 수단인즉 다종다양
하다. 불교에 의하여 사고해본다면, 먼저 탐·진·치 등을 쉬
게 하는 것이다. 이것으로만 만족하지 아니하고 적극적으로
수련하는 방향인즉, 옛 성현의 기록도 많지만 가장 쉬운 방
법은 수식數息(들숨과 날숨을 세면서 마음을 가라앉히는 관법)에 의
하여 정신을 집중하거나 일정한 사색안思索案, 즉 화두話頭로
써 정신을 집중하는 것이다. 신앙도 의식으로 집중할 수 있
나니, 예를 들면 원각삼기참圓覺三期懺* 같은 것이다. 가장 짧
은 시간에 수행하는 분들의 경험으로 말하면, 일정한 장소에
서 약 21일간을 큰 목소리로 일정한 불호佛號를 송誦하며 신
앙 관계와 신뢰 관계로 하루 서너 번씩 한 번에 1시간씩 정하
여서 수행한다면, 어느 누구를 막론하고 정신 집중은 가능하
다 한다. 정신 집중이라는 것은 절대능력 발휘의 첫걸음이므
로 이상한 경계境界가 앞에 나타날 수 있으나, 이것은 결코 타
력이 아니요 자아의 집중력 발휘이다. 절대능력이 발로되기
전에는, 즉 완숙完熟되기 전에는 식識의 작용(심리학상 작용)으

---

* 부처님께서 입멸하신 후 말세 중생으로서 깨달음을 얻지 못한 이가, 어
   떻게 안거安居하여 이 원각의 청정한 경계를 닦아야 하며, 이 원각 중 세
   가지 청정한 관觀에서 어느 것으로 으뜸을 삼아야 하는지 여쭘에, 백이
   십 일, 백 일, 팔십 일 등 삼기의 기한을 정하여 도량을 건립하고 업을 참
   회하여 사유하면 모든 업장이 녹아내리고 부처 경계가 현전할 것이라 말
   씀하셨다. _편집자 주

로 만족을 느끼는 순간에 절대능력을 완전히 실현하기 불가능하므로, 옛 성인은 "행자입정수행시 입어발광지 관제종종변화연기 부득심주일체소문소관경계 종불가취行者入定修行時 立於發光地 觀諸種種變化緣起 不得心住一切所聞所觀境界 終不可取(수행자가 수행에 들어갈 때, 발광지 즉 지혜의 광명이 나타나는 경지에 서면, 갖가지의 변화와 연기를 꿰뚫어 보고, 듣고 본 바의 일체 경계에 마음이 머물지 않으니, 끝내 취하지 아니하니라)"라는 말로 절대능력을 발휘하는 도정을 보여주었다. 또 "저일착자애장거 여타천척정저상사 정당임마시 끽반부지반 끽차부지차 방뇨부지뇨 방시부지시 여올여치這一着子捱將去 如墮千尺井底相似 正當恁麼時 喫飯不知飯 喫茶不知茶 放尿不知尿 放屎不知屎 如兀如癡(다만 이 하나를 정진해 나아가면, 마치 천 길 우물 속에 떨어진 것과 같이, 바로 이러한 때에 밥을 먹어도 밥맛을 모르고, 차를 마셔도 차맛을 모르며, 오줌을 누어도 오줌을 눈지 모르고, 똥을 누어도 똥을 눈지 모르는 바보천치와 같아야 한다)"라 하여 정신 집중했던 정도를 말한 것이다. 다시 밀교의 수행 방식으로 말하면, 일정한 다라니dhāraṇī, 陀羅尼*나 만트라 mantra(진언眞言)**를 묵송하되, 보통으로 단전丹田(배꼽 밑 생식기 상부)을 관觀하여 수련하는 것이다. 근기根器(교법敎法을 받을 수 있는 중생의 능력)의 이둔利鈍(영리하고 우둔함)으로 빠르고 늦음

이 있으나, 약 49일이면 종종 경계가 앞에 나타난다 하였나니, 이것은 다 자아가 정화되어서 정신 집중이 되는 과정에서 생기는 것이다.

다시 정신 집중으로써 절대능력을 실현한 옛 성현의 기록을 본다면, 시간관념에서는 "일념보관무량겁 무거무래역무주 여시료지삼세사 초제방편성십력一念普觀無量劫 無去無來亦無住 如是了知三世事 超諸方便成十力(한 생각에 무량겁을 두루 관하니, 감도 없고 옴도 없고 머무름도 없다. 이와 같이 삼세의 일을 깨달으니, 모든 방편을 뛰어넘어 부처만이 지닌 여러 가지 능력을 이룸이로다)"•이라 하였고, 공간관념에서는 "초명안첩기황주 옥백제후차제투 군자임헌론토광 태허유시일부구蟭螟眼睫起皇州 玉帛諸侯次第投 君子臨軒論土廣 太虛猶是一浮漚(초명 즉 모기 눈썹에 사는 작은 벌레가 사람의 눈썹에 나라를 세우니, 제후들이 차례로 옥과 비단을 바치네. 누대에 오른 초명 황제는 땅이 크다고 자랑하지만, 하늘에 있는 저 구름도 떠 있는 거품인 것을)"라 하였고, 자기가 얻은 경계를 말할 때에는 "원각산중생일수 개화천지미분전 비청비백역비흑 부재춘풍부재천圓覺山中生一樹 開花天地未分前 非靑非白亦非黑 不在春風不在天(원각산에 자라는 한 그루 나무, 하늘땅 있기 전에 꽃이 피었네. 푸르지도 희지도 검지도 않고 봄바람에도 있지 않고 하늘에도 있지 않도다)."••이라 하였다. 큰 목소리로 불호를 송하여 정신 집중으

•　　　《화엄경》〈광명각품光明覺品〉._편집자 주

••　　　《종경록宗鏡錄》〈문답장問答章〉._편집자 주

로 절대능력을 발현시키던 이야기인즉 "아미타불재하방 착
득심두절막망 염도염궁무념처 육문상방자금광阿彌陀佛在何方
着得心頭切莫忘 念到念窮無念處 六門常方紫金光(아미타부처님은 어느 곳
에 계시는가. 마음 깊이 새겨두고 간절하게 잊지 마라. 생각이 다하여서
무념처에 이르면 여섯문 어디서나 금색 광명을 보게 되리라)"*이라 하
였으며, 미혹과 깨달음을 나눠 설명할 때에는 "처생사류 여
주독요어창해 거열반안 계륜고랑어벽천處生死流 驪珠獨耀於滄海
踞涅槃岸 桂輪孤朗於碧天(생사의 흐름에 처하여서는 밝은 구슬이 홀로
광활한 바다에 빛나는 것과 같고, 열반의 저 언덕에 걸터앉아서는 둥근
달이 푸른 하늘에 외로이 밝은 것과 같다)"이라 한 것 등이다.

《불교 제53~54호(1928. 11.~1928. 12.)》

• 　《나옹화상가송懶翁和尚歌頌》〈시제염불인示諸念佛人〉._편집자 주

자아의 인식으로 자아의 독립에

사람이란 무엇일까? 이 대답은 학자에 따라서 다르겠지마는, 간단히 대답하자면 '사람이라는 느낌을 가진 동물'이라 하고 싶다. 이 느낌이 원인이 되어 나오는 것은 반동反動이니, 곧 인류 역사상의 나타난 사실들이다. 그러나 인류는 보통 느낌의 반동에 골몰하느라 무취미한 생활을 만들어낸 적이 한두 번이 아니었다.

에우다이모니아(최대 행복)나 지어지선止於至善(지극히 선한 경지에 머무름)을 설한 학자인즉 인생의 방향을 이야기하여본 것이요, 파우스트나 차라투스트라는 진화론으로 보아서 인간이 향상될 목표를 그린 것이다. 결국은 당시의 상황인 이기주의적 아리스토크라시aristocracy(최선의 인물에 의한 지배)가 되고 말았다. 즉 "남이야 죽든 말든 나 혼자만 좋으면 그만이지"이다.

1750년에 루소가 '자연으로 돌아가자' 하던 생각인즉, 당시 주위의 사정이 지말枝末(근본이 아닌 눈에 보이는 현상)만 가지고 야단을 치는 통에 하도 답답하여서, 즉 반동에 기반한 동작만 따라가다가 결국 부자연을 만들어내면서도 반성할 줄은 몰라서 그 원인을 찾자는 것이다. 그의 가치인즉 초인超人을 설한 학자'와 같이 이기주의에서 나온 것이 결코 아니요, 줄잡아도 인류 전체를 통틀어서 이야기한 것이다. 즉 공존동생이라는 입장에서 이야기한 것이다. 그러나 "어떻게?"라는 의문에서는 종래 인류의 사색 방식이 아직 유치함으로 인하여 자연으로 돌아가기는 고사하고 부자연만 더하게 되었다. 그런즉 전쟁 전까지도 오직 하나의 불변정리不變定理나 유클리드적 수학에 의하여 토구討究(사물의 이치를 따져 가며 연구함)하였던 것이다. 이 방식은 겨우 모든 사물의 형체만 짐작하게 하였지, 그 사물 자체는 참으로 알 여지가 없었다. 심하게는 바가지라는 3차원인 '공간'을 만들고서 사물 자체야 구기거나 주름지거나 함부로 집어넣는 것에만 만족하고자 하였다.

이러한 방식의 여앙餘殃인즉, 모든 사물의 형식만 차리느라고 질質을 돌아보지 못하게 된 인류 생활은 모든 것이 뷰로크라시bureaucracy(관료제)로 변하여서, 결국 인류는 자기의 행복을 위하여 산다는 것보다 형식을 위하여 살지 않나 하는 의문까지 가지게 되었다. 실상 인류가 살기 위하여 만든 형식은 결국 그의 주인인 인류를 결박하는 기구가 되어서 부자연

• 니체Friedrich Nietzsche(1844~1900)를 말한다. 니체는 이기주의에 대한 일반적인 도덕관념을 비판하였다. 그는 "이기주의란 고귀한 영혼의 본질에 속한다"라고 하면서 이기주의를 긍정하였다. 그 이유는 자기 자신을 우선시하는 태도는 인간의 근본적인 욕구에 속한다고 보았기 때문이다. 그는 자기보존의 욕구에 따라서 행동하는 이기주의를 나쁜 태도로 보지 않았으며, 지극히 자연스러운 것으로 이해하였다. _편집자 주

은 오직 부자연을 더할 뿐이요, 아무 취미가 없이 된 살풍경은 인류의 존재까지 부인하게 되었나니, 어느 겨를에 완전한 인간을 찾아보겠으리오.

그러나 한편으로 불충분한 방식을 느낀 학자들의 노력으로 우리는 겨우 새로운 방식인 상대식을 가지게 되었다. 이것으로 시작하여 인류의 사색은 자못 귀추를 얻어서 결박에서 해방되었으며, 호흡이나마 자유롭게 할 지경에 이르렀다. 낡은 방식에 의한 무미건조한 원숭이적 모방은 아직도 우리에게 두통을 주는 현상이었지마는, 이 새로운 방식을 가지게 된 인류는 적어도 그들의 불명확하던 방향을 명확하게 만들 수 있게 된 것이다. 인류는 실로 장구한 시간에서 많은 불편을 느끼었으나 그 원인을 알 기회가 없었다가, 이 새로운 방식을 보고서야 비로소 불편하던 원인을 짐작하게 된 것이다.

새로운 방식인즉 다른 것이 아니라 아인슈타인이 발견한 상대식이니, 모든 사물의 형체만 알자는 것이 아니라 3차원 이외에 4차원인 '시간'을 가지고 사물의 존재를 인식하자는 것이다. 예를 들면, 종래에 우리는 낡은 방식에 의하여 '사람'을 알았다. 그 사람이야 서양 사람이거나 동양 사람이거나를 결코 알 기회가 없었다. 즉 눈으로 보고도 알 줄을 모르는 답답한 중에 있었다. 그러나 상대식은 우리에게 오직 '사람'만 가르쳐준 것이 아니라, 우리가 보는 것과 같이 사람 중에도 서양 사람이면 서양 사람, 조선 사람이면 조선 사람이라고 각각 지정하여주었다. 이제야 인류는 사물의 실체를 얼마간이라도 명확하게 알게 되었다.

종전에 겨우 우리가 '사람'인 줄만 알았던 것을 이제야 비로소 우리가 사람 중에서도 조선 사람인 것을 알게 되었다. 이것으로 말하면, 의문이었던 "어떻게?"를 얼마간이라도 알게 된 시초라 하지 아니할 수 없다. 그러면 우리는 상술上述에 의하여 우리가 조선 사람인 동시에 20세기 조선 사람이라는 것을 자신하게 되었으므로 우리가 누구인 것을 알 것이다. 이 것이 우리로 하여금 신인간新人間을 부르짖게 하고, 우리가 신인간이 되게 하는 기초이다. 이유인즉 우리가 스스로를 알지 못하였을 때에 얼마나 무의미하고 부자연한 생활에서 방황하였던 것을 알기 어려운 것이 아닌 까닭이다.

알기 쉽게 우리 자신의 예를 든다면, 근고近古에 우리의 선조는 한인漢人을 숭배하고 모방하고자 함으로 우리의 성姓도 한인처럼 이가李哥이니 김가金家이니 하고 의복과 제도, 산천, 지명도 한인의 것처럼 고치어놓는 중에, 그들은 그들의 성공에 자만하여서 결국은 아래와 같은 문구를 우리에게 주었다.

"어희아국 수벽재해우 양지편소 예악법도 의관문물 실준화제 인륜명어상 교화행어하 풍속지미 사의중화 화인 칭지왈소중화 자기비기자지유화야 차이소자 의기관감이흥기재於戲我國 雖僻在海隅 壤地偏小 禮樂法度 衣冠文物 悉遵華制 人倫明於上 敎化行於下 風俗之美 侔擬中華 華人 稱之曰小中華 玆豈非箕子之遺化耶 嗟爾小子 宜其觀感而興起哉(아, 우리나라가 바다 귀퉁이에 치우쳐 있어 땅이 좁고 작으나, 예악과 법도와 의관과 문물이 모두 중국의 제도를 준수하여, 인륜이 위에서 밝고 교화가 아래에서 행해져서 풍속의 아름다움이 중국과 같아 중국인이 작은 중화라 칭하니, 이 어찌 기자가 남긴 교화가 아니겠는가! 아 여러 어린이는 이것을 보고 느끼어 떨쳐 일어나야 할 것이다)."

참 장관이다마는 이렇게 하는 통에 우리가 결국 한인이나 되었더라면 그래도 성공이라 하였겠지마는, 한인도 되지 못하고 원숭이 노릇만 하다가 성명도 잃고 의복도 잃고 아무것도 없는 야비한 신세로 전락하였으니, 이 얼마나 무취미하고 부자연한가. 이런 짓을 하였던 까닭에 역사도 문화도 잃어버리고 아주 야만이 되고 말았다. 그런즉 내가 누구인 줄 모르면, 결국 이러한 불행을 만들어내는 것이다. 이것은 그만두고라도 아주 쉬운 예를 하나 더 들자면, 상놈이 양반이 되고자 아무리 애를 쓴다 하더라도 상놈이야 일상의 상놈이지 양반이 될 수는 없다. 설사 양반이 된다 하자. 결국은 양반 중에 말짜 양반이거나 그렇지 않으면 가짜 양반이 되지마는, 그만한 지력과 노력으로 상놈 그대로 있다면 상놈 중에서 진짜 상놈이요 또 상놈 중에 상지상上之上(최고)일 것이니, 어떤 것이 나으냐는 판단은 "영위계구寧爲鷄口 언정 무위우후無爲牛後(닭의 입이 될지언정 꼬리는 되지 말라)"라는 말을 아니 가지고도 잘 아리라 믿는다.

　그러면 '신인간'이라는 것은 다른 것이 아니라, 내가 '나'를 인식하고 모든 사업에 '나'를 중심으로 함으로 시작하여 나다운 '나'를 실현하고자, 모든 무취미한 것을 떠나서 완전한

'나', 진정한 '나'로 독립하는 것이다. 그런 후에야 비로소 남을 알게 되나니, '남'이라는 것은 '나'라는 생각의 상대적 관념이요, 결코 '남'이라는 절대가 있어서 원숭이적 모방으로 신인간의 의미를 깨우쳐 알게 되는 것이 아니다. 결국 '나'가 없고는 '남'이 없나니, '나'를 잊은 인류가 있다면 차라리 인간이라는 함자啣字(남의 이름을 높여 이르는 말)를 주는 것보다 다른 무엇으로 표현하는 것이 마땅하니라.

어떠한 지방을 막론하고 그 지방에는 그곳만의 적당한 문화가 있고, 민족 역시 그러한 것을 속일 수 없는 것이다. 지난 날에는 이러한 이치를 무시하고 무슨 새로운 주의主意가 있다면 오직 모방하는 것을 능사로 삼았다. 그러나 모방한 결과, 우리 인류는 한 번도 성공하여본 적이 없다. 오직 모방하는 과정에서 심하게는 파산을 당하거나, 그렇지 않으면 많은 고통으로 수입된 주의를 소화하여서 자기들에게 맞도록 만들었다. 예를 들면, 프랑스의 시적 허무주의가 영국에 가서는 조합적 사회주의가 되고, 러시아에 가서는 정치적 허무주의가 되었나니, 이것만 보아도 짐작하기 어려운 것이 아니다.

우리는 지금까지 인류 문화의 기초는 각개가 내가 누구인 줄을 잘 인식함으로 비롯하는 것을 말하였다. 나다운 '나'를 실현하자면 '나'를 중심으로 된 생활방식을 만들어내야 할 것이다. 모든 '나'를 알기에 장애가 되는 무취미를 대신하여, 모든 행동에 완전한 나를 발휘하고자 역사에도 '나', 산술에도 '나', 예술에도 '나', 경제에도 '나', 심하게는 '나'가 없고는 이 우주가 존재할 수 없는 진리를 체험하여야 할 것이다. 그러한 후에야 비로소 각개의 '나'가 서로 존경하게 되므로 '나'와 '나' 간에 박애가 행하게 되며, 경제적으로 각개의 나와 나 간에 오직 분배라는 원리가 실행되어서 공존동생이라는 말이 비로소 허언虛言이 아니게 된다. 누가 이것을 보고 신인간이라는 함자를 주기에 떼어놓은 당상이라 하지 아니하겠는가.

이런 소리 저런 소리 할 것 없이 오직 사람답게 살자는 것이다. 사람답게 살자면 무엇보다 먼저 사람인 '나'의 존재를 잘 인식하여 모든 사물의 존재를 알아야 한다. 또 자연의 뜻이 어디에 있는지를 발견한다면 모든 부자연과 무취미로 인도할 만한 원인을 미연에 방지하고 원만한 결과를 얻을 것이다. 이것이 인간의 책임이요, 이 책임을 자각하고서 실행하고자 한다면 이것은 곧 신인간을 실현함이니, 이것이 어찌 신인간을 부르짖는 조선 대중의 앞길이 아니랴!

2월 1일 돈암리에서

《신인간新人間 창간호(1926. 4.)》*

• 《신인간》은 사회개혁과 인간개조를 목적으로 발행한 천도교잡지이다. 1922년 손병희孫秉熙(1861~1922)가 죽은 뒤 종통 계승 문제로 신·구파 분열이 일어나고, 구파 측이 이미 발행하고 있던 《천도교회월보》를 관장하자, 천도교 청년당 중심인 신파 측에서 별도로 《신인간》을 창간하였다. 창간 권두언에서 현대 사상의 혼돈과 세계의 암흑은 오직 신인간이라야 구원할 수 있다고 밝히고 내세적인 구시대의 신앙관에서 탈피, 현세지향적인 신인간을 통한 새 사회 건설을 주장하고 있다. _편집자 주

인류란 무엇인가

인류는 부지불식간에 부득이 군거群居 생활을 하게 되었다. 오직 군거함으로써 능력이 발휘되고, 단독으로는 생존할 가능성까지 없었던 까닭이다. 인류 사상 발달의 1막이라 할 만한 학자들, 즉 그리스는 물론이고 다른 모든 곳의 학자들은 "인류는 사회적 동물이다" 하였다.

역사적 연구를 통해 인간을 보면, 그것은 물질적이기보다는 기계적이어서 오직 경과의 서술로는 그 내용을 엿볼 수 없다. 적어도 부지불식간에 결과를 보아서 의식을 가진 정신적 속성이 있다고 하여야 할 것이다. 무슨 법칙이 있다 할 만한 경로를 가진 무엇이 인류 역사에 잠재되어서 운행한다는 것이다. 처음에는 무의식적으로 가는 것 같다가 중간에서, 부지불식간에 일정한 규칙이 정연한 궤도에 들어서면서 가장 완만하게 의식적으로 변하고 명백한 행동으로 절대자유에까지 가는 것이다. 즉 암흑을 통하여 광명으로 가는 것Per Aspera ad Astra이다.

현재 인류가 가진 정신이라는 것은 신학적 관점인 창조자의 제작이라고 하기보다는, 합리론자들이 주창하는 천부적 양심이라고 하기보다는, 실험론자들이 말하는 경험적 양심이라고 하기보다는, 원성실성圓成實性(분별과 망상이 소멸된 상태에서 드러나는, 있는 그대로의 청정한 모습)이 무명에 의하여 무엇도 분별할 수 없는 암흑 속에 있다가 점차 광명으로 향하여 가는 과정이다. 장구한 역사를 지나며 전자·원자·분자가 다시 식물·동물로 다시 원시 인류를 거쳐 점차 양심적 근거로 명확한 의식을 가지게 되고, 다시 군중의식으로 또다시 민족의식까지 구성하는 것이다. 이것이 현재에서 볼 수 있는 각종 문화의 주재자일 것이다. 이에 의하여 소위 민족심리학의 발달을 보게 되는 것이요, 다시 이것에 의하여 전 인류의 통일된 의식의 단서를 볼 수 있게 되는 것이다.

지금까지 인류는 이러한 경로로 오면서 상당히 발달해왔다. 그러나 학자적 견지에서는 정확하게 발달을 긍정하기도 부정하기도 난처한 의문 속에서 방황하게 되었다. 누구든지 인류가 발생한 이후부터 지금에 오기까지의 역사를 두고 본다면, 이러한 의문이 생기는 것이다. 즉 표면적으로는 발달이 아니라고 할 수 없지만, 고대 민족들 중에 이집트인·아시리아인·바빌로니아인·인도인·중국인·그리스인들의 숭고한 문화에 대한 앙모仰慕와 더욱이 침수된 대륙의 선주민이나 몽골사막 중앙아시아의 이름 없는 문화는 현재 유물 발굴에 의하여 잘 알 수 있는 것이다.

인류의 발달은 실상 일직선으로 발달하였다고 하지만 않는다면 모든 의문은 영원히 사라지고 마는 것이다. 그것은 현재에서 어떠한 방식으로 연구하든지 석기시대로부터 오늘날에 이르기까지 완전한 발달을 가진 것이요, 그 형태는 많으나 적으나 식물, 동물, 인체에까지 미치고 있음을 연구할 수 있는 것이다. 그러므로 학자들에게 이 우주는 동일한 형태에서 일정한 기간에 다시 근본으로 돌아가는 것이니, 주기는 삼 년·삼백만 년·삼억 광년이다.

이것이 돌아갈 때마다 아주 동일한 것이 아니요 어느 정도는 차이가 생기나니, 이것이 진화인가 한다. 이 조사가 아직 불충분하여 정확하다고 할 수 없지만, 아직은 이와 같이 방향을 가지겠고, 다시 이것을 믿는다면 부득이 인류 역사는 진화한다 하리라.

각 분야에서 고찰해본다면 첫째 공업일 것이니, 선사시대 인류의 가기家器·병기兵器들이 가장 단순하게 제작된 것을 발굴에 의하여 우리가 아는 것이다. 점차 석기·청동기·철기 시대를 거쳐 현재 우리 시대 공업까지 온 것이다. 주위에서 쉽게 볼 수 있나니, 예를 들면 지금의 의학적·화학적 공업이나 현대적 건축이나 에너지를 이용하는 기계나 발동기나 거대한 용광설비나 기선·교량·비행기 등의 교통시설이나 전신·전화 등의 통신시설로 전 지구를 아무 결함 없이 어울러 가진 것이다.

눈을 다시 돌려 세부적으로 검토해본다면, 경제의 발달일 것이니, 여기에서도 인류 대동의 능력은 속일 수 없는 것이다. 여기에서 선사시대의 인류를 생각할지니, 즉 어군漁群 · 엽군獵群의 유목을 거쳐 정착을 시작하고, 단순한 경농 · 목축으로 인해 여유가 생김에 대중의 힘을 합하여 피라미드 · 가야 대탑 · 거대 선박 등을 만들어냈으며, 현재에 이르기까지 기관차 · 운하와 같은 형식으로 경제적 융통 기관을 정돈한 것은 부인치 못할 사실이다.

근대 상업에서도 물물교역을 거쳐 조개류로 혹은 철물로 혹은 보석으로 교역의 재료를 만들다가, 프랑스 혁명 때 교회 자산을 기본으로 한 아시냐assignat* 를 거쳐 다시 지폐로 온 것이니, 인류 대동 능력의 표현일 것이다.

학술의 발달 역시 부인할 수 없나니, 선사시대 인류의 단순한 자연 사색을 시작으로, 오늘날 X선에 의하여 현미경이나 확대경을 통하여 우주의 원자 · 분자 · 성군들을 봄에서 우리가 얼마나 발달되어 왔는지를 알 것이다. 식물계나 동물계를 엿볼 때에도 선사시대 인류가 인식한 한계를 오늘에 우리가 가지고 응용하는 한계에 비한다면 발달을 역시 부인할 수 없을 것이다. 동시에 잊어서는 안 될 것은 인류 사색 방면일 것이니, 즉 플라톤 · 데카르트René Descartes(1596~1650) · 라이프니츠Gottfried Wilhelm Leibniz(1646~1716) · 칸트 · 쇼펜하우어

---

* 프랑스 대혁명 때 발행된 불환不換 지폐. 재정난을 타개하기 위하여 발행했으나, 남발로 인한 경제계의 혼란과 가치 폭락으로 1796년에 집정 정부에서 이를 폐지하였다. _편집자 주

Arthur Schopenhauer(1788~1860) · 피히테 · 셸링Friedrich Wilhelm
Joseph von Schelling(1775~1854) · 헤겔Georg Wilhelm Friedrich Hegel
(1770~1831) · 페히너Gustav Theodor Fechner(1801~1887) · 로체 ·
하르트만Nicolai Hartmann(1882~1950) · 후설Edmund Husserl(1859~
1938) · 샤키아무니 · 노자老子 · 장자 등이 각각 자기의 지반에
서 얼마나 고원광박高遠廣博(학문이나 식견 따위가 높고 넓음)을
가졌는가는 의심의 여지가 없다. 이것을 선사시대 그리고 원
시 인류의 사색과 비교해본다면, 다시 말할 무엇도 없는 것
이다.

예술 방면에서도 역시 피하지 못할 사실이었다. 원시 인
류의 뼛조각이나 기구의 조각이나 돌조각들을 미켈란젤로
Michelangelo Buonarroti(1475~1564) · 레오나르도 다 빈치Leonardo
da Vinci(1452~1519) · 렘브란트Rembrandt Harmenszoon van Rijn
(1606~1669)의 작품 및 동양의 많은 작품과 비교해본다면 발
달이 가장 명백한 것이다.

그래서 예술가의 사색이 깊을수록 그의 작품은 신비를 발
하는 것이다. 예를 들면, 그리스의 대서사시*를 남긴 호메로
스Homeros 그리고 근세의 쇼펜하우어의 작품이나 괴테 · 실러
Johann Christoph Friedrich von Schiller(1759~1805), 그중에도 특별히

---

* 　원문에서는 "희랍의 스크륩툴로 인한 호메로스"라고 나오는데, 여기서
　'스크륩툴'은 '희곡 대본'의 의미를 가진 '스크립트'를 말하는 것으로 보
　인다. 호메로스의 작품을 희곡으로 오해한 것으로 추정되어 '대서사시'
　로 수정하였다. _편집자 주

바흐Johann Sebastian Bach(1685~1750) · 모차르트Wolfgang Amadeus Mozart(1756~1791) · 베토벤Ludwig van Beethoven(1770~1827) 및 김성탄金聖歎(1610~1661)의 〈서상기西廂記〉,* 신라시대부터 오늘날에 이르기까지 전해오는 〈영산곡〉의 3장三章 등은 다 그들의 입장에서 현재 인류의 고독하고 울분한 정서를 안온하게 해주는 것이다.

윤리 방면에서 고찰한다면, 선사시대 인류의 무방향·무표준한 관습적 법률의 관념은 충동적·감사적·복수적이었다. 아브라함이 이삭을 공희하고자 한 것은 감사의 의미였고, 아가멤논이 여자를 공희함은 축복의 표현이었으며, 소크라테스의 음약飮藥은 신과 신 사이에서의 질시로 인한 무의미한 희생이었는 등 하나하나 거론하기에 어려운 모든 것은 그들의 법률 관념에서 비롯되었다. 그러나 장구한 시간 동안 발달함에 따라 방향이 명백해지고 사회 개선이라는 궤도를 밟게 되나니, 점차 부문을 정하여 각각 연구하고 응용하여 진선진미盡善盡美에 도달하고자 하는 것이다.

신앙에서도 역시 속일 수 없는 사실이니, 선사시대 인류나 원시 인류가 신앙하던 대상을 고찰해본다면, 당시의 신앙은 오직 공포의 의미에서 진행되었다. 그러다가 감사의 의미로 한계를 다시 정하나니, 유태교·이슬람교·브라만교 등의 민

• 중국 원나라 때의 희곡. 장군서라는 청년이 최앵앵이라는 미인을 사모하여 벌어지는 이야기. _편집자 주

족 신앙이다. 그러나 현재에는 세계적·인류적으로 진행되나니, 천주교 및 예수교의 조직은 군주적 세계의 신앙이라 할수 있고, 나사렛 예수의 직계인 기독교 및 샤키아무니의 직계인 불교 같은 것들은 20세기적 신앙이다. 이것의 발달은 많은 고통에서 새로운 길을 열어서 된 것이다. 여하간 고통과 신앙의 관계는 서로 떼려야 뗄 수 없는 것이다.

우리의 고찰이 이러한 지점에서 왔는지라, 여기에서 다시인류 발달의 골자를 검토하고, 우리가 이를 명백하게 상기하여 인류의 정체를 발견해야 할 것이다.

과거 인류 발달의 골자인즉 각 방면에서, 즉 법률생활·경제생활·정신생활 모든 방면에서 다 무질서 상태였다. 그러나 사실대로 말한다면, 아직도 인류는 절대자유를 향유할 수없는 저급한 상태에서 완전한 경지를 향해 진행하고 있다.즉 무질서도 점차 조직적으로 향하고 있는 중이다.

법률생활 방면에서 고찰해본다면, 국가와 국가 간의 무주재·무질서는 말할 것도 없다. 다시 한 국가 안에서도 일정한계급의 민중은 조금도 자기의 천부적 권리라 할 만한 것을향유하지 못한다. 예를 들면, 고대 국가의 노예나 시정상인의자손이나 일정한 천민들 또 현재 자본주의 국가의 무산계급이나 여자들은 호리毫釐(아주 조금)도 권리가 없다. 또 국가와국가 간에는 오직 강약에 의한 약육강식이 능사여서 전쟁을임의로 하되 어떠한 표준도 있지 않다. 그것은 현재에도 그러하니, 몇 해 전에 영국과 이집트 간의 무리한 사건으로 이집트의 의회가 국제연맹에 신원서伸冤書를 보냈으나, 영국 수상의 무의미한 구실인 내정간섭이라는 항의에 의하여 불수리不受理로 마무리된 것이다.

경제생활을 보더라도 무질서·무방향이었나니, 토지나 생산품이나 사유재산 등이 어떠한 준승準繩(일정한 법식) 없이 각각의 것 하나만을 중심으로 한 매매·중개로 시장이 파행되고, 다시 분배의 융통이 불충분하여서 계급과 계급 간에 투쟁이 쉬지 않았다.

정신생활에 시선을 던지더라도 역시 무질서·무방향이었다. 문화의 지반은 가정·국가·인류 세 가지로 나누리니, 가정에서는 아직까지 일부일처가 실행되지 못하는 까닭에 아주 혼탁무계混濁無稽(혼탁하고 뿌리가 없음)하여 사기가 횡행하고 어른과 아이, 아버지와 아들 사이에도 어떤 질서도 없는 정신적 위협이 자행되고 있다.

국가와 국가 간에는 문화의 산물이 서로 융통되어 인류가 행복한 생활로 나아가게 됨에도, 사소한 이익 관계에 의하여 여권으로 조종하여 국경을 막아 상호 간 배척하는 현상이 나타나고 있다.

학술상에도 그러한 현상이 있어서, 이것은 프로문학(프롤레타리아 계급 해방을 궁극적인 목적으로 하는 문학)이니 저것은 부르주아문학이니 하면서 서로 배척하고, 예술 작품에서도 유태인의 작품이니 백인의 작품이니 황인의 작품이니 하면서 나누어 배척하며, 신앙에서도 이 사람은 불교도 저 사람은 예수교도 천도교도 이슬람교도 하면서 서로 불화하고 심지어 전쟁까지 일으키는 것이다. 유명한 학자·예술가·승려의 노력이 전 인류를 향함에도, 냉대·빈핍貧乏으로 그들의 최후를 마치게 하는 것이었다.

이상과 같이 무질서·무방향한 것도 실상은 무감각하게 진행해오던 중, 근래에는 전 인류가 무질서로 인한 불행을 깊이 느끼게 되었다. 자연과학의 발달이 우주의 일정불변한 생명의 궤도를 보여주었고, 동시에 대공업(공장제 공업)의 발달이 생명을 위협하는 인류생활의 불충분을 심각하게 알려준 까닭이다. 동시에 모든 불행이 정신생활·법률생활·경제생활의 일정한 표준적 조직이 없는 무질서함에서 일어났고, 과거부터 지속되던 무질서한 조직 위에서 자연과학과 대공업이 발달함에 따라서 사회적 경향이 물질지상주의로 향하게 되었다. 그 결과로 인류는 세계적인 전쟁·혁명 등 오직 파괴만을 눈앞에 두게 된 것을 알았다. 즉 인류 전반의 생활은 우주 생명적 궤도와 조화될 근본적 이유가 없어진 것이다.

1919년은 어느 방면으로 보든지 획기적인 시대였나니, 전 지구는 움직였고 그 시간에 인류는 많은 일을 하였다. 어떠한 것은 그러하리라 예상한 일도 있었지만, 동시에 부지불식간에 상상 이상의 일을 많이 경험하였다. 학술·정치·경제·종교·예술 어느 하나 발동되지 않음이 없었다. 심하게는 1919년 전에 있던 조직이라면, 어떻게 해서든 개조하지 아니하고서는 그대로 있을 수 없을 만큼 되었다.

지난날 공상이라 할 만한 것들을 실현할 토대를 얻게 되었고, 지난날 고정불변한 공리公理라는 것은 무엇 하나 변하지 않은 것은 없었다. 그러므로 시대적 양심과 인류적 사색은 충동으로나 행동으로나 정신·법률·경제생활을 향하여 방향을 정하고자 노력하는 중이다. 이것이 지난 시대를 통한 인류의 총체적 노력이요, 새로운 시대의 발단이다.

《여시如是 창간호(1928. 6.)》•

• 《여시》는 방인근方仁根(1899~1975)이 주도하여 1928년 6월 1일자로 경성에서 창간한 학예잡지로, 문예 작품을 중심으로 하고 학술기사와 평론 등을 함께 수록하고 있다. 방인근이 편집 겸 발행인을 맡았다. 편집 후기에서 방인근은 "조선의 그동안 잡지계 역사는 하루살이나 아침이슬과 같이 되어 독자 제위諸位가 애착심을 가질 사이가 없고 항상 불안한 생각을 품게" 되는 현실을 개탄하였다. 그리고 "《여시》는 그렇지 않기로 굳게굳게 결심하고 그만한 각오와 준비"가 되어 있음을 믿어달라고 청하고 있으나, 결국 창간호가 곧 종간호가 되고 말았다. _편집자 주

나의 신앙과 느낌

누구를 막론하고 오랫동안 고국을 떠나서 항상 그립고 언제 다시 보나 하던 고향 땅으로 돌아오고자 할 때에 모든 공상空想은 그가 수행한 학문을 토대로 하여 생기는 것은 누구나 다 같이 느낄 것이다. 그러나 그 공상이 이상理想이 되고 이것이 다시 사실이 될 가능성인즉 오직 자기 개인에 있는 것보다 그가 속한 사회에 있는 것이 나음은 다시 말할 여지도 없는 것이라 믿는다. 그러므로 경우는 다르지만 석가 성자도 6년을 고좌苦坐하였고, 달마 성인도 9년을 면벽面壁한 것이다. 이와 같이 장시간을 요하는 것인즉 능수能受(감수感受하는 작용)와 소수所受(감수의 대상) 간에 조화를 구하고자 함이요, 특별히 다른 의미가 아닌 줄 믿는다.

옛 성인들은 소수所受의 절실한 요구를 중심으로 하여, 오직 무의미하고 불철저하며 부자연한 생활 속에서 인류다운 의미 있는 생활을 실현하도록 권고하는 것으로 자기의 소임으로 삼았다. 그러므로 석가 성자는 베다의 유전遺傳인 오직 신을 숭배하는 미몽迷夢으로부터 생긴 부자연한 생활을 적시하사 인지만능人智萬能을 설명하였고, 달마 지자智者는 당시 한인漢人들의 의식적 노예로 된 무의미한 정신계를 적시하사 인류다운 생활로 인도한 것이다.

그러면 모든 것이 소수所受의 절실한 요구를 잘 살펴서 그 것을 해결하자는 것은 이러한 성자들의 고민 속 결정結晶이었을 것이다. 이것을 실행하고자 하는 불교라면 적어도 실제 사회와 격리하여 하겠다는 것보다, 실제 사회 속에서 모든 의미 없는 생활로 인도할 만한 가능성을 없애는 것으로 자기의 소임을 삼은 것이다.

현재 세계 사조의 영향에 지배받는 우리 사회 또 이 사회 속에 있는 우리 불교도인즉, 자기 스스로가 무의미한 생활 방식의 지배를 받는 것은 무엇보다 사실이다. 이와 같은 불행의 소종래인즉 오직 '나'가 누구인 줄 모르는 생각에서 나온 것이라 믿는다. '나'가 누구인지 알지 못하는 것으로 입장을 정한지라, 모든 소수所受가 있다면 타他의 조종으로 된 것이요, 자기 자신은 늘 무의미한 생활 속에 방황하게 되는 것이다. 일이 이와 같이 되고 본즉 우리의 믿는 불타교훈佛陀教訓을 어김이 심하고, 따라서 '나'가 누구인 줄을 알 기회가 참으로 없어졌다.

우리의 신앙을 실현하기 위해서는 '나'다운 생활을 해야 할 것이다. 능수能受와 소수所受가 각각 '나'가 누구인 줄 내가 잘 알아서 모든 사업에 '나'를 발휘하기를 샤키아무니같이 하고,

'나'를 중심으로 사업을 시설하여 '나'의 만능을 발휘하게 하고 샤키아무니의 의도를 체득하여야 한다. 이것이 곧 샤키아무니가 하고자 하는 바요, 불교도 된 자가 배우고자 하는 것이다.

'나'가 누구인지 알고자 하는 '우리'라면, 우리는 만사에서 '나'가 누구인 줄을 알기에 장애가 되는 것을 없애고 불충분을 보충하여 원만한 '나'를 발휘하여야 할 것이다. 사람이라는 것은 유사 이래로 세 가지 생활을 보존하여왔다. 즉 정신생활·법률생활·경제생활로, 어떤 때는 정신생활 아래 두 가지 생활이 발육력發育力을 잃어서 인류 생활의 부자연함을 만들었고(신권정치시대), 또 어떤 때는 경제생활이 정신·법률 생활을 지배하고자 함에 역시 불철저함을 만들었다(유물론적 사회주의). 현재 정치 분리·신앙 자유·세계경제표준·세계대동경제운동·경제기관(철도·우편·전신·전화) 등의 인민공유설人民共有說 등은 현 제도의 부자연함을 설명하는 것인즉, 법률생활 아래 정신·경제생활이 발육력을 잃은 까닭이다. 현재 로카르노 조약Pact of Locarno*으로 인한 유럽합중국 실현은 역시 여기에 유력한 증거이다.

---

* 중부 유럽의 안전보장을 위하여 유럽 국가들이 1925년 10월 16일 스위스 로카르노에서 발의해 12월 1일 영국 런던에서 체결한 국지적 안전보장조약. 그러나 1936년 3월 7일 히틀러는 일방적으로 로카르노조약을 파기하고 라인란트에 침공하여 재무장을 단행하였고, 1939년에는 폴란드를 침공하여, 이 조약은 유명무실하게 되었다. _편집자 주

세 가지의 생활이 각각 원만히 독립되기 이전에는 우리가 무의미한 생활을 계속할 운명에 있는 것이다. 그러나 현재를 저주함은 식자識者가 취할 바가 아닌 동시에, 현 상태가 이리 되었다는 이유 소재만 알면 우리는 '나를 발휘함'이 그다지 난관이라 생각하지 아니할 것이다. 이러한 환경에서라도 우리의 사명이자 우리의 신앙인 '나를 발휘함', 곧 인류답게 의미 있는 생활을 실현하기 위한 방법에는 두 가지가 있다.

첫째, 경제적으로 나를 발휘할 것. 이것은 우리에게 좀 헛소리인 듯하지만, 결코 그런 것도 아니다. 현재 '나를 발휘함'에 가장 위협을 주는 것은 오직 경제생활이 정돈되지 아니함에 있다고 하여도 과언이 아니다. 경제생활인즉 인류의 천부적 기능이지만, 무한한 부도덕률이 한 개인이나 한 무리를 지배함은 다른 개인이나 다른 무리의 '나를 발휘함'을 침해하기 가장 쉬우므로, 샤키아무니는 '불투도不偸盜'라는 계로 정돈시키었다. '경제적으로 나를 발휘하는 것'을 실현하여 무의미하고 부자연한 생활로부터 구제함을 인체 생리에서 혈액 순환과 비유하자면 이러하다. 어떤 다른 것으로 말미암아 혈액 순환이 불완전하다면, 이다지 무의미한 생활이 또 어디 있겠는가. 이와 같이 한 무리나 한 단체에 의해 경제생활이 정리되지 아니하였다면 어찌 의미 있는 생활을 하리라 바라겠는가. 중생을 제도하기 위하여 모든 고뇌를 아끼지 아니하였던 많은 성자의 뜻을 볼 때에, 그것을 실행해야 하는 사명을 가진 우리는 더욱이 이것을 절실히 느끼게 되는 것이다.

둘째, 정신적으로 나를 발휘할 것. 이것은 샤키아무니가 대단히 중요하게 생각하였을 뿐만 아니라, 오직 이것을 실행하고자 출현한 것이라고 하였다. 그러므로 이것을 정돈하기 위하여 '불살생不殺生' '불음주不飮酒' '불망어不妄語' '불사음不邪淫' 등 많은 것으로 한계를 정하여 각각 '나다운 나'를 실현케 하도록 노력하였고 또 70여 년을 고구정녕하였다. 그런즉 '경제적으로 나를 발휘하는 것'도 결국은 '정신적으로 나를 발휘하는 것'에 도움을 주는 유일한 방편일 것이다. 모든 무의미하고 부자연한 방식과 제도와 인습 속에서 가장 쾌활하고 자유로운 '나'를 발휘하여 모든 만상이 '나'가 없고는 되지 못하고 또 가능성도 없는 것을 알아서, '나다운 나'로 시작하여 각각의 '나'를 자유로운 '나'가 되도록 하고자 하였다. 예술에도 '나', 문학에도 '나', 역사에도 '나'로 시작하여 반도의 '나', 세계의 '나'들을 쌓아서 결국 모든 '나'로써 원만한 활천지活天地를 실현하는 순간에, 우리는 비로소 샤키아무니의 후도後徒가 됨을 자랑하는 동시에 자랑스럽고 만족스러우리라 믿는다.

《불교 제19호(1926. 1.)》

우리의 신앙은 어떠한가

'인류는 사회적 동물이다' 한 것인즉 물론 고대학자로부터 오늘날에까지 온 것이지만, 현재에서 방향을 돌려 사색을 더한다면, '인류는 느낌을 가진 동물'이라 하고 싶다. 이 느낌이 미적 방면으로 발달될 때는 그것을 '미학'이라 한다. 다시 외부 힘을 요구한다거나 한 번 더 자아의 내적 절대능력을 발휘할 동기를 대상화하여 일종의 사색적 경로를 거쳐 항심恒心을 짓는 것(일종의 심리학적 작용)을 우리는 '신앙'이라 한다. 신앙이라는 명사에서는 누구를 막론하고 종교를 연상하나니, 이것은 구시대적 유물이다.

신앙이라 하는 것은 주관의 심리적 작용이요, 종교라는 것은 주관과 객관의 중간에서 발생하는 사실을 지칭한 것이다. 영어 Religion인즉 라틴어 Ligio에서 나왔나니, 즉 '결結'이라는 의미요, Religion이라면 '재결再結'을 의미한다. 다시 말하면, 인류와 최고신이 결합한다는 것이 종교이다. 동시에 플라톤이 종교에 대하여 가진 단안, '자연물에 대하여 의심을 가지는 것이 철학의 출발점이고, 자연물에 대하여 경외심을 가지는 것이 종교의 출발점이다'에 의하여 본다 하더라도, 그것은 아직 인문이 발달치 못하였을 때의 일종의 심리적 현상에 불과한 것이다.

이러한 사실인즉 종교라는 것은 원시 인류로부터 아직 인문이 유치하였을 때에 존재하였던 문자이다. 현재는 20세기인지라 우리의 사정과 처지가 다르고 따라서 우리의 요구가 다르다 보니 종교라는 문자는 적합하다 할 수 없지만, 우리에게 신앙이라는 것은 아직도 존재한다. 20세기의 신앙이라는 것은 현대가 요구하는 무엇으로, 라이프니츠의 '모나드monad'나 쇼펜하우어의 '희망希望'과 같은 일종의 진리 대상이 아니면 현대 인류에게 위안을 주지 못하는 것이다.

신앙이라는 것은 인류의 정신생활의 일부 작용인지라, 이것이 완실·불완실함에서 인류의 정신생활의 만족·불만족을 알 수 있다. 이러한 어려운 문제를 가진 우리에게 현재 약 네 가지 유형의 인도자가 자기를 말미암아 도탈度脫(모든 번뇌의 속박에서 벗어남)하라 하나니, 그 첫 번째 유형의 인도자는 현재에 권위를 가진 과학자들이다.

그들이 우리에게 말하기를, "우리는 너희가 요구하는 무엇이든 줄 수 있나니, 너희의 빈약한 생활은 이로써 만족할 것이다" 한다. 우리는 단순한 생활에 있지 아니할 뿐만 아니라 요구도 단순하지 아니하여 더욱 방황하는 중에 있는지라, 물론 반갑게 맞을 것이다. 그러나 장구한 시간에서 그들의 내용적 불충분이 드러날 때는 자못 쾌감을 주지 못하고, 오히려 자신의 정조 없음만 후회하게 된다. 즉 현재 과학적 효과가 이미 완성된 자연물을 파괴함으로 능사能事로 삼은 것이요, 하나도 성립해놓은 것은 없다. 몇 개의 발명품이 없는 것은 아니었지만, 그것 역시 방식과 숫자가 아직 암흑하여 요행이었다 할지언정 확실히 신빙信憑할 무엇은 아니었다.

그들은 우리의 식량 값으로 자갈을 줄 수 있을지언정 자갈 값으로 식량을 만들어줄 수 없다. 간판만은 호기심을 끌게 하지만, 그것이 없는 것과 별반 차이가 없다. 적어도 우주를 지배하겠다는 우리로서는 순간이라도 요행적으로 허위적으로 살고자 하지 아니한다. 미테의 조금술이 그것이었다면 퀴리Marie Curie(1867~1934)의 라듐도 그것이요, 마르코니Guglielmo Marconi(1874~1937)의 무선전신이 화성에 가고 못 가는 것을 의심할 바에야 체펠린Ferdinand Graf von Zeppelin(1838~1917)의 비행선이 별과 별 사이에서 운행되지 못함을 어찌 한탄하랴! 우리의 바람이 그들을 미치게 할지언정 우리를 지배하고 인도한다는 것은 벌써 별 문제가 되고 만 것이다.

우리가 과학자의 인도에 낙심한 모습을 본 두 번째 유형의 인도자들은 다시 우리에게 말하기를, "너희는 무실한 과학자를 좇지 말고, 오직 우리에 의하여 구제를 받으라" 하나니, 그들은 각 종교의 신관*들이다. 그들은 각각 자기의 입장에서 우리를 인도하고자 하나니, 우리는 부득이 그들을 믿고 따라 검토하고자 한다.

그들이 가진 복음인즉, 모든 것은 우리의 처지와 사정이 아니요, 초자연이라 한다. 초자연으로 온 복음인지라 우리의 사정을 이해함이 전혀 없으니, 우리는 간혹 꿈에나 그러한 것을 보았는지 알지 못하나, 경험으로나 무엇으로나 알 수 없는 것이 그들의 설명이다. 즉 하늘에서 천사가 날아와 복음을 주었다거나 일러주었다는 것이다. 이것에는 우리가 과학자들에게서 얻은 경험으로 해석할 수 없는 무엇이 있으니, 인류의 발달이 4지동물四肢動物에 왔음에도 아직도 천사인 6지동물六肢動物을 이해할 가능성까지 없고, 현재적 사상과 방식이 완전히 구태舊態를 버리고 민본民本으로 되어옴에도 일신一神적 최고신에게 노예 격을 요구하는 것은 너무도 알아듣지 못할 무엇이다. 물론 오묘한 진리는 언어도단言語道斷이라 하지만, 흥미까지 없는 것이 어찌 우리를 인도하랴!

우리는 두 번의 실패로 다시 방황을 계속하는 중, 다시 세 번째 유형의 인도자가 우리를 향하여 "너희는 불충분한 과학자나 우리에게 맞지 않는 구시대적 신관들을 따르지 말고 우리의 방식에 의하여 방황을 쉬어라. 우리는 오직 너희에게 방식을 주리라" 한다. 그들은 과학자도 아니요 신관도 아니요 오직 철학자이다.

그들은 칸트, 쇼펜하우어, 헤겔, 스피노자Baruch de Spinoza

---

* 원문에는 '승려'로 되어 있으나, 현재 승려는 '출가한 불자'의 의미로만 쓰이므로, '신관'으로 수정하였다. _편집자 주

(1632~1677), 데카르트, 라이프니츠 등이다. 이들의 방식은 누구나 따를 수 있나니, 그것은 그들의 방식이 종합적 직관인 까닭이다. 우리는 이 방식에 의하여 우주의 현상을 사고할 수 있으므로, 이를 진행해 나아가면 전 우주를 가장 명확하게 이해할 수 있으나, 오직 알 뿐이요 느끼지는 못한다. 모든 사색이 냉정에 냉정을 더할 뿐이요, 따뜻한 무엇은 느끼지 못한다. 즉 우리가 대우를 이해할 수는 있으나 대우와 조화될 수는 없는 것이다. 조화될 수 없으므로, 그들 인도자를 만나기 전이나 만난 후나 별로 특별한 이익을 얻지 못하고, 동시에 고적에 고적을 더할 뿐이다.

여기에서 우리는 물리학, 화학, 천문학, 철학, 심리학, 실재학, 순전철학, 사회학, 우주학, 신학, 인류학 등을 종횡으로 연구하였는지라, 누가 와도 유인할 수 없을 만큼 되었지만, 다른 한편에서는 내부적 고적은 전에 비하여 배로 더 많아지게 되었다. 내부적 방황이 정도를 더할 때마다 정신생활의 빈약과 비애는 전에 비하여 상상할 여유를 주지 못하였다. 이것이 현대 사조에 젖어 불충분을 느끼면서도 나아갈 바를 모르는 전 대중의 심리적 발작이다.

우리가 부단한 노력으로 나아가는 중, 우리는 네 번째 유형의 인도자를 만나게 된다. 모세의 한마디로 가나안을 향하여 나아가는 유태 민족의 방황인들 어찌 이에 다 비하랴! 아테네의 옛 터에서 아킬레우스를 떠올리며 울던 알렉산더 대왕을 어찌 이에 비하랴! 전 일생을 바쳐 진리를 찾고자 노력하던 톨스토이를 어찌 이에 비하랴! 아프고 쓰린 것은 오직 당하는 자 자신만이 아는지라, 제3자가 어찌 그것을 상상하랴! 대우를 통솔하자면 모든 것이 녹록치 아니하거늘, 그것을 활용하고 운행시키고자 하는 자아의 안신입명安身立命(생사生死의 도리를 깨달아 몸을 천명天命에 맡기고 신명身命의 안위安危를 조금도 걱정하지 않음)이 그다지 쉬울 것이냐!

최후의 인도자들은 우리에게 자비로 임하나니, 그들은 무실無實한 과학자도 아니요, 가공架空한 신관도 아니요, 알기에만 몰두하여 자기의 입장까지 밝히지 못하는 철학자들도 아니다. 그들은 오직 이 우주를 내적으로 느끼고 외적으로 알았다. 내적으로 느끼었는지라 동지同志를 구제할 방편이 충분하고, 외적으로 알았는지라 아무 의심이 없는 것이다. 그들을 일러 우리는 '실제적 비자秘者'라 하나니, 이들은 칸트나 쇼펜하우어가 아니요, 적어도 동아시아에는 공자·노자, 중앙아시아에는 차라투스트라·니간타 나타푸타·샤키아무니 가우타마요, 소아시아로는 마호메트·나사렛 예수, 유럽에는 소크라테스·마이스터 에크하르트Meister Eckhart(1260?~1327) 등이다.

이들은 삼라만상의 어느 곳을 보아서 느꼈고, 직접 손을 대서 일하였으며, 진리의 궁극을 만졌다. 그러므로 그들의 일언일동一言一動이 이 우주의 준칙이 됨에야 누가 이의를 가지며, 그들의 지도가 참인 동정에서 나와서 안온하고 솔직한지라 그들의 덕화德化에 조화되지 못할 자 누구랴! 이들 중에도 지방을 따라서 민속을 따라서 다른 방향을 가졌나니, 노자의 '도가도 비상도道可道 非常道'적 사상이 중국의 문화로 하여금 정복적 형식을 버리게 하고 팽창적 형식에 의하여 발전되게 한 것이다. 오직 정복에만 의하여 문화가 선전된다던 유럽 일부 사람에게는 상상도 못할 것이나, 여하간 일부 지방에 국한한 것이요 세계적이지는 아니하였다. 또 차라투스트라인즉 중앙아시아의 유목 민중을 교화하여 인도하였는지라 특별히 이야기되지 못하고, 예수인즉 윤리적 타락에 있는 사회를 구제하고자 노력하였는지라 특별히 대거大擧(널리 인재를 천거함)를 보이지 못한 것이 유감이었지만, 그의 '산상수훈山上垂訓'편이나 '예루살렘 입성' 편에서 확실히 그의 의도를 엿볼 수 있는 것이다. 그 외에도 소크라테스나 에크하르트의 사정과 형편인즉 이미 역사가가 수긍하는 바라 별로 논하고자 하지 아니한다.

행운인지 불행인지 인류의 보장寶藏(자신이 본래 갖추고 있는 청정한 부처의 성품)을 진장振張하려 함이었던지, 가장 복잡하고 가장 사색이 고상하며 가장 문화가 발달된 사회를 부패에서 구하고 정신적 타락과 윤리적 침체에서 구함으로 전 우주의 준칙이 되어, 지구상 약 9억의 대중에게 정신상 위안을 주는 것이 샤키아무니가 우리에게 준 진언眞言이요, 여언如言이요, 실언實言이다. 그의 설명인즉 오직 간단하고 명확하고 쉬워서, 누구나 그것을 가질 수 있었다. 그는 신을 부인하였나니, 신이라는 것은 인류 사색의 산물인 위안적 대상이라, 그것을 숭앙하여 자아를 구속하는 것은 화가가 자기 손으로 미인도를 그려 다시 그것에 미치는 것이라 솔직히 설파하였다. 여기에서 학자들이 불교를 무신론이라 하는 것이다.

그러므로 그는 "천상천하 유아독존天上天下 唯我獨尊(하늘 위와 하늘 아래 오직 내가 홀로 존귀하다)"이라 하였나니, 천天이라는 관념은 인도의 관습적 개념으로, 이 우주 내에는 오직 '나'가 높을 뿐이라 하였다. 이 '나'인즉 누구를 막론하고 생기 있는 물상物像이면 그 안에 지니고 있나니, 오직 이것을 깨달음으로 대우와 조화·일치되는 것이다. 다시 말하자면, 대우와 '나'는 둘도 아니요 하나도 아닌 논리적 방식으로 조화되는 것이다. 이것을 미혹함으로 인하여 결박을 받으며, 고통 없는 고통을 받는 것이다. 본디 결박할 자 없거니, 결박당하는 자는 누구인가! 그러므로 규봉 선사는 깨달음과 미혹함의 경계를 설명하면서 "처생사류 여주독요어창해 거열반안 계륜고랑어벽천處生死流 驪珠獨耀於滄海 踞涅槃岸 桂輪孤朗於碧天(생사의 흐름에 처하여서는 밝은 구슬이 홀로 광활한 바다에 빛나는 것 같고, 열반의 저 언덕에 걸터앉아서는 둥근달이 광활한 하늘에 외로이 밝은 것과 같다)"이라 하였다. 매사에 '나'답게 살고 무엇이든지 '나'부터 하고 또 '나'가 대우를 통어統御하라 하였나니, 그것은 '일체유심조一切唯心造'나 '무변허공 각소현발無邊虛空 覺所顯發(가없는 허공은 깨달음으로부터 생겼다)'이라는 것이다. 깨닫는 경로를 설명하고 방식을 이야기한 것인즉 불교 경전에 있는지라

여기서는 더 말하지 아니하고, 우리는 오직 여기에서 대중과
함께 현대적 신앙을 연구할 뿐이다.

《불교 제49호(1928. 7.)》

근래 불교운동에 대하여

세계로 나아간 불교의 도정

세계 대전 이전부터 시대어時代語(과거의 일정한 시기에만 있었던 사물의 이름)로 유명하여 그 세력이 전쟁 후 오늘날까지 유·무식을 막론하고 표어가 되었던 슈펭글러Oswald Spengler (1880~1936) 박사의 '서양몰락설'*과 마찬가지로, '불교'라는 표어도 역시 18세기 말부터 오늘까지 풍미해오고 있다. 그래서 어떤 학자는 비웃는 말로 평하기를, "그 아는 체 잘하는 '붓다(불교)'도 잘 모르고 '자기 법문의 수명이 천 년이니' 하

---

* 슈펭글러는 《서양의 몰락Der Untergang des Abendlandes》에서 문명도 하나의 유기체로 인식해 발생·성장·노쇠·사멸의 과정을 밟는다고 주장하였다. 여러 문명의 역사에는 발전 과정에 유사점이 있다고 보고, 정치·경제·종교·예술·과학 등 모든 사상으로 여러 문명을 비교함으로써 어떤 사회가 문명사에서 어떠한 단계에 이르고 있는지를 알 수 있다고 하였다. 이것이 바로 문명의 흥망에 관한 학문인 '문화 형태학'인데, 이에 의하여 서양 문명의 몰락을 예언하였다. _편집자 주

였다지! 실상 불교는 각종 과학이 발달해갈수록 요구가 심해 온다"고 하였다. 그 이유는 유럽과 미국 사람들이 자기들의 고유 종교인 천주교·예수교(개신교)만으로는 인류의 욕망을 이 우주에서 해결하기에 부족하다고 느끼고, 또 현재 천주교·예수교 스스로가 불교로부터 나왔음이 분명해졌기 때문이다. 그러므로 천주교·예수교의 신관이 스스로 불교를 연구하지 아니하면 아니 될 지경에 놓였다.

파울 달케Paul Dahlke(1865~1928) 박사 말처럼, 시간에서 생기는 여러 가지 문제는 도저히 천주교·예수교의 관념을 가지고는 해석이 분명치 아니하다. 비유하자면, 아이가 엄마에게 "이 세계는 누가 만들었소?" 하고 물으니, 엄마는 "하느님이 만들었단다!" 하고 답하자, 다시 아이가 "하느님은 누가 만들었소?" 하고 물으니, 엄마는 "하느님은 스스로가 만들었지!" 하고 답한다. 이 말을 들은 아이가 한참 이따가 다시 묻기를, "만일 엄마가 아주 없으면? 엄마가 엄마를 스스로 만들 수 있을까?" 한다.*

이와 같은 예는 도저히 신·구약을 가지고는 해석이 불가능하다. 또 "현재 유럽 철학자들이 늘 이르기를, 세계를 신이 만들었다는 말은 유태인의 어린 생각이라 한다. 오늘까지 연구한 철학적 관념으로는 이와 같은 종적을 볼 수도 없고 찾을 수도 없다"**고 한다.

---

* 달케 박사의 계간, 1924.

** 한스 마이어 교수의 1923년 겨울 강연 중에서.

물론 나는 이 같은 것만으로 불교가 세계적으로 되었다는 이유가 충분하다고 생각하지 아니한다. 다시 말하면, 불교 자체가 현재 유럽에서 생기는 만반의 문제를 해석하기에 적당하다. 예를 들면, 현재 상황은 사회문제·경제문제 등 모든 다른 것이 비관으로 해석되고 있다. 만일 낙관이 있다면 물질문명에 토대를 둔 것인데, 그마저도 대전 후 무서운 공포를 주었다.

　유럽 문명은 전쟁 이전부터 만반의 학문에 대해 비관 아님이 없었다. 예를 들면, 쇼펜하우어는 철학상의 비관, 마르크스Karl Heinrich Marx(1818~1883)는 경제학상의 비관, 톨스토이는 사회학상의 비관, 다윈Charles Robert Darwin(1809~1882)은 생물학상의 비관, 슈펭글러는 역사상의 비관, 기타 모든 다른 방면의 비관자들이 적어도 유럽인들에게 공포를 준다. 이러하다고 낙관자들이 없는 것은 아니다. 그러나 이곳 사람들의 예민한 신경은 낙관자들보다 비관자들로부터 더 심한 자극을 받는다. 더욱이 전후에 중부 유럽을 시작으로 한 전 유럽의 경제 공황은 이들에게 '생존의 안전까지 유지할 수 없겠다'는 불안을 주었다. 이와 같은 현재 상황에 있는 유럽인들은 인도의 타고르를 환영하였고 또 중국의 몇몇 학자를 청하였다. 결과는 그들에게 불만족을 주었다. 아마도 아시아 학자들이 오랫동안 유럽 학자들로부터 존경받지 못하였던 것이 원인이었던지, 여하간 그들은 아시아를 자랑하는 동시에 유럽을 멸시하는 태도를 취하였다. 이러하므로 유럽인들은 그들을 세계 철학자로 알고 청하였던 것이 결국은 인도 학자이고 중국 학자임에 상심이 적지 않았다고 한다.

그 뒤 유럽인들이 다시 방향을 돌려서 살아 있는 사람보다 성적聖籍들, 즉 불교를 연구하거나 조로아스터교의《아베스타》,* 즉 중앙아시아의 종교를 토론하며,《노자》《장자》, 당시唐詩 등을 번역하였다. 이것이 불교가 세계적으로 되는 원인이다. 동양학자들의 불교 연구 역시 학술적이므로, 그 재료인 베다교, 브라만교, 자이나교, 힌두교, 요가, 상키야, 니야야 등을 버리지 아니한다.

이와 같은 운동은 각 방면에서 기인되므로 그들의 장기長技와 처지를 따라 동양 문화 수입에 힘을 쏟았다. 예를 들면, 정치 세력을 빌려 조직된 철학 집회, 즉 영국·프랑스·독일 각국의 아시아학회, 팔리어연구회와 그 외 각 중립국, 즉 네덜란드·스웨덴·덴마크에 있는 동양문화회 등은 직접 혹은 간접으로 전 아시아를 대상으로 하였고, 각기 월간·주간·계간으로 선전에 종사하였고 또 하고 있다.

이러한 학자들의 관심사는 특히 인도와 중국이다. 일본은 아니다. 일본으로 말하면, 유럽의 모방이요 특별한 것이 없다 한다. 유명한 학자가 있지 아니함도 이유일 것이다. 또 조선은 말할 것도 없이 서양 학자들에게 알려지는 기회가 없었다. 만일 있다고 한다면 내가 프랑스에서 목격한《춘향가Le

---

• 원문에는 '차라투스트라토이기스타'라고 되어 있는데, '조로아스터교의 《아베스타》'를 말하는 것으로 보인다. _편집자 주

printemps》*가 있으니, 이것은 파리 여성들의 애정 소설적 취미를 준다고 한다. 또 독일에서는 평양 기생 난지蘭之의 기사,** 즉 일본 문사가 적은 것을 독일 세계문학연구회에서 번역·출간한 단편이 있음에 불과하였다.

서양의 불교운동

처음으로 유럽에서 생긴 반기독적 결사結社가 있으니, 이들은 동양과 불교 운동의 선구자여서 앞서 말한 각 아시아학회들과 대립하였다. 그것들이 관변이요 학술적이라면, 이것은 사변이요 일반적이다. 이들은 현재까지 이어오고 있는 신지학회神智學會인즉, 인도의 요가 철학으로부터 기인된 것이다. 1875년 러시아에서 독일계 러시아 여자 블라바츠키Helena Petrovna Blavatsky(1831~1891)가 창립하였다. 종교학자 블라이브트로이Karl Bleibtreu(1859~1928)가 '19세기의 스핑크스'***라

• 프랑스에 유학한 최초의 조선인 홍종우洪鍾宇(1850~1913)는 기메박물관(프랑스 국립기메동양박물관) 등에서 일하며《춘향전》《심청전》《직성행년편람》을 프랑스어로 번역했고, 박물관에 한국 문화 전시실을 만드는 데 기여했다. 1894년 김옥균을 암살한 사람이기도 하다. _편집자 주

•• 평양 기생 난지의 기사는 현재 확인이 어렵다. _편집자 주

••• 《블라바츠키 그리고 비밀법문H.P. Blavatsky und die Geheimlehre》(1904). _편집자 주

평한 그 여자의 저술로는 《비밀 법문The Secret Doctrine》이 있다. 이 모임은 오늘날 4개의 지부를 두고 있다. 첫 번째, 미국 지부는 '세계 형제와 신지학회The Universal Brotherhood and Theosophical Society'라는 명칭하에 처음에는 저지William Q. Judge (1851~1896)가 시작하여, 이후에는 팅글리Catherine Tingley(1847~1929) 여사가 해나가고 있다. 두 번째인 영국 지부는 '신지학회Theosophical Society'라는 명칭하에서 베전트Annie Besant(1847~1933) 여사가 시작하였다. 세 번째인 독일 지부는 '인지학회Die Anthroposophische Gesellschaft'라는 명칭하에서 루돌프 슈타이너 박사가 시작하였다. 네 번째 역시 독일에서 시작된 '국제 신지학적 형제화Die Internationale Theosophische Verbrüderung'인데, 최근에 하르트만Franz Hartmann(1838~1912) 박사가 창립하였다.

이들 4개 지부의 이론은 각각 얼마간 다르지만, 큰 틀에서 보면 모두 '영혼불멸로 인하여 화신化身한다' 한다. 또는 브라만교적 윤회설, 상키야 철학과 얼마간 소승불교적 취미도 아주 없는 것은 아니다.

순전히 불교 운동으로 말하자면, 이미 전쟁 전부터 시작되었지만, 노골적으로 시작된 건 다분히 전후부터이다. 처지와 사정이 타 종교의 배척과 장애를 무서워함에 있었다가, 전후에는 인심이 변하여 노골적이고 급진적으로 된 것인즉, 이제야 시기를 맞은 것이다. 이들의 운명이 아무리 전쟁 전에 있었다고 한다 하더라도 학술적인 것 이외에는 극히 미약하여 없는 것과 다름없었던 것이 사실이다. 그러므로 다른 명칭하에서 불교를 선전하였던 것이다.*

　독일어제국, 즉 독일·오스트리아·스위스 등을 중심으로 한 '불교회'는 두 종의 계간을 발행해왔는데, 자이덴슈튀커Karl Seidenstücker(1876~1936) 박사의 경영하에서 1905년 봄에 발행된《불교도Der Buddhist》와 마르크그라프Walter Markgraf (?~1915)의 경영하에서 같은 시기에 발행된《불교적 세계 Die buddhistische Welt》**로 불교 운동이 처음 유럽에 시작되었다.*** 이 두 종은 사정에 의하여 전자는 2년, 후자는 8년의 수명으로 열반에 들었다. 제2대 화신으로 말하면, 자이덴슈튀커 박사가 1907년에 발행한 통속적인 계간인《불교 전망대 Buddhistische Warte》요, 1912년에 라이프치히에서 설립된 '대보리회독일지회大菩提會獨逸支會, Der Deutsche Zweig der Mahabodhi-

----

● 　필자가 직접 당국자들에게 통신과 구설로써 알았다.

●● 　시대적 요구로 7년 후인 1912년《인도 및 불교 세계Indien und die buddhi-stische Welt》로 개명하였지만, 다음 해인 1913년 여름에 이런저런 사정으로 수명이 다하였다.

●●● 　원문에는《불교적 세계》가 '1907년 여름'에 발행된 것으로 나오는데, '1905년 봄'에 나온 것으로 확인된다. 즉 앞에서 언급한《불교도》와 출간 시기가 비슷하다. 따라서《불교적 세계》도《불교도》와 같이 독일에서 처음 불교를 알린 잡지로 수정하였다. 또한 원문에는《불교 전망대》의 발행연도가 1904년이고 수명이 2년이었다고 나오는데, 1907년에 발행되어 1911년에 폐간된 것으로 확인되어 수명을 4년이라 수정하였다. 이러한 확인된 정보들을 토대로 전체적으로 글을 재구성하였다. _편집자 주

Gesellschaft'의 경영하에서 발행한 《대보리지大菩提紙, Mahabodhi-Blätter》인데, 이 두 종 모두 4년의 수명으로 열반에 들었다. 또 1913년에 본Wolfgang Bohn(1871~?) 박사의 경영하에 현재 남독일의 유명한 동양학자요 불교학자인 가이거Wilhelm Ludwig Geiger(1856~1943) 교수가 주필로 한《불교에 대한 잡지 Zeitschrift für Buddhismus》를 발행하였는즉, 위치는 뮌헨이었다. 또한 1921년에 통속 시보時報인《길Der Pfad》로 불교 청년들을 연결하는 기관을 만들었다. 이 모임과 회보는 중부 유럽에 있는 동양학자와 불교학자의 본가本家였다.

현재 독일 베를린에 있는 '신新불교회'는 올해 8월 말에 당사堂舍, Das Buddhistische Haus를 새로 짓고, 전자의 학술적 성격을 떠나서 모든 것을 순종교적으로 하여 유수有數한 정치가를 망라하였다 한다. 이 모임의 주역은 달케 박사이다. 그의 철학적 견식은 현재 유럽에서 누구보다 뛰어나리라 한다. 그는 팔리어*가 능통하다. 물론 그가 정통한 것은 소승 경전이지만, 그의 견식은 대승적 취미가 많다. 그러므로 나는 그에게 묻기를 "무슨 의미에서 '신불교'라 하였는가?" 하니, 그가 답하기를 "내가 '신불교'라 이름함은 불교 자체를 의미한다는 것보다 종전 우리 유럽에 '불교'라는 문자가 소일적 혹

---

* 남인도에 있는 불교 경전은 팔리어로 쓰였다. 현재 불교 승려와 신자만 쓰고 있다. 또한 리스 데이비스 교수가 조사한 결과 샤카아무니의 모어母語라고 한다. 세존의 모어가 마가다어인데, 현재의 팔리어 문법과 비슷한 까닭이다.

은 공상적인 것에 불과하였으므로, 특별히 '신' 자를 더하여 실용적 불교라는 것을 표시하고자 함이다" 한다. 아무리 시대가 요구하더라도 처음 시작하는 이들의 열성이라든지 고독은 굳이 말하지 않더라도 독자 스스로 헤아릴 수 있으리라 한다. 이러한 인물들의 사업이 힘 있게 보일 때마다 그들의 열성이 보인다. 물론 재력도 재력이지만 학자들의 질문과 타 교도들의 방해는 오늘까지 오는 길에 얼마나 도움이 되었으며 또 해가 되었을까? 이 모임의 계간인《신불교 잡지 Neubuddhistische Zeitschrift》를 나에게 2~3부 가량 보내주었으므로 잘 알고 있다.

그 외 월간·계간으로 말하면, 1902년에 발행된《독일아시아학회보Deutsch-Asiatische Gesellschaft》와 1909년에 발행된《독일팔리어연구회보Deutsche Pali-Gesellschaft》요, 또 개인 저서로 말하면 프라하대학의 동양학 교수 빈터니츠Moriz Winternitz(1863~1937)의《인도문학사東方文學史, Geschichte der indischen Literatur》3권과 하이델베르크대학 조교수 크라우제Friedrich Ernst August Krause(1879~1942)의《유불도儒佛道, Die religiösen und philosophischen Systeme Ostasiens》가 있다.

덴마크의 멜비Christian Frederik Melbye(1809~1890) 박사가 주필로 있던 월간《불교 전도자Buddhistisk Budbringer》는 벌써 3세나 장성한 유아였다. 그는 의사였으므로 그의 병원이 선전부였다. 뉘쾨빙에 위치를 두고 전 덴마크를 통하여 선전하였다.

스위스의 베르기어Rodolphe-Adrien Bergier(1852~1920) 씨의 주

역主役하에 세운 차리타스 사원Caritas-Viharo은 1920년에 15세의 수명으로 주역이 별세하는 동시에 열반에 들었다. 그 후 그의 유물인 로잔에 있는 가옥은 모두 일반인이 거주하게 되었다.

프랑스에서는 1822년에《아시아학회보Journal Asiatique》가 발행되었으며, 동양학자로 손꼽히던 뷔르누프 교수는 1826년《팔리어에 관한 연구서Essai sur le Pâli》를 독일의 동양학자 라센Christian Lassen(1800~1876) 교수와 공동 출간하였고, 1852년 산스크리트어 원전을 번역하여《법화경Le Lotus de la bonne loi》을 출간하였다. 그 외 일반 동양학계에서 인정하는《인도불교사입문Introduction à l'histoire du Bouddhisme indien》을 비롯하여 많은 그의 저서가 있다.

영국의《왕립아시아학회보Journal of the Royal Asiatic Society》는 이 방면에서는 유럽의 원조이고, 인도 각지와 중국 및 조선에 지부가 있으며,* 또 각 지부는 '지부보支部報'를 발행해왔다. 또《팔리어연구회보The Journal of the Pali Text Society》는 전자보다 57년 후인 1881년에 발행되었다. 또 옥스퍼드대학 교수 뮐러Max Müller(1823~1900) 박사 주역하에 된《동방성서東方聖書, The Sacred Books of East》30권도 역시 이 방면에서 힘 있는 것이다. 사립으로 런던에 있는 '불교회The Buddhist Society'는 벌써 오래전에 창설되었으나, 중간에 사정으로 인하여 중지나

---

* 조선 지부는 경성에 있는 영국천주교당이다.

다름없이 되었다가 전후에 다시 시작하여 계속하고 있다. 이 모임의 주역으로 있는 페인Francis Payn 선생 주역하에 된《불교평론The Buddhist Review》은 그의 불교 신앙과 지식이 신식 불교의 선교사 자격이 충분하겠다는 인상을 준다. 또 그의 낙관적 안목으로 해석한 불교적 견식은 유럽에서 자못 보기 어려운 것이다. 또 1922년 유하榴夏(음력 5월)에 이 모임에서 불교탐험대를 티베트로 보냈는데, 이 탐험대는 티베트 불교도들과 몰래 통하여 다르질링으로부터 기안체·시가체·라싸에 도달하였는즉, 달라이 라마와 타시 라마와 직접 연락을 하고자 하였다. 그 후 보고는 내가 아직 듣지 못하였으므로 여기에서는 생략한다.

미국은 시카고에서 외과의사인 훅Weller Van Hook(1862~1933) 박사 경영하에서 '업과 윤회연구회The Karma and Reincarnation Legion'가 1910년에 시작하였고 또 1914년에 월간《윤회Reincarnation》를 발행하였는데, 그 내용은 윤회설에 한하였다. 이 모임의 일원인 슈더마겐Conrad Ludwig Benoni Shuddemagen(1879~1950) 선생은 작년 여름 유럽 대륙을 다니면서 윤회에 대한 연설을 많이 하였다. 이들의 생각은 많이 유대교적 일신교의 색채를 가지고 직접 종교적 견지하에서 종사하였다. 또한 그들의 윤회설은 브라만교적이거나 상키야 철학적이 아니요, 불교적 견지하에서 종사하였다.

동양의 불교운동

인도에서는 콜카타에 본부를 둔 다르마팔라Dharmapāla(1864~1933) 선사의 주역하에 있는 '대보리회大菩提會'가 현재 불교운동의 중심이다. 선사는 실론(현재 스리랑카) 승려로 북인도에 갔다. 이 조직은 18세기 말부터 많은 실적으로 기초를 다졌다. 이 조직에서 제1위를 점할 만한 성공은 타 교도에게 잃어버렸던 성지, 즉 버마왕의 부와 세력으로 정체되어 있던 것을 찾았다는 말이다. 이 조직의 창립자는 삐바라 선생*이다. 그가 처음으로 콜카타에서 몇 명의 동지를 합하여 된 것인데, 오늘에는 완전히 위치를 갠지스강 유역에 두고, 모든 세계인의 질문에 답하며 모든 이로 하여금 세계의 불교 중심으로 믿게 한다.

수년간 불교도와 시바교도(힌두이즘, 즉 신브라만교) 간에 마지못할 불안과 전쟁은 우루벨라의 붓다가야(견성見性하시던 곳) 성지와 바라나시의 이시파타나(현재 사르나트. 5인이 입도入道하던 곳) 성지를 중심으로 하여 쉬지 아니하였다. 붓다가야의 대사원(마하보디 사원)은 지금으로부터 1,700년 전에 불교도들의 힘으로 건축된 사원 중 하나이다. 또 성지의 존엄과 아소카왕의 신앙으로 된 모든 미술 작품으로 인하여 이곳 근

---

* 조직의 창립자는 다르마팔라 선사와 영국의 저널리스트이자 시인인 에드윈 아놀드Edwin Arnold(1832~1904)로 확인된다. '삐바라 선생'은 누구인지 확인이 어렵다. _편집자 주

방, 즉 버마, 실론, 시암, 중앙아시아 등지에 집결하였던 불교도의 유일한 성지였고 모든 세계 학자의 참배지였다. 이 사원은 지금으로부터 700년 전에 이슬람교도들에게 점령당하였다가, 후에 다시 시바교도, 즉 마하트mahat 교주에게 빼앗겼다. 이는 말할 수 없는 성지에 대한 수치심과 불교도들의 무력감을 발로하였다. 1910년 2월 대인도황제의 법정은 특별히 이 사건을 처리하기 위하여 열렸는데, 세계 불교도와 고고학자들의 주목은 대단하였다. 결국 법정이 성지를 마하트로부터 '대보리회'에게 돌려주게 하였다. 이 판결은 700년이라는 장구한 세월 동안 잃었던 성지를 불교도로 하여금 다시 가지게 하였다.

또 이시파타나 성지 역시 800년 전에 이슬람교도들에 점령당하였다가, 근년에 영국 정부의 허가를 받아 '대보리회'가 다시 찾았다. 다시 찾은 이 성지에 비하라vihāra(출가자의 주거 또는 승원, 정사精舍)와 종교심리학연구소를 지으려는 계획으로, 겨우 1922년 11월에야 초석礎石을 놓았다. 건축의 대시주大施主는 호놀룰루에 살던 포스터Mary E. Foster(1844~1930) 부인이다.

실론에서는 1910년부터 《실론 불교 연감》을 발행해왔다. 그들은 그들의 신앙하는 바에 참으로 열심이었고, 불교 중의 정종正宗(정통을 이어받는 종파)이라 하여 자랑하기를 마지아니하였다. 그 연감의 주필인 자야틸라카D.B. Jayatilaka(1868~1944) 선생이 달케 박사에게 보낸 편지 내용은 그들의 정세와 형편을 잘 설명한다.

"(전략) 나는 대단히 기쁩니다. 내가 당신에게 이곳 사정과 갠지스 지방에 있는 불교의 외적 및 내적 생활 전반을 알려드리게 되었기 때문입니다. 특별히 신자 측 교육기관들은 국가의 조력으로 현재 승려 손 안에 있게 되었습니다. 그들은 콜롬보에 아난다대학교를, 갈레에 마힌다대학교를, 캔디에 다르마라자대학교를, 암발랑고다에 다르마소카대학교를, 파나두라에 스리수망갈라대학교를, 콜롬보에 마하보디전문학교를 세워 각각 열중하여 일하는 중이요. 피리베나(승려학교)로는 비다야야다나 피리베나가 가장 충실합니다. 이 학교는 600명의 학생을 수용하였습니다. 또 대략 50곳의 피리베나들은 섬 전체를 통하여 건설하였습니다. 또 다른 명칭의 집회인 '불교 역자役者'는 카시우스Cassius Pereira 박사 주역하에 서西밤발라피티야에 있습니다. 또 캔디에 있는 '불교학생연합회'는 실라차라Sīlācāra(1871~1951) 스님의 주역하에 있나이다.

우리 실론에는 사실상 일할 사람이 적습니다. 우리 승려들은 시간을 다른 곳에 쓰느라고 이것을 할 겨를이 없습니다. 그들은 실상 필요한 것은 하고자 하지 아니합니다. 우리가 현재에 좋은 상가sangha(교단)를 가졌다면 참으로 많은 일을 하였으리라 생각합니다. 적어도 저들 기독교도들의 찬란한 문화와는 또 다른 것을 하였으리라 합니다. 물론 신도계信徒界에 희망은 참으로 많았으나, 당사자인 승려가 그것을 하고자 하지 아니하였나이다."

일본에서는 지금으로부터 2년 전부터 《동방불교東方佛敎》라는 것이 영문으로 발행되었다. 내가 본 이 잡지 제2권 제5호에는 많은 서적을 소개한다든지 하여, 모든 것에서 유럽인에게 선전하겠다는 열성이 보인다. 여하간 어디로든지 일본 불교의 중심이라 하지 않을 수 없다. 월보月報를 발행하는 기관은 오타니파大谷派이고, 중심지는 교토 오타니대학이며, 주필은 스즈키 다이세츠鈴木大拙(1870~1966) 선생이다. 그들의 한계는 물론 극동 불교인 대승불교이다.

중국에서는 아무리 불교가 많다 하더라도 서양 문자로 내는 잡지가 없다. 내가 개인으로 아는 것이 없는 것은 아니다. 한문을 통하여 안 것인즉 국부적이라 할지언정 보편적이라 할 수 없다. 동양적 운동이라 할지언정 동서양적 운동이라 할 수 없다. 유럽인들의 사상계를 움직이게 하는 것은 베이징대학을 중심으로 하는 반기독교 운동이다. 이 운동의 주역은 차이위안페이蔡元培(1868~1940) 박사이다. 이곳의 유명한 월간들과 각종 신보에 실리지 않은 데가 없었는즉, 유럽 전역을 통하여 알려지게 되었다. 그 비평문의 한 구절은 이러하다.

"중국인들의 정신문화는 우리에게 줄 수 있다. 현재 베이징대학을 중심으로 한 반기독교적 운동을 보아도 알 것이다. 그 주역인 차이위안페이 박사는 독일 유학생이다."

조선의 불교운동

조선에 대한 물음은 나의 붓을 한참 주저케 한다. 아무것도 쓸 것이 없으니, 이 기회를 이용하여 나는 우리 불교도 제위에게 한 말씀을 드리고자 한다.

나는 "당신들의 역사가 얼마나 장구하냐?"를 묻고자 하지 아니한다. "당신들의 지위가 얼마나 안일하냐?"를 묻고자 하지 아니한다. "당신들의 재산이 얼마나 있느냐?"를 묻고자 하지 아니한다. "당신들이 일하는 데 대하여 열성이 있느냐 없느냐?"를 묻고자 하지 아니한다. 오직 "당신들이 일을 하고자 할 때의 방법에 대하여 연구를 하는가?"를 묻고자 한다.

당신들은 역사도 있다. 지위에 안일도 있다. 재산도 있다. 열성도 있다. 하지만 당신들의 능력은 현재 어떠한 성과를 주었는가? 만반의 시설이 있다면, 그것들은 다른 움직임으로 되었다. 예를 들어보자. 당신들이 지은 각황사覺皇寺는 가히 조선 승려의 고유한 미술적 건축인가? 경복궁 근정전을 지은 당신들 중 하나가 설혹 사거하였다 하자. 그렇다 하더라도 아직도 그의 후진後進이 없는 것이 아니다. 아직은 당신들의 감각이 예민치 못하여서 그 아프고 쓰라린 것을 깨닫지 못하리라만, 훗날 외국인들을 각황사에 영접할 때 그 외빈 중 조선 승려의 예술을 묻는 이가 있다면 어떻게 답할 것인가? 이만하면 당신들도 문일지십聞一知十(한 가지를 들으면 열 가지를 미루어 앎) 총명이 없지 않을 것을 내가 인정함인즉 하필 나의 매거枚舉를 기다리랴!

　과거는 이러하거니와 미래로 말하자면 당신들의 지위는 세계적이다. 새로운 시대는 당신들의 지식을 이용하여 신세계를 건설하고자 한다. 이 신세계를 건설함에는 정치도 아니요 다른 무엇도 다 아니요, 오직 한 진리 곧 당신들이 어릴 때부터 스스로 사원 내에서 연구하고 토론하던 것이다. 이 세계에는 정치도 있다. 만반을 갖추고 있다. 오직 요구하는 것은 당신들의 철인哲人, 즉 세존으로부터 알게 된 것을 조선의 명미明媚(경치가 아름다움)한 자연 속에서 산출된 지혜로 해석하여 갖는 것이다. 당신들의 이해가 중국인의 것보다 서양인의 것보다 완전하여 그것으로 신세계를 건설할 수 있다면, 당신들은 세계의 구세주인 동시에 신세계를 건설할 일꾼이 아닐까?

　이 방법은 아주 단순한 것이다. 한편으로는 후계자를 양성하고, 다른 한편으로는 당신들이 아는 것을 유럽 문자로 만들어서 유럽 학자에게 주라. 그것을 받은 유럽 학자나 세계 학자들은 얼마나 감사한 생각을 가질까. 동시에 당신들의 무대는 산속이 아니라, 조선이 아니라, 아시아가 아니라, 즉 세계이다. 다시 말하면, 당신들의 지위는 세계 학자들로부터 숭앙받을 것이다. 이유는 그들이 당신들로부터 지식을 얻고자 하는 까닭이라.

《불교 제7호(1925. 1.)》

역경譯經의 필요성

근래 이십여 년 간 우리가 진행하는 방향을 본다면 순연한 문화운동이었나니, 문화라 하는 것은 의의로 보아서 자아를 인식한 생生적 운동이다. 그러나 모든 것이 처음 시설에 있는 지라, 창시하는 수와 결과를 대조해본다면 수치상으로 그다지 자랑할 무엇은 없다 할지나, 운동의 경로로 보아서는 상상할 수 없는 효과를 가졌다. 우리의 정신생활 면에서 타력에 의지한 시설도 있고 반동에 의지한 시설도 있으나, 모든 것이 아직 자아를 잘 인식할 시기가 도래하지 못하였을 때에는 재래의 것은 무가치하다 하여 냉안시하며 버렸고, 동시에 그마저도 자포자기하여 하등의 가치를 인정치 아니하였다. 이와 같이 진행하여오던 중, 불교의 진행도 역시 자아를 인식하는 운동선상에 오르게 되었나니, 이것이 우리가 자랑할 수 있는 유일하다 할 만한 성적이고, 이로부터 우리가 문화상 무책임하지 아니하였다는 증거로 삼는다.

불교 운동의 방향이라고 하면, 다종다양의 기록을 지목하고자 할지 모르나, 그중 역경譯經 사업 같은 것은 불교 수입 후에 없지 못할 자각 운동이다. 불교가 우리의 정신 속에서 1,500여 년이라는 장구한 세월 동안 생장하였음에도, 그들의 문적文籍이 오직 상류계급이 사용하던 한문으로만 되어 있었다는 것은 불교도로서 무책임하였음을 보여주는 것이라 하겠다. 그러나 국문의 사용이 세종 때로 시작하여, 우리 정신계를 지배한다 할 만한 문적을 역출譯出하지 아니함은 아니었으나, 그것이 그다지 대중적으로 이익되지 못하였음은 관력官力으로 함에 주위가 이해하지 못하였던 까닭이다. 이러한 경로의 사업은 대중의 자각을 필요로 하는 문화적 성질을 가졌는지라, 대중의 자발적 총동원이 아니고는 언제라도 대중 자체가 이익을 보지 못하는 것이다. 그러므로 어떠한 사변事變을 막론하고 시대의 요구임을 먼저 관찰하고 본래의 필요를 느껴야 하는 것이다.

근래에 대중적으로 선전할 기관인즉 출판이 있나니, 문화의 수입도 이것을 통하였고 진리의 선전도 이것을 통하였다. 출판의 이기利器를 아직 사용치 못할 시기를 암흑기라 하고, 이의 반대를 문명기라 함도 이치에 맞는 판단이다. 이와 같은 예를 불교계에서 살펴본다면, 출판에 대해 완전히 몰교섭沒交涉한 듯하다. 이에 대해 느낀 바 있어, 한두어 개의 역경회譯經會가 역경을 발기發起하기도 하고, 다른 방면에서 불교총저술집佛敎總著述集을 간행하고자 발기한 일도 없지 아니하다. 그러나 오늘날 그들의 성적을 본다면, 삼장역회三藏譯會에서 자랑할 만한 권수를 낸 것 이외에는 다른 곳에서는 흔적을 보이지 못하였다. 이와 같은 활동의 이면에서 적지 않은 돈을 소비하였나니, 역시 유감천만遺憾千萬이다. 이러한 전철이 있으므로 뒤를 이어 계속할 용기가 손상된 것으로 말하면, 현재 창도자가 여간한 설비를 가지고 있지 못하면 대중의 신망을 받을 수 없을 만큼 되어 있는 상태이다.

근래에는 도쿄에서 역경 운동이 시작되어서 겨우 5년 만에 《대장경大藏經》 전부가 3개 국어(영문·일문·중문)로 완성된 것과, 뒤를 이어서 《국역장경國譯藏經》《일체경一切經》 등을 계속하는 것을 목격한 우리로서는, 그들의 원력願力과 사업에 찬탄을 하지 아니할 수 없을 만큼 성공을 가졌다. 여기에서 '원래 우리는 이러한 사업을 할 수 없느냐?' 하는 의문인즉 현재로 보아서는 부인할 수 없다 하겠다. 그러나 과거 유물에 의지하여 추적해본다면, 한문 역경 중 원장元藏·송장宋藏 등의 많은 장본藏本을 깊이 조사한다 하더라도 가장 완전히 갖춘 것은 고려장高麗藏을 들게 되는 것도 피할 수 없는 사실이다. 이 고려장이 원래 다른 민족의 손으로 만들어져서 우리가 보존하여왔다 하더라도 보존을 잘 해온 공로를 자랑하겠거늘, 하물며 자신의 성조成造로 오늘날까지 보존해온 보고寶庫라면 우리의 노력도 적다고는 하지 못할 것이다.

오늘날에서 문적상으로 만반의 사위事爲(되어온 일)를 본다면, 온전히 한문화漢文化를 소화하고자 하였다기보다 이것을 모방하고자 하였다. 이것이 동기가 되어 시설되었으므로, 한

문화를 수입한 이면에서의 실적實跡인즉 오직 한문화에 기생되고 만 것이리라. 그러므로 모든 것을 고전 연구방식에 의하여 보면, 언문이 통일되지 아니하였다는 것은 여기에서 다시 말할 필요가 없다. 이러한 사실로 추적한다면, 우리에게서 발육된 불교가 장구한 세월 속에서 우리를 감화함이 실로 많으면서도, 우리의 의지에 맞는 문적으로 되어 있는 것은 드문 것이다. 이러한 예는 유럽인들에 대한 천주교의 태도와 같다 하겠으나, 시대가 시대인지라 적어도 현재에는 용인할 수 없는 것이다.

현재 조선어가 만주어 이상으로 멸시당하는 이유인즉, 한문으로 된 책과 문서 대다수가 다 만주어로는 역재譯載되어 있는 까닭이다. 그런즉 아무리 장구한 세월 속에서 연구한다 하더라도 융화한 흔적이 없는 무가치한 노력이었다면 실적을 나타낼 여지가 없는 것이다. 그러므로 우리에게는 한문불교는 있을지언정, 즉 중국인이 해역解譯한 불교는 있을지언정, 우리가 소화하고 해역하였다는 불교는 찾을 수 없다. 이것이 불교도로서 우리 대중에 대한 무책임하고 무성의한 행동이라 지적하지 아니할 수 없다. 우리의 배경에서 정신적으로 영양을 주던 불교를 대중적으로 이익이 되도록 하자면, 적어도 고려의 웅대한 뜻을 계승하고자 한다면, '한글 불교' 간행이 최대 급선무인 줄 믿는다.

현재의 처지와 사정으로 본다면, 약 10년이라는 미래에 한문을 해석할 자가 과연 몇이나 될 것인가? 한문을 해석할 자

많으리라 하면 별로 역경이 필요치 않다 하겠지만, 한문을 해석할 자가 없다면 불교의 장래는 현재 이상의 비관이라 하지 아니할 수 없다. 동시에 불교도 자신들이 오직 불교를 연구하기 위해 해석하기 어려운 한문을 배우고자 무리한 시간을 소비한다면 그 얼마나 손실이랴! 모국어로 불교 서적을 연구한다면 가장 단시간에 기억하고 실행할 수 있음에도, 현재 제도에 의하여 이십여 년이라는 시간으로도 부족을 느낄 뿐 아니라, 본인 자신도 너무 지리나태支離懶怠해지며, 동시에 시대에 대해서 무용장물無用長物화하는 고통을 느끼게 되는 비관에 있지 아니한가?

이러한 사실은 대중적으로 불교를 이해하고자 함에서 손실인 동시에 불교도 자체가 불행한 처지로 들어가는 큰 원인인가 한다. 그러므로 현재의 교계 형편을 보면, 청년 불교도들에게 불교적 수양이 전혀 없다고 해도 부인할 수 없을 정도이다. 이와 같은 현상은 다 한문으로 된 불교 서적을 가진 데에서 오는, 즉 불교 서적을 연구하자면 적어도 장구한 시간을 요하는 이면의 이상 현상이라 하지 아니할 수 없다. 동시에 불교도 자신도 불교 연구에 흥미를 가지지 못하고, 오직 직업적으로 하지 않으면 생활 유지를 하지 못한다거나 불교도 간에, 즉 선배의 신망을 얻어서 유학 가는 편의 등을 얻지 못한다는 수단적인 자각에서 불전佛典 연구에 종사하였다. 그러므로 몇 권의 경전을 공부하였다 하여도 내용적 진리는 조금도 알지 못하는 것은 필연한 일이라 결코 이상하지 않음이라.

각처의 역원譯院에서 불전을 연구하는 분들도 사정이 참으로 난처하니, '젊은 청춘을 이와 같이 무의미하게 보내거니' '이것만으로는 포교니 무엇이니를 할 수 없다'는 등의 고통과 번민으로 '강당제도講堂制度를 개혁하라' '영어·수학·물리·화학 등을 가르쳐라' '칠판 강의로 단시일에 불전을 이해하도록 하라'는 등을 건의함도 무리가 아니다. 이와 같은 요구는 실로 시대가 요구하는 번민이요, 그들이 주공做工(학업이나 일 따위를 힘써 함)에 뜻이 없어서 그리되는 것이 아니다. 동시에 오직 이러한 훈련만으로 포교에 종사할 수 없고 동시에 채용할 수 없을 것은 명확한 사실이다.

이러한 문제는 속히 해결하여 그들을 구제하는 것이 급선무인 줄 믿는다. 이들은 현재에 약 삼백여 명이니, 이들의 구제를 논한다면 역원 조직 변경도 물론 필요하지만, 근본적으로 해결하자면 역경의 완성을 촉진하는 것이 무엇보다 상책이다. 동시에 직업 문제가 따라붙음이니, 이 문제는 오직 역원에 있는 이들에게만 한정된 것도 아니요, 일반적인 것이다. 그러나 여기에서는 생략한다.

역경을 실현하자면 질적으로도 상당한 연구를 요할지나, 역출하는 방식도 문제가 참으로 중대하니, 예를 들면 많지도 않지만 재래의 경전 역출 방식으로는 부족하다. 재래의 경전 역출 방식이라는 것은 현토를(한문에 토를 다는 일)를 한글로 써놓은 것에 불과하다. 이러한 것은 경전에 능통한 이도 해역하기가 불가능하거늘, 통속적으로 연구에 이바지할 수 없다. 또 한문 경전에서 한문을 그대로 두고서 새겨놓음에 불과하니, 이와 같은 것은 시대가 요구하지 아니한다기보다 역경이라는 것을 쉽게 생각함에서 나온 일종의 결점인 동시에 역경의 임무를 맡은 이들의 무식을 발로하는 것이다. 그러나 이와 같은 사업에 솔선하여 선구를 만들고 후진에게 일할 터를 보여준 것에 대해서는 감사하지 아니할 수 없다.

그러나 우리가 요구하는 역경인즉 주위의 사정과 감화의 정도를 보는 동시에, 다른 방면으로는 문학적 방면에 유의하여 한문을 이해하지 못하는 사람을 표준 삼아 한글로 역출하는 것이니라. 그들이 혼자서 이해하도록 역출해야 할 것이요, 동시에 현대의 우리는 한문에 사색까지 속박을 당하였는지라, 가능한 한 이것을 뛰어넘어 완전한 구상으로 역출하지 아니하면 불가하니라. 그만큼 역출자의 책임이 중대하고, 동시에 지식을 요구한다.

나는 여기에서 이러한 것들을 들어서 우리 문화의 소화 정도를 논하였고, 불교도의 최대 임무의 하나를 들어서 감히 불교도, 아니 차라리 우리 문화 건설에 노력하고자 하시는 제현諸賢에게 알리고자 한다. 우리는 이상을 실현하는 동시에 이것으로부터 신라의 문화, 고려의 문화들을 찾아서 극적으로 예술적으로 문학적으로 대중과 함께 나눌 기회를 확실히 발현하리라 믿는다. 이것이 불교도로서 고대 문화를 보존하였다는 증거이고, 우리 대중이 반드시 얻어야 할 것이다. 이것을 함에 불교도가 아니고는 더욱 불가능하나니, 신라의 문화가 초년 불교의 왕성력에 의하였다면 고려의 문화는 장년 불교의 원동력이었다는 것은 현재의 고고학적 근거로나 역사적 고찰에서 흔쾌히 인정하고자 하는 것이다.

《불교 제58호(1929. 4.)》

현대적 불교를 건설하려면

현황

'중僧'이라는 것은 인류 사회에서 어떤 민족을 막론하고 지식계급을 지칭한 명사이니, 승려의 무식은 한 사회와 대중에 대한 무책임을 드러내는 것이요, 동시에 승려 자신은 멸시당하는 것이니, 이는 유사 이래로 피치 못할 사실이었다. 그러한 경우에 사회는 승려에게 가급적 냉대하는 태도를 취하여서, 결국 승려 자신이 후회하여 개과천선하기를 기다리며, 동시에 사회에 주는 영향에 의하여 승려의 지위를 인식하게 되는 것이다.

"사회는 어찌하여서 승려의 존재를 요구하는가?" 하는 의문에 대한 답인즉 민족의 처지와 시대에 따라서 다르겠지만, 반도에서는 승려 자신이 무엇보다 정신적 난문難問을 해결하기에 쉽고, 시간의 여유라든지 무엇으로 보든지 그것을 하기에 적합한 지위에 있는 까닭이다. 더욱이 우치愚癡한 이기利己인

사욕을 떠나서 가장 냉정한 사색으로 공평을 으뜸으로 삼는 동시에, 강한 도덕적 수양으로 자타自他라는 경계를 초월하여 전 우주의 행복을 도모하고자 함에 있는 까닭이다.

어느 사회를 막론하고 그 사회의 난문으로 인하여 오랜 시간 불행을 느낌에도 해결이 쉽지 못할 때에는 이에 대한 모든 책임은 유식계급에 있고 또 단죄하는 것은 당연하다. 유식계급이 이러한 책임을 가졌으므로 보통 민중에게서 특수한 지위와 대우를 받는 것이다. 더욱이 불교라는 것은 다른 신앙 단체들과는 달라서 사회를 무슨 이상적으로나 이론적으로 구제하고자 함에 만족치 아니하고 실제적이고 실행적이었다. 더욱이 반도불교는 남방불교적 사색보다 북방불교적 입세간入世間적 견지에서 현세를 극락화하자는 사상을 가졌다. 그러므로 "중생병고제불병衆生病故諸佛病(중생이 병들었기에 모든 부처가 병들어 있네)" 또는 "중생병시아병衆生病是我病(중생의 병은 곧 나의 병)"*이라는 문구는 불교적 상투어가 된 것이다. 북방적 사상인, 사회와 불교가 하나가 아니고 둘도 아닌 논리를 명확히 기억하였으므로, 전 사회의 선善이나 진眞인즉 승려가 자발하여 책임을 가졌다.

현재 반도의 승려로 말하면, 유식계급의 자격이 있는가 하는 의문에서는 사람의 견지에 따라서 다르겠지만, 보통으로 보아서는 자격이 적고 승려인 당사자도 얼마만큼은 자인할

---

* 《유마경》._편집자 주

는지도 알지 못한다. 물론 역사상으로 보아서 그러하다는 것은 아니다. 그러나 역사는 과거에 속한 것이고 현재가 아니다. 과거를 빙자하여 현재를 무시하는 것은 현시 우리 사회의 병폐이다. 우리는 적어도 현실적 인물을 요구할지언정 역사적 공상가를 요구하지 아니한다.

어느 사회를 막론하고 승려가 민중을 향하여 존경해달라고 한 일은 없다. 그것은 승려 자신의 생활방식이 초세간적이었으니, 영욕榮辱을 도외시하면서도 사회적 어려운 문제에 대해서는 구제救濟에 종사하였으므로, 사회는 자발적으로 감사하다는 의미에서 존경하게 된 것이다. 동시에 사회는 오직 정치가만이 정돈하는 것이 아니다. 도덕가에 의하여 비로소 정돈이 시작되는 것이다. 그러므로 우리 속담에는 "금강산에 도승이 많아야 조정에 현신賢臣이 많다" 하였다.

그러면 "어찌하여서 현재 반도 승려는 존경받을 자격이 없나?"에 대한 이유인즉, 물론 복잡할 것이다. 한편으로는 반도 사회가 학자를 존경할 줄 모른다. 동시에 존경받을 만한 학자도 많지 아니하였던 것도 사실이었다. 오직 서로 배척하는 중에 허장성세로 동지의 단점을 집어내고자 하여 사회는 아무 가치 없는 논조를 맹종하게 된 것이요, 다른 한편에서는 승려의 내정內政이 불충분해온 것이 사실이다. 내정의 불충분이라는 말에서는 너무나 많은 설명을 요구하겠지만, 우선 급한 것부터 설명하고자 한다. 그러나 당국자가 아닌지라 상세한 수치는 생략하여 대강만을 소개하고자 한다.

도승

현재 사원에서 도승度僧(사람을 제도하여 승려로 만듦)하는 것을 보면, 오직 맹목적으로 승의 수만을 증가하고자 하는 주견을 가진 것 같다. 동시에 일정한 조건도 없다. 종래의 경험으로 보면, 이러한 도승은 오직 불행만 더할 뿐이요, 이익은 조금도 없다. 그러므로 이러한 관례는 속히 개정하는 것이 승려 본직에 충실하고자 함에 긴급한 요구라 생각한다. 어떻게 개선하면 좋을까 하는 문제인즉 당국자의 숙고가 많겠지만, 도승은 오직 일정한 장소에서 일정한 시험에 의하여 행하여야 할 것이다. 예를 들면, 현 상태대로 오직 본산本山에서만 도승식을 행하되, 연 1차 일정한 시일에 미리 득도得度 지원자가 한 명 이상의 보증인(예를 들면 은사 등)을 거쳐 도승위원에게 건의 형식으로 원서를 제출하게 하여야 할 것이다. 도승위원들 중에서 일정한 수의 자격심사위원을 선발하여 담임하게 하되, 담임 조건인즉 지원에 대해 중등 정도의 지식이 있다는 증서나 다른 방식으로라도 인증할 만한 자, 일 년 이상 사원 생활을 견습하였다는 증서와 성적, 경찰의 신분 증명, 17세 이상의 연령 등 이러한 것들이 충분하다는 심사위원의 보고에 의하여 도승을 허락하여야 할 것이다. 도승의 허가인즉 반도 중 한곳에 '승려신분사문소'를 설치하여 승려의 신분이나 도승을 일치하도록 하고 자격을 향상시키고자 노력하여야 할 것이다. 동시에 승려신분사무소와 아무 관계없는 승려는 신분 사기한이므로 상당한 수단으로 처치하여 위승僞僧을 방지할 것이며, 연미지급燃眉之急(눈썹에 불이 붙은 것처럼 다급한 상황)을 구제할 것이다. 이상을 실행하자면 처음에는 난관이 없지 아니하겠는즉, 필요에 의하여 승려신분사무소 명의하에 반도 여러 곳에 득도지원자양성소를 설치하는 것이 좋지 않을까 생각한다.

교육

이 항목은 무엇이라 논평할 여지가 없다. 논평할 대상이 분명하지 못한 까닭이다. 그러므로 무엇보다 설계를 이야기하는 것이 필요한 일이라 믿는다. 종래 전문강원專門講院(구식 강당)은 학술 연구에 가장 적당한 곳이므로, 가급적 보존하여 자유롭게 연구하게 할 것이니, 연령이나 승속을 막론한 지원자에게 허락하여야 할 것이요, 상당한 도서관을 갖추어서 지식과 참고에 도움을 주어야 할 것이다. 강사는 특별한 방식으로 덕행과 학식이 겸비한 자를 택하여 불교정신계의 중진重鎭을 보존하도록 하며, 종래보다 더 자유롭게 논강論講하고 문강問講하여서 질문하는 자와 답변하는 자 간에 완전한 토론으로 진리를 발로하도록 하여야 할 것이다. 위치는 종래처럼 산중으로 할 것이며, 일정한 규칙을 정하여 강원의 정돈을 잃지 않도록 하여야 할 것이다.

선방 역시 그 형식에서 종래의 관례를 채용하되, 상당한 도서관을 갖추어 연구자의 편의를 도모하며, 개당보설開堂普說(중생을 위해 설하는 법문)은 조실祖室(사찰의 최고 어른) 이외에도 당시 청중이 허락하는 지원자 한에서 행하게 하여야 할 것이다. 그 보설의 가치 여부에 따라 인쇄하여 제방선중諸方禪衆에게 비평을 구함으로써 승려 정신계의 일치적 향상을 도모하며, 연령과 승속을 묻지 말고 지원에 의하되, 오직 선방의 규례를 준수하고 공중적 정돈을 존중히 하는 한도에서 허락하여야 할 것이다. 아직 상당한 학술기관(대학 정도)이 생기기 전에는 강원과 선방에 예비할 만한 강습소를 열어 후진자의 길을 방해하지 아니하여야 할 것이다.

　　한편으로는 승려의 직무 능력을 위하여 일정한 장소에서 범어梵語·범패梵唄를 가르치며, 불교 고유의 예술을 방기放棄하지 아니하기 위하여 종래 승려의 전업이던 불화·불상 조각술·사원건축술 등을 연습하게 하는 중, 재력이 허락하는 정도에서 서양식의 그림·조각·음악 등을 습득하게 함으로써 공업工業에까지 그 영향이 미치게 하여야 할 것이다. 이러한 것을 완전하게 하자면 많은 비용을 요구하는지라, 전국을 통하여 한두 곳에서 하되 처음 시작은 수력수분隨力隨分(능력과 분수를 따름)으로 하여야 할 것이다. 설비가 급한 것이 아니므로 재래의 것을 유실하지 아니하고자 하는 견지에서 가능한 대로 행하여 역사를 따라서 완성하도록 하여야 할 것이다. 승려의 산중 생활상 편의를 돕기 위하여 반도 두세 곳에서 중등 정도 이상의 동물·식물학적 지식과 약학 및 물리화학 등을 가르침으로써 실제 생활상 무식을 면하게 하여야 할 것이다. 또한 산중에 거주하는 기간에 실습하도록 하여 훗날 대학을 설립할 때에 분과에 충실하도록 진보시키며, 또 생리학 및 보통 의술을 강습하여 사원 생활상 위생에서 무식을 면하게 하여야 할 것이다.

포교사의 양성은 상당한 전문적 시설을 요구할 것이니, 중등 이상의 수준에서 학술적 연구에 매진하여 심리학·교육학·반도 불교사·반도 민족사·세계 종교사 그리고 유럽 문학 중 한 가지 문학의 상식을 준비한 후에 강원에서 2년 이상, 선방에서 1년 이상 경력이 있는 자로 하여야 할 것이다. 이러한 위원을 양성하기 위하여 불교적 지식과 반도의 지식이 충분한 자를 해외에 보내서 유학하게 하되, 일정한 학문을 정하여 연구하게 함으로써 시간과 금전을 낭비하지 않도록 하여야 할 것이다.

포교

포교당들은 가능한 정도에서 자치적 관습을 연습하도록 보조하고, 신도들의 경제생활을 위하여 협력사協力社 같은 호상부조互相扶助(공동생활에서 개인들끼리 서로 돕는 일)하는 기관을 조직하여 단결과 우애를 연습하도록 하여야 할 것이다. 외부 사상계에서 낙오되지 아니하도록 일정한 시일에 학술강연회 및 사상연구회를 열게 하고, 상당한 도서관과 운동회를 조직하여서 지육智育과 덕육德育을 등한시하지 않도록 주의하며, 불교청년회 같은 것은 순전히 신도 기관으로 만들어서 승려도 수시로 입회하되 승려라고 특수한 지위를 요구하지 말고 가장 공화共和적 체면을 유지하도록 하여야 할 것이다. 전국을 통하여 신앙 기관이 일치하도록 하고, 상당한 수준의 잡지를 발간하여 신도 간에 연락을 취하여 동로자同勞者가 되도록 노력하며, 서로 이해가 원만하여 반도 문화사업의 일꾼을 잃지 아니하도록 주의하여야 할 것이다.

비구니

비구니에 대해서는 득도에 따른 조건을 모두 남자와 동등하게 하되, 오직 학식 수준인즉 의무교육 수준으로 하고, 일정한 강습소를 만들어서 교리를 가르치는 동시에 방적紡績·간호술·문학 등을 가르쳐서 사원에서 혼자 연습할 능력을 양성하며, 상당한 도서실을 준비하여 지식 향상의 편의를 도모하여야 할 것이다. 비구니원 부속으로 유치원을 설립하여 실제로 교육학을 연습하게 하며, 비구니원은 가능한 한도에서 자치하도록 하고, 비구들의 무리한 통래通來를 금하는 동시에 비구니의 품행을 장려하여 질서를 보존하게 하여야 할 것이다. 훗날 비구니의 요구가 선방 및 강원에 미칠 때에는 비구니선방·비구니강원을 설치할 것이며, 그 외에 다른 실행상 불편이 있다면 다시 특별한 사고를 요구하리라 믿는다.

학사원

만반 시설을 자기중심으로 하여서 타의 경계를 엄격하게 함으로 시작하여 도중에 도망쳐 달아나지 말아야 할 것이다. 그러므로 현재 포교를 위한 시설이 있다면, 훗날 신도적 기관이 완성되기까지 계속하였다가 조건부 혹은 무조건으로 인계하여주고, 가능한 정도에서 신도의 자치 기관을 완성하게 하고 성장하도록 보조도 하여서 목적을 달성하도록 노력하여야 할 것이다. 그래서 안과 밖이 합동하여 동일한 목적인 인류 향상에 부합하도록 민족적 문화 향상에 노력하되, 승려 자신은 항상 선각자적 지위를 보존하기 위하여 각종 사상이나 시시로 생기는 사회 만반의 문제를 해석하고 소화하여 민족적 문화 향상의 길에서 어려움이 없도록 하여야 할 것이다. 이상을 실행하자면 적어도 승속 혼합의 학사원學士院을 소집하여 정신생활 연습에서 최고의 학부를 만들고, 월간이나 계간이나 혹은 임시로 성적을 발표하여서 사회의 비평과 이해를 구하여야 할 것이다.

제적

승려가 축처蓄妻(아내를 둠)하는 것은 불허하여야 할 것이나, 부득이한 사정과 경우도 있을 것이니 축처한 승려라고 해서 인격을 무시하는 일까지 하여서는 불가하다. 오직 공인하지만 않을 것이요, 축처 여부는 개인 품행상 문제로 간주하는 것이 과도기에서 무엇보다 좋은 방책이라 생각한다.

승려의 제적除籍, 즉 치탈도첩褫奪度牒(도첩을 빼앗음)은 종문宗門에서 중요한 정도가 도승度僧(도첩을 받아 승려가 됨)하는 것과 비슷한지라 전체 종에 영향이 미치는 것인즉, 종래와 같이 본산本山 주지住持가 단독으로 행하는 것은 참으로 옳지 못하다. 이유인즉 본산은 본산이요 전체 종이 아니니라. 반도에는 오직 일치된 선교禪教 양종이 있은즉, 반도불교에 걸친 중대 사건이다. 그러므로 불행히 제적할 승려가 생길 때에는 6개월 전에 미리 사유서를 첨부하여 여러 곳에 비평을 청한 후에 과반수의 승낙(각 본산)을 받고 승려신분사무소 명의로 제적을 선언하여야 할 것이다.

시험

승려 시험에 대해서는 비구比丘 시험과 종사宗師 시험으로 나누어 행하는 것이 필요하리라 생각한다.

① 비구 시험으로 말하면, 약 5종으로 나누어 승려의 등급을 정하리니, 최소한도라도 사회상 지식계급의 체면을 손상치 아니할 만함으로 목적할 것이다. 시험을 5종으로 나누어 임의로 1종만 급제하면 자격을 인정하고, 이 급제자를 승려 보통 계급으로 정해야 할 것이다. 연령은 25세 이상으로 하고, 이 시험을 통과한 후에는 비구대계를 받도록 하여야 할 것이다.

〈가〉

전등 염송傳燈拈頌	2시간
반도 불교사	30분
화엄華嚴·원각圓覺	2시간
세계 불교사	30분
반도 문학사 및 역사	1시간
세계 종교사	30분

(총 6시간 30분)

〈나〉

전등·원각	2시간
인도 철학사 및 서양 철학사	1시간
반도 문학사 및 역사	1시간
유럽어 중 1종(임의로 영어·불어·독어)	30분
반도 불교사 및 세계 불교사	30분

(총 5시간)

〈다〉

전등·원각	2시간
동양어 중 1종(임의로 중어·일어)	1시간
반도 불교사	1시간
공예(임의로 그림·조각·건축학 등)	1시간
(총 5시간)	

〈라〉

원각	1시간
동물 및 식물학(그리고 약학)	1시간
반도 불교사	1시간
범음 및 반도 음악	1시간
반도 역사 및 지리	1시간
(총 5시간)	

〈마〉

원각	1시간
유럽어 중 1종	1시간
반도 역사 및 지리	1시간
반도 불교사	30분
물리 및 화학	1시간
(총 4시간 반)	

이 비구 시험은 승려가 실제 사회와 접촉할 입문이고 자격이므로, 만반을 이로써 토대 삼을 것이라 한다.

② 종사 시험인즉 물론 비구 시험에 급제하는 순간 자격이 발생하게 하여야 할 것이다. 시험의 소요 조건인즉, ㉠ 학술적으로 된 저술이니, 옥타보octavo(전지를 여덟 등분한 크기) 100면 이상으로 된 논문을 요할 것이요, 범위는 선禪·교教·호법護法·교리教理·교사教史로 하되, 그 외라도 불교적 견식에서 사회에 유익한 것이라면 인정하여야 할 것이다. ㉡ 구두시험이니, 교리教理 및 교사教史에 대해 1시간 또 임의로(비구 시험 범위 내에 있는 것으로) 1시간으로 한다.

이 논문을 불교학사원에 제출하면, 이 사원은 회원 과반수의 찬성으로 합격 여부를 지정하여야 할 것이다. 동시에 합격한 논문을 인쇄하여 제방 도서관에 1부씩 보존하여 정신상 생산의 수확을 장려하여야 할 것이다. 합격자는 동시에 보살대계를 받고 불교학적 지위를 얻으므로 특수한 지위를 형수享受(형통하게 받아들임)하겠나니, 오직 학자적 체면을 손상하지 아니하는 범위에서 제반 행동을 자유롭게 하여야 할 것이다.

포교사 시험 같은 것은 시급한 만큼 설비를 요하는 것이므로 이에 자세한 것을 이야기할 수 없지만, 장래에라도 시험 자격인즉 물론 비구 시험 합격자로 하되 신도계의 지식 수준에 맞게 상대적으로 정하여야 하므로, 여기에서는 논의할 여지가 아직 없다고 생각한다.

경제

현재 승려의 사업이나 생활방식은 경제 방면에서는 오직 소비자에 불과하고 또는 전해 내려오는 재산 및 이자를 소비하는 것만을 능사로 삼았으므로, 사업 진행상 대불행인 것은 당연하다. 그러므로 한편으로 경제생활 연습을 쉬지 말아야 함은 무엇보다 급선무이니라. 사원 안에서나 혹은 밖에서라도 상당한 사업, 즉 문화사업을 경영하여 일정한 재원을 만들어서 사업 진행상 어려움을 피해야 할 것이다. 사원 안에서 제일 하기 적당한 것으로 말하면, 인쇄업·제지업(삼림이 많으므로 원료가 풍부함)·과자 제조업·제약업(화학 이용)·식료품 가공업·과수업 등이다.

이것을 현대 공업 방식으로 하면 상당한 자본을 요구할 것이지만, 상당한 계획으로 작은 범위에서 착수하되, 위치가 사원 소유지이면 원료를 구함에 있어서든 무엇에 있어서든 도시보다 편리할 것이다. 종래의 물방아를 이용한 수력 발전으로 제조용 기계를 운전한다면 역시 싼 값으로 수용할 것이다. 처음에는 기계사機械師를 요청할른지 모르나, 승려를 견습생으로 길러서 장래를 갖추게 하고 기사 양성을 위하여 가능한 정도에서 유학시키는 것이 필요하다고 믿는다. 한곳이 완전하게 될 만하거든 다시 다른 한곳에 다른 종류의 공장을 설립하여 수를 늘리며, 사업 진행과 신용 여부에 의하여 채권자와 상당한 주식을 부르기도 가능할 것이니, 이것은 아무 난관이 없고 오직 지식자와 지도자를 요구하느니라.

반도의 사유 산림을 말하면, 내어버리던 톱밥을 문화 운동에 이익이 되는 신문 용지로 만들 것이요, 한해살이풀의 풀뿌리나 풀잎은 약재로 만들 것이다. 산곡간의 흐르는 물은 전력으로 변환하여 기계를 운전하게 하면, 인쇄기가 생산을 쉬지 아니하고 제지기가 일정한 생산을 해줄 것이니, 문화 운동에 무엇을 더 요구하며 사업 진행에 무엇을 가리켜 장애된다 하랴!

사회를 일시적·요행적·고식적으로 구제하지 말고, 아직 지식 수준이 약하여서 고상한 철리哲理를 이해치 못할 정도에서 고구정녕하기보다는, 굶은 자에게 밥을 주고 직업 없는 자에게 직업을 주고 지식을 요구하는 자에게 서적을 주는 사업에 착수하여야 한다. 침착히 사고하여야 한다. 이론보다 실행으로 매사에 두루 이르는 설계를 쉬지 말고, 숫자와 경험이 가능한 정도에 이르거든 착수하여야 할 것이다. 착수할 때에는 무익한 소모품을 먼저 장만하지 말지니, 생산하는 과정에서 소모품이 서로 짝지어질 것이다. 사업이란 것은 생산을 위주로 한 것이므로, 생산이 적고 소비가 많은 사업은 존재가 불명백하니라. 각종 이익을 필요에 의하여 준비하고 호화豪華를 피할 것은 사업자의 원칙이다.

현재 사업 경영상의 어려운 문제인즉 생산품을 수출할 시장인데, 신도들의 협력사가 각 처에 있어서 생산품의 수용需用(사물을 꼭 써야 할 곳에 쓰는 일)을 맞이할 것인즉, 시작하는 공업에 별로 난관이 없을 것이다. 그 외에도 사업 진행 정도를 보아서 일용품에까지 영향을 미치게 함으로 반도 경제에 자급자족을 도모하여 건강한 경제를 운영하게 된다면, 역시 문화 사업인 동시에 사회 개량책이 아니라고 하랴!

반도 승려가 이러한 지위에 있다면, 그래도 사회로부터 멸시를 당할 것이냐? 아니다. 사회는 자진하여 존경하고자 할 것이다. 사람이라는 것은 자기를 자기가 잘 이해함으로 시작하여 건전한 사업이 성취되는 것이다. 자기가 자기를 근저에서 확실히 이해해야 비로소 타인이 인식하고자 하는 것이다. 현재 사회가 아무리 승려의 지위를 인식하고 싶다 하더라도 승려 자체가 자기를 잘 모르거늘 무엇을 가지고 인식하며 존경하랴! 하물며 남의 것만 좋아하고 자기 것이라면 싫어서 없이 여기고자 하는 반도 사회랴!

5월 1일 돈암리에서

《불교 제24호(1926. 6.)》

우리의 건설에 대하여

우리의 경험과 인식으로써 '어떤 생물을 막론하고 생존적 가능성이 결핍하게 되면 열패한다'는 것은 누구나 잘 아는 일이다. 한 개체라거나 집단이라 하더라도 그 요구하는 바와 수단을 보아서 그 승패를 짐작할 수 있는 것이다. 아무리 요구가 정대하더라도 수단, 즉 행동이 명확치 못할 때는 타인의 이해는 고사하고 자신조차 자기의 요구가 무엇이었던가 하고 방황하게 되는 것이다. 매사에서 그 사건을 연구하고 실행할 힘을 살펴보지는 않고 허장성세로 의관만 보이고자 하는 데에 그 원인이 있나니, 결국은 출발점과 귀착점을 잊어버리게 되는 것이다. 이제 우리는 이러한 경험에 의하여 이후의 모든 계획과 실행은 자기 자신이 진리라고 확실히 믿는 데로부터 시작하는 것이 급선무인 줄 안다.

"수신제가修身齊家(몸과 마음을 닦아 수양하고 집안을 다스림)"라는 문자는 고금을 통하여 인류 생존상 요칙要則(중요한 준칙)인 줄 안다. 그러나 듣는 자는 왕왕 평이함을 느끼니, 실상은 항

차반의 문자라 경시함이요, 그 문자의 정신 소재를 알아보고
자 하는 것은 아닌 것이다. 무엇보다 수신을 개인 생활상 능
력으로 충실히 하여야 할 것이다. 각개의 생존상 능력이 충
실하다면, 그 후에 되는 것은 독자 스스로가 짐작하겠으므로,
필자는 많은 언급을 피하고자 한다.

사람이 수신, 즉 개체적 생존상 능력을 충실히 하고자 함으
로는 종래에 다양한 방법이 있나니, 간략히 말하면 살림살이
연습(경제적 연습)을 잘하는 데 있는 것이다. 이 살림살이 연습
인즉 특별한 학부나 학자를 요구하여 연습한다기보다는 오직
우리 일상에서 연습하기가 가능하리라고 믿는다. 예를 들면,
여기에 100가구로 된 일개의 농촌이 있다 생각하자. 이들이
타인으로부터 요구하는 물건은 필목疋木(필로 된 무명, 광목, 당목
따위), 소금, 석유 등이다. 이것들이 그들의 소비품으로, 이것의
대부분은 그들의 생산물로 지급하는 것이다. 그리고 그 나머지
로 양식을 채우나니, 만약 그들이 이 외의 소비품을 더 사용한
다면 그들의 양식은 부족해질 것이고, 그들의 양식이 부족해지
면 그들은 자신들의 생산을 증대하고자 할 것이다. 이것이 여
의치 못할 때에는 소위 빈핍으로 된 생활난이 그들을 위협할
것이다. 이러한 경우 사람들이 말하기를, "씀씀이가 과하다" 하
나니, "이것을 어떻게 구제할까?" 하는 문제에 이르러서는 그
해법이 이론의 해석에 따라 다를 것이라 생각한다.

그러나 한 걸음 나아가 소비물 자체를 연구하여볼 때에, 그
들 또한 일개의 생산업으로 소비자에게 공급하는 생산자인

즉, 전체 100가구로 된 농촌이 미곡을 생산하여 농사짓지 아니하는 사람에게 주는 것이다. 농부가 농사를 지어서 일신의 생활을 유지함과 직녀가 무명을 짜내어 일신의 생계를 유지함이 일반적인 것이지마는, 이론은 사실과 다르게 대단한 차이를 보인다. 그것은 직녀가 파는 무명 한 필이 1원이라 가정한다 하면, 소비자가 무명 한 필을 살 때에는 1원에 도저히 가질 수 없는 것이다. 그래서 소비자가 무명 한 필에 부득불 1원 50전에 지불한다면, 50전이라는 비용은 중간에서 무리하게 소모된 것이다. 이것을 절약할 수 있다면 소비자의 부담이 작아질 것이요, 이것이 작아진다면 소비자의 생존상 능력 부족을 보충할 수 있지 아니할까 하는 생각도 없지 못하다.

이런 문제를 해결하기 위하여 물건이 생산자로부터 소비자에게 가는 과정에 무엇이 있나 생각하여볼 것이다. 인류의 자급자족시대에는 생산자와 소비자 사이에 중개자를 요구하지 아니하였지마는, 사회가 복잡해짐에 따라서 생산자가 자금을 요구하고 소비자가 물건을 요구하는 과정에서 부득이 중개자를 요구하였나니, 이것이 현재 우리의 눈에 보이는 '장사'라는 것이다. 상업에 종사하는 사람도 그들의 생존을 유지하여야 하겠는지라, 그들이 이것으로 자기의 생존상 능력을 연습하고자 함으로 부득불 이익을 도모할 것이요, 이익을 도모함으로는 그들이 생산자로부터 물건을 사 가지고 소비자에게 실비로만 줄 수 없는지라, 결국 중개비를 생산자나 (헐한 값으로) 소비자가 (비싼 값으로) 같이 부담하게 되었다. 이와 같은 현상만 유지하더라도 무섭거늘, 일방적으로 중개자들이 자기의 금전 능력을 이용하여 생산자에게 자금을 융통하여 준다는 미명하에서 무리하고 과중한 착취를 하여, 무산자들인 생산자 및 소비자의 생활상 능력을 시시각각 위협하는 현상황이다. 우리는 이것을 '공장주' 혹은 '자본가'라 한다. 이에 관한 상세한 설명은 생략한다.

이러한 조직을 둔 우리 사회는 해가 가고 날이 갈수록 위협에 위협을 더할 뿐이요 별로 희망이 보이지 아니하므로 많은 방법을 연구하여 인류를 구제하고자 하였다. 그 많은 것 중에 우리에게 가장 적당한 것으로 말하면, 그 방법이야 소극적이라 하겠지마는 그래도 알아볼 필요가 있다면, '협력사協力社'라는 것이다. 협력사라는 것은 다른 것이 아니라 우리가 소비하는 물건을 종전과 같이 무리한 부담을 주는 중개자의 손을 거치지 않고, 생산자가 소비자에게 직접 실비대로 주자는 것이다. 만일 이론과 같이 된다면, 소비자에게 무리한 부담을 덜어주는 동시에 생존상 능력을 완실하게 할 뿐 아니라 살림살이하는 경제적 능력을 연습할 기회를 주리라 믿는다.

보라. 정치만능시대가 가고 현재는 경제만능시대이다. 누구를 막론하고 경제적 능력 여부를 보아서 강자라 약자라 판단하는 것이다. 시시로 우리에게 고하는 세계 통신에 무엇 하나가 경제로 되지 아니한 것이 있던가? 심지어는 국가나 단체나 개인이나 부자간·형제간 불화나 민족 간 반목이 무엇 하나가 경제를 떼어놓고 된 것이 있던가? 영구평화이니

친목이니 동맹이니 강병이니 무엇이니 하여 굴기屈起가 태산 같다 하더라도, 경제적 비준 여부에 의하여 모든 것이 오유 烏有(있던 사물이 없게 되는 것)가 되는 것을 우리가 목도하지 않 았던가? 그래서 경제적 연습을 가진 민족이나 개인은 승자가 되고, 이것이 없는 자는 패자가 된다. 우리가 속히 죽겠다면 모르겠지만, 그래도 살겠다면 일시적이라도 경제적 연습을 하지 아니하여서는 아니 된다.

종래 우리에게는 아무리 산곡간이라도 10가구 이상으로 된 촌이라면 '모꼬지'라는 것이 있어서 풍속과 치안을 정돈하 기 위하여 행정을 연습하여왔고, 동시에 '계契'라는 것이 있 어서 경제를 연습하여왔다. 물론 조직의 방식과 수단인즉 그 시대에 적당하였으므로 현재 형편에서는 그다지 신기하다 할 수 없지마는, 전연 없었던 것은 아니었다.

이와 같은 계들은 목적에 따라서 각각 다른 이름을 가지었 다. 예를 들면, 어떤 동리洞里를 막론하고 동리 안에서 발생하 는 비용을 임시적으로 부담하는 것이 불편하므로 일정한 기 본금을 세워서 이자로 지출한 적이 있었나니, 이것을 이중계 里中契라 하였다. 또 혼상계婚喪契라는 것인즉 일 년에 한 번 이 계의 수입으로 생활하는 농부가 불의에 혼상婚喪이라는 대사大事를 당하면 생계까지 위험해짐으로 인하여 조직된 계 이니, 실행하여온 방법에는 약 두 가지가 있었다. 하나는 임 시적으로 몇 되의 쌀이나 몇 냥의 돈을 수합收合하여 주는 것 이었고, 다른 하나는 계원들에게서 일정한 자금을 수합한 뒤

식리殖利(재물을 불리어 이익을 늘림)하여서 지출하는 것이었다. 또 도회都會 근처에서는 세찬계歲饌契라는 것이 있었나니, 봉급이나 일정한 수입이 없는 사람들이 상당한 저축이나 수입 대신 3일간의 쌀을 준비하여 연말연시 환절기換節期를 무사히 보내자는 것이었다. 기간은 1년이니, 다른 계들에 비하여 단기短期였다.

이러한 것은 우리 농촌이나 무산 계급에게 그들의 생활상의 만일을 보조하여준 기관이었다. 그러면 우리는 이상의 기관을 시대에 적합하도록 조직하여 한 마을의 부를 도모하는 동시에, 마을의 분자인 개인이 살림살이를 연습할 기회를 놓치지 않도록 하여야 할 것이다. 그리하여 이와 같은 조직을 가진 마을이라면 다시 다른 유리한 기관들, 즉 교육회나 청년회를 경영한다 하더라도 전과 같이 도움을 청하겠다는 자립심 없는 생각보다는 하나의 자립기관이 되리라 믿는다. 각 개인이 여력이 있으므로 남에게 구걸하겠다는 생각이 없어지리라 믿는 까닭이다.

우리는 농촌을 도와서 우리의 살림살이 능력을 준비하여야 할 것이다. 종래 고리대금업을 폐하고, 오직 부득이한 경우에만 계원들에게 낮은 이자로 자금 융통을 행하며, 생산자로부터 계원들의 소비품을 직접 사다가 실비 이외에 계를 유지할 만한 비용만 합하여 비용을 받는다면, 보통 상인에게 사는 것보다 당연히 쌀 것이요, 설혹 시가市價와 같은 가격으로 올린다 하더라도 그 이익은 계원들의 자본을 증대하게 할 뿐이니, 이것이야 참으로 꿩 먹고 알 먹는 격이다. 이와 같이 능력을 쌓아서 여력 생길 때에 계원회의에서 유리한 사업이라 생각하는 것을 임시로 자유롭게 실행하고 사용한다면, 금융조합이나 근일부터 실행하겠다는 산업조합들에 기금이나 들이고서 정부에서 정한 이사理事(일정한 기구나 단체를 대표하여 그 사무를 집행하는 직위에 있는 사람)가 하라는 대로 복종하여 가면서 좋아도 그만 언짢아도 그만으로 빼주고 뱃속 빌어먹는 것보다는 참으로 자유를 느끼는 동시에 자신의 상업 능력을 연습할 기회를 얻으리라 믿는다.

이 계의 실행방식은 물론 지방에 따라서 다르리라 생각한다. 그러하지만 보편적으로 생각하여본다면, 100가구로 된 농촌에서 계원을 가구별이나 개인별로 모집하되 계금契金은 1원부터 10원까지 정하여 능력 있는 자는 일시불로, 없는 자는 월수로 내게 하여 그 자금으로 계원들의 자유소비품을 도매하였다가 염가廉價로 소비하게 하는 것이다. 그런 후에 이익이 나는 대로 계의 방침을 확장하여, 한편으로 수공업 등 소공업小工業을 장려하며, 다른 한편으로는 사치품의 소비를 자제하게 할 것이다. 다시 일정한 자금을 적립하여 혼상부婚喪部를 두고 계원들이 혼상을 당하면 지출함으로써 만일의 위험을 방지하고, 이와 같은 방식으로 여력을 보아서 세찬부歲饌部도 두어 먹게 할 것이다. 동시에 계원들의 생산품까지 매매 주선에 종사한다면 동업 간 의사소통이 밀접할 것이요, 이것이 밀접하게 된다면 소비품을 생산하는 동업계同業契

에 의하여 사들이게 될 것이니, 이것이야말로 최신식으로 발달한 경제와 다르지 아니할 것이다. 그리하여 이와 같은 계가 각 지방에서 발달하여 완전하게 발전한다면 자연히 중앙부라는 통일적 기관이 필요하겠고, 이것을 우리의 손으로 실현한다면 이것이야말로 우리의 경제적 독립이 아니고 무엇이랴!

그리고 중앙기관은 동업계를 위해 무역 중개, 발전 계획, 경제지식의 보급, 자금의 융통, 위체爲替(멀리 있는 채권자에게 현금 대신에 어음, 수표, 증서 따위를 보내어 결제하는 방식) 및 창고 운반의 주선 등 기타 외교를 신속히 하면서 실력을 양성한다면, 농촌은 그만두고라도 보통으로 우리의 생활난을 남에게 구제하여달라고 하지 아니하더라도 개개인이 자신의 실력으로 독립적 관념을 양성할 것이다. 동시에 동족 간 공존동생하겠다는 관념을 연습하며, 나아가 전 인류 간 공존동생하겠다는 진리를 터득하여 우리 반도에 사람다운 인류의 집단을 실현할 수 있으리라고 믿는다.

1925년 10월 30일

《조선농민朝鮮農民 제2권 제1~2호(1926. 1.~1926. 2.)》*

• 《조선농민》은 1925년 12월 13일에 이돈화李敦化(1884~1950)의 주도하에 창간된 농민잡지로, 1930년 6월 통권 38호로 종간되었다. 이 잡지는 주로 농민의 중요성을 역설하고 농민의 의식을 일깨우는 내용을 담고 있다. _편집자 주

현재 네팔에는 무엇이 있나

불교의 근원지로 약 두 곳을 꼽게 된 것은 세상이 모두 알지만, 그래도 이야기할 필요가 있다면, 하나는 실론(스리랑카의 옛 이름) 즉 남방불교의 중심지요, 다른 하나는 네팔 즉 북방불교의 중심지일 것이다. 실론으로 말하면, 교통의 편리로 보아서든지 적어도 인도양을 경유하는 유람객들은 누구나 한 번쯤 구경해보고자 하였으므로, 그곳 불교의 사정을 세인들 눈앞에 있는 장중물掌中物(자기의 수중이나 권리 안에 들어온 물건)과 같이 알게 되었다. 그러나 네팔은 이와 반대로 산중에 있는지라, 즉 히말라야 산기슭에 위치하였는지라 특별한 일이 있어서 가지 아니하여서는 아니 되는 경우에만 가는 곳이었으므로, 세인이 그다지 잘 알지 못하는 형편에 있다.

남방불교파의 경전이나 서적들이 전부 버마어로 번역된 것같이, 네팔의 경전이나 저술은 전부 티베트어로 번역되었나니, 물론 인접된 지방이라 천연의 편의가 선연善緣(좋은 인연)을 만든 것이다. 티베트에 있는 카규르Kahgyur(티베트 대장경) 장경각藏經閣은 네팔의 것보다 완전한 편이다. 서적의 존재는 이러하지마는 네팔에서는 무엇을 하고 있느냐 하는 의문인즉, 19세기 말에 네팔의 장서藏書, 즉 소위 돈황장경동敦煌藏經洞을 발견했을 때 비로소 일부 학자들이 알게 되었나니, 이것으로 인하여 북방불교의 연원지로 확정되었다. 현재 네팔에서는 네 가지 대학파가 있나니, 스바바비카Svābhāvika, 아이스바리카Aiśvarika, 카르미카Kārmika, 야트니카Yātnika이다. 스바바비카는 '자연철학'이라 하리니, 여기서 '자연'의 의미인즉 그다지 충실한 사색이라 말하지 못할 것인데, 네팔 불교도들은 이것을 '스바바비카'라는 문자에 의하여 잘 기억한다. 의미인즉 자연 속에서 생겨서 자연 그 모습대로 있는 것이니, 절대의 자연이요 결코 우리가 생각하는 상대적 의미와는 다르다. 이 자연은 우주 본체 속 각 개성의 자연, 다시 말하면 개체의 천부天賦이다. 호지슨* 교수에 의하면, 스바바비카는 아마도 아주 오래된 철학으로 현재 네팔에서 보존된 듯하다. 그것은 특별히 성령性靈의 존재를 부인하는 동시에 오직 절대 자연, 즉 힘의 표현이다. 이것은 용用으로만 그러한 것이 아니라 동시에 체體로도 그러하다. 이 영원의 자연은 그 힘을 두 방면에 표시하나니, 하나는 '프라브릿티Pravritti(동動)'요, 다른 하나는 '니르브릿티Nirvritti(정靜)'이다.

---

* 　원문에는 '손흙' 또는 '흙손'이라고 표기되어 있으나, 호지슨Brian Houghton Hodgson(1800~1894) 교수로 추정된다. 그는 네팔의 서적을 발견한 학자로, 장구한 세월 콜카타와 네팔에 거주하였다. _편집자 주

이 자연의 힘은 뿌리를 니르브릿티에 두고 여기에서 움직여 프라브릿티로 나타나는 것이다. 변동되는 순간의 작용인즉, 삼라만상은 생물 각 개성의 바람이나 행동에 의하여 자연으로부터 내려받는 것이다. 이들 삼라만상은 영원히 상속하므로, 윤회로 동動하고 정靜하는 것이 전부 자연으로부터 생긴 두 방식에 의하여 되는 것이다. 그러므로 이 우주는 무슨 최고의 신이 만든 것이 아니라, 프라브릿티가 영원한 자연 속에 있는 물질들을 서로 합하게 하여서 비로소 하나의 형태를 이루게 된 것이다. 이 프라브릿티는 영원한 자연으로부터 영원한 자연으로 진행하는 경로에 불과하다. 다시 말하면, 니르브릿티의 현상에 불과한 것이다. 그런즉 니르브릿티의 작용은 프라브릿티의 정반대이니, 예를 들면 니르브릿티가 정이면 프라브릿티는 동이요, 즉 용과 체 또는 본체와 현상에 비할 것이다. 생물에서 성聖과 현賢과 우愚가 있는 것으로 말하면, 각자 자기의 자연을 가지고서 부지런히 수양함으로써 니르브릿티에 도달하면 '성'이라 하고, 가까워지면 '현'이라 할 것이요, 멀어지면 '우'라 할 따름이다. 다시 말하면, 프라브릿티의 현상에서 모든 필요조건을 모아서 수양하여야 비로소 이 정도程途에 도달한다는 말이다.

그러므로 스바바비카들은 그들의 정신을 니르브릿티에 화합하게 하는 동시에, 그들의 개체적 느낌을 통일하여 영원한 자연 속에 안정시키는 것이다. 모든 생물은 프라브릿티를 거쳐 니르브릿티로 절대의 진공眞空 속에 머무는 것이다. 다시 말하면, 아주 변통할 수 없는 공空에 머문다는 말이다. 이것이 스바바비카들의 최고 경지이다. 동시에 이 공으로 말하면 논리상 절대의 선善이지만, 사실상 이 공을 분석해본다면 아무것도 아닌 하나의 '공'이고 마는 것이다. 왜 공이 필요하냐 하면, 모든 생물이 아무것도 없는 자연에서 영원히 쉬지 않는 윤회로 휴식이 없는 까닭이니라. 이와 같은 학설은 대략 요의경了義經(불법의 도리를 명백하고 완전하게 말한 경전)에서 볼 수 있는 것이다. 호지슨 교수가 각각 부류를 지어놓은 중, 이 스바바비카로 말하면 가장 본체적인 의미를 가졌음이요, 그외의 것으로 말하면 대략은 이것에서 변한 것으로 생각한다. 그중에서 프라즈냐prajñā(총명지總明智)라는 것을 말하자면, 자연의 현행력現行力, 자연 지혜의 총체이니, 이것을 가지고 수행함으로 니르브릿티에 흡수되는 것이니라.

동시에 우리는 이와는 정반대되는 학파를 볼 수 있나니, 이들은 앞에서 언급해온 자연론과 정반대로 유신론有神論을 주장한다. 이 학파의 이름은 '아이스바리카'이니, 이는 하나의 신을 인정한다는 의미인즉 '지혜의 본체'요, 이것을 명하여 '아디붓다Ādi-Buddha(아제불타阿提佛陀)'라 한다. 이것으로 말하면, 모든 생물이 그들의 수양으로 성불하면 아디붓다에 합치되는 것이다. 동시에 모든 생물이 아디붓다로부터 생긴 것일 뿐만 아니라, 역시 모든 생물 안에 함재되어서 그들과 영원히 공존하는 것이다. 호지슨 교수에 의하면, 오직 비물질적인 본체와 하나의 신을 긍정하나니, 이 신의 가피加被(자비를 베풀어 중생에게 힘을 줌)나 위신威神(인간의 지식으로는 헤아릴 수 없는 영묘하고도 불가사의한 힘)을 이 세상에다 사용치는 않지만, 생물들을 생존으로 보내고 성위聖位로 흡수하는 책임이 있으며 모든 생물에게 프라브릿티의 재산을 주고 행복의 총체를 보호한다. 모든 생물이 프라브릿티에 있을 때에 완전히 신으로부터 독립하는 것이다.

이 학파가 생각하기를, 모든 생물이 신력信力을 얻기 위해서는 오직 고행과 사마디(선정·삼매)의 도움이 있어야 한다고 한다. 그래서 생물 모두가 이 성위에 도달할 수 없으며, 또 도달한다면 이것은 붓다가 인간계에 수생受生함에 불과하며, 사후에는 천계에 수생하여 모든 복락福樂과 완실完實로 장엄莊嚴하나니, 이것이 곧 아디붓다에게 합체되는 것이다. 이 학파의 유신론적 생각을 호지슨 교수는 극히 발달된 현대적 사상이라 생각한다. 또 수數로 말하면, 물론 자연론자들에 비해 적고, 연원淵源이 그에 비해 아직 견고하다고는 하지 못할 만한 위치에 있다. 이 학파로 말하면, 전자에 비해서 보다 일정한 사색의 방식을 정하여 우주 만반을 설명하고자 하나니, 이 아디붓다의 귀결을 가진 사색인즉 불교철학 중에서 본체론本體論(온톨로지Ontologie)이라 하지 아니할 수 없다. 동시에 자연론자들인즉 대략 자연 전체를 가지고 이야기하므로 막연하고 부조리한 면이 없지 아니하다. 이 아디붓다의 관념인즉 유신론자들만의 것이 아니라, 동시에 일상적으로 네팔 사람들의 인생관이나 우주관을 지배하는 것이다. 역시 자연론자들 중에서도 그러한 흔적을 볼 수 있다.

그러나 참으로 애매한 편이 없지 아니하니, 자연론자들에게 묻기를, "모든 생물은 어디서 왔는가?" 하면 그들이 답하기를 "개체적 자연에서!" 하고, 또 묻기를 "죽으면 어디로 가는가?" 하면 그들이 답하기를 "이 자연이 미혹함으로 인하여 변출變出한 많은 형상 중에서 다른 형상으로 가는 것이다!" 하며, 다시 묻기를 "최후에는 어디로 가느냐?" 하면 그들이 답하기를 "진공眞空의 중심으로!" 한다. 그러나 유신론자는 이러한 의문을 받을 때에는 아래와 같이 답하는 것이다. "모든 생물은 아디붓다에서 와서, 각각 개체를 이루어 같은 형상과 다른 형상으로 나타났다가, 최후에는 반드시 다시 아디붓다에게로 돌아가는 것이다!"* 그러나 여기에서 잊어버려서는 아니 되는 것은 이 유신론자들의 주체가 관념인 것이다. 이는 브라만의 관념을 진보시킨 듯하다.

우리는 계속해서 호지슨 교수에게 다시 나머지 두 학파를 배우고자 한다. 그가 생각하기를, 이 두 학파는 모두 시대적이고 유신론이나 자연론들에 비하여 뒤늦게 생긴 것이라 한다. 이들의 이름인즉 카르미카(실행종實行宗)와 야트니카(역종力宗)이다. 호지슨 교수가 생각하기를, '실행'에 대해서 '양심과 함께한 도덕'이라 하고, '힘'에 대해서는 '양심과 함께한

---

* 《화엄경》〈십지품十地品〉과 비슷하다. 이것은 브라만교의 종지宗旨를 광의廣義로 해석한 데 불과하다.

지력智力'이라 한다. 이 두 학파가 생기게 된 이유인즉, 앞서 말한 자연론과 유신론은 모두 원리만 주장하고 적극적 실행이 없었고, 가피의 현실을 숭상함으로 인하여 실재와 인류의 인격상 자유를 무시하므로, 이것을 방어하기 위하여 생긴 것이다. 이 두 학파의 창립자들은 많은 종지宗旨(종문의 교의 취지) 중에서 필요와 간편을 취하고, 동시에 문화적 의미에서 도덕을 의미하는 한도에서 방향을 정한 것이며(카르미카), 지혜가 최고점에 도달하는 지름길이라고 생각한 것이다(야트니카). 결국 가피력은 물론 신의 중개(중재)까지 부인하였다. 즉 불야타佛也打(부처도 때림)·조야타祖也打(조사도 때림)·일지능파삼독관一智能破三毒關(하나의 지혜는 3독의 문을 부술 수 있음)인 셈이다. 이들이 장구한 세월로 전해오는 중, 현재에는 카르미카나 야트니카들은 전자 두 가지에 대하여 엄정한 반대파가 되었다.

이상 네 학파들은 각각 경전을 수지受持하고 보관하고 있는 중, 주석註釋들은 각각 종宗에 따라서 다르게 되었다.

5월 10일 베를린에서

《불교 제16호(1925. 10.)》

곤륜산 절정에는 무엇이 있나

이 의문은 1924년 영국 티베트 탐험대에 의하여 비로소 해결되었다. 곤륜산이 이 세계의 정상인가 하는 의심은 많은 세월을 두고 있어왔고, 인문이 발전함에 따라 해결의 요구가 심하였다. 의심으로 말하면, "혹시 절정에도 사람이 사나?" "혹시 영원의 비밀이 숨겨져 있나?" "혹시 참극惨劇인 설혼雪魂인가?" 하면서 쉬지 아니하였다. 근래에 와서 남북극·적도 그리고 무한히 깊다 할 만한 대양을 탐험하게 되었으며, 하늘을 나는 비행기는 자연의 비밀을 인류 눈앞에 펼쳐 보이기 시작하였다. 이렇게 도처에서 성공하였지만 오직 에베레스트산(곤륜산崑崙山), 즉 면적이 3,200km²*를 차지한 히말라야(히마hima는 눈, 알라야alaya는 거처), 다시 말하면 전체 대산大山의 천정이라 할 만한 것은 아직도 비밀에 있다. 5~6년의 세월 동안 이 히말라야의 상봉上峰을 조사한 결과, 그 정상이 북

---

* 에베레스트산 공식적인 면적은 확인하기 어렵다. _편집자 주

인도에 있는 것이 아니요, 티베트에 있는 것을 알게 되었다.

이 정상을 에베레스트산이라 하나니, 높이는 8,848m의 해발로 공중에 솟았고 동시에 세계 제일의 고봉高峯이 되었다. 이곳을 탐험하고자 하는 첫 번째 계획은 1921년 영국에서 시도하였지만 실패로 끝났고, 두 번째는 1922년에 영국 불교단에서 시작하였다가 실패하고 돌아왔으며, 세 번째는 많은 경험을 종합하여 1924년 여름 영국왕실지리연구회의 주도로 에베레스트산 탐험대를 다시 티베트에 보냈다. 붓다의 고향인 북인도, 네팔, 시킴*을 경유하여 중간에서 약간의 준비를 정돈하여 전진하는 중, 네팔에서부터는 자동차 여행을 중지하게 되었으니, 아무리 험지에 적당하게 만든 자동차라도 고봉과 준령의 통행을 허락받지 아니한 것이다. 두 번째로 군중에 의하여 전진하다가 이것도 가히 당해낼 수 없어서 당나귀를 대신 탔고, 티베트 국경에 들어와서는 부득이 티베트산 낙타(소도 말도 아닌 것)를 타고 전진을 계속하였다.

티베트는 약 해발 4,500~5,000m에 위치하였다. 이곳 주민들로 말하면, 유럽인들의 눈에는 대단히 재미있게 비쳐졌으나, 그들은 유순하고 철없는 아이 같고 더욱이 지나치게 많은 미신으로 외부인과 접촉하지 아니하면서 살아왔다. 티

---

* 인도 북부, 히말라야 북쪽 기슭에 있는 주(州)로, 남아시아에 있던 인도 번왕국이었다. 1642년에 창건되었으며 1861년부터 1947년까지는 영국의 보호국으로 남아 있었다. 1975년 인도에 합병되면서 소멸되었다. _편집자 주

베트의 수도인 라싸로 말하면, 아주 초급의 전신과 전화가 약간 설비되었으며, 근래에 와서 지폐까지 사용하고 있다. 주요한 소산물所産物로는 양모와 보리 이외의 농산물이다. 이곳에는 중국의 주장대신駐藏大臣이 있으나, 실상 승려 라마喇嘛가 정치를 한다. 그들은 독신생활로 사원 안에서 생활한다.

'라마'라는 문자는 사원 안에서만 쓰는 고승의 존칭이었다가, 이것이 장구한 세월을 거쳐 현재에는 일반적인 승려의 존칭명사가 되었다. 이들은 무죄無罪·청빈淸貧·공순恭順으로 위를 대하여 화和하고 아래를 대하여 목睦함으로써 일신을 장엄한다. 동시에 사원의 부富는 가능한 대로 보존하고 증식하게 한다. 남승男僧과 여니女尼는 구별 없이 동등하다. 이 승니들은 사원에서 수행하는 것과 민중의 지식을 인도하는 것으로써 소임을 삼는다. 동시에 그들은 사원 밖에서도 생활한다. 크고 작은 승원 중에는 니원도 섞여 있다. 이 여니들은 삭발한 머리에다 황건黃巾을 썼으나 대략 남승과 비슷하다. 수효로 말하면, 남승에 비하여 소수이다. 티베트 승사僧寺로 말하면, 대략 관문제關門制(중국 구식의 금관禁關 건축식)로 건축하였고 위치는 산의 경사면에 정하였나니, 예를 들면 반도의 산성山城 같아 보이기도 한다. 사원의 주지住持로 말하면, 사원을 통관統管(여러 부문을 통일하여 관할함)하는 책임과 상당한 가피력加被力이 있어서 승려들을 다스리고 동시에 예언을 하여 장애를 피하나니, 이 주지는 6년마다 선거에 의하여 정한다.

전 티베트를 통할하는 고승으로 말하면 달라이 라마이니,

그의 궁전은 라싸에 있다. 그는 불佛의 화신이요, 동시에 육신을 가진 생불生佛이라 믿어진다. 달라이 라마가 좌탈坐脫(좌선한 채로 죽음)이나 입망立亡(꼿꼿이 앉은 채로 죽음)을 하면, 불이 다른 육신을 구하여 화신으로 삼나니, 보통 가난한 가정에 동정童貞으로 있는 소년이라 믿는다. 이것을 영접하는 방법인즉 예언이나 '제비뽑기'하여 행한다. 이외에 두 번째 지위에 두 사람이 있나니, 이들은 쿠툭투*라고 불린다. 이 둘 중의 한 명은 중국 및 티베트 국경에 있고, 다른 한 명은 우르가(몽골의 수도 울란바토르의 옛 지명)에 있다. 불원佛院의 법문으로 말하면, 인생의 사위事爲는 망경妄境, 즉 상상에 의해 번뇌와 불안과 공포가 생겨서 애명愛命과 애욕愛欲의 상속이 끊이지 않고 무취미無趣味한 윤회의 망전妄轉으로 수신受身하였은즉, 이것을 끝내고자 망인妄因을 쉬게 하고 망과妄果를 오지 않게 하여 고통과 번뇌로부터 해탈하여 열반에 들어선다.

해탈 즉 정각正覺을 하기 위해서는 브라만적 고행과 의식과 공회가 전혀 필요치 아니하며 더욱이 계급제도가 이보다 필요치 아니하여서, 오직 대자대비大慈大悲로 발고여락拔苦與樂(자비로써 중생의 괴로움을 없애주고 즐거움을 주는 일)하는 것이다. 이것을 샤키아무니가 연설하여 모든 고통받는 중생을 제도

---

* 티베트어 호툭투의 몽골어 발음이다. 청나라 때부터 민국 초 사이 시대에 티베트 불교에서 몇몇 고승에게 주어진 칭호이다. 티베트 불교에서 쿠툭투들보다 격이 높은 이는 달라이 라마와 판첸 라마밖에 없다. 쿠툭투들은 모두 단절되었고, 현재 남아 있는 쿠툭투는 없다. _편집자 주

하고자 하였다. 그는 당시 인도에서 정치적 지위를 보존하기 위한 무의미하고 부자연한 브라만교의 공희와 의식을 반대하고, 사회적 평등과 행복을 도모하였다. 또 사유私有를 존중히 여겨서 청렴과 진실을 권하여 사회 질서를 보존하고, 3독심 및 복수를 제어하는 동시에 자안慈眼으로 인류를 보며 자심慈心으로 안락을 주고자 하였다. 그러나 열대 지방에 있는 인도 사람들은 이것에 반하여 그의 성훈聖訓을 일시적 신앙에 맡겨버렸고, 동시에 브라만교는 여전히 그대로 성행하였다. 그러나 북방 산지에 있는 인도 사람들, 즉 히말라야 산기슭과 티베트 고원과 몽골과 동아시아 지방에서는 성행하였다.

그러나 교회적 의식으로 말하면, 옛날 브라만교의 신앙이던 잡신들을 동시에 보존하여왔다. 현재 티베트에는 불상 역시 다른 신상들 중의 하나로 숭배하는 것같이 보인다(이것은 티베트뿐만 아니라 반도도 마찬가지이다). 불상으로 말하면, 오른손은 연화蓮花나 발우鉢盂를 가슴 사이에 들었고, 왼손은 무릎 위에 놓았다. 전신全身은 구리나 나무로 만들고 도금하였고, 머리는 나형螺形으로 하고 감청색을 칠하였다. 그 밖에 소형으로 만든 것도 있나니, 이 불상은 도금 및 보석으로 장엄하였다. 불상의 머리 위, 즉 천정에는 신상神像을 그린 기旗(헝겊이나 종이 따위에 글자나 그림, 색깔 따위를 넣어 어떤 뜻을 나타내는 물건)를 드리웠나니, 의미인즉 잡신이 불상에 오지 말라는 것이다. 이들 잡신 즉 악마가 인류를 해하는 것은 전부 고승(라마)의 신력神力에 의하여 제어될 뿐만 아니라, 오직 고승만이 능력이 있어서 항거한다고 믿었다.

　장구한 세월이 흐르면서 불佛의 본의本意인 일용행사日用行事, 즉 실제 생활에서 자연스럽게 진실한 신앙과 관찰로 의미 있는 생활을 하도록 고구정녕하던 성훈을 잊어버리는 동시에, 공희·부자연스러운 종교적 의식·잡신 숭배·종교적 경행經行(소위 정진이라는 것)·소향燒香·염주念珠 등 브라만교나 힌두교에서 하는 것을 인습하여 그들과 경쟁하는 것같이 보이게 되었다. 그러나 한편으로 브라만들의 인신공희, 즉 부자연스럽고 야비한 공물을 바치면서 '옴 마니 파드메 훔om maṇi padme hūṃ, 唵麼抳鉢銘吽'*이라 함은 실상 극히 신비하여 사람이 능히 설명을 할 수 없을 만큼 되었나니, 이유인즉 의미가 대단히 광대한 까닭이라. 한탄스럽다! 모든 행자가 한 걸음에 한 편씩을 송誦하여 태산준령을 지나 불가사의한 신비 중에 방황하며 온몸을 장엄하였도다. 이 6자대명주六字大明呪로 말하면, 산스크리트어에서 온 것이니, 대략 파드미니신Padmini神(인도 신화에 있는 연화신蓮花神)을 부른 것이 장구한 세월을 거쳐 이와 같이 드러나지 않게 된 것 같다. 현재의 의미로 말하면, '비습한 진흙 속에 있음에도 건정乾淨한 푸른 잎과 향결香潔한 꽃잎으로 햇빛 속에 솟아 있는 것처럼, 인간의 심성에

---

*　풀이하면, '연꽃의 경행慶幸(경사스럽고 다행한 일)으로 너희를 구제하리라'이다. 이 주문을 외우면 관세음보살의 자비에 의해 번뇌와 죄악이 소멸되고, 온갖 지혜와 공덕을 갖추게 된다고 한다. 이를 6자대명주라 하기도 한다. _편집자 주

3독심·번뇌·10악十惡* 등이 있음에도 청정히 열반에 도달하는 것과 같다'는 것이다. 또 간혹 볼 수 있는 것으로 말하면, 불상을 활짝 핀 연꽃 속에다가 놓는 것이니, 의미인즉 자유와 경희慶喜(불법을 듣고 기뻐하는 일)라 한다.

티베트인은 6자대명주를 다른 많은 '다라니' 중에 제일 신성하고 편안하며 가피가 빠르다고 믿나니, 120개나 되는 염주를 가지고서 복송復誦한다. 이들 염주는 굳세고 단단한 나무나 마른 과실이나 과일 씨앗이나 물고기 뼈 또는 사람 뼈로 만들었다. 이와 같은 염주는 남녀노소 승속들이 목에 매거나 팔목에 걸었다. 또는 요령搖鈴(종 모양의 큰 방울)을 흔들면서 귀의하나니, 이 요령은 흔드는 대로 공덕이 되어 천상에 기록된다고 믿었다. 이들 승려는 사원에서 매일 아침 일출시마다 축마법식逐魔法式(악마를 쫓아내는 의식)을 행하여 산중의 안녕을 보존하고 있다. 오직 바람·눈·암흑 등이 천변天變이니, 이러한 것을 신격화하여 악마라고 믿는 것 같이 보인다. 그러므로 이곳에서는 대예적금강大穢迹金剛**의 신앙이 가장 유력하다. 이와 같이 자연물을 신격화한 악마는 해만 나오면 종적을 감추나니, 해는 선신善神이 되고(아마도 일광보살日光菩薩의 숭배일 것이다) 다른 것은 악마가 된 듯하다. 혹 날씨가

---

* 열 가지 악한 행위. 살생殺生, 투도偸盜, 사음邪淫, 망어妄語, 기어綺語, 악구惡口, 양설兩舌, 탐욕貪慾, 진에瞋恚, 사견邪見이다. _편집자 주

** 더러운 것을 제거해주는 명왕으로, 금강령을 손에 든 모습을 보이는 것이 특징이다. _편집자 주

천변만화千變萬化로 급변할 때에는 악마와 해 간에 전투가 있는 것이라 믿었으므로, 승려들은 일출시에 무서운 범패와 고성高聲의 범음으로 악마를 쫓아서 해로 하여금 광명을 대지에 주고자 하였다.

이 법식에 사용되는 악기로 말하면, 인피고人皮鼓 · 순금쟁純金錚 · 금강저金剛杵 · 대나팔大喇叭(길이가 2m이니, 각종 물형物形으로 조각하였다)이니, 이것들은 악마의 시위示威에 긴요한 병기이다. 또 라마들의 의복은 각종 색의 채색화요 또는 모의毛衣며, 신발은 중국 구식의 군화軍靴이니 신창이 높고 바닥에는 철을 대었다. 법식 즉 의식으로 말하면, 장나팔長喇叭 한 쌍을 가장 선두로 하고, 다음에는 태평소(날라리) 세 쌍, 방상씨方相氏(나자儺者의 하나) 네 쌍, 인피고 한 쌍이 선다. 두서너 사람이 법주法主(법회를 주관하는 승려)로서 경행經行(불도를 닦는 일)을 한 후, 중앙에 향탁香卓을 설치하고, 향탁 위에 감로수병甘露水瓶 이외에 두 종의 그릇을 놓는다. 향탁 뒤에는 고승이 회색 포단蒲團 위에 섰나니, 손에는 순금쟁을 들었고, 그 좌우에는 각 한 사람씩 보처補處(주불의 좌우에 모신 보살) 모양으로 섰으며, 또 이어서 북 치는 라마가 앉았다. 향탁 앞쪽에는 대나팔이 입을 맞대고 섰으며, 그 앞에서는 방상씨들이 춤을 춘다. 한 15분 춤을 추고 나서는 나팔을 불고 쟁을 치고 북을 울리고 태평소를 분 후에, 모두가 천수다라니千手陀羅尼*를 왼 다음에, 태평소 중에서 한 사람이 앞쪽에 나와서 한참 분다. 이것이 그친 후에 다시 한 사람이 향탁에 놓인 감로수병을 들고 사방으로 돌아다니면서 쇄수灑水(물을 뿌림)한다. 그다음에 고승이 무엇이라 청하고 이윽고 보처가 답하는 것처럼 하더니, 다시 전과 같이 춤을 추고 나팔을 불고 북을 울려 마무리한다.

티베트 주민은 에베레스트산을 산으로만 생각하지 않고 신격화하여 "모든 대지의 어머니"라 한다. 여기에 대한 신화는 셀 수 없이 많은즉, 위엄하신 산신의 노여움을 자극할까 두려워 등산은 감히 엄두도 내지 못한다. 만일 등산하면 죽을 뿐만 아니라 사후에라도 불행이라 한다. 세계의 정상에 사람의 발이 닿음은 당연히 불가할 뿐 아니라, 동시에 위엄스러운 한적을 깨는 것도 죄라고 믿는다. 파리종은 티베트는 물론이고 세계에서 제일 높고 제일 불결한 도시이니, 해발 5,000m에 있다. 이곳 주민은 시체를 매장하는 것이 아니라, 승사僧舍의 앞뜰에다 놓아두고 개나 염소(산양)들이 먹게 한다.

이곳의 식량으로 말하면 오직 낙酪(소의 젖)이다. 제일 좋은 음식인즉 약 4·50년 묵은 낙이다. 또 이곳 주민들은 세수·목욕·세탁이라고는 알지 못한다. 걸인 또는 음악쟁이들은 초췌한 모습으로 시중市中에 돌아다닌다. 동시에 무수한 공희의 기旗는 도시를 가득 채웠다. 이 이상스럽고 신기한 주민

* 천수관음의 공덕을 찬탄하고 천수관음의 삼매三昧를 나타내는 다라니. 모두 82구로 되어 있다. 이 다라니를 외면 시방十方의 부처나 보살이 와서 증명함으로써 온갖 죄업이 없어진다고 한다. _편집자 주

들을 볼 때에 마치 '그들이 화성에서 오지 아니하였나' 하는 의심을 마지아니하였다. 이곳부터는 인가人家가 전무하고 간간이 승사를 만날 뿐이다. 해발 4,700m의 고지는 기후가 극히 이상하여서, 불과 일척 이내라도 음지는 영하 39℃라 동사하기 쉽고, 양지는 영상 45℃라 일사독日射毒을 받기 쉽다. 이곳에는 식물이 없고, 오직 돌무지와 눈덩이뿐이다. 야간에는 맹풍猛風의 효후哮吼(으르렁거림)가 마치 귀성鬼聲 같거나 천병만마千兵萬馬가 행군하는 것 같다.

세계에서 제일 높은 절, 즉 라마 승사로 말하면 롱북 사원으로, 해발 5,000m에 있다. 이 절의 고승(롱북 라마)은 특히 에베레스트산 탐험대를 위하여 재齋를 베풀고, 기도를 마친 후 예언을 하였다. "산신(전 대지의 어머니)은 고봉에 오르는 것을 허락하지 아니한다"라고 하였지만, 백색의 악마들은 예언이 있음에 상관하지 않고 전진하였다. 그러나 이곳부터는 공기가 희박하여 산소 장치의 도움으로 전진하였다. 이곳에서 제일 신기한 것을 본 것이라고는 한 마리의 검은 새가 날아가버린 것이다. 이와 같이 공기가 희박한 곳에 새가 능히 날아가는 것이다. 이곳에서 대원 중, 두 명의 젊은이 말로리 George Malley와 어빙Andrew Irvine이 정상을 향하여 전진하였는데, 이것을 군막에서 망원경으로 보고 있는 중, 그들은 정상으로부터 160m되는 지점까지 간 것을 마지막으로 다시 보이지 아니하였다. 동시에 공교히 해 질 무렵이 되어서 그늘이 상봉에 덮였다. 이 두 사람들은 이틀이 지나도 돌아오지 아니하였다.

　그러므로 탐험대의 남은 생존자들은 부득이 영원한 적막
중에다가 두 명의 용장勇壯을 기념하기 위하여 돌 조각을 모
아서 탑을 만들었다. 우리가 의심하기를, '그 두 사람이 혹시
눈덩이에 파묻혔는지, 또는 운풍雲風에 몰려서 부지거처不知
去處(간 곳을 모름)가 되었는지' 할 뿐이지만, 대원들은 이렇게
믿는다. '그들은 확실히 공기도 없는 상봉까지 가서 동사 또
는 기절로 우주와 하나가 되어버렸나 보다' 한다. 그렇게 해
서 탐험대들은 여기에서 어쩔 수 없이 돌아가게 되었으니,
한편으로는 롱북 라마의 예언이 진언眞言이 되고 말았다. 현
재 영국에서 1929년에 다시 탐험을 계속하고자 하고 있음이
요, 또 올해에는 미국이나 스위스에서도 그곳의 탐험을 계획
하고 있다.

《불교 제25호(1926. 7.)》

아미타 화신인 타시 라마

근래에 와서 각지의 탐험이 진보함에 따라 중앙아시아의 탐험도 시작되었나니, 이 탐험의 중요한 인물인즉 근래 스웨덴 학자 스벤 헤딘Sven Anders Hedin(1865~1952)*이다. 그로 말하면, 다년간 히말라야를 중심으로 티베트·몽골·인도·중국·러시아에서 학술적 탐사를 진행하여 많은 사실을 세계에 소개하였다. 더욱이 불교를 알고자 하던 유럽인들의 마음에 응함이 있었던지, 여하간 불교에 대한 많은 내용을 유럽에 소개하였다. 항상 중립을 취하여 학자적 태도를 잃지 아니하였고, 그의 명확한 견지를 독자에게 소개하여 사람들로부터 존경을 샀다. 그래서 나는 그의 이야기 중 몇 절을 다시 소개하고자 한다. 앞에서 대략 티베트를 소개하였으므로, 여기에서는 오직 라마의 사정과 티베트의 형편만을 소개할 것이다.

---

* 원문에는 "스위스 학자 스벤 헤딘이니, 그는 일찍 노벨상까지 얻었다"라고 되어 있는데, 헤딘은 노벨상 수상자가 아니며, 스웨덴 사람이어서 위와 같이 수정하였다. _편집자 주

1924년 봄에 타시 라마(판첸 라마)˙가 티베트로부터 피신하게 되자 스웨덴의 신문 등을 시작으로 전 세계 여론이 대단히 주목하게 하였다. 그 가운데 상하이와 베이징에 있는 영자 신문들은 근래 티베트의 정치적 변동에 대하여 묵언하지 아니하였으므로, 비로소 재작년 5월에 타시 라마가 피란한 것을 보도하였다. 이 통신인즉 인도 국경으로부터 시킴을 지나 콜카타에서 정식으로 보도하기를, 육체를 가진 티베트의 신은 동부 티베트를 지나 코코노르(중국 칭하이성青海省에 있는 내륙호의 옛 이름)를 따라 간쑤성甘肅省 란저우蘭州로 도피하였다고 하였다. 그의 의도인즉 우르가(현재 울란바토르)에 있는 불교 사원으로 가고자 하였지만, 란저우에서 간쑤성 장군이 극도의 경의를 표하고자 황하黃河의 뱃길로 베이징에 가기를 청하니, 그를 위하여 베이징의 황사黃寺(북경 시내의 북교 안정문 밖에 있었던 티베트불교 사원)를 탐험하기로 한 것이다. 1년 전에 나는 대라마大喇嘛에 대한 기억을 가졌나니, 타시 라마가 란저우에 있을 때 방문한 유럽인들의 접대를 맡은 일이 있었다. 그때의 기억인즉 그가 성스러운 자비의 미소를 지을 때마다 온몸에서 초인간적인 선善과 자비의 광채를 느꼈다. 이 바람에 나는 시방 1년 전에 47일간을 그가 있는 성스러운

˙   티베트의 전생 활불로서 달라이 라마 다음가는 위치에 있는 사람의 통칭이다. 정식 명칭은 '판첸 라마'이나 주지住持하는 사원이 타시룸포 사원이기 때문에 '타시 라마'라고도 한다. _편집자 주

사원의 객홈이 될 수 있었다. 이 기억인즉 해가 지나도 잊히지 아니한다.

　1907년 봄에 나는 나의 대상군隊商群(낙타를 거느린 상인의 무리)과 같이 히말라야산맥을 종횡으로 다녔다. 산리학山里學적 방법에 의하여 히말라야산맥을 횡단한 것이다. 이곳에서 카일라스산맥과 히말라야산맥이 만나 대곡大谷을 이루었나니, 브라마푸트라강이다. 이 강은 서출동류수西出東流水였다. 여기에서 물을 따라 내려가면 타시 라마의 사원이 있는 도시에 갈 수 있다. 히말라야의 횡단 방향을 정하여, 낙타에 무거운 짐을 실은 대상군을 보내고 나는 말을 타고 전진하였다. 십여 일에 걸쳐 골짜기로 내려옴에도 10분의 1도 못 내려왔으므로, 부득이 타낙 마을에서부터는 모든 것을 다 대행원隊行員들에게 부탁한 뒤 두 명의 대원과 한 명의 티베트 사공과 더불어 수로水路를 이용하였다. 난체강과 잔포강의 합수되는 곳까지 남행하여서는 나의 수행인들이 정한 기간을 기다렸다. 여기서 다시 말을 타고 옆에 있는 골짜기로 내려가니, 해는 져서 암흑한 밤중에야 시가체*에 들어갔다.

　중국이 티베트의 주권을 가졌으므로 산에 사람을 보내어 나의 일행을 찾아 티베트로 들어오지 못하게 하였으나, 그들은 내가 시가체에 들어온 후에야 알았다. 시가체 근처 원림園

---

*　　판첸 라마Panchen Lama의 본거지. '고향의 재'라는 뜻의 시가체는 티베트 남부의 잔포강과 난체강이 합류하는 곳에 위치한 해발 3,700m의 티베트 제2의 도시이다. _편집자 주

林 속에 장막을 치고 나니, 여기에서는 타시룸포 성사聖寺가 잘 보인다. 여기까지 오고 나니, 중국인이나 티베트인들은 내가 여기까지 온 것에 대하여 놀라기를 마지아니한다. 이유인즉 그들 전력을 다하여 막으려고 추적하였음에도, 이와 같이 그들 모르게 왔던 까닭이다. 그러므로 그들이 말하기를, '천상에서 내려왔나 보다'고들 생각했다고 한다. 그리고 나서 그들의 친절한 대우를 받으며 가는 중, 티베트인들은 더욱 대단히 존경을 표현하였고 친절하였다.

나는 큰 행운으로 신년 경절慶節인 '로사Losar'를 보게 되었다. 라마 사원의 큰 축제이다. 나는 2월 9일에 이곳으로 들어왔는데, 이 경절은 11일에 시작한다. 의식은 무엇이라 이야기할 수 없을 만한 화편畵片과 상상像으로 된 제1대 타시 라마의 부도浮屠(부처의 사리를 안치한 탑) 앞에서 축마무逐魔舞(악마를 쫓는 춤)를 행한다. 현존한 타시 라마인즉 제7대이니, 3,800명의 승려와 무수한 성지순배자聖地巡拜者들과 함께 의식에 참가하였다. 성자聖者는 나에게 최고의 위치를 택하여 자리를 정해주었으므로 이 의식을 잘 볼 수 있게 되었다. 내 자리에서는 황색의 그림으로 장엄한 타시 라마의 자리를 바로 볼 수 있었다.

둘째 날에 성자가 나를 불렀다. 그의 궁전인 라브랑Labrang, 즉 티베트의 바티칸Vatican•은 굉장히 각형角形으로 되어 있

• 바티칸은 로마에 있는 교황의 권속眷屬인 승원僧院만 있는 구역 이름이요, 라브랑은 이 구역(시가체) 중앙에 있는 법왕의 궁전이다.

고, 전각殿閣과 요사寮舍(절에 있는 승려들이 거처하는 집)들만 있는 사찰총림寺刹叢林에 솟아 있다. 티베트 사원의 건축 양식은 특별해서 이상하게도 많은 선으로 장식하여 조화를 이루었나니, 그 견실한 창살이라든지 화려하게 흰색으로 칠한 징두리라든지 지붕 밑에 두른 서너 개의 검은 선이라든지, 창 상부에 늘어뜨린 흰 베 등이다. 지붕 위에는 보발주寶鉢柱 같은 것들을 세웠으니, 그것은 황색의 금속이나 나무 혹은 흑색이나 백색의 포속布屬(베붙이)으로 만들기도 하였다. 이것은 흉악한 풍신風神이 성전에 들어오지 못하게 하는 것이다. 또 지붕 추녀 끝마다 황동으로 만든 풍경風磬을 달아서 미풍에만 흔들려도 맑고 낭랑한 경소리가 전각·요사·탑들에서 울린다.

이 라브랑 안에는 지성至聖인 타시 라마가 거주한다. 그는 1882년에 탄생하였고 1888년 2월에 현존한 달라이 라마의 득도 및 성직수여식聖職授與式(점안點眼)을 행하였다. 티베트어의 존호로는 '판첸 린포체', 몽골어의 존호로는 '판첸 보그도' 혹은 '판첸 에르데니'요, 그는 아미타불阿彌陀佛의 화신이라 한다. 다시 말하면, 그는 불佛이 사람 몸에 화현化現한 화신化身이니, 성위聖位의 존엄과 청정과 법지력法智力인즉 타시 라마가 달라이 라마보다 높다 한다. 내가 방문하였을 당시인즉 타시룸포의 법왕 세력이 유일하였나니, 그때인즉 달라이 라마가 중국 세력을 따라 도피하였을 때이다.

나는 나의 수행원들 중에서 이슬람교도 이사Isa를 통역으로 데리고 사원시동문寺院市東門으로 들어간 다음, 한 고위 라마 즉 근시近侍 라마를 따라 높은 집들과 요사 사이의 좁은 길을 지나서 라브랑 큰 층계를 경유하여 올라갔다. 이 층계는 철로 서까래를 하였는데, 어찌도 다니었는지 다 닳아서 번쩍번쩍한다. 성지순배자들이나 신자들은 이 나무 계단을 손으로 만진다고 한다.

우리가 지나가는 길에는 승려들이 뭉치뭉치 섰는데, 그들은 머리를 삭도削刀(절에서 승려가 머리털을 깎는 데 쓰는 칼)로 빡빡히 밀었다. 층계를 올라갈수록 높은 지위를 나타낸다. 나는 한 조그마한 방으로 인도를 받았다. 이 방은 라마의 위엄으로 화려하게 장식되었다. 모든 것이 백색 아니면 황색 즉 성색聲色이요, 불상과 신상들은 금색이다. 여기서 한 점잖고 친절한 연장자 승이 나를 영접한다. 마치 로마 바티칸에서 하는 것과 다른 것이 없다. 바티칸에서 교황의 방문자를 먼저 추기경°이 조사한 후에 교황과 면접시키는 것과 같다.

여기서 다시 한 층계를 올라가서 한 방에 들어가니, 역시 어떤 승이 나를 맞으면서 낮은 목소리로 무엇이라 한 뒤 성자가 계신 방문을 열어준다. 그리하여 나는 한 장방형의 방 안으로 들어왔다. 이 방은 두 종으로 만들었나니, 천정은 천형天形으로 만들고, 내부 쪽은 입구 쪽보다 바닥이 높게 만들었다. 중간 창 근처에는 다탁茶卓을 놓았으며, 또 그 옆에는 아미타불

의 좌상을 놓았으니 결가부좌結跏趺坐를 하였다.

친절한 미소로 공순히 나에게 두 손을 준다. 그의 의복은 다른 승려들과 조금도 다르지 아니하게 단순하다. 말하자면 저고리, 조끼, 장삼에다 기다란 검붉은 가사를 입었다. 이 가사는 어깨에 메고 몸을 두른 로마의 토가toga(고대 로마의 남성이 시민의 표적으로 입었던 낙낙하고 긴 겉옷)와 조금도 다르지 아니하다. 두 팔은 다 벗겨져 있다. 오직 특별히 다른 것이 있다면 황색 바탕에 금실로 사이사이 수를 놓은 조끼가 가사 옆으로 보이는 것이다. 이것이 최고 지위의 표시라 할 것밖에 다른 것은 없다. 초면이건만 기억되는 것은 따뜻하고 시원시원한 타시 라마의 기운이 사람을 조복시키는 것이다. 그의 밤색 눈동자는 그의 평화스럽고 자비스러운 화기和氣 속에서 박애의 미소를 전한다. 그의 입술은 움직일 때마다 박애한 미소와 공손의 광채를 발하고, 그의 머리는 짧게 깎았으나 흑색이다. 윗입술 주변에는 수염의 흔적이 있고 그의 안색은 희다. 그러나 티베트의 태양과 양쯔강楊子江의 바람과 기후로 인한 황회색도 보인다. 그의 전체는 청정淸淨·과욕寡慾·신성神聖의 분위기를 발하고 그것이 뭉쳐서 광휘가 된다.

그의 일동일정은 다른 사람으로 하여금 동정과 친절을 발하게 하고, 청정하고 온화한 얼굴빛은 누구에게든지 환심을 발하게 한다. 그의 외모로 말하면, 한 공손한 사원의 수도승이다. 타시룸포에서 창으로 날마다 죄악 많은 시가체와 세상의 흐름을 보고서 애처로워 하리라마는, 그는 티베트의 성인이다. 그의 눈동자와 신기한 광휘를 주는 눈을 본 사람은 잊어버릴 수 없다.

타시 라마는 나와 이야기를 시작하였다. 그가 이야기하는 모습은 극히 온순하고 차분하여 조금 부끄러워하는 듯하더니, 그 기색은 금세 없어지고 세 시간 동안 이야기하는 중에 우리는 완전히 친한 친구가 되었다.

내 기억에 남아 있는 그의 이야기와 물음을 대략 적어본다. "창탕(티베트 북서부에 있는 고원)에서 추위를 많이 만나셨습니까? 따뜻한 털옷들과 연료들을 잘 준비하셨습니까? 많은 맹수도 만나셨고 식량도 많이 걱정하셨겠지요? 저는 여기로 오는 산중 험지에서 고생이 좀 적었기를 바랐거니와 유목민들이 당신을 친절히 접대하였기를 바랐지요! 내가 당신을 이와 같이 접대함에 대하여는 용서를 하셔야 합니다. 그러나 나는 당신이 이와 같이 오실 줄은 정말 몰랐습니다. 인도의 부왕副王이 나에게 편지를 보내 당신이 오시리라고 전했습니다만. 참으로 반갑습니다. 당신이 이렇게 무사히 오심에 나는 당신의 모든 것을 편안히 만들어드리라고 명하였습니다. 이제 이곳에 좀 오래 계시고, 돌아가시더라도 내 나라로부터 좋은 기억을 가져가시기를 바랍니다."

그다음에는 평상시의 사정이니, 즉 나의 가족에 대한 것, 나의 나라에 대한 것, 러시아와 영국의 왕들과 그들의 세력, 스웨덴은 얼마나 먼 곳인지 티베트에서 유럽은 얼마나 먼 곳인지, 또 유럽의 민중, 언어, 종교 및 군주 또 군주 간의 세력

관계 등을 이야기할 적에 그는 조금도 생각하지 아니한다. 즉 유럽의 모든 왕의 세력이 자기에 비하여 얼마나 미미하고 무가치하며 무능하여 자못 비교도 할 수 없는 것이다. 말하자면, 자기의 신앙자들의 정신 즉 진정한 신력信力이 티베트뿐만 아니라 칼미크족(유럽인이 서몽골족을 호칭한 민족명)으로 시작하여 우르가를 통하여 몽골 또 에베레스트산 남단까지 무한의 세계 안에 있으니, 대승불교도들이 이 25세가 된 무상사無上師에게 무한한 세력과 법력을 준 것이다. 그는 시방 내 앞에 앉아서 점차 일어나 사그라지는 반딧불 같은 왕력王力이나 일시적인 폭포수 같은 황력皇力임을 이야기한다.

그는 가장 재미있게 러일 전쟁을 이야기한다. 그가 생각하기를, 그 강한 러시아를 이김으로 일본이 참으로 불가항력적인 세력을 가졌겠다 한다. 그래서 나는 그에게 뤼순 전투* 등을 이야기하였다. 중국에 대한 그의 생각인즉, 참으로 이상한 일이라 한다. 그가 나에게 묻기를, "중국 황제를 보았는가?" 한다. 1903년과 1904년에 영국군이 티베트에 처음 들어옴으로 인하여 달라이 라마가 중국 군대에 의하여 중국으로 피란하였을 때에, 그는 중국이 대단히 강하리라 생각하였다고 한다. 그러나 1905년에 그가 친히 인도에 가서 영국의 세력을

---

* 1894년 11월 21일 만주의 뤼순旅順에서 청나라 군대와 일본 제국 육군 사이에 벌어진 전투. 청일 전쟁 당시 일본군이 만주에서 치른 첫 전투로, 단 하루 만에 전략적 항구인 뤼순항을 함락시켰다. 오늘날에는 1904년 러일 전쟁의 개전이 된 전투를 가리킨다. _편집자 주

본 뒤에는 중국이 강하다는 생각이 없어졌다고 한다. 마가다에 있는 붓다가야(불타가야佛陀伽倻)에서 시작한 성지 순배 때에 영국의 세력을 절실히 느낀 것이다.

마지막에 나는 내가 원하는 것에 대해 이야기하였다. 즉 나는 전 사원을 둘러볼 것이니, 상탑像塔·요사·승려 교육·종교 의식 및 불교신학에 관한 것을 보고 싶다고 하였다. 그가 말하기를, "나는 당신을 인도해줄 라마에게 말해두었습니다. 당신이 원하시는 것을 보여드리라고요."

며칠 후에 다시 나는 궁전으로부터 부름을 받았다. 우리는 다시 하늘과 땅에 관한 이야기를 하는 중, 성자를 촬영할 기회까지 얻었다. 사진에 대해서는 공교롭게도 타시 라마가 좀 불쾌한 태도를 가지었으니, 아마도 처음 찍는 사진을 그의 신자도 아닌 사람이 타시룸포 성정聖庭에 들어와서 찍은 까닭이다.

장구한 세월을 지나며 티베트의 정치 상태는 크게 변하였다. 1906년부터 1908년까지 내가 전 티베트를 답파할 때인 즉 티베트 내의 중국인은 티베트인보다 많음을 느꼈다. 타시 라마는 정치에 관하여서 완전히 중립적 태도로 있었다. 중국인이 무슨 잘못을 하거나 불법한 행동을 할까봐서 그는 가능한 데까지는 피하였다. 그러므로 나의 방문도 당시 시가체에 있는 중국 사신에게는 알리지 아니한 것이다. 그래서 내가 날마다 타시룸포에 출입하는 것은 완전히 비밀로 하였다.

그러다 1909년에 중국 군대가 동쪽으로부터 티베트에 들어와서 2,000명이 라싸에 주둔하였다. 그러므로 달라이 라마는 다르질링에 있는 영국군 안으로 피란하여 2년을 지내는 중, 1911년에 중국에 혁명이 일어남으로 티베트에 주둔하던 중국군은 중국으로 돌아가고, 1912년 달라이 라마는 다시 라싸로 돌아와서 영국의 이상理想을 전부 들여왔다. 달라이 라마가 없을 때에는 국새나 전반이 타시 라마의 손 안에 있었다. 달라이 라마가 인도로부터 힘을 얻어서 자기의 지위를 회복하려고 주선周旋하는 중에 두 법왕은 그다지 불화하지는 아니하였지만, 그 뒤 달라이 라마가 영국의 조력을 받아 군대에 힘씀에 즈음하여 라싸와 타시룸포 간에 불화가 생기기 시작하였다. 해가 가고 해가 옴에도 이 불화는 나아지지 아니하였다.

동시에 중국과 영국의 경쟁은 티베트를 중심으로 격렬하게 되었다. 중국에 대하여 중요한 지위를 가진 것은 티베트가 라마교도의 중심인 까닭이다. 티베트가 없고는 장성長城 바깥에 있는 몽골을 유지하기가 어렵다. 동시에 영국에게도 필요한 것이니, 인도의 장성이라 할 만한 티베트가 타국의 손 안에 있으면 영국으로서는 참으로 위험한 일이다.

현재 티베트의 주권은 영국이 가지고 있다. 영국 편인즉 달라이 라마이니, 티베트의 무력과 궁전이요, 중국 편인즉 타시 라마이니, 전체 티베트 승려와 티베트 인민 중에 유럽 세력의 침입을 싫어하는 자들이다. 타시 라마에게 충성을 다하는 이들로 말하면, 라싸 근처에 있는 거대한 재산을 가진 3개의 대사찰이니, 세라·드레퐁·간덴이다. 이 사찰들은 지난날 내정內政에 대해서는 참으로 힘이 있었다. 현재인즉 아주 묵언하고서 달라이 라마가 영국의 세력에 의하여 정치하는 것을 그대로 내버려둔다. 그래서 인도로부터 라싸에 전신電信을 설치하고, 포탈라(달라이 라마의 궁실)에 전화를 설치하였다. 또 그의 군대는 영국 제도를 채용하고, 병기·탄환·포는 인도로부터 수입하였다.

일본은 유럽으로부터 전술을 배워서 유럽 세력을 방어하지만, 중국은 그 전술을 가지고 장군들끼리의 내란에 이용하여 동포를 서로 죽이는 중이다. 영국의 군국주의는 극도의 평화 속에 있는 티베트에 들어와 무장한 티베트를 만들고, 이 무장한 티베트는 군기軍器로써 중국과 세라·드레풍·간덴·타시룸포 대찰의 승도들에 대항한다. 그런즉 영국은 이에 대하여 모든 책임을 져야 할 것이다. 또 그리하는 동시에 달라이 라마는 장래의 화산을 만들고 있다. 1921년, 라싸에서 달라이 라마의 고문顧問인 동시에 극히 친근한 친구인 찰스 벨Charles Alfred Bell(1870~1945)은 전체 티베트의 사정을 잘 알아서, 작년에 《티베트의 과거와 현재Tibet: Past and Present》라는 책자들을 저작하여 배포하였다.

근래에는 라싸와 타시룸포 간 사정을 우리가 잘 알지는 못하지만 경험에 의하여 짐작하면, 타시 라마의 중국 측 동정은 라싸와의 불화를 불렀고, 이것이 정도가 줄지 아니하므로 타시 라마는 부득이 암행暗行으로 티베트를 떠난 것이다. 그의 의도야 물론 중국으로 가고자 함은 아니지만, 가는 길에 란저우에서 부득이하여 베이징으로 향하게 된 것이다. 중국의

외교가들이나 정치가들은 그들의 지위가 정리되지 않았음에
도 타시 라마의 세력과 지위가 티베트에만 국한한 것이 아니
라 전체 라마교에서 중요한 지위를 가졌다는 이유로, 훗날 기
회를 보아서 라마교도에 의하여 영국 세력을 에베레스트산
이남으로 쫓아버리고 타시 라마의 성전을 회복하고자 한다.

●

이상에서 우리는 티베트에서 라마의 지위가 어떠한지 또는
티베트의 현 상태가 어떠한지를 짐작할 수 있다. 타시 라마
의 인격이 어떠하기에 풍속과 습관이 다른 곳에서 생장한 유
럽 대학자들이 받은 초면적 인상이 이와 같이 친절하였던가.
이것만 보아도 중앙아시아 사람들의 종교적 실현력이 얼마
만큼인지 짐작할 것이다.

　반도의 불교는 모든 의식과 사원의 제도가 티베트 라마교
의 것과 비슷하다. 아마 거기서 온 것인지도 모른다. 또 티베
트 불교는 우리가 추측하던바 신인종神印宗(신라 때부터 조선 초
까지 존재하였던 밀교 계통의 불교 종파)만이 아니라 정토종淨土宗[•]
에도 있다. 신인종은 한 방편으로 유행한 것은 아니다.

　반도 사람들의 신앙인즉 그의 대상을 중앙아시아 사람들
같이 실현할 수 없다. 반도 사람들은 신앙에 대하여 순박하
지 못한 까닭이다. 그러는 동시에 이상적 대상을 가지고 왔

•　　정토교의 실현을 이상으로 하는 종파. 정토 삼부경과 세친의 왕생론을
　　주요 경론經論으로 한다. 우리나라 불교 전체에 깊이 흐르고 있는 사상이
　　다. _편집자 주

다. 실현한 것은 전부 믿지 아니한다. 심하게는 샤키아무니가 살아 돌아왔다 하더라도 믿지 아니할 것은 확연하다. 그러므로 그다지 중요 인물도 아닌 다르마팔라가 왔을 때에 반도의 승려들은 그가 요승妖僧(정도正道를 어지럽히는 요사스러운 승려)이겠다고 생각하였다.

모든 것을 알고자 하지 아니하면서도 자기들이 알고 있는 것이 무엇이 그토록 명확하기에 또 진리이겠기에, 영국박물관에 보존한 샤키아무니 가족의 화상畵相을 보고 32상三十二相*과 80종호八十種好**와 등 뒤에 원광圓光이 없다고 진짜가 아니라 하여, 무례한 언사를 마지아니하는가. 이와 같이 아만我慢하고 고집 많고, 즉 완고하고 자기가 아는 것만을 옳다 하는 반도의 불교계는 오늘까지 무엇을 신앙해왔는가?

그 문제는 오직 유일한 실물을 넘어서는 현상적 대상이었다. 예로부터 유명한 인물들도 그들이 살아 있을 때에는 무한한 핍박과 학대를 당하였다. 그러다가 사후에야 비로소 이상적 숭배의 대상에 하나를 더하는 식으로 되어왔다. 이와 같은 예가 인류 역사에서 자주 볼 수 있는 일이지만, 종교적

---

* 부처의 몸에 갖춘 서른두 가지의 독특한 모양. 발바닥이나 손바닥에 수레바퀴 같은 무늬가 있는 모양, 손가락이나 발가락이 가늘고 긴 모양, 정수리에 살이 상투처럼 볼록 나와 있는 모양, 미간에 흰 털이 나와서 오른쪽으로 돌아 뻗은 모양 따위가 있다. _편집자 주

** 부처의 몸에 갖추어져 있는 미묘하고 잘생긴 여든 가지 상相. 순서나 이름에 대해서는 각기 다른 설명이 있다. _편집자 주

사회에서 이와 같은 예는 반도를 제외하면 그다지 많이 볼 수 없는 것이다.

반도의 신앙이 이와 같으므로, 반도에 라마와 같은 인물이 있다고 하면 비방으로써 민중의 죄악만 더하여 늘게 할 뿐이요, 별로 이익은 없으리라고 믿는다. 반도에도 지난날에는 승통僧統(또는 총섭總攝. 승군을 통솔하는 일을 맡아 하던 승직)들이 있었지만, 그것은 모두 위력에 의함이요, 법력의 감화에 의하지 아니하였음은 이야기할 것도 없다.

그러므로 반도의 신앙계에 적당한 것은 선종禪宗이다. 그러나 이것이 그다지 이익을 많이 주지 못하였던 것인즉 반도 사람들이 제일 좋아하는 이상적 신앙 대상을 견지하기에 어려운 까닭이다. 그러므로 여러 해 참구參究하던 선객禪客들이 염불을 권하는 것이다. 그들은 용기를 내어서 참구하건만 항상 섭섭한 느낌이 있으므로 이상적 대상을 그래도 가지려 하였다.

참선參禪이라는 것은 다른 것이 아니요 현재의 의식철학이니, 이 방식에 의하여 얻은 신앙인즉 죽기 전에는 잊어버릴 수 없으므로, 그다지 무식한 승려가 아니고서는 속인으로 돌아가더라도 그 신앙은 잊어버리지 아니하는 것이다. 그러므로 원효는 비승비속非僧非俗(승려도 아니고 속인도 아님)으로 다니면서 동류同類에게 멸시를 당함에도 의식철학적 견식을 신앙에 발표하였나니, 그의 소작所作이야 남들이 보거나 말거나 자기가 하고 싶은 것이니까 만든 것이다.

그러므로 이와 같은 반도의 천재를 발달시키고 이용하자면, 그에 걸맞은 기관이 있어야 한다. 그리하여 이와 같은 신앙을 가진 자들의 편의를 도모한다면 반도의 정신생활은 새로운 방면을 개척하리라 믿는다. 이러한 기관을 조직하려면 상당히 연구해야 할 것이니, 이 방면에 연구자가 있다면 상당히 연구하기를 바란다.

《불교 제31호(1927. 1.)》

유럽인의 안목에 나타난
인도인의 동물숭배와 반도불교

이것은 유럽인이 인도 여행에서 관찰한 것이니, 인도인들의 동물 숭배하는 현재 상황을 그린 것이다. 여하간 이것에 취미가 없지 아니하므로 이를 소개하고자 하노라.

"'내 방에 쥐가 있다! 저것 보아라. 옷장으로 달아난다' 하고 힌두교(즉 브라만교의 신교新敎) 하인에게 말하였더니, 그는 다정하게 응답하기를, '봄베이(현재 뭄바이) 안에 아마 쥐 없는 방은 없지요. 그러나 쥐가 침대에는 올라오지 않습니다'라고 한다. 나는 다시 말하기를, '응! 침대에는 벌써 빈대가 차지 않았습니까? 쥐가 올라오지 아니하기도 할 터이지! 그러나 벌써 쥐가 내 가죽 가방을 쏠았고, 또 카메라까지 범하려고 하니 아무리 생각하여도 쥐를 잡아야겠다' 하였다. 늙은 하인은 깜짝 놀라면서 '잡아요!?' 하면서 마침내 내가 그의 부모나 조부모를 해롭게 하는 것 같은 느낌에서 말하기를, '나는 그것을 잡을 수는 없지만, 쥐를 다른 곳으로 가도록 만들어보지요' 하면서 간다."

누구든지 인도에 있자면 자기 방 안에 조그마한 동물원을 두는 것과 같은 습관을 가져야 한다. 이와 같은 일은 상하를 막론하고, 즉 제일 굉장하고 왕궁 같은 타지마할 호텔이나 심지어 작은 여관이라도 다를 것이 없다. 유럽인을 들인 여관 주인들은 오직 걱정이 쥐 잡는 것이라 한다. 힌두교도는 동물이나 생물을 절대로 죽이지 아니한다. 그것은 그들의 부모가 동물로 회생하였거니 하는 신앙에서다. 그러므로 쥐를 죽이면 부모를 죽이는 짓과 같다. 그러나 그나마 다행인 것은 쥐가 소나 원숭이처럼 숭배물에 들지 아니한 것이다. 숭배물 중의 하나였더라면 전 인도를 통하여 쥐에 대한 공양구供養具(부처나 보살에게 바치는 음식물·향·꽃 등의 물건)나 예배가 대단하리라 생각한다.

현대 상업지로 유명한 봄베이로 말하면, 즉 개항장 근처 유럽인의 거주지로 말하면, 프랑스의 마르세유나 이탈리아의 나폴리에 꿀리지 않아서 즐비한 4, 5층의 양옥들 사이로 자동차·마차·전차·화차 등이 잇따라 길에 덮이었건만, 한 조그마한 제부zebu소(인도혹소라고도 하며, 어깨에 근육질의 혹이 있어 견봉우肩峰牛라고도 함), 즉 숭배받는 소가 인도자를 따라서 아침 산보할 때에는 전차·자동차 등의 차부車夫 전부가 차에서 내려서 보석과 화만花鬘(불전 공양에 사용하는 꽃다발을 가리키는 의례 도구)으로 장식한 소 앞에 가서 공순히 경례하고, 그 소가 보이지 않을까 염려하여 차를 운전하지 아니한다. 그래서 그 제부소가 군중 사이로 가면 행인들은 공순히 예를 표하고 길 좌우에 서서 이 소가 길을 통행하게 하는 것은 마치 전제군주국에서 군주가 거동할 때에 사람들이 경례하는 것과 비슷한 느낌을 가지게 한다. 또 야채 상인들은 채소 잎을 제부소에게 주는데, 이를 소가 먹으면 그들의 얼굴에 환희가 만면하는 것을 볼 수 있다.

이곳 봄베이에 있는 유럽인들도(백만여 명의 시민 중에 유럽인은 만 명이 채 못 된다) 소의 숭배는 존중한다. 그러나 같은 인도인 중에도 이슬람교도(전체의 약 십만 명)들은 이에 반하여 매일 식탁에 소고기를 올린다. 힌두교도들은 소 잡는 것을 참을 수 없는 불행으로 느끼는데, 자이나교도들은 더욱 심하게 느낀다. 이들은 개미나 심지어 하루살이까지도 죽이고자 하지 아니한다. 이들 자이나교도들은 근 10년간 돈을 모아 그 액수가 12억 루비(약 6억 원)가 되었는데, 이것으로 소 구매와 불행 중에 있는 미혼 여자 구제 사업에 쓴다. 자이나교도들은 이슬람교도 백정에게 소를 사는 것이 사명인 동시에, 이슬람교도 백정들은 자이나교도가 없는 틈을 타서 소를 잡는 것이 일상이 되었다. 또 그 외에 자이나교도들은 모은 돈이 많은 중, 특별히 늙은 고양이·개·소·원숭이 등을 사서 늙어 죽도록 길러 다른 교도들의 식육이 되는 것을 방지하고자 한다.

이와 같은 것을 벌이는 건물은 대개 본토인의 시가 안에 있나니, 날씨가 덥고 음울하고 비 오는 날이면 그 근처에만 가도 악취가 코를 찌르며, 또 힌두의 화장장에서는 온종일 인간 시체 또는 동물 시체를 사르느라 나오는 연기가 한데 합하여 참으로 이루 말할 수 없다. 또 화장으로 말하면 조로아스터교도들이 더욱 심하다. 그들은 대략 은행가들인데, 그들은 저들의 시체나 동물의 시체를 화장하거나 그렇지 않다면 동물에게 먹인다. 그 이유는 성물聖物인 지·수·화·풍 4대를 청정하게 보존하자는 것이다. 또 일정한 장소를 정하여 장구한 세월에 의하여 시체가 썩어 없어지게 하나니, 봄베이 근교에서 유명한 '침묵의 탑'이라는 건물이 여기에 속한다. 또 자살한 자나 죄명을 입은 자의 시체는 반드시 짐승에게 먹여서 최후의 보시를 하게 한다.

힌두교도들은 원숭이를 소보다 숭배하는 경향이 있다. 나의 친구가 조그마한 원숭이 한 마리를 기르고자 목욕실 근처에 두었더니, 집에 둔 하인들이 오갈 때마다 원숭이 앞에 가서 공손히 고개를 숙이고 경례하였다. 또 가까운 이웃에 있는 힌두교도들이 장꾼 모여들 듯하여 한편으로는 고개를 숙이고 예배하며, 다른 한편으로는 공물로 과일을 가지고 와서 공순히 올리기를, 마치 사원에서 승려들이 의식을 행하는 것과 같이 밤낮없이 행하므로 부득이 원숭이를 없애버렸다. 또 봄베이에 있는 힌두 신문들은 대단한 불평으로 독일 상인들의 원숭이 무역을 정중히 논박한다. 이것으로 말하면, 이슬람 상인들의 손을 거쳐 많은 원숭이를 독일 각 병원에서 의학상 실습 재료로 매입하는 까닭이다. 가는 길에 힌두교도들이 원숭이 담은 상자를 만나면, 그들은 목숨을 다하여서라도 원숭이들을 내어놓게 하고야 만다.

물론 어떠한 정도에서는 인도인들의 동물을 사랑하는 마음이나 동물을 숭배하는 것을 이해해야 할 것이다. 이것은 물오동포物吾同胞(나와 모든 사물은 모두 동포다)하는 경지에서 진일보한 것이라고 할 수 있다. 그러나 현재 힌두교도들에게는 단순히 이러한 견지에서 나온 것이라 생각할 수 없다. 그들의 신체 조직상 허약한 것을 보든지 무엇으로 보든지 영악하고 잔인하기가 흑인이나 말레이인에 비할 수 없지만, 동시에 그다지 인자하다고도 할 수 없다. 도로에서 다반사로 볼 수 있는 것은 힌두인의 아이들이 부모에게 방목을 당하여서 결국에는 걸식하는 운명을 피치 못하게 되는 것이라든지, 절도·강도 또는 야반에 유럽인들의 지갑을 겁탈하는 것들 대부분이 힌두인들로부터 보게 되는 현상이다. 즉 힌두인들은 서로를 동물 또는 돌조각만도 못하게 대우하는 것이다. 힌두인들은 잘 연마된 돌조각만 보면 거기다 향유를 바르고 고개를 숙여 절한다. 그러므로 돌로 된 이정표를 보기가 무섭게 빼어가지고 사원으로 간다. 이러한 것은 인도 정부에서 어지간한 형벌로는 방지할 수 없다. 부득이 유식한 브라만교도를 청하여 문의한 결과, 표석 윗면에 힌두 성상을 새겨 세운 후로 겨우 돌로 만든 이정표를 부지하고 있나니, 그 성상을 힌두교도들은 만지지 못하는 까닭이다. 그러나 간혹 성지순례자들이 보기만 하면 표석 위에 향유와 화만으로 장식하고 고개 숙여 예배하기를 쉬지 아니한다.

　이상을 보면 인도인들의 숭배하는 경향이 어느 정도에 있는 것을 짐작하리라 믿는다. 이러한 숭배 현상이 오늘날에만 그런 것이 아니라, 샤키아무니 이전에도 많이 행하였다. 당시 인심人心이 일정치 못하는 동시에 귀중한 인류의 일생을 무익하게 보내는 까닭으로 샤키아무니는 이를 전부 배척하였으나, 처지와 사정으로 얼마간은 허락한 것이 없지 아니하다. 그러므로 그것으로 샤키아무니의 의도라고 생각해서는 아니되는 것이다. 우리는 샤키아무니를 배우자는 것이요, 인도인을 배우자는 것은 아니다. 북방불교 학파들이 샤키아무니의 사상 이외에 민중적 신앙에 집중하기 위하여 베다교나 브라만교들의 신화를 더한 것은, 당시 교정敎政상으로는 유익하였지만 교리敎理상으로는 무익하였으므로, 이것을 남방불교 학파들은 절대적으로 반대하였다. 그러므로 남방불교 학파들의 경전(《아함경阿含經》등)에는 신화적 청법중聽法衆을 볼 수 없다. 그러나 북방에서 결집한 것으로 말하면, 전부가 신화적 청법중으로 되었나니, 이것이 현재 동양학자 간에 문제가 되고 있다.

더욱 티베트 민중은 자고로 신화 속에서 생장하였나니, 그것은 티베트가 히말라야산맥 속에 있어서 맹수들의 재해가 많음에서 기인한 것이다. 그러므로 북방불교 학파의 사상이 티베트에 와서는 대성하여 중국 북방과 반도에 전하였다. 동시에 중국 남방에서 해로海路로 수입되었던 순전한 교리적 남방불교 학파 사상은 장구한 세월 속에서 북방 사상에게 정복을 당하였나니, 중국인들의 숭배 역시 공상성空想性이 강한 까닭이다. 오늘날 의례상으로 말하면, 중국이나 일본에는 범음·범패라는 고성창패高聲唱唄(크고 높은 소리로 염불하는 것)가 없다 싶은데, 오직 반도와 티베트·몽골에 있는 것과 비교하여 말하면, 민족성이 서로 같지 않은 까닭이다. 중국에 현재 행하는 범음인즉 순연히 남방화가 되어서 저성低聲으로 변하였고, 일본에 범음이 수입되고 아니 된 것인즉 참고 자료의 부족으로 단언할 수 없으나, 현재로 보아서 그것은 순전히 남방적 송경誦經에 불과하여 종적이 없는 것이리라.

반도의 범음으로 말하면, 티베트로부터 중국 북방에 수입되어 당시 중국에 성행하였던 중, 그 당시 중국에 가 있었던 우리 유학생 진감眞鑑(774~850) 국사가 반도로 수입해온 것이다. 그래서 이 범음이 몇 백 년 동안 반도의 천재들 틈에서 잘 융화된 결과 〈대영산곡〉이 나와 반도 음악상의 걸작으로 신기원을 열게 된 것이다. 이상한 것은 중국인들은 저성화하여 범음의 원형을 잊어버리게 된 현 시점에서도, 반도에서는 저성으로 변하기는 고사하고 범음의 진의眞意에 도달하고 나아가 진보시킨 형적이 보이는 것이다. 그러나 이것이 교정상으로 된 것이요 교리상으로는 위반인 것을 비나야vinaya(출가자가 죄악을 범하지 않기 위해 지켜야 할 규율) 중 10계十戒가 증명하며, 샤키아무니의 의도로 말하면 가능한 정도에서 가무창패歌舞唱唄를 피한 것이요, 그의 생존 당시의 의식儀式으로 말하면 오직 유일한 묵상으로 성의와 공경의 의미를 표하게 한 것이다. 그러므로 현재 실론(현재 스리랑카)의 불교

사원에서는 이 식이 현행하며, 아미타바Amitābha(아미타불阿彌陀佛)라든지 아바로키테스바라(관세음보살) 같은 신앙은 종적을 찾을 수 없다.

종전에 북방불교적 관념은 남방불교적 관념과 서로 어긋나는 점이 그다지 많지 않았지만, 아슈바고샤의 저술인《붓다차리타》에 의하여 완전히 상반되었다. 이유인즉 아슈바고샤가 유명한 브라만 학자로서 불교에 입교한 뒤 북방의 신화적 사상을 철학화하여 불교의 교정상에 이용하자는 주견을 보인 까닭이다. 당시 유명한 문학가였던 그는 불교적 각본을 저술하였나니, 바라타Bhārata, 카우틸랴Kauṭilya, 칼리다사Kálidása 등 유명한 학자들처럼 북방의 신화적 견지에서 샤키아무니의 일대기를 각본화하였으므로, 아슈바고샤가 본 샤키아무니는 종전에 비하여 대단히 달라졌다. 이 결과로 남방 호법파護法波, 즉 교리를 주장하는 불교학파들은 강경한 반대로 논박하여서, 결국은 서로 반목하여 원수같이 대하였다.

그 뒤에 나가르주나가 이러한 불행을 없애기 위하여 남방에 가서 유력遊歷(여러 곳을 두루 돌아다님)도 하면서 남방불교 학자들과 화해를 구하고자 하였으나, 단순히 남방교리만 가지고 인도 내에서 포교하기가 불가능하였으므로, 그는 가능한 정도에서 승려의 내부 생활은 교리에 의하고 포교 방면에는 지난날 아슈바고샤가 사용하던 교정상 편의를 이용하고자 하였다. 그래서 많은 현미玄微(헤아리기 어려울 만큼 깊고 미묘함)한 철리哲理에 의하여 '마하바이풀랴(대요의경大了義經)'를 결집하였는즉, 거대한 저술로 말하면《마하바이풀랴 붓다바탕사카 수트라(화엄경)》와《원각경》등이다. 이 경들은 주처住處(설법지)를 지정하지 않고 신화 속에 전부 건립하여 샤키아무니의 정신적 생활, 즉 내부 생활을 그 시대에서 공전절후空前絶後(전무후무)하게 만들어서 불교 포교에 효력을 얻는 동시에 당시 철학자들의 각집일방各執一方(각자 한쪽만을 고집함)하는 어리석은 집착심을 타파하고자 하였느니라. 또 동시에 남북 불교학파들의 투쟁을 없애기 위하여《삿다르마푼다리카 수트라(법화경)》를 결집하여 '회삼승 귀일승會三乘 歸一乘(성문·연각·보살의 3승을 모아서 1승의 한 법으로 돌아감)'이라는 정신상에서 화해하고자 하였으나, 남방불교 학파에서는《삿다르마푼다리카 수트라》에 대해서 격렬한 반대가 있었은즉, 주처를 라자그리하(왕사성)라 기록함에 의함이었다.*

그러나 종래 인도에서는 기년紀年을 사용치 아니하였던 까닭에 시대를 상고詳考(꼼꼼하게 따져서 검토하거나 참고함)할 수 없었으므로, 결국은 아주 부인할 수도 없는 동시에 아주 승인할 수도 없었다. 그러나 이러한 저술들을 나가르주나 사후에 행세行世(세상에 널리 전함)시키었으므로, 책임 당사자가 없어서 바로잡지 못했다. 또한 나가르주나가 살아 있을 당시 남방불교 학자들과 많은 샤스트라śāstra(논서論書)들을 저술하여 남방불교 학자들로부터 신망이 대단하였던 까닭으로, 그

* 당시 라자그리하는 대중부 불교의 중심지였다. _편집자 주

의 사후에 '마하바이풀랴' 저술을 행세시킬 때에 여기에 연기법緣起法을 첨부하여 발행하였나니, 그 내용은 나가르주나가 실론 등지의 남방에 있을 때에 나가르주나의 지도로 바닷속에 들어가서 가져온 것이라 하였다. 이에 대하여 남방불교 학자들은 나가르주나의 의도가 어디에 있는지를 잘 아는지라 반대할 여지가 없었다.

나가르주나의 의도인즉 작은 이기적 사욕으로 종사한 것이 아니요, 오직 불교를 민중적 요구에 영합하도록 하고자 하였다. 동시에 당시 철학자들의 협견을 깨고 광대한 이상적 세계를 건설하고자 하였으며, 아래로는 무식 계급까지도 불교에 들어올 가능성을 주고자 하였다. 그러므로 티베트와 몽골에 불교가 수입되게 된 것은 순전히 나가르주나의 공이라 아니할 수 없다.

이러한 영향은 반도 사원에서 시왕전十王殿 · 현왕공現王供 · 산신당山神堂 · 칠성각七星閣 · 천왕문天王門 등으로 보이고 있으니, 이것은 인도나 티베트나 다른 지방에서 교정상으로 이용하던 것인데 반도에서는 필수로 되었다. 시왕전이나 천왕문은 인도 베다교의 여상餘想, 즉 야마(염라) 신 등의 숭배에서 나온 것이요, 칠성각 같은 것은 중국 북방과 몽골 등지에 사는 사막 거주민들의 천문학적 숭배에서 된 것이다. 산신당으로 말하면, 티베트로부터 와서 반도에서는 아무 어려움 없이 받아들였나니, 반도에도 산이 많아 호환虎患이 없지 아니한 까닭이었다. 또 범어梵魚(범천梵天에 사는 금빛 물고기)는 티베트에서 일종의 숭배 대상이었고, 작법무作法舞(불교 의식에서 추는 춤으로, 크게 나비춤, 바라춤, 법고춤이 있음) 역시 티베트에서 하던 중요한 의식으로, 이것이 소아시아를 거쳐 천주교에서도 수입하여 현재에는 일정한 의식이 되었나니, 이것을 천주교에서는 프로체시온Procession이라 한다.

1925년 3월 29일 베를린에서

《불교 제12호(1925. 6.)》

정계에 몸을 던진
인도의 여류 시인

우리는 근래에 인도로부터 제40회 국민의회를 칸푸르에서 열고 사로지니 나이두Sarojini Naidu(1879~1949) 부인을 수석首席으로 선거하였다는 소식을 들었다.

전 인도에서 유식有識 계급이 생각하기를, 영국 정부는 그들의 요구를 만족하게 하여주지 못할 뿐만 아니라 그들의 안녕을 보증하기에 가망이 없는 반면, 오직 인도의 천연적 부원富原(경제적 부를 생산할 수 있는 근원이나 천연자원)을 톡톡 털어 가져가고 인도를 영국의 제조품 시장으로 만들고자 하는 것인 줄 알고 있다. 이러한 의미에서 그들은 자신의 처지를 자기 스스로가 구제하고자 하는 수단으로 국민의회를 조직한 것이다. 이 의회는 1885년에 순 민주적 기관으로 조직되었다. 의회의 대표인즉 각 방면으로 되었나니, 이들은 보편적으로 정치적 구제의 수단과 전망을 의논하고 결정하여왔다.

이 의원인즉 자유선거제로 선거한다. 전 인도를 열다섯의 도道로 나누고, 다시 도를 약간의 군郡으로 나누어 각 군 내의 인구비례로 약간의 대표를 선거하여 군의회를 설치하며, 여기에서 다시 도의원을 선출하고 이들이 다시 국민의원을 선거하나니, 이것이 인도국민의회가 성립하게 된 조건이다. 이들 의원은 남녀를 묻지 아니하고 만 20세 이상이면 선거권 및 피선거권을 가지며, 의회유지비로 인당 연 15전씩을 냄으로써 이상의 권리를 얻게 된다. 이 유권자들이 각 해당한 의회에서 수석을 선거하나니, 인도국민의회의 수석이라면 인도 국민의 최고적 영광이요, 동시에 최고의 중임重任이다.

이 국민의회의 신조인즉 자주 정부를 영국 헌법 범위 내에서 건설하자는 것이다. 그러나 그들의 요구를 위정 계급인 영국인이 조금도 생각하지 아니함으로, 결국 그들은 방향을 고치어서 그들의 자주 정부를 영국 헌법 범위 안이든 바깥이든 오직 완전한 입헌적 제도하에서 건설하고자 하되, 오직 단시간에 해결하여야만 하겠다 생각한 것이다.

올해 인도국민의회의 수석이 된 사로지니 나이두 부인은 1879년 2월에 벵골에서 아고레나트 차토파디아이Aghorenath Chattopadhyay(1851~1915)의 딸로 출생하였다. 차토파디아이는 일찍이 영국 에든버러대학에서 화학을 연구하였고,* 이후로는 하이데라바드에서 사회교육개조운동에 종사하였다. 이러한 결과 하이데라바드의 교육 상태가 진보됨을 따라서 많

---

* 원문에는 '독일 뽄대학'이라고 나와 있으나, 차토파디아이는 영국의 에든버러대학에서 화학을 전공하였으므로 수정하였다. _ 편집자 주

은 민중이 그의 성공을 칭찬하게 되었다. 그는 그의 사랑하는 딸 사로지니를 영국 케임브리지대학에 공부시키었다. 사로지니의 유년 교육인즉, 현재 사로지니의 행동을 보면 그가 그의 부친의 성격을 그대로 본받았음을 짐작할 수 있다. 그의 가정이 브라만교도임에도 이슬람교도가 거주하는 시市에서 출생하였고 그들과 은교隱交(몰래 교제함)하였던 중, 더욱이 그의 부친이 종교와 계급의 차이 없이 교육에 종사함에서 자연히 힌두교적 의식을 실행하게 됨은 자못 어려운 일이 아니었다. 또한 그의 배우자는 브라만교도가 아니었다. 그는 같은 계급끼리만 혼인하는 관례를 뛰어넘은 것이다. 만일 진정한 브라만교도일 것 같으면, 다른 계급인 그의 연인과 식사조차 같이할 수 없거늘 하물며 결혼이리오.

그는 이상적 부인이요, 유연한 어머니이다. 그는 젊었을 시대에 비단 의복과 신식의 굽 높은 신발과 금 및 보석류의 장식물을 가지었다. 또 동시에 시적·음악적 취미가 많았으므로, 이 시대의 유물로 우리는 그로부터 세 가지의 영문 시집을 보게 되었나니, 곧 《황금 대문The Golden Threshold》(1905) 《시간의 새The Bird of Time》(1912) 《부러진 날개The Broken Wing》(1918)이다. 이 시집들로 말하면, 당시 영문 시단의 비평에서 상당한 가치로 환영받게 되었다. 그의 정신적 노력이 각 방면으로 취미를 가지었음에도, 그는 가정적 어머니의 책임을 잊어버린 때가 없었다. 즉 가정의 대소사를 살피며 친히 자녀를 양육한 것이다. 만일 집에 손님이 찾아온다면, 그는 친히 영접하고 식사를 준비하여서 어머니의 책임을 다하였다.

이와 같이 세월을 보내는 중, 그의 책임은 오직 이것에 그치지 아니하고 오직 다른 방면에 있는 것을 느끼었던지, 즉 가정적 어머니나 개인적 평화에만 종사하여서는 불가하다 생각하였던지, 단연 종전의 관계를 끊어버리고 인도 여성의 각성에 대하여 종사하고자 하였다. 그러므로 그는 가능한 정도에서 그의 배우자와 자녀 간 관계를 소홀히 하는 동시에 집을 떠나 각지로 돌아다니면서 교화하는 중, 한곳에 2일 이상을 머물지 아니하였다. 그의 몸에서는 더 이상 금 및 보석 등을 볼 수 없었고, 그는 대신 인도산 포속布屬(모시실이나 베실 따위로 짠 피륙) 카타khata를 입고 인도 짚신을 신었다. 그는 인도에서 보기 드문 웅변가였다. 요 몇 해 사이 그의 지위는 보편적으로 정치사회적일 뿐이다. 그의 천재적 어조와 열렬한 선언은 자주 웅변 대중을 헤치고 청중을 전 인도에서 구하게 되었다.

인도국민의회는 그를 인도의 대표로 남아프리카에 보내니, 그는 그곳에 거주하는 인도인의 생활 향상을 도모하기 위해 그곳 연합 정청政廳(정무를 보는 관청)에서 교섭하였다. 그 당시 그의 재주와 능력은 세상 사람들로 하여금 '제2의 마하트마 간디' 같다는 감상으로 그를 대하게 하였다. 이와 같은 성공을 가지고 다시 인도에 돌아와서 전에 하던 일을 계속하던 중, 그의 식견은 당파와 지방에 국한하지 아니하였고 전 인도에 걸쳐 있었다. 이것이 그의 언사와 행동이 발표됨으로 시작하여 오늘날과 같은 최고의 지위를 가지게 된 것이요, 전 인도인이 이와 같은 중임을 한낱 박명薄命한 여자인 사로지니 나이두 부인에게 주게 된 것이다.

국민의회의 수석인즉 실로 중대한 책임을 가지었지마는, 나이두 부인인즉 평소부터 자기가 세계적 국민임을 깊이 자신하였고 자백하기에 아무 부끄러움이 없는지라, 이것이 그의 식견이 한 당파에 국한하고자 하지 아니하게 된 이유이다. 동시에 누구든지 그의 정치적 식견이 그다지 고원高遠하지 아니하여서 이해하기 쉬움으로 군중의 신앙은 실로 근 3~4년 사이에 무한한 범위로 확대되었다. 그러므로 전 인도 대중은 그를 가리켜 정치적으로 마하트마 간디의 후계자라 한 것이다.

불행이지마는 우리는 아직 그가 얼마나 많은 건설적 설계와 의견을 의회에 제출하였는지 듣지 못하였다. 오직 남아 있는 기억으로 말하면, 그가 선거 당시에 아래와 같은 말을 한 것이다.

"인도 즉 어머니의 땅에 충실한 딸로서 이 중임을 맡게 된 저는 참 영광으로 압니다. 물론 우리의 요구가 생각하기 어려울 만치 난관 중에 있음에도, 내년부터 저는 우리 어머니 집(인도를 가리킴)의 모든 것을 정리하라는 책임을 지게 되었습니다. 이것을 생각할 때에, 우리 동포의 화목과 통일을 위협하는 것인, 계급과 계급 간에, 지방과 지방 간에, 신교와 신교 간에 발생하는 가장 비극적 쟁투를 없애는 것이 제 소원입니다."

이 말인즉 그의 여성적 유순한 언사로 평소에 느끼었던 그의 절실한 느낌을 여지없이 발표한 것이라 하지 아니할 수 없다. 이 말만 들어도 그의 아프고 쓰린 느낌이 그의 충심忠心에서 솟아난 것이라 하지 아니할 수 없다! 그가 얼마나 힌두교도와 이슬람교도 간의 반목을 해결하려고 고심하여왔으며, 또 해결하고자 하는 것인지 알 수 있다.

　우리는 사로지니 나이두 부인이 그의 견실하고 열렬한 여성적 느낌을 가지고 마하트마 간디가 해결하지 못한 힌두교도와 이슬람교도 간의 통일을 성취하기를 바란다. 이 때문에 그의 동포가 말할 수 없이 무질서한 인도의 형편에서 쌍수를 들고 이 중임을 사로지니 나이두 부인에게 올린 것이다.

《동아일보(1926. 5. 7.)》

수상
隨想

2

평수잡조 萍水雜俎

여기에 놓인 평수잡조萍水雜俎라는 것은 개인적인 느낌의 글을 모은 것이다. 평탄한 경우와 지위에서 된 것은 물론, 극히 한적한 생활 속에서 지내다가 비상한 시기에서 비상한 사정으로 만반에 정신 바짝 차려 완전히 다른 극히 위험한 파란 속에 몸을 던져, 결국 시작과 끝이 전혀 보이지 않고 오직 망망한 무변해양無邊海洋에서 오르내림을 완전히 운명에다가 맡긴 처지에 된 것도 있다.

이런 변환 중에서 보이는 외관인즉 단순 학생, 유학생, 혁명가, 정치가, 종교가, 철학가, 문학가 같아 보이기도 했고, 미치광이, 거짓말쟁이, 시인, 일일노동자, 광부, 항구노동자, 세탁업자, 주방장 같아 보이기도 했다. 어떤 때에는 많은 희망도 가졌지만, 동시에 어떤 때에는 낙망으로 자살을 시도한 적도 많았다. 그러므로 이 중의 언사인즉 가능한 한 직설을 피하고 표징表徵으로 된 것이 많은 것은 무호산방無號山房* 스스로가 그 참담한 때를 기억할 때마다 자기의 소력所歷을 객관화하여 스스로 위로하기 위함이다. 이 잡조의 계속인즉 1924년 10월 이래로 퇴경退耕** 선생에게 보낸 원고들이 여기에 해당할 것이다.

1925년 7월 1일

느낌
1

무한한 공간
작은 유한 무한이
쌓고 또 쌓아
좋은 일감 감추니

조화는 시기猜忌
애꿎은 내 정신에
임을 못 보고
갈팡질팡하누나!

해는 뫼 넘어
제 몸 숨기고
달은 벽공碧空에
새 낯 보일 때

벽공의 기러기는
무심히 울고 가네!

1919년 5월 10일 잉커우營口에 상륙하면서

낙조落照
2

지는 해는 서산西山에 있어 '나는 가오' 하는 모양으로 마지막 광휘를 '여봐란 듯이' 비추일 때, 나의 시선은 영롱한 광채에 얼을 잃고서 그것을 보았다. 그 무엇? 이것은 유한이다!

보다 단기短期이다! 순간이다! 이렇게 상상할 때에 나의 심두心頭는 무엇을 느끼었다. 이 순간에 나는 이 세상에 있는 것을 느끼었다. 이것은 다른 것이 아니라, 사死! 아마 이것도 임박할 때에는 저, 낙조落照와!

1919년 7월 24일 상하이上海에서

추천귀안秋天歸雁

3

가을 하늘은 전과 같이 맑아서 구름 한 점 없고, 이따금씩 '끼룩' 하는 소리는 적막을 깨트린다. 아! 저 기러기 유의有意하던가? 내가 고적孤寂하였나! 이 천지에 나와 같이 고적한 사람에게 위안을 주고자 짐짓 '끼룩' 하였나! 아니 기러기는 무심無心으로 하였건만 내가 유심有心하게 들었을까? 아니 이들음, 이 생각 도무지 아니다! 누가 와서 변명하더라도 아닌 것은 아니! 사람이라는 것은 자기의 함축을 가졌다가 경우에 촉觸하면 생生하는 것이다. 그러면 기러기는 무심이다. 아! 무심한 저 기러기 유심한 나의 간장肝腸 사르네.

1919년 8월 15일 상하이에서

명월明月의 유영留影

4

나는 시방 마음이 산란하였소. 그러므로 이것을 진정시키고자 나의 가슴속에 있는 무엇을 생각하였소. 무엇? 그것은 조요한 가을 달이오. 이것이 시방 나의 가슴속에서 심담心膽을 맑게 하여주는 것 같소. 이것을 내가 얻은 때는 밤에 산중 초암에서 잠은 오지 아니하여서 앞뜰에서 소요할 때 보았소. 그 본 것을 오늘까지 느끼오. 이것이 때마다 느껴지는 것은 아니오. 그러나 그때와 같은 느낌 가질 내적 능력이 구비되면 느낄 수 있소. 그러므로 다시는 이와 같은 것을 보지 못하였소. 참말이지 나의 그때는 무엇이라 형언할 수 없소. 나는 아무런 줄 모르오, 그리 좋은 줄도!

도무지 몰랐소. 그러나 오늘까지 나를 산란에서 구제하는 것은 그것이요. 무엇? '저 명월明月' 하고서 나는 눈을 딱 감았소. 눈을 감고 나니 이 명월은 나의 가슴속에서 빙그레 웃소!

1919년 9월 15일 상하이에서

가을 하늘은 구름 없어 티끌 없는 거울 같소. 계간溪澗(계곡의 맑은 물)의 붉은 잎은 하늘빛을 희롱하며, 남향南向하는 기러기와 매는 붉은색에 홀려 방향을 잊은 듯! 세상에 나온 지 7~8개월쯤 된 사슴은 갈증을 못 이겨 양염陽艶*을 찾는 모양, 경치도 절승絶勝하고 산천도 기려奇麗한데 어디서 단소短簫 소리, 이 사슴을 꾀어내어 갈증도 어디 가고 고개를 숙이면서 무엇을 생각노라. 성화星火같이 발동發動하던 사지四肢도 그림같이 멈추어 있고, 어찌 보면 우상偶像같이.

아! 이 작은 사슴! 이 순간 무엇을 느꼈을까? 그 무엇이 지배하나? 아니 무엇에 감동했나? 아마 이 동물이 능히 고등동물들이 해석하고자 하는 것? 그 무엇을 느낌인가? 진정한 요구라면 간단間斷을 허락지 아니하거든! 무엇이 이보다 중하

---

* 맑고 아름다운 곳이라는 뜻. 이백의 시 〈증위시어황상2수贈韋侍御黃裳二首〉 중 제1수에 도리매양염 노인행차미桃李賣陽艶 路人行且迷(복사꽃 오얏꽃 맑고 아름다워 사람들 찾아와 마음 빼앗기지만)라는 대목이 있다. _편집자 주

여 이 순간에 그의 갈증이 풀렸을까? 아! 자능自能! 너는 네 멋대로 놀건만 유심有心한 작은 사슴 그를 구별하누나!

1919년 10월 17일 상하이에서

인중자연人中自然의 발로發露
6

온 하늘에 가득한 운무雲霧는 오월吳越의 특색이다. 나는 이 땅에 온 지 만 1년은 못 되었으나 해가 지나기는 하였다. 운무 속으로 은은히 전해오는 기적 소리가 나의 귓불을 흔들 때 잠깐이나마 다른 성에 작객作客이 됨을 알게 한다. 참 심사心事가 산란하다! 이 순간에 나의 외형은 매우 평화로워 보인다.

그러나 나의 내부는 이와 정반대로 요란하기가 유럽전쟁에서 장수들이 다투는 것에 지지 않는다. 이것을 평화로 회복하기 위하여 무한히 고생하였다. 아, 이 세상은 무한! 내 몸은 유한! 어찌하여서 이와 같은 고로苦勞 속에 지내고자 하였는가? 이것이 인생의 정경正經이던가? 아니! 이밖에 다른 방식이 있는가? 이것을 아직 내가 알지 못하나? 나는 명상하였다.

1920년 3월 15일 상하이에서

나의 느낌
7

이 세상에서는 무엇이든지 사람이 하는 것은 모두가 모순이다. 하다 못하여 각본脚本에까지도 불공평을 적었다. 또한 사람이란 것은 불공평의 화신化身이다. 이러한 생각에서 본다면 그다지 신기할 것이 없다. 그러나 다시 생각해보면, 무엇이든지 내가 그러한 상황에 처하면 그제야 공평이 무엇인지 방향이나 알게 되는 것이다. 예를 들면, 누가 나의 누이를 무단히 때린다거나 희롱하고자 한다면, 나는 당장 나의 누이의 허許와 불허不許를 묻지 아니하고 먼저 그를 없애고자 할 것이다. 그리된다면 누이를 위하는 성의誠意라 할는지는 모르지만, 누이의 인격을 무시한 죄는 무단히 때리거나 희롱하고자 한 사람보다 몇 배나 더할 것이다. 그러나 오늘 내가 이와 같은 것을 해보니까 후회는 고사하고 매우 아무렇지 않을 뿐 아니라 동시에 유쾌하였다.

1920년 4월 3일 상하이에서

프랑스공원에서의 하루

8

해는 동편東便에 오르고 지평선을 넘어가서 공원 한 모퉁이 의자에 앉았다. 또 해는 첫 솜씨 보이노라고 그에게 따뜻한 기운과 광휘를! 맑은 바람은 이따금씩 그를 성성惺惺하게! 아, 오늘까지 이 세상 풍조에 놀란 그이, 이 대자연의 느낌으로 또 도움으로 무한한 무엇을 알았는가? 좋은 낯으로 고개를 이리 기웃 저리 기웃하는 모양, 보는 이도 또한 느낌이 없지 못하여라. 그는 자연과 접하고자 한다. 그는 이 누리의 괴로움을 떠나 이 순간에 영원의 조화와 합하고자 한다. 어떤 이가 보아도 그는 만족해 보인다. 그는 그 자리로부터 쓰러졌다. 생각도 아니한 뿡뿡 소리는 거리로부터 나의 귓불에 울리고 찌을찌을 하는 소리는 내가 앉아 있는 저편 무선전신대에서 울린다.

1920년 4월 14일 아침 8시 상하이에서

맹서 盟誓
9

이 내 마음 꺼내다가
저 하늘에 걸어놓고
인적야공人寂夜空한 때
임과 나와 둘이만!

어린 매화 그윽이
감추어두고
꽃 좋고 내 좋거든
임만 보일까나!

달빛이 희다 해도
내 마음만!
햇빛이 붉다 해도
임 향한 그 무엇만!

두어라 싫노라
나는 무엇도

                              1920년 4월 17일 상하이에서

빼앗기 어려워라
10

그의 마음 무쇠이다
그의 뜻 강철이다
그에겐 무엇으로라도
빼앗기 어려워라

부富로나 귀貴로나
그에겐 모름이라
한강물 거슬러도
빼앗기 어려워라!

그는 혼자 즐거워라
봄바람 버들처럼
그의 뜻 유柔로나 강强으로나
빼앗기 어려워라!

그는 달램이나
울음이나 무엇도
이 누리 것으로는
빼앗기 어려워라!

1920년 4월 17일 상하이에서

우어寓語

11

농야弄耶! 희야戲耶!

기불시명수잔도豈不是明修棧道

암도진창지법야暗渡陳倉之法耶!˙

오결불취차결야吾決不取此決也!

영취자로불취관중寧取子路不取管仲

여차갈등결불상잡如此葛藤決不相雜

단향곤륜갱일사但向崑崙更一思!

단여심불여심구但與心佛與心俱

불여세간곡경아不與世間曲徑兒

휴의休矣! 차막도且莫道!

원작청풍부작월願作清風不作月

마사수미정상운摩挲須彌頂上雲

˙   '명수잔도 암도진창'은 겉으로는 잔도를 만드는 체하면서, 몰래 진창陳倉
으로 진격해 기습한다는 뜻으로, 유방劉邦이 항우項羽와 천하를 쟁탈하던
고사에서 유래되었다. _편집자 주

* 풀이

농담이냐? 장난이냐?

잔도栈道를 고치는 척하다가

몰래 진창陳倉으로 나오는 속임수 아닌가!

난 이런 짓 결코 하지 않으리!

자로처럼 떳떳할지언정 관중처럼 음모를 쓰진 않으리

이런 걸로 갈등하지 않으리

다만 곤륜산을 보며 생각 한 번 더 하여

부처 마음을 내 마음 삼아

세속의 잡놈들과 어울리지 않으리라

그만두자! 말도 말자!

청풍이 될지언정 달은 되지 않으리라

수미산 꼭대기의 구름이나 만지리라

                         1920년 4월 17일 상하이에서

기다림
12

날씨는 따뜻하여
종달새 울고
꽃 피어 늘어지니
나비 오누나
물에는 고기 놀아
한껏 물 켜고
들에는 짐승 있어
한껏 뛰누나

한 짝에 가는 바람
살짝 불 때
소리 없는 꽃 잎새
떨어지누나!
피기도 어렵지만
또한 지기랴

그러나 보는 임 더욱
가이없어라

잔디가 속잎 날 때
오마던 임이
잔디는 녹장綠場되어
아이 노누나
아이는 제 좋아서
뛰놀건만
'사람 기다림'에만
하지나 말면!

때 좋고 꽃 좋을 때
가진 이 마음
감추고 또 감추어
힘써 간직코
평생에 그리던 '임'
얼싸안을 때
공손히 두 손으로
올릴까이나

1920년 4월 20일 상하이에서

내 살림
13

요즈음 내 살림
거짓 없이 가난해
시집잠 자고
하집밥 먹누나
그 윗집 가면
언 남녀 반겨 놀 때
나는 외따로
놀람같이 보누나

이 놀람 이 봄
무엇 의미하길래
마음이 슬어
누런 얼굴 붉히네!
하대를 쓸어
모조리 차지어도

따로 앉아서
즐기고 또 노니네!

그러나 그는
그것도 다 알았고
하늘 말 들어 알아
느낌 있어라
그래도 그는
따뜻한 맛보고자
쉬지 않고서
나가고 또 나가네!

그의 팔에는
굳은 힘줄 서 있고
그의 낯에는
굳은 마음 보여라
이를 어울해
무엇이라 할고나
금강산 위에
눈 이겨 섰는 저 솔!

1920년 4월 20일 상하이에서

뜻 맞은 사랑

14

어느 날 아침
이슬은 잔디 위에
햇발은 반짝
온 한대 고루 피네
저편에 오는
어여쁜 꽃 파는 여자
이짝에 섰는
여름 지니의 아들

둘이 맛보고
얼싸안을 때
그들의 가슴
붉은 쓸개 뛰누나!
보고 또 보고
빙긋빙긋 웃는 꼴

사람의 기쁨
모조리 쓸어갔네!

그들 가진 뜻
굳은 사랑 그 만큼
조화의 시기猜忌
누르고 또 누르네
그들 바라던
어루 약이 드무자
눈에는 눈물
만나면 한숨 쉬네!

가없는 벌판
두 낱 뫼 남아 있어
찬 누리 살림
소리쳐 말하누나
차디찬 누리
떠난 그들 뫼 위에
봄 내어 핀 꽃
가을 국화 피누나

1920년 4월 22일 상하이에서

파상주波上舟

15

해는 수평선 위에 여울물 아롱거리고, 먼 곳에 한낱 돛대 보이네. 이윽고 물새 소리 나면서 파도는 뫼같이 그 배 치누나.

내렸던 닻 다시 감으니 물에 맡긴 저 배는 창파蒼波에 마음대로 노누나.

그 안에 있는 임, 미안하지만 보느니 또한 흥취 있어라.

아! 배야! 마음대로 놀아라! 광활한 저 물속에 고기 놀고 배 노네!

아! 이 내 일생 저와 같이 놀고 지고!

해가 중천에 오를 때, 배는 수평선 위에 스러지고, 나는 산모통이를 돌았다. 집에 와보니 내 가슴속에 그 배가 다시 노누나!

1920년 4월 23일 상하이에서

오늘 나의 느낌
16

비가 이틀 연속하여 오기에 나는 지루한 생각이 없지 못하였다. 오늘 저녁에는 비가 개기에 거리로 걸음을 옮겼다. 나의 발은 대마로大馬路에 닿았다.

나는 무엇을 보았다. 이것이 나에게 이상한 자극을 주었다. 그것은 젊은 남학생과 여학생이 가는 모습이다. 왜 내가 그들을 자세히 보았는가 하면, 그들의 행동이 하도 괴상하게 보였던 까닭이다. 나는 물론 동양식의 머리이다. 그렇지만 이 것인즉 서양식이라고 하여도 이상하게 보지 아니할 수 없다. 그래도 상세히 해석해보면, 몇 분간 동양식의 해석이 없지 아니할 것이다. 그러나 그들도 동양인이니까 나의 생각이 모순은 아니겠다.

그리하고 나의 발은 다시 산동로각山東路角을 돌았다. 그곳 점포에는 무엇을 걸었는데 '상학일치商學一致'등 글자가 있다. 나는 여기에서 무엇을 생각하였다. 이것이 근래의 학생운동이다. 참 그들은 열심이었던 것이다. 이 지둔遲鈍한 대륙의 상민商民에게까지 감동됨이야 참 그들에게 감사를 올려야 할 것이다. 새로운 동양의 주인이 되고자 하는 그들의 박력迫力! 아! 중국은 지난날의 노년 중국이 아니요, 오늘날의 청년 중국이다.

아! 자는 사자여!
잠을 깨누나
그의 지름은
아직 작으나
지르고 또 지르면
지를수록 커진다.
장래에 깨면
온 누리 진동하리!

1920년 4월 25일 상하이에서

비 맞은 꽃
17

봄날 비 옴이
그 무엇 안 되기에
뒷산 피는 꽃
눈물 먹어 창연(愴然)코
누리는 잠잠
그를 조상(弔喪)하는가
이것 보는 군
그 마음 어이없을까!

아리따운 너!
맑게 마음 가는 해
있다 비 가면
너는 실컷 웃어라.
그러나 내 삶
한(限) 있어 구십춘광(九十春光)

나 두고 갈까
그를 실어 태우네!

꽃은 이처럼
애달프고 맛 조릴 때
잎새는 너울
제멋 겨워하누나
꽃에 슬픈 꼴
내 맘 힘써 사를 때
잎에 좋은 꼴
차마 보기 싫노라

한여름 감이
무엇 그리 길기에
이처럼 불행
그에게 다 주었노!
아! 우리 임
저것 보아 느끼면
몸 둘 곳 몰라
갈팡질팡하리라.

1920년 4월 25일 상하이에서

여름의 느낌
18

꽃 지자 잎 피오니
여름이 완연
하늘엔 수리 있고
고기는 못에
초부樵夫는 뫼에 자고
어부漁夫는 물가
자연경치 제각기
자랑하누나!

이것 따라 우는 새
그 맘 어떠며
싫어 우는 잔나비
그 맘 어떠리
사람은 길에 가고
나비는 꽃에

그러나 이 내 몸은
고향 떠나서!

눈 감고 생각하는 것
제 집 뒤란 길
타방문화 느낄 때
거친 제 집을
고치고자 애를 써
이상理想 되누나
외로운 동무 다 쓸어
함께하리라!

보는 임 웃지 마라
꼭 해보리라
무엇보다 족보族譜도
산천과 역사
하나둘 모아 놓은 것
그것이로세
아서라 웃지 마라
꼭 해보리라

1920년 4월 26일 상하이에서

내가 본 상하이 현황과 느낌

19

상하이는 중국인 까닭에 당연히 중국 사람 위주로 쓴다. 이곳에 많은 것은 인력거·매춘부이다. 그리하고 유민遊民이 거의 반으로 조직된 무리이다. 장사 중에 많은 것은 음식점 또는 약방이니, 이것은 거지반 상업이다. 물론 이 외에 다른 것이 없다는 것은 아니다. 상하이는 동양의 유수한 무역항인즉 각종 무역상이라든지 객점이라든지 또 학생들도 있다.

그러나 누구든지 상하이에 와서 두루 보고 느끼는 것인즉 전자이지 후자라고는 할 수 없다. 불행이지만, 현재 상태는 누가 봐도 이와 같이 조직된 사회의 운명이 장구하겠다고는 할 수 없으리라 믿는다. 유민 및 인력거꾼이 원시적 생활을 하면서 충복充腹(고픈 배를 채움)과 육욕肉慾(육체에 대해 느끼는 욕정)을 희망하는 까닭이다. 유민 계급은 어떤 나라를 막론하고 항산恒産(일정한 재산이나 생업)이 없는 자인즉 역시 '포난사음욕飽煖 思淫慾(배부르고 따뜻하면 음란한 생각을 한다)'을 적용하는 까닭에 겉모습 정도는 차이가 있을지 모르나 행동과 요구는 전자와 비슷하다.

그러나 이렇게만 지나가면 어떠한 어려움이 있으리오만, 하늘은 그들을 미워서 그러함인지, 자연히 소비자의 지위인 까닭으로 또는 생산은 없고 소비만 하는 까닭으로 전갈錢渴(돈이 잘 돌지 아니함)이라는 것이 그들의 욕구를 억누른다. 그들도 사람이다. 어찌 상황의 압박을 앉아서 기다리고만 있고자 하리오. 요행이나마 현상 유지로 전당포를 요구한다.

또한 불결한 위생과 퇴폐적인 도덕적 타락으로, 장차 이 세계를 점령할 듯한 화류병花柳病(성병)이 이들을 괴롭히는 까닭에, 이들은 의사를 요구하게 되었다. 그래서 그런지 의사가 너무도 많다. 그중에는 화류병 전문의가 대부분이다. 이 외에 다시 무엇이 있다면 도박꾼이다. 이것은 유민 계급의 유일한 희망이니 많은 것은 당연하다. 그리고 이 세상의 경제생활을 병들게 하는 소위 만인계萬人契(천 명 이상의 계원을 모아 각각 돈을 걸게 하고, 계알을 흔들어 뽑아서 등수에 따라 돈을 태우던 계)가 유행한다. 이것은 각 관아 장군들의 유일한 생리生利(이익을 냄)이다. 그러므로 외국인들도 이 기회를 이용하여 도둑질을 같이한다. 이것이 소위 '법채法彩(프랑스 복권)' '영채英彩(영국 복권)'라고 하는 것들이다.

이같이 이야기하면 누가 듣더라도 "중국은 망해" 소리를 입에 금치 않으리라 믿는다. 지금 내 자신도 이 생각을 하지 아니할 수 없을 만큼 되었다. 그러나 이와 같이 단순히 해석하여서는 아니 된다. 그것은 낭패이다. 나는 상하이에서도 희망을 찾을 수 있다고 자신한다. 있을 뿐만 아니라 현재에도 발달하는 중이라고 말할 수 있다. 이 생각을 할 때에 나는 진정으로 쾌감을 가진다. 그것은 흡사 겨울을 지낸 잔디가 표면으로 보기에는 누런 죽은 잔디이지만, 자세히 보면 무엇이 보이는 것과 같다. 이것인즉 겨울에 찬 압박의 고통을 겪다가 소생하려 하는 엄싹이다. 이 엄싹은 지금 보아서 작다고 낙심할 것이 아니다. 이 작음은 장래에 클 작음이요, 죽은 잔디의 많음은 장래에 작아질 많음이다. 이 작음은 무한대의 표징이다.

이것은 무엇을 의미하는가? 중국 각처에 움직이는 '학생운동' '계몽운동' '문화운동' '국민외교운동' '평민교육운동' '베이징대학생대아의결운동北京大學生對俄誼結運動' '○○운동'. 그들은 세계 조류를 잘 해석하려 하고, 또 현재 상태로는 살지 못할 줄을 자각한다. 그래서 개조를 부른다. 이따금씩 그들이 다니는 것을 길가에서 볼 수 있다. 이들은 완전하다고는 할 수 없지만, 여하간 시대 인물이라고 하지 아니할 수 없다. 이 위대한 사조思潮! 이 대륙적이고 문명에 죽은 이 사람들을 자각시키려 하는 힘! 내가 흠앙하는 바이다.

그들은 가는 곳마다 강연으로! 신문으로! 교육으로! 자기네 동지를 만들고, 과거의 경험을 완전히 교훈으로 삼았다. 이것인즉 '소수자의 혁명은 공화共和가 되지 못하고, 다수 민중의 마음과 손으로 하여야 완전경完全境에 도달하겠다'고 자각한 것이다. 근래 운동에서는 이런 의미를 가진 것을 명확히 볼 수 있다. 시대는 요구할 것이다. 이런 인물을! 그들의 역사가 다시 연장될 때에 사백주四百洲(중국)는 다시 빛날 것이다!

또 이들은 세계 사조를 정성으로 해석하고자 한다. 그들의 이상은 자본주의를 넘어서서 사회주의로 자기들을 두고자 한다. 나는 그들의 이상을 완전히 무리라고는 말하고자 하지 아니한다. 이와 같은 실제 예는 인류 역사에서 종종 볼 수 있다. 그러므로 우리는 그들의 일동일정을 아니 살필 수 없다. 이것인즉 우리에게 사상으로나 건설로나 교훈이 많을 줄 믿는다.

그들이 현재 받는 고통이 있다면, 우리의 고통을 나누는 것이라고 나는 믿는다. 그것은 다른 것이 아니고 자본주의 초과라든지 올해부터 실행하려 하는 남녀공학(상하이는 내년, 베이징은 올해)으로 말미암아, 그들이 고통을 느낀다면 우리를 위해서는 경험이 될 것이요, 쾌락을 느낀다면 우리의 부분적 이상이 되리라 믿는다.

우리는 벌써 그들에게 '○○○○운동'이라는 것으로 교훈을 주었던 까닭으로, 다시 그들로부터 좋고 적합한 예를 구하고자 함은 무리가 아니라 믿는다.

나는 결론으로 이와 같은 추상적 서정敍情을 부친다.

미美의 차별
20

나는 외로이
사방 둘러보누나
나의 시선視線!
돌다 서 정체停滯할 때
그곳은 필경
무엇 있어 가누나
나는 무심히
보고 다시 유심히

그들의 걸음
완만함은 중국식
이 소년 소녀
가면서 속살거림
바람의 방향
외려 아니 들리나

그 꼴 그 태도
나의 느낌 끌려라!

시간은 불식不息
그들 걸음 나무틈
없어져 갈 때
나는 그 뒤 보누나
오직 바람이
그들 향내 전하니
외로운 내 맘
다시 흥분하여라!

이윽고 그곳
늙은 연놈 보이니
그 꼴 그 태도
그대로 하건만
천연미天然美 고쯤
없으니 그를 슬퍼
이때 내 가슴
누리 무한 느끼네

1920년 4월 27일 상하이공원에서

생生의 위협자
21

아, 이 내 인생
저것 무서워 못 살까
나를 잡고자
그는 달려드누나
만일 잡히면
나는 고통받누나
나의 위협자
힘써 응전하리라!

명상할 때는
그는 단처斷處(모든 마음 길이 끊어진 곳) 보고서
누리에 끊고자
모쪼록 내 자취를
아! 던지누나
내 육체를 너에게

그러나 정신
네 맘 어이 좇으리!

내 피 마르고
내 힘없어지는 때
열자列子*의 바람 타고
뜻과 같이 가리라!
함지咸池(해가 진다고 하는 서쪽의 큰 못)에 가면
해와 만날 것이오
곤륜崑崙에 가서
왕모王母**와 같이 놀리라!

거기에도 있다 하면
나는 큰 씨름을!
오느냐!
오겠거든 어서 오라!
나는 너를 없이 해
우리 동반同伴 십육억

· 중국 전국 시대의 사상가. 이름은 어구禦寇. 중국 도가道家의 기본 사상을
  확립한 3명의 철학자 가운데 한 사람이며, 도가 경전인《열자列子》의 저
  자로 전해진다. _편집자 주

·· 서왕모西王母를 말함. 서왕모는 중국 대륙 서쪽에 자리 잡고 있는 곤륜산
  에 살고 있는 여신으로, 모든 신선의 어머니이다. _편집자 주

그러나 싫으면
네 맘 좇아 맡기리!

1920년 4월 29일 상하이에서

내 동무
22

달은 밝아서
그의 얼굴 비칠 때
찬란한 그 임
나는 다시 보고자
참된 사랑이
그에게로 가누나
그러나 그 임
이것 알아줄까나?

그의 얼굴에
굳은 마음 가진 것
완전한 이상
그것 실행하고자
절벽도 형극荊棘도
다 무섭지 않건만

사경 死境에 가도
낙심한 꼴 없어라

이 생각 이 맘
그의 가슴 울릴 때
간절한 생각
동무 편안하고자
주야의 상상
오직 그것뿐일세
그러나 미덕
공순근검 恭順勤儉 하여라

이 맘 보고서
나는 느낌 있어라
죽었던 내 맘
다시 뛸 때 비롯해
그의 맘 둔 곳
자세히 생각할 때는
내 맘 내 몸도
간 곳 알 수 없어라

1920년 5월 1일 상하이에서

미美
23

나는 항상 황혼에 산보함이 의례依例이었다. 그러나 오늘은 중국 조계租界*로 지침指針을 돌렸다. 나의 발은 좀 이상한 느낌을 가지는 서양인의 조계와는 완전히 다른 길을 갔다. 그곳은 도로가 협소한 것이라든지, 가옥 제도가 정돈되지 않은 것이라든지, 공기의 오탁汚濁이라든지, 무엇으로든지 나에게 불쾌한 감정을 갖게 하였다.

나는 십육포十六舖를 향해 가는데, 오늘 동행인 '하'는 속히 돌아올 생각이었던지 자꾸 좁은 골목으로만 간다. 나는 좀 불쾌하였다. 그러나 나는 이곳에서도 역시 재미를 붙이고자, 산보하는 시간을 이용하여 무엇을 좀 유의有意하게 보았다. 그것은 이네들이 발명하고 발달시키고 자기네가 항상 자

---

* 19세기 후반에 영국, 미국, 일본 등 8개국이 중국을 침략하는 근거지로 삼았던, 개항 도시의 외국인 거주지. 외국이 행정권과 경찰권을 행사하였으며, 한때는 28개소에 이르렀으나 제2차 세계 대전 이후에 폐지되었다. _편집자 주

랑하고 아람치(개인이 사사로이 차지하는 몫) 삼은 중국식의 서화書畵이다. 나는 이것을 어떤 창을 통해 보았다.

나는 이것을 볼 때에 지난날 그들의 생애가 눈에 보이는 듯하였다. 나는 한참 생각하였다. 그리하던 중, 나의 발은 소세계小世界° 앞 어떤 거리에 왔다. 이때는 황혼이다. 즉 오늘이라는 막은 여기에서 마치고 다시 새 막을 올리려고 노력하는 조화의 모습이 보인다. 여하간 지구는 절반을 돌았다고 보고 하는 것이다.

어두움 뒤에 밝음은 이 누리의 진리이다. 이와 같이 생각하고 돌아오는 길에 나의 시선은 무엇에 정체되었다. 나는 내 분수에서 미美를 느끼고자 하는 것임을 잘 안다. 그러나 아무라도 좋다 하는 것을 보고 좋다고 함이야 남과 다를 것이 없으라 믿는다. 이유인즉 그도 사람이오, 나도 사람인 까닭이다. 그러나 보는 취미가 개성에 따라 다른 것은 아주 무시해서는 아니 된다.

나는 여기에서 볼 만한 것을 만났다. 그들은 여름 차림을 하였는데, 머리는 신식 학생형이요 최신식으로 발도 크다. 나는 중국에 와서 여성의 작은 발을, 즉 여성인 까닭에 부자연스러운 악형惡刑에 처한 것을 동정하였었다. 그래서 발이 큰 여자를 보면 내가 생각하기를 '신식이다. 선각자이다' 하였던

° 1917년 1월 개장한, 상하이 구도심 외곽에 위치한 현대식 종합 놀이공원이다. _편집자 주

것이다. 발에는 흰색 굽의 높은 신발, 매양 동양 여자가 처음으로 그와 같은 신을 신으면 미숙하여서 신체를 완전히 가누지 못하는 것이 항례恒例이건만, 즉 미관美觀은 고사하고 추관醜觀을 나타내건만, 그들은 그것도 면하였다. 그러나 다시 생각하면 그들이 발 줄이는 악습에서 나오자마자 발 높이는 악습으로 들어가는 중이다.

이러한데 그들이 어찌하여 나의 시선에 걸리었느냐 하면, 이 외에 말할 수 없는 그들의 난만爛漫(광채가 강하고 선명함)이다. 황혼인데도, 더구나 중국 거리에서도 잘 보이더라는 말이다. 나는 얼른 생각하기를 배우가 아닌가 하였다. 그것은 너무도 찬란하여서 하는 말이지 실상인즉, 중국 배우가 이와 같지 아니한 것도 잘 안다. 학생은 학생이다. 그들은 한 쌍이다. 무엇으로든지 동일하여 비교되지 아니한다. 그러나 얼굴인즉 완전히 개성을 표현한다. 이와 같이 생각할 때에 그들의 동작과 황혼은 나의 시선에서 그 미를 빼앗아갔다.

지금 내 생각에서는 그들이 아까와 같이 걸음한다. 또 나는 그들의 미를 보고 느낀다. 그래서 내가 스스로 걷는 줄도 알지 못하였다. 집에 돌아와서 침상에 누워도 그들은 여전히 보인다. 그래서 나는 하도 이상하게 생각하여 나의 정신상 쇠약으로 되는 발증發症이 아닌가 하고 '자아'를 찾았다. 그리하니 적잖이 위안이 된다. 이윽고 나는 잠 세계의 생활을 계속하였다.

그러나 오늘까지 그 미를 느낀다. 당시보다는 숙도熟度(익은 정도)가 덜하였다. 그러나 경경耿耿(아른거림)하기는 하다. 그래서 나는 나의 정신 정도를 기록하기 위하여 이것을 쓴다. 참으로 여기에서 "정동어중 지어예情動於中 止於禮*(마음은 그 속에서 움직여서 예에 머문다)"를 느낀다. 이것은 사실상 고통이다. 그러나 청춘남녀인 이상 이 같은 느낌이 없을 수는 없다. 이것이 우주 3대 원칙 중 미관美觀을 연습케 하는 것이라 믿는다. 그러기에 고통인 줄을 알면서도 보기를 구하고 또 느끼고자 한다. 이것의 과정으로 말하면 육체로부터 시작되는 것이다.

조화는 인류를 생식生殖하고자 남녀에게 조금씩 미를 주는 중, 여성에게 비교적 많이 주었다. 미를 주지 아니하면 교접을 하지 아니하는 까닭이다. 그러나 이 의미로 보든지 다른 방면으로 보든지 오직 교접하는 것만이 인생의 목적이 아니다. 그러하기에 지나치게 육교肉交에만 전념하면, 조화는 그것을 화류병으로 제어하는 것이다. 자연의 원칙을 잘 복종하는 하등동물은 오직 잉태기에만 교미한다.

인류는 발달될수록 조화의 꾐에 빠지지 아니하고, 도리어

《시경詩經》의 〈모시서毛詩序〉에 나오는 표현이다. 원문은 다음과 같다. "시자 지지소지야 재심위지 발언위시 정동어중 이형어언詩者 志之所之也 在心爲志 發言爲詩 情動於中 而形於言(시라는 것은 뜻이 가는 바인데, 마음에 머물면 뜻이고 말로 표현하면 시가 되는 것이다. 감정이 마음으로부터 움직여 말에서 이루어지고) … 변풍발호정 지호예의 발호정 민지성야 지호예의 선왕지택야變風 發乎情 止乎禮義 發乎情 民之性也 止乎禮義 先王之澤也(변화의 흐름은 감정에서 일어나고 예의에서 그친다. 감정에서 피어나는 것은 백성의 본성이고, 예의에서 그치는 것은 선왕의 덕택이다)."_편집자 주

조화를 속이는 편이 있어야 한다. 다시 말하면, 미만 느끼고 그 부대조건을 필요 이외에 실행치 아니하면, 그때에야 비로소 완전미完全美를 느낄 수 있는 것이다. 육체적 관계는 으레 미를 파괴한다. 이것은 이론보다 사실이 증명한다. 생리학상으로도 자연스럽고 심리학상으로도 확실한 답안을 구할 수 있는 것이다. 그러므로 다처주의로는 완전미를 느끼지 못한다. 오히려 육체가 미를 파괴한다. 그러므로 아무리 다처주의를 실행하는 지방에서라도 완전미를 가지고 일처주의나 독신으로 종신하는 사람을 볼 수 있는 것이다.

이것을 실행하려면 인중자연人中自然을 정복하는 것이 보다 상책이다. 이 세상에서 이것을 실행하고자 하는 사람은 소수의 시인 아니면 철학자이다. 그들이 가지고자 하는 것은 조금도 뺌 없는 인간미 그대로이며, 이것을 가지고자 또 하고자 이상理想을 향해 노정기路程記를 쓰는 것이다. 이것이 현대에 유행하는 소위 '연애신성설戀愛神聖說'이다. 그들의 말에서 보통 이와 같은 것을 볼 수 있다.

"당신은 그 고운 입술과 또 고운 손으로 나를 얼싸안고서 나에게 따뜻한 말로 '나는 당신을 참으로 사랑하겠소. 잊어버리지 못하겠소' 하였지요. 그러나 다시는 나에게 보여주지 마세요. 나는 당신을 참으로 사랑함으로 당신의 늙은 꼴이라든지 또는 인간의 불결을 볼 때에 나는 상심합니다. 당신의 시방 고운 것을 나는 영원히 가지고자 합니다."

이것이 그의 한마디이다. 이들은 이것을 잘 알아 가졌으리라마는, 현대인들은 이것을 빙자하여 육체적인 사랑을 하는 데에 가교로 쓰고자 한다. 하루를 살아도 취미 생활을 하고자 함이야 누가 환영치 아니하리오마는, 극기가 부족한 것이 장애의 원인이다. 그래서 나는 이와 같이 단정한다. '취미 없이 백 년을 사는 것보다 취미 있게 하루를 사는 것이 행복이다.' 그러나 진眞과 선善이 전혀 없이, 이와 같이 될 수는 없다. 이것의 실행 여부인즉 결코 쉬운 것이 아니다.

이것을 진정으로 실행하자면 적어도 인내를 요구한다. 극기와 용단, 침착 등을 빼서는 아니 된다. 마치 전쟁에 임한 장군 같아야 한다. 이와 같이 분투하지 아니하면 인격을 성립할 수 없고 또 가치가 없다는 말이다. 이와 같아야 비로소 취미의 어느 한 편을 개척하여 자기의 소유를 조금이라도 얻는다는 말이다. 아무리 진과 선을 구비하더라도 미가 빠지면 완전한 인격이라 할 수 없을 뿐만 아니라, 어떤 의미에서는 인격이라 말할 수 없다.

우리 인생에서 미를 제외하고 산다면, 그것인즉 말부터가 성립될 수 없다. 인생이 날 수가 없다. 나더라도 살 재미가 없다. 결국은 죽음의 세계가 되고 만다. 봄새가 울고 꽃이 핌이 어찌 우연한 일이랴! 이 고생스럽고 무미건조한 세상에 사는 힘은 오직 미에 있을 뿐이다.

어느 날 공원에서

24

새소리 나자
해는 온 누리 차고
그의 광채는
온갖 것 다 씌우네
나는 그곳에
한 자리 얻고자워
물가 버들 앞
조고만 산 또 내 앞

따검 바람은
나의 이마 씻어서
물에는 물살
남게(나무)는 잎새들이
풍물風物이 완연
남의 속을 거을 때

무엇 긴절緊切해
가슴 다시 뛰누나!

그 나무 오직
버드나무 왜 되어
내 맘 어찌해
그것 원망하는구!
그러나 더욱
철없는 고기 떼들
미끼로 알고
떼 지어 덤비누나!

아, 이것이
자연의 말이던지
아, 이와 같이
무미無味한 또 모순도
자연이라면
해결이 용이할까?
그러나 나는
자연부터 몰라라!

쫓긴 주인
25

풀밭에 아이
제 가끔 노닐 때에
나는 그 안에
낯 누런 아이 보네
흰 애 견주면
생기 없어 보여라
그러나 그는
이곳 주인 당연해!

문 닫고 사는
이 집 남께 앗기어
주인 구박에
다시 오지 못하네
제집 보고자
그놈 옷 갈아입고

숨어 보는 꼴
자연 그를 동정해!

그들 잘못해
아이까지 무용기無勇氣
남과 놀아도
열이 작아 보이네
어서 내여라
네 앞에 무한 큰 힘
자주 너에게
눈물 섞어 오리라!

전일前日 앗긴 것
너에 알 배 아니라
오직 찾아서
네 집 광채 내는 날
나는 찾아와
앞길 축수祝壽 하리라!
크고 큰 누리
그대 희망 아니랴!

가난을 중심으로 한 내외면
26

나의 요즘 살림은 참으로 냉락冷落해졌다. 근래에는 더욱 절정에 오르고자 한다. 이런저런 용기까지 없어졌다. 나는 지난날에 이와 같은 말을 들었다. "완전한 사람은 경우에 거리끼지 아니한다." 나도 완전한 인격을 가지고자 함이지 낙심하고자 하지는 아니하였다. 그러나 마음에 완전히 없지는 아니하다. 나도 이것이 일시적인 것임을 짐작한다. 또 일시적이어야 한다. 또 이것으로 인하여 나의 이상理想에 변동이 생기지 아니할 줄 믿는다. 요사이 이런 꼴을 당하였다. 사람이 사노라면 높은 산도 보고 깊은 바다도 볼 것이다. 이것의 주제인 대변 처치의 곤란함이다. 이것은 소위 아마阿媽(동아시아에 사는 외국인 가정에 고용된 원주민 가정부)의 보수를 주지 못한 까닭이다. 이곳 변소 제도인즉 일정한 변소가 없나니, 하수구를 설치하지 아니한 까닭이다.

그러므로 날마다 통에다 누어서 이른 아침 7~8시경에 처리하는 것이다. 나는 이것을 명하여 '부동변소浮動便所'라 하였다. 이곳 청소는 어떤 집을 막론하고 여자가 도맡아 한다. 즉 여관에 있는 사람에게도 보수를 준다는 말이다. 반도보다는 참 불편하다. 오늘은 보수를 줄 수 없음으로 인하여 주인으로부터 통의 사용을 거절당하였다. 나는 아침부터 대장大腸의 '청결동의'를 받았지만 그대로 참았다. 참지 못하는 때가 되자 모자를 집어 쓰고 어디를 향하여 나갔다. 신발 역시 구멍이 뚫렸다. 여하간 면부득免不得으로 길가에 나섰으니, 다른 사람은 모두 여름인데 나 혼자 겨울이다. 그래서 또 용기가 없어진다. 이것이 모두 도시 생활의 죄악이다. 부자연한 도시에서는 부자연한 도덕률에 지배받는 것이 너무도 많다. 그래서 나는 나의 동력動力에다가 대장大腸의 긴급동의로 빨리 걸었다. 가는 곳은 프랑스공원 공동 변소이다. 아무리 6월 염천炎天에 동복을 입었을지라도 양복이기 때문에 이 공원에 들어갈 수 있다. 그렇지 않았으면 이러한 경우에 어찌했을지 알 수 없다. 알고 싶지도 않다. 이곳으로 들어가도 나의 걸음은 대단히 황황遑遑(갈팡질팡 어쩔 줄 모르게 급함)했다.

　여하간 나는 이곳에서 안락지安樂地를 얻었다. 중국에 온 후로는 이와 같이 좋은 변소에 앉아보기는 처음이다. 아니다! 한번 진푸선津浦線˙ 이등 침대차에서도 있었다. 그러나 상하

˙　텐진天津에서 난징南京 푸커우浦口까지 잇는 철도 노선. 현재에는 베이징에서 상하이까지 잇는 징후선京沪線에 포함되었다. 징후선은 세 개의 구간으로 이루어져 있는데, 첫째 구간은 베이징-텐진, 둘째 구간은 텐진-난징(진푸선), 셋째 구간은 난징-상하이후닝선沪宁线이다. _편집자 주

이에서는 아니다. 우리 인생에서는 '설상가상雪上加霜'이라는 말도 있고 '갈수록 수미산'이라는 말도 있다. 그러나 나는 어떤 것이 그런 것인지 아직 겪어보지 못하였다. 상하이에 온 후로 나는 변비증이 생겼으니 풍토의 소치인 듯하다. 그러므로 변소 사용도 다른 사람보다는 유난히 오래 걸린다. 아직 나의 할 일을 다 마치지도 못하였는데, 사정 모르는 사람은 변소 문을 두드리면서 "플리즈"를 외친다. 그러나 나는 염치 불고하고 들어앉았는데, 약 한 삼 분씩 쉬었다가 다시 두드리기를 마지않는다. 참 딱한 지경이다. 그래서 나는 일어나기로 결심하였다. 밖에 있는 이가 여자의 음성인 까닭이다. 참으로 미안한 일이다. 나는 프랑스어를 모르니까 혹시 내가 여자 변소에 들어오지 아니하였는가 하는 의심도 하였다.

그러나 한편으로 안심되는 것은 내가 아무리 프랑스어를 모를지라도 대강은 짐작하여 이 변소에 들어온 것이니, 예를 들면 한 편에는 'Dame' 다른 편에는 'Homme'이라 쓰여 있는데, 나는 시방 'Homme'이라 쓴 칸에 있다. 그러나 여하간 무슨 일인지 나가볼 수밖에 수가 없다. 그런데 나와 보니 아무도 없다. 아! 이것은 다른 것이 아니라, 아까 내가 황황망조遑遑罔措하게 오는 것을 본 서양 소녀의 못된 장난이다. 아! 이 꼴이 나의 근래 생활의 전부이다. 나는 무엇을 생각하였다. 가만히 나의 생존을 생각하였다. 참 망측한 일이다. 아! 이것이 나의 장래에 도움이 될까? 이렇게 생각할 때에는 대단히 위안이 된다. 그러나 비할 것은 아니다만 쏘라*가 파리로 올 때는 이보다 몇 배였다는 것을 나는 어느 책자에서 읽었다.

여하간 변소를 다녀와서는 유쾌하다. 우습다! 이 유쾌가 혹 장래에 도움이 될까 하는 것이겠지만, 인생을 객관화해보니 이 '유쾌'라는 말은 우습고 희극적인 말이다. 이것이 시방 내 생각에 나타나지만, 전부는 아니다. 아무리 다 쓰려 해도 다 써지지 아니한다. 이것을 다 쓰기엔 나의 기술이 참으로 부족하다. 또 이것을 다 써놓고 보면, 나도 파안破顔을 하지 아니할 수 없을 것이다. '얼마나 궁하였기로서니 행색조차 궁할 것인가?' 아! 이것이 내가 나답지 못한 소치였던 것이다. 그 다음부터 이와 함께 이상한 우치愚癡와 허영심이 날 때에는, 이것을 방지하려고 전력을 다 들인 때가 많았다. 이것이 이와 같이 아니 될 줄 알고, 인격상·수양상 비루한 것인 줄 알고, 더구나 청년 된 몸에 자립심까지 상하는 줄 알고, '아! 이 것을 내가 잘 안다!' 하고서 개선하고자 하였다. 나는 외면으로는 단절을 위해 노력하였다. 그래서 어찌 보면 완전히 그와 같은 비루가 없는 것도 같다.

그러나 내면으로는 아직 미안하다. 때때로 나온다. 갖은 탈을 다 쓰고 나온다! 참 괴상하다. 아마 이것이 석가釋迦가 석가가 된 것이요, 또 되게 하는 것인가 한다. 또는 기독基督이 기독이 되고, 안회顔回가 안회가 된 것이다. 이것이 얼른 보아

• 원문의 정보만으로 이 인물이 누구인지는 추정하기 어렵다. _편집자 주

서는 아무것도 아닌 것 같지만, 다시 한번 살펴보면 만반의 선善이나 만반의 악惡의 중점이다. 완전히 잘 사용하고 못 사용하는 데 관련된 것이다. 1×1=1이 어찌하여 그런가 생각하는 것보다, 이것을 먼저 알아볼 필요가 있다. 여하간 위대하기도 하고 밉살스럽기도 하다.

그러나 인생은 관문을 한번 지나야 한다. 아니 지나면 선악을 판단하는 데 단순해지고 또 용서가 없다. 아! 이것을 이 세상으로부터 없앨 수 없을까? 사람 사는 곳에는 무엇으로든지 의복과 음식을 요구하는 곳이 없을 수가 없다. 그러면 이것은 불변의 정리定理이던가? 아! 이 정리! 참으로 인생의 앞길에서 암초가 되누나!

상하이에서

어느 날 길가에서
27

물밑에 고기
어이 새끼 만하고
물위에 서서
고것 구경할 적에
그늘 속 암소
뱃속 아이 보고서
온갖 희망을
그에게 다 주고나!

길가에 누운
비렁이어 이 새끼
어이 울면서
군 깨 두움 구할 제
그 품에 아이
싱글벙글 웃누나

이 중에 재미
아이 혼자 있어라!

그러나 어이
어찌 저리 가난코
새끼는 어찌
포실하여 웃는가
아! 이 세상
아는 것이 병이라
그 어미 알아
우선 배를 채우려!

나는 눈 들어
저편 큰 집 볼 때에
가는 피아노
나의 고막 치누나
한때 자연이
나를 자극할 때에
나는 가만히
조화꼴만 보누나!

상하이에서

아우 찾는 소녀
28

오늘 이 막幕은
저 뫼 넘어 닿지요
이 누리 누래
다시 검어 땅 검어
먼뎃 사람은
뵐락 말락 하누나
이때 온갖 미美
그 속으로 감추네!

이쪽 흰 소녀
그의 아우 찾고자
시커먼 안을
자주 둘러보누나
그의 보는 곳
군들만 하이얗네

그러나 그이
무엇 자주 찾노나!

저편에 무엇
아른아른할 적에
그는 반가워
그를 보고 가누나!
이윽고 그들
속살속살하는 말
'어디 갔댔니?'
'저, 놀려고요!'

먼 곳에 전등
그들 얼굴 비추니
어여쁜 그들
내 눈앞에 뵈누나
그들 걸음이
검은 속 쓰러질 때
나는 집으로
걸음 옮겨 오누나!

상하이에서

어떻게 보아야 미美를 잘 보나
29

아직 해는 이 세상을 다 차지하지 아니하여서, 프랑스 공원 이쪽에 두 사람이 앉아 웃고 또 입을 빙긋빙긋하는 모습은 먼 데서도 얼마나 흥미 있어 보이는지, 나는 그것을 보았다. 오직 미안하기는 그들의 이야기 소리가 가늘어서! 그러나 듣는 데야 그들의 말을 알지 못하니 내용은 모르나마, 나는 어렴풋이 그들이 무엇임을 알겠다. 설혹 나의 추측이 맞지 아니하더라도 나는 재미있었다. 이 공원에 둘씩 앉아 있는 사람이 오죽 많으랴마는, 그들은 남녀이다. 그중에도 내 눈에 이상하게 보이는 무엇이 있다.

　이것은 본능적인가 혹은 선철先哲(옛날의 어질고 사리에 밝은 사람)의 이른바 비의지채非儀之采(그릇된 법도의 모습)라는 것이 아닌지. 이것을 비의지채라 하는 사람이면 그의 입장은 현재의 나와 달라서, 순리지純理智(순수 지성)의 판단일 것이고, 가장 냉정하였을 것이며, 그는 동기론자일 것이다. 그런즉 자기도 느끼는데 실행하지 아니하기가 오직 고통이 되기에, 이것을 귀한 조문條文(규정이나 법령 따위에서 조목으로 나누어 적은 글)에다 넣은 것이지, 그리 쉬울 것 같으면 넣었을 까닭이 있나? 나는 그들이 못 되고 또 이러한 것이 어찌하여서 아니 된다고 하는지 모르지만, 여하간 알아볼 필요는 있겠다.

그러나 내가 늘 이상하게 생각하는 것은 '누구를 막론하고 미美를 보는 법을 가르쳐주지 아니하여도 안다'는 말이다. 남녀는 왜 서로 보고자 하는지, 노년보다 청년을, 남성보다 여성을 좋아하는지, 아무리 알려 하여도 알지 못한다는 말이다. 그것은 아마 미가 많은 까닭이겠다. 그러면 나는 시방 감정의 지배를 받나? 그러니까 모든 판단이 미에만 치우치겠지! 아니다. 셰익스피어 같은 이성적 인물도 배심원에 미를 동정하는 사람을 둔 것은, 또한 독자로 하여금 카추샤*를 동정하게 만들었던 것은, 이 세상에는 그것이 없을 수 없다는 말이겠다. 나는 신선이 아니고 사람이니까 본다는 말인즉, 청정허공신清淨虛空身이 아니고 업보신業報身이고, 백정식白淨識(9식인 아말라식)이 있지 아니하고 6·7·8식이 있으며, 이곳은 화장장엄세계해華藏莊嚴世界海(비로자나불의 정토)가 아니고 사바국토娑婆國土(인간 세계)이고, 실중室中의 천녀天女가 아니고 영산회靈山會(샤키아무니가 영취산에서 제자들과 함께하였던 모임)의 사리푸트라(사리불)이며, 카시아파(가섭)같이 냉정하지 못하고 아난다(아난타)같이 열정적이라는 말이다!

---

* 톨스토이 소설 〈부활〉의 여주인공._편집자 주

선철이 남녀를 구별치 아니한다면서도 '천녀 각종향화 시불급승天女 各種香花 施佛及僧(천녀가 여러 가지 향기 나는 꽃을 부처님과 스님께 보시함)'이라 하였으니, 이것은 미가 아니고 무엇일까? '천남天男' 혹은 '천노인天老人'보다는 '천녀'가 더 좋다는 말이다! 미는 반드시 취할 것이지만, 여기에 혹惑하고 음婬하여 허송세월로 인생을 소일消日적으로 허생낭사虛生浪死(헛되이 살고 헛되이 죽음)하지 말라는 말이 생각이 난다! 즉 미는 혹하기와 음하기가 제일 쉬우니 조심하라는 말이지, 일절 멀리하라는 것은 아니다. '천우만다라화天雨曼陀羅花(하늘에서 만다라 꽃이 비처럼 쏟아짐)'라 하였으니, 꽃의 아름다움같이 순결하게 오직 정신미精神美를 느끼고 육욕의 가미假美에 혹하지 말라는 것이다. 아! 그는 금욕주의자이었던 것이다! 그는 물론 주위의 영향을 피하지 못하였으리라. 그가 인도에 탄생하지 않고 아라비아에 탄생하였더라면 독창獨創(새로운 것을 처음으로 만들어내거나 생각해냄)이겠다마는, 인도이니까 독창이라고는 할 수 없다.

그는 독특한 금욕자였지만, '여성의 원수'는 아니었다. 그는 간혹 궁중에 갔을 때에 여자들과 다정히 대화한 일이 많았던 까닭이다. 또 아무리 독창일지라도 주위를 무시할 수 없으니, 주위가 그의 생각을 전부 부인한다면 전해줄 사람이 없을 줄 안다. 그러므로 그는 부득불 인도에 탄생된 것이요, 또 고의가 아니었을 것이다. 그러나 성적聖蹟에는 "보살이 하늘에서 수생受生할 국토를 선택하였다"라고 기록하였다. 여하간 결국 그가 인도에서 탄생하였다.

이와 같이 생각하니 또 의문되는 것이 있다. 그네들이 알고 있는 것이 옳은가, 혹은 우리와 같이 단순하게 생각하는 것이 옳은가? 미라면 이 우주의 생물, 즉 느낌 가진 생물 전부에게 일치되는가, 혹은 오직 자기가 보는 만큼 느끼는 것인가, 혹은 주위와 습관에서 변동되는가, 혹은 지식 정도에 의하여 자기가 방향을 정하는 것인가?

나는 이와 같이 생각한다. 모든 생물은 제쳐두고라도, 같은 인류끼리도 서로 각각 다른 것과 같이, 자기에게 편한 만큼 자기에게 적당한 만큼 만들고 또 느끼는 것이다. 모범으로는 선철의 행동 중 잡화상 같은 것에서 오직 자기에게 적당한 부분을 택하여, 마치 새 집으로 이사 가서 자기에게 적합하도록 만드는 것과 같이, 자기에게 적당하도록 수리하는 것이다. 완전히 자기에게 적합한 것이 없다면 자기가 하나를 만들어 갖는 것이다. 그러나 자기가 만든다고 원칙을 위배해서는 아니 된다. 나는 먼저 말한 것처럼 가져볼까 한다. 그러나 나는 아직까지 시험을 치르지 아니하였다. 이것들은 모두 추측에 불과하다. 상세한 수치는 내가 시험을 치른 뒤에 알 것이다.

상하이에서

사람이 보는 미美는 우주의 공통이 아님
30

해는 왼 누리
맑은 바람 불 제
나뭇잎들은
한들한들 하누나
군들 시선이
한곳으로 모일 때
어여쁜 색시
소리 없이 가누나!

그가 물가에
고기 놀라 속 깊이
그가 나무 밑
새들 싫어 나누나
그가 걸음해
사슴 둔 곳 갈 때는

짐승 놀라서
숨고 아니 보이네!

그러나 그 임
꽃밭 자리 앉으니
군들의 눈은
모두 그리 모이네
이윽고 해가
구름 밖에 나올 때
새는 하늘에
고기 물에 뛰누나!

벌판의 개들
암컷 보고 가는 곳
웃어보는 군
네 삶을 객관하라
이로 너 보면
어이 웃지 않으리
그러면 나는
이로 살림할까나!

상하이에서

나는 임의 살림
31

나는 오늘 가만히 앉아서 이 책 저 책 책장을 넘겼다. 내 눈은 그 속에서 무엇을 보았다. 그것은 누가 자기의 정신생활 상태를 써놓은 것이다. 이것을 본 나는 그의 생애가 상상되었다. 나는 그를 잘 안다. 그래서 그 책을 나에게 준 것이다. 그는 이와 같이 썼다.

"근래 나의 정신이 어찌도 산란해졌는지 아무리 생각해도 그 이유를 잘 알지 못한다. '아마 내가 청년이니까 혈기 때문이겠지?'라는 생각밖에 아니 든다. 참말이지 내가 수양이 없다고는 할 수 없다. 표면으로는 대단히 평정하지만, 내면은 대단히 고통스럽다. 즉 표면의 반비례가 된다고 나는 기탄없이 말한다. 나는 무엇을 구하고자 한다. 무엇보다 정신상 위안을 얻고자 한다. 그러나 이것을 구함은 참으로 쉽지 아니한 줄 안다. 육신에 비하면 몇 백 배이겠다. 아, 그러면 아주 불가능인가?"

이것이 전부이다. 시방 나는 그의 심리 발작을 연상한다.

내가 대강 그의 심리 번민을 안다는 말이다. 그는 참으로 고통일 것이다. 그가 생각하기를, 이 찬 우주를 살아가는 데는 무엇이 있어야 되겠다고 한다. 나는 그와 그 말에 동정한다. 그래서 나는 내가 본 그를 쓰고자 한다. 그는 소년이나 소녀를 보면 자세히 아니 유심히 보는 편이 많다. 어린아이가 천연덕스럽게 노는 것도 보기 싫지 아니하다고 한다. 그가 순결한 이성을 사모하기는 마치 천선天線(하늘과 생명을 연결하는 실)이 지선地線(땅과 생명을 연결하는 실)을 요구하는 것과 다르지 않다. 그와 같은 것이 있다면, 물론 그는 자세히 볼 것이다. 마치 천지선들이 서로 맞부딪히고자 겨누는 것 같으리라. 이것은 그의 정신도 그와 같으리라는 말이지, 실상 보기만 하면 표면으로는 아무 기색도 보이지 아니하고, 무슨 기색이 있다면 얼굴을 붉힐 뿐이다. 그는 보기를 부끄러워하고 잠깐 무엇을 희망하는 빛이 있을 것이다. 또는 심서心緒가 산란할 적이면, 정신이 주착住着 없을 적이면, 그는 '아! 이것이 자연의 법칙이다. 이와 같이 얻고자 하는 것이 또 느끼고자 하는 것이 자연미에 도달하는 것인가' 하리라. 그의 성정은 급하여 열화烈火 같고 폭류瀑流 같다만, 현재에는 수양 덕분에 대단히 만성慢性이고 또는 느려진 듯하다. 즉 완전히 정반대로 보인다. 그러나 자세히 보면, 일상생활에서 지난날의 성급했던 모습이 보인다. 여하간 나는 그가 수양하는 줄 안다.

그는 언제라도 정신상 위안만 얻으면 독신으로 지낼 예정이다. 또 한적을 사랑하고, 산수를 좋아한다. 그는 벌써 근 십

년간 명산려수名山麗水에 있었고, 현재에도 그의 집이 한적한 숲속에 있다. 그가 산수를 좋아함도 자못 천성이다. 그는 평상시에 독서하는 것이나 등산하는 것이나 숲가 계곡에 앉아 있는 것이 재미있다 한다. 그는 주위의 사정만 허락한다면 공방空房에 독거하는 것을 좋아한다. 그는 대단히 공순하고 친절함에 따라서 냉정하기도 하다. 그는 비교적 가리고 꾸미는 것을 하고자 하지 아니한다. 그는 적어도 자기의 운명을 자기가 개척하고자 하고 또 노력한다.

그는 누구에게든지 굴하고자 하지 아니한다. 그러나 선각자는 대단히 숭배한다. 그는 무엇이든지 용서하고자 한다. 무슨 사정을 당하든지 동정하며 이해하고자 한다. 그는 무엇이든지 참을 때는 고통이라 한다. 그래서 이야기를 나누는 사이에도 선후가 바뀌는 경우가 많다. 나는 이와 같은 점에서 그가 급성자急性者(급한 성정을 가진 자)임을 짐작한다. 그러나 표면에서는 있을 수 없는 것이다. 그는 부끄러워하는 편이 많다. 어디를 막론하고 3명 이상이 모인 곳이면 들어가기를 좋아하지 아니한다. 그는 항상 뭇 사람에게 대해서 무슨 말을 하든지 얼굴을 붉힌 뒤에 한다.

그는 극기가 있는 모양이다. 극한 금욕주의 속에서 생장한 듯하다. 그의 이상은 적어도 동족을 고통에서 빼내고자 한다. 그의 계획은 원대할지언정 비근하지 않다. 항상 그는 세상을 객관화하여 진리를 구하고자 한다. 또 자기까지 객관화하여 비평적 태도를 가진다. 그는 홀로 해외에 표류하는 것을 고통으로 생각하지 아니한다. 오히려 유쾌히 여기는 편이 많다. 지난날 명산려수에서 놀 때에도 그는 혼자서 놀았다 한다. 이와 같이 말한다. "자연과 접하기와 자유롭기는 혼자서 하는 것이 좋아요."

그는 두 사람이 되면 같은 감정·같은 취미가 아니고서는 서로 불평한다고 한다. 그는 내가 알기에 참으로 정직하다. 그러나 어렸을 적에 도둑질도 하였고 거짓말도 하였고 못된 장난을 많이 하였으므로, 그의 주위 사람들은 장래까지 의심하였다고 한다. 그래서 제삼자가 물으면 나는 이와 같이 대답하겠다.

"그가 가진 지식이라든지 이상이라든지 현대 청년의 자격이 있고, 철학적 지식이 빈약하다고도 할 수 없소. 그는 반도에서 태어났지만, 대륙적 취미를 많이 가진 듯하오. 그는 장자 및 홍응명洪應明(《채근담菜根譚》의 저자), 대륙파인 칸트, 쇼펜하우어, 인도 철학인 상키야, 요가, 또 이들을 종합한 불교적 사색을 좋아하기가, 마치 합리론 및 경험론을 종합한 비판론을 좋아하는 것과 같소. 생활 방식으로는 톨스토이나 칸트나 샤키아무니를 참작하고자 하오. 만사에 한적을 구함은 그가 어렸을 적에 고적 속에서 지내온 까닭이오. 그의 인생관인즉 이러하오. 그는 동양 전래의 생각인 영혼불감설靈魂不減說*을 인

---

* 육체가 죽어도 영혼은 감소하거나 사멸하지 않는다는 믿음. 영혼불멸설. _편집자 주

정하지만, 결코 셈족의 것이 아니요 아리안족의 것이오. 그러므로 동시에 윤회설을 시인하니, 이것인즉 불교적 신앙 속에서 생장한 것이오. 인습이라고도 할 수 있소. 그러나 이 윤회설도 그에게는 조금 다르오. 예를 들면, 소작인연설所作因緣說(인연은 주어진 것이라는 설)에서 기인한 것이 아니요, 능작인연관能作因緣觀(인연은 만들어가는 것이라는 관점)에서 기인한 것이니, 그가 생각하기를 인생은 무한한 쾌락으로 가는 경로라 하오. 즉 미혹에서 깨달음으로 가는 가가假家(임시로 지은 집)요 길이라 하오. 누구라도 깨닫고야 말 것이니, 이 세상에 애착할 것은 없다 하오. 그러나 동시에 잊어버려서는 안 되는 것으로, 각각의 개인은 이 세상에 책임이 있다는 것이오. 즉 책임을 이행치 아니하면 각자 요구하는 쾌락이 있기에 무질서해진다는 말이오. 그는 아래와 같은 비유로 그의 인생관을 설명하오. '마치 길 가는 나그네가 날이 저물어 무변한 광야에서 아무도 없는 빈집에서 자게 되었소. 자고 보니 취반炊飯(밥을 지음)도 동시에 필요할 것이오. 그러므로 그는 기구를 임시로 만들어서 쓰는 동시에, 자기와 같은 나그네가 다시 이 집에 오면 자기와 같은 불편을 가질 것이라는 동정에서 집도 재주껏 수선하고 기구도 비교적 완실하게 만들어둘 의무를 느꼈소. 이 집의 일부가 파손되었다 하면 있는 동안 고쳐놓을 의무까지 있나니, 이 집이 없었다면 여행에서 불편을 느꼈을 뿐만 아니라 생명까지 위험했을 것이기 때문이오. 그러나 이 집에서 아주 산다는 것은 결코 아니요, 사실상 이

집은 일시적 여관일 뿐이니, 이 집 안에 있는 물건을 애착하는 것은 극히 어리석은 일이오. 그렇다고 함부로 파괴해서도 아니 될 것이니, 도덕상이든지 의무상이든지 이 길 가는 원칙에 위배되는 까닭이오. 그러니까 이 집 물건을 존중히 생각할 것은 물론이요, 또 뒤에 오는 사람들의 원망이 없도록 이정표도 만들어놓아야 할 것이오. 이 집의 성질이 이와 같으므로, 이 집에 온다고 좋아할 것도 싫어할 것도 없을 것이오. 또 이 집에 있을 때에 좋은 것이 있거니 언짢은 것이 있거니 하더라도 원리상 좋고 나쁜 것이 없을 것이오. 그러나 자기가 가고자 하는 안락지安樂地에 가자면 적어도 진리에 위배되는 일은 하지 말아야 할 것이오. 이상적 세계로 말하면, 적어도 진·선·미가 합한 것이므로, 다른 것으로는 도달하기가 어렵소. 이 이상적 세계에 도달한다고 결코 현세를 버리는 것은 아니요, 오직 미혹과 깨달음의 차이가 있을 뿐이오. 결코 유태인들의 에덴, 그리스인들의 엘리시움, 플라톤의 이상국가, 베다교의 야마천·인드라천, 브라만교의 브라마천, 고대 독일인들의 발할라 등과 같은 절대가 아니요 적어도 포함적이니, 선각자들이 아래와 같이 말하였소. '각래관세간 유여몽중사覺來觀世間 猶如夢中事(문득 다시 깨우쳐 세간을 보니 오히려 모두가 꿈과 같구나)' 또는 '산산수수각완연山山水水各宛然(산과 물이 각각 완연하여 분명히 나타난다)'*. 또 그들의 세계는 이와 같소.

---

* 《벽암록碧巖錄》._편집자 주

'파정즉 운횡곡구 방하야 월낙한담把定則 雲橫谷口 放下也 月落寒潭(잡았더니 구름이 골짝어귀에 비끼고, 놓았더니 달은 찬 못에 떨어지도다)'. 또는 '불조위중다위구 야래의구숙노화佛祖位中多危懼 夜來依舊宿蘆花(불조의 자리에 위태로움과 두려움이 많아 밤이 오면 예대로 갈대숲에 잠든다). 이 예들만 보아도 이 세상 밖에 따로 있는 것이 아니오."

그의 인생관과 이상이 이러하므로 현세관도 물론 이와 적당하도록 만들어 가졌다. 그는 생각하기를, '선각先覺하였거든 후각後覺에게 물질로나 정신으로나 편의를 주라', 즉 사람마다 가슴속에 초가 있으니 불만 켜주라고 한다. 무엇으로든지 방황하는 이들에게 위안을 주어야 한다고 그는 늘 말한다. 후각들이 알지 못하여 죄를 범한다면, 그것은 온전히 선각자들이 가르쳐 이끌지 아니한 죄라 한다. 그러니까 선각자의 책임이 중대하다는 말이다. 그는 이 같은 어조 혹은 어투를 가진다. "모르거든 알려고 하라. 알거든 실행하라. 실행치 아니하는 '앎'은 쓸모없고 가치 없다."

이 세상에 있는 모든 죄는 완전히 아는 자의 것이라 생각한다. 누구든지 자기의 책임을 이행치 못하겠으면, 차라리 이 세상에 있지 아니하는 편이 옳다고 그는 생각한다.

나는 하도 심심하여 시간을 그저 보낼 수 없어서 이것을 썼다. 나는 그가 장래를 정함에 축하한다. 그는 설계를 가졌으

• 《금강경야부송金剛經冶父頌》._편집자 주

니까, 이제는 오직 실행뿐이다. 물론 못 갈 리는 없다고 생각한다. 설혹 못 간다 하더라도 그에게는 낙심이라든지 고민은 비교적 작을 것이다. 고통이 있다면 오직 시간문제이다. 이 생각 중에 하도 다연茶煙(차를 달일 때 나는 연기)이 가득하여 몸을 편안히 쉬면서 나에게 물었다. "너의 앞길은 어찌 정하였니?" 이 대답을 확실히 못하게 된 나는 무심히 내 앞에 선 등나무 위에서 소리 나는 것을 들을 뿐이다.

상하이에서

《불교 제15~30호(1925. 9.~1926. 12.)》

10년 후에
다시 자연경을 찾아서

극도의 부자연한 생활을 계속하던 여독이라면, 역시 극도의 한적이라야 해독 혹은 조화를 할 수 있는 것이다. 그러므로 무슨 일에 있어서나 요행이나 우연은 없는 것이다. 자아의 혜두慧頭(지혜의 머리)가 그다지 명확치 못하였을 때에 일정한 사물에 대하여 원인을 모르고 행하는 것은 가정에 불과하다. 이것이 우리 인생의 고식姑息 혹은 자위自慰라 할 것이다. 이 방식이 원인이 되어서 결과가 생길 때에는 대략 불행하였다. 유사 이래에 기록이란 전부 그런 것이었기에, 그 원인을 확청廓淸(지저분하고 더러운 물건이나 폐단 따위를 없애서 깨끗하게 함)하여 좋은 결과가 오도록 함으로써 모든 방황에서 떠나 사람다운 생활을 하게 해준 것이 옛 성인의 타이름이었고 우리가 배우고자 하는 것이다.

나는 너무나 부자연함에 썩고 시들었으므로 자연경을 찾아서 쉬고자 하는 것도 사실이었기에, 이곳에서는 오직 수상수기隨想隨記(그때그때 떠오르는 느낌이나 생각을 적음)할 뿐이다.

작년 2월에 불과 일 년 반 동안 칩복蟄伏하였던 곳을 떠나서 북으로 가는 길에 광주廣州 봉은사奉恩寺(현재 서울 강남구)의 제덕諸德을 방문할 때, 강 위는 살얼음이라 조심히 나아갔다. 강 위 상류 지방의 남벌濫伐이 원인인지 사면이 붕괴하여 어디를 보든지 참경慘景이 드러나는 것이, 마치 얼어붙은 바다를 여행하는 느낌이 있을지언정, 한 나라의 수도를 관류하는 강이라고는 상상도 못할 것이다. 파리의 센강이나 런던의 템스강에는 물론 비교도 되지 않지만, 극한 한촌寒村인 로하우프텐Lohrhaupten을 통하는 마인강 지류만도 못하다.

내가 외국에 있을 당시 조선의 수해水害 소식이 그곳 신문에 게재되었을 때, 어떤 친구가 그 신문 이야기를 하면서 나에게 묻기를, "어찌하여서 동양에서는 자연이 사람을 해할 수 있는가?" 하기에, 나는 할 말이 없어서 정중히 답하기를 "특별한 것이라 외국 통신에까지 온 것이지요" 할 뿐이었다. 그러나 가만히 생각하니, 우리 조선이야 물만 사람을 잡아먹을 뿐이랴! 산에서는 호랑이, 숲에서는 독사, 도처마다 사람을 잡아먹는데, 그것을 저 사람들이 알았다가는 서슴지 않고서 "너희는 참말로 야만이로구나!" 하였을 것이다.

이 쓸쓸한 경치를 겨우 지나서 산길에 들어서니, 한 작은 길이 논밭 사이에 가로놓여서 많은 굴곡을 가지고 나의 앞에 있다. 멀리 수평선을 지나서 언덕으로 넘어가는 태양의 빛과 함께 두 명의 어린아이가 가는 모습은 어쩐지 모르게 나에게 환심歡心을 준다. 아까 강 위에서 쓸쓸한 느낌에 마비되었던 나의 신경은 이제 다시 안온해져서 생각하기를, 이 고개를 넘으면 봉은사이겠거니 하였다. 우선 고개에 올라서니 앞으로도 강이 보인다. 그런즉 하나의 섬이 아닌가 하였다. 몇 해 전의 수해 때문인지 본시 가난하여 그러한지 여하간 참으로 보잘것없이 되어서 모든 것이 흥미를 주지 못하였다. 그러나 어촌의 겨울 풍광이었다면 그다지 실격은 아닐 것이다.

들어가는 길로 사무실에서 친지를 상봉하여 오랜 회포를 서창敍暢(마음을 터놓고 이야기함)하니 일념보관무량겁一念普觀無量劫(한 생각으로 무량겁을 두루 관함)은 아직 못 되지만, 일념통철십여년一念通徹十餘年(한 생각으로 십여 년을 꿰뚫어 막힘없음)은 흔쾌히 되었다. 멀리는 그만두더라도 보우普雨(1509~1565) 화상이 주석住錫하셨을 때에 과천 군수가 측간의 서까래를 세던 때라든지, 청허淸虛(1520~1604) 선사가 선교양과禪教兩科에 급제하여 한 나라의 승도들을 이끄시던 때는 이 봉은사가 번창하였으리라만, 근래에도 청호晴湖(1877~1936) 선사가 승난구중乘亂救衆(난리의 틈에서 구제한 대중)이 약 천 명이다. 이곳에 불괴비不壞碑를 축조하려는 각 방면의 공인工人들이 자기의 기량을 다하여 건축의 기와와 돌을 서로 앞다투어 던졌던 것도 작은 일이 아니었다. 고승석덕高僧碩德의 무대라 그러한지는 알지 못하나, 하나가 가고 다시 하나가 오는 중간이라서 그러한지 현재인즉 극히 엄연하여 번화한 면목은 조금도 없고, 산간의 풍성風聲과 산사의 조용한 종은 임자명任自鳴(제 마음대로 욺)이라 좌선삼매坐禪三昧에 불착미임마거不着味恁麼去(좌

선에 빠져 흥취에 집착하지 않고 그대로 감)하는 제덕에게는 별로
관심거리가 아니었나 보다.

판전板殿(경전을 보관한 전각)의 의구依舊(옛날 그대로 변함이 없
음)한 설비가 아직 한암漢巖(1876~1951)**의 귀석歸錫(돌아와서
주지를 맡음)을 몹시 기다렸다면, 못 가운데에 박빙장포薄氷張布
(베를 두른 듯한 살얼음)는 임이 떠난 후의 일을 서슴지 아니하
고 하소연한다. "임이야 임대로 갔건마는, 보일 사람 없다 하
여도 그 임이 다시 오실까 하여 제 모습 감추고 안 보이는 연
꽃은 더욱 애닯고야" 모든 스님의 은근한 대우에 양계養鷄(닭
을 기르는 일)를 함으로 피곤한 마음이 쉬이니, 산사의 착미着味
(취미를 붙임)는 적잖이 농후해진다.

며칠 후 오후 10시 왕십리역에서 북행 열차를 기다리는
중, 간도間島로 향하는 늙은 여자 두 사람의 행색을 보니 처
참하기 짝이 없지마는, 이 눈 속을 성진城津(현재 북한의 김책
시)에서부터 걸어갈 계획으로 옌지延吉(중국 지린성吉林省에 있

• 1925년 을축년 대홍수로 한강이 범람하여 오늘날의 송파구와 강남구
   일대가 물바다가 되었는데, 인근 주민들이 익사 직전에 이르자 청호 선
   사가 산하 80여 사찰과 800여 승려를 이끌고 위급한 생명 708명을 구
   제하였다. 이로 인해 청호 선사는 '활불活佛'이라는 칭호를 받았고, 도움
   을 받은 주민들이 1929년에 세운 불괴비가 '나청호 대선사 수해구제 공
   덕비羅晴湖大禪師 水害救濟功德碑'이다._편집자 주

•• 1925년 봉은사 조실로 있다가 강원도 오대산 상원사上院寺로 들어가 이
   후 27년 동안 수도에만 전념하였다. 1941년 조계종이 출범되면서 초대
   종정으로 추대되어 1945년까지 조계종을 이끌었다._편집자 주

는 옌볜 조선족 자치주)를 향하여 가노라 한다. 듣는 사람에겐 스스로 죽을 길을 가는 것 같은 느낌이 없지 않다. 각각 약간의 동정으로 방향 없는 유랑객을 보내니, 그 역시 처참하다. 오전 6시에 석왕사釋王寺역*에 도착하니 많이 쌓인 눈이 땅에 가득하였고, 이곳은 피서지인 만큼 현재는 때가 아니라 하여 하차객은 오직 나밖에 없으니, 나는 부득이 여관에 가숙假宿(임시 거처)을 정해서 오직 밝기를 기다릴 뿐이다.

약 50년 전 기억이다만, 월화月華(1826~1894) 강백講伯(경론을 강의하는 승려)이 석왕사에 주석하셔서 학인을 제접濟接(구하고 가르침)할 때이다. 그때는 경원선京元線을 부설하고 있는 중이었으므로, 공론이 석왕사는 번창해지느니 무엇이 어찌되느니 하여서 사람마다 희망의 눈으로 아직 오지 아니한 장래를 꿈꾸었다. 시방 나의 눈앞에 즐비하게 놓인 여관촌인 사기동沙器洞에는 여러 개의 술집이 있어서 선로공들의 안식처가 되었다. 걸어서 앞으로 나아가서 동구洞口인 단속문斷俗門에 오니, 태조 이성계李成桂(1335~1408)가 몸소 심은 소나무의 뿌리가 썩어 있다. 15년 전 늙은 소나무였던 때에 비하면 세상 일이 무상하다는 말은 당연하겠지만, 지난날에 보지도 못했던 어린 소나무 한 그루가 대신 서 있다. 세운 팻말에 "이왕전하어

---

* 조선시대와 일제 강점기 동안에는 함경남도 안변군에 속해 있었으나, 1946년 안변이 강원도로 편입되고 고산군이 안변군에서 분리되는 등 행정구역 변동이 일어나면서 현재 북한 강원도 고산군에 위치하게 되었다. 현재의 역명은 광명역光明驛이다. _편집자 주

수식송李王殿下御手植松(이태조가 몸소 심은 소나무)"이라고 한 것이, 마치 어디서 거두절미해서 내어버린 것 같다. 아무리 생각하여도 어린 소나무는 심지 말았으면! 욕을 보이고자 하는 한 놈들이 밉다. 여하간 남의 일이라도 답답한 일이라 하지 아니할 수 없다.

다시 약수가 있는 곳에 오니, 지난날에는 노천 자연 속에 놓였는데 오늘에는 벽돌로 둘러놓았나니, 자기들 생각에는 잘 지었다 생각할 터이지만, 설비의 무식이든지 위생의 부주의든지 무엇으로든지 병을 낫게 되기는 고사하고 건강까지 상하게 되었다. 그러나 나무숲의 의연依然이나 시냇물의 청정淸淨이 사람 마음을 다시 진정하게 한다. 시냇가에 앉아서 차 안에서의 피곤한 신체를 쉬이니 날씨의 차가움까지도 잊어버렸다. 지난날에 그토록 좋은 인상을 주던 불이문不二門(사찰로 들어가는 3문 중 절의 본전에 이르는 마지막 문)은 특별히 쾌감을 주지 아니하니, 벌목이 원인이었고 점포와 여관을 지은 것이 자연경을 그만큼 상하게 한 것이다. 운동장이 다시 나의 눈에 들어올 때에는 불각不覺에 불쾌를 느꼈다.

진헐당眞歇堂에서 몇 분의 친지와 상봉하니, 십여 년 전 오래전 일을 추억하게 된 것이다. 이곳이 조선의 발상지인 만큼 시설을 완비하였다 하나,* 부지의 좁음이라든지 어느 무엇

---

* 조선 태조 이성계가 나라를 세우기 전에 무학無學 대사의 해몽을 듣고 왕이 될 것을 기도하기 위해 석왕사를 지었다고 전해진다. _편집자 주

도 대찰大刹에 적합하다 할 수 없었다. 오직 일개 선승의 수행 토굴의 확대였다면 그다지 기괴할 것도 없는 것이다. 조선 여러 임금의 비각碑閣(비를 세우고 비바람을 막으려고 그 위를 덮어 지은 집)은 중기中期에 소실되어 처참한 것이, 덕수궁이나 서대문 혹은 경복궁에 비한다면 그다지 비경悲景이라 못할 것이다. 여하간 설봉雪峰의 풍경이 조선 왕조가 독점한 기복당祈福堂을 일반인의 피서지로 개방한 것이 루브르궁이나 포츠담궁을 일반인 관람을 위하여 개방한 것에 비한다면 그다지 이야깃거리가 되지 않지만, 조선의 사정이 사정인지라 조금 어떤 듯하기는 한 모양이다.

도착한 지 며칠이 못 되어서 눈이 이척 이상 쌓이니, 이것도 기이한 광경이다. 나에게는 십여 년 이래에 처음 당하는 광경이라 호기심이 발동하여서, 나무 작대기로 눈 가운데에 들어가서 자질하니, 보는 사람들이 이상한 눈으로 나를 대한다. 그것이야 물론 '체면도 알 만한 친구가 그것이 웬일일까?' 하는 생각일 것이다.

춘사일春社日*에 삼화상三和尙(지공·나옹·무학) 및 이태조의 제사가 있었다. 그래서 제관祭官(제례를 주관하는 관원)이 제정되는바 초헌관初獻官 아헌관亞獻官 및 대축관大祝官 등인데, 식장式場에 보니까 법려法侶(불법을 같이 닦는 벗)들이 제사에 대

---

* 춘사는 중춘仲春에 토신土神에게 농사가 순조롭게 되기를 기원하는 제사로, 춘사일은 입춘 후 다섯 번째 무일戊日이다. _편집자 주

해서는 속신俗臣이라 굴복하고 있는 모양이 참으로 엄숙하다. 조선시대에는 이 제사를 칠군수세七郡收稅(7군에서 거둬들인 세금)로 지냈으며, 제관도 얼마간 상임하고 총섭總攝이 수호하였다 한다. 오늘날에는 지난날 세력이 없던 고을 수령인 주지住持가 주재가 되어서, 제관도 원님 내고 좌수 내듯 제멋대로 하고, 1년에 몇 번씩 이왕직李王職(일제 강점기에 조선 왕실의 일을 맡아보던 관청)의 보조에 의하여 진행된다고 회구객懷舊客은 옛일을 전할 뿐이다.

나는 북으로 가고자 하였지만, 이곳 해은海隱 화상의 좋은 권고로 얼마간이라도 선원禪院 생활을 하게 되어 불가능하였다. 그뿐만 아니라 많은 친절과 사랑으로 지도해주심에 감사하다 하지 아니할 수 없다. 원산元山*에서 장전長箭(강원도 고성군 고성읍의 옛 이름)으로 가는 우선郵船(우편물을 실어 나르는 배)에 몸을 맡기니, 아마 4월 12일인 듯하다. 기후가 봄철이라 오전 7시에 내리는 대로 온정리溫井里(고성군에 속함)를 거쳐 산길에 드니, 참으로 자연의 품속에 든 듯하다. 십여 년 전에 보던 풍물이 있다면, 그것은 나무숲과 산세山勢뿐이었다. 그 작던 온정리는 누가 보아도 즐비하다 하겠고 삼거리의 넓은 길과 새로 지은 교량은 모두 온정리를 향한 설비라 하리라. 그러나 아직은 이르다. 사람은 많지 못하다. 이것저것이 모두

• 동해안 영흥만에 위치하며, 본래 함경남도에 속했으나 1946년 강원도로 편입되었다. _편집자 주

가 유람객을 기다리고 있는 듯하다.

지난날에 내가 이곳에서 이곳저곳을 두루 다니며 구경할 때인즉 행인 대부분은 누비 누더기 옷으로 다니더니, 이번에는 한 사람도 그러한 의복은 아니었고 전부 다른 세상에 온 느낌이 없지 못하다. 이리 말하면 이곳 주민이 부유하여서 그런 듯도 하지만, 실상 이것이 허화虛華(실속은 없고 겉으로만 화려함)였다. 종이목지소호縱耳目之所好(귀와 눈이 좋아하는 것을 좋음)였다. 그들이 누비 누더기 옷을 입었을 때에는 그래도 농사랄 것도 없지만 자작농이었더니, 오늘은 전부가 소작농 혹은 유민이다.

지난여름에 북창北슘(말휘마을, 현재 강원도 금강군 금강읍)에서 있었던 일인데, 어떤 마을 사람이 감자 70두를 팔아 가지고 자동차를 타고 다니면서 하는 말이 "우리 마을의 아무개는 쌀을 100여 두나 팔았어도 자동차 한번 못 타더니, 나는 감자만 팔았는데 자동차를 타네!" 하면서 자기의 출중한 기개를 자랑하였다 한다. 이것이 아마 그들의 일반적 희망이라면 불행의 극인 듯도 하지만, 그들 희망의 일부라고 아니 할 수 없다. 청전請錢(어떤 일을 부탁할 때 뇌물로 주는 돈)을 들여가면서 배달부를 하고자 하는 것이 그다지 우습다 못하리라. 8,000원 가지고 영감슮監(정3품과 종2품의 벼슬) 하고자 3~4천 리도 다니고, 능참봉陵參奉(조선시대에, 능을 관리하는 일을 맡아보던 종9품 벼슬) 하고자 얼마, 지사知事(조선시대에 중추원·사간원·의금부·성균관·춘추관 따위에 속한 벼슬) 하고자 몇 십만 원 하는 것은 우리에게 항다반사恒茶飯事라 웃을 일이 아니다.

4월 13일 오전에 북창에서 동북으로 향하는 중, 도로의 신축으로 인민의 출역이 심하였는데, 준령을 뚫어서 금강산을 외부인에게 자랑하고자 하는 계획이라 하니, 외면으로 보아서 좋지 아니한 것이 아니다. 여하간 지방 발전이라 하여 지휘하는 분도 어렵지만, 도로 수축修築에 직접 수고하는 주변 인민의 공功을 헤아리지 아니할 수 없다.

얼마 안 되어 장안사長安寺(금강산 내금강 지역에 있는 사찰) 동구에 들어오니 울창한 소나무 숲속으로 지나가는 맛은 참으로 잊을 수 없을 만하다. 우선 눈에 보이는 것으로 테니스장이니, 인가人家가 아직 좌우에 보이지 아니하는지라, 혹시 야수의 유희장이거나 신선의 기국처棋局處(바둑이나 장기를 두는 곳)인가 하는 생각도 가지게 된다. 여하간 이것이 이러한 곳에 있는지라 이상하게 보이던 것도 사실이다. 장안사 호텔 앞에 와서는 스위스 산골의 시골집이 연상되나니, 목조의 단층 양옥이 사방에 산재한 까닭이다. 역시 가까운 곳에는 조선식의 여관이 즐비하여 산중 작은 마을을 구성하였으니, 모든 것이 전에 보지 못하던 것일 뿐 아니라 상상도 못하던 것이다.

만천교萬川橋를 건너서 선원禪院 강중講衆에게 찾아온 뜻을 고하고 며칠을 체류하게 되니, 노독路毒으로 인하였음이다. 원응圓應 화상을 표훈사表訓寺(강원도 금강군 내금강 만폭동 어귀에 있는 사찰)에서 상봉하고 보덕굴普德窟에서 여름을 보내어 보덕굴의 수도승이 되니, 몇 년 후에 다시 안정지지安靜之地를 얻은 듯하다. 호사다마好事多魔인지 병고로 인하여 다시 장안사로 돌아올 때인즉 벌써 선원 청중의 일원이었다. 3시 기상으로 오후 10시까지 사분정진四分精進(3시간씩 하루 4회, 모두 12시간 정진)을 행하게 되니, 근성과 기량의 미숙으로 알기 어렵고 버티기 힘들었지만, 고덕의 애호愛護와 만나기 어려운 희유심稀有心은 나로 하여금 이 선원에 괘단掛單(승인이 사원에 투숙함)하게 하였다. 때에 따라 정진이 감당하기 어려울 때에는 고적古蹟과 승경勝景을 참배하니, 지난 생활에 비하여 특수한 생활이라 조금도 지루하지 아니하고, 나의 행복으로 생각하는 동시에 외식제연外息諸緣(밖으로는 모든 인연을 끊음)을 해가는 중이다. 그러나 내심무천內心無喘(안으로는 뭔가를 하지 못해 헐떡거리지 않음)은 참으로 어려운 것이다.

　나는 실상 고단한 생활의 여독으로 쉬려 함이요, 좌선의 취미를 맛보고자 함이었지만, 외관으로 보아서 다른 사람은 속도 모르고 출중한 인물로만 생각하여 묻는 것이 많다. 심하게는 불가사의한 듯 본다. 이것도 생각하면 억울하기 비할데 없는 것이다. 그런즉 매사가 자기만의 경계에서 실상 빈약하지만, 겉치레는 항상 좋아지는 것이다. 그들의 생각을 나는 결코 그르다 하지 아니한다. 다른 사람이 나와 같은 사정으로 이러한 곳에 있고, 내가 그 사람을 관찰한다면 그들이 나에게 갖는 판단을 나도 갖게 되는 것이다.

나는 여러 번 금강산을 보았지만, 볼 때마다 대수롭지 않은 인상을 준다. 미적 가치에서 생각해본다면, 산의 모체가 높지도 않고 작지도 않으므로 앙당하다(모양이 어울리지 않게 작다)하겠지만, 굴곡의 선미線美에서 보면, 웅장하기보다 주밀周密(세밀함)하므로 거대의 미라 하기보다 차라리 수학적 미라 함이 족하겠다. 사암寺庵(사찰과 암자를 아울러 이름)의 건축 역시 산에 맞게 지은 것이라, 취미를 상하지 아니하는 한에서 그 고유한 미를 자랑하는 것이 특색이다. 동시에 잊지 못할 것은 조물造物의 기능이 물론 장구한 세월에서 대성한 것이겠지만, 모든 것에 주도周到(주의가 두루 미쳐서 빈틈없이 찬찬함)하였던 것은 무엇보다 사실일 것이다. 다만 그의 자연적 기술을 상하게 하는 것은 유람객들의 제명題名(명승지에 이름을 기록함)일 것이다.

거대의 미에는 인공과 천연이 있다. 이 산의 내금강으로 하면, 마하연摩訶衍에서 비로봉毘盧峯으로 가는 길에 있는 묘길상妙吉祥 조각이니, 이만한 산에다가 이만한 조각이 아니면 조화할 수 없을 것이다. 내금강의 건축인즉 오직 이 묘길상을 기다려서 대성한 것이요, 묘길상은 내금강의 모든 설비가 아니었더라면 그 웅대함을 자랑할 수 없었을 것이다. 혹설에 의하면, 태상동太上洞, 만폭동萬瀑洞 등의 글자를 보아서 고선도古仙道(도교)의 점령지였던 것을 불교가 빼앗았다 하나, 선가적 시설이 인몰湮沒(자취 없이 모두 사라짐)되었다 할지라도, 현재에서 본다면 이 금강산은 불교도의 손을 거쳐 대성하였다 하지 아니할 수 없다. 여하간 자연물에 색채를 더하고, 천연의 느낌에 미를 더하게 함에는 상당한 지식을 요구하게 되나니, 여하간 그들의 포부와 그들의 지식적 안목은 아니 칭찬할 수 없다.

선원 해제 후에 이곳을 떠나게 되니, 방향은 오대산으로 정하고 순전한 순례자 모습으로 떠난 것이다만, 사정으로 인해 건봉사乾鳳寺(강원도 고성군에 위치한 대한민국 최북단 지역에 있는 사찰)에서 다시 길을 돌려 신계사神溪寺(강원도 고성군에 위치한 사찰)로 오니, 그것은 지우知友(친한 벗) 한 명을 방문하기 위함이었다. 이제부터는 다시 외금강을 구경하게 되니, 십여 년의 회고가 다시 마음을 어지럽게 한다. 외금강의 미인즉 내금강에 비하여 그다지 말할 여지가 없지만, 거대의 미로는 구룡연九龍淵일 것이다. 내금강에서는 묘길상이 거대의 미를 자랑한다면 외금강에서는 이것이다. 그런즉 내금강의 인공과 외금강의 천연은 그대로 하모니가 되어서 금강산을 대표한다. 그런즉 이 산의 전반이 겨우 2,000m 미만으로 이만한 미적 구조와 이만한 거대한 미를 가졌음은 참으로 희귀한 일이다. 언젠가 내가 지장암地藏庵(금강산에 있는 암자)에 있을 때에 도쿄에 있는 영국 대사가 "당신은 좋은 나라를 가졌습니다"라 말함은 그다지 망발이 아니었다. 여하간 우리는 우리의 것을 잘 이해해야 하고 잘 찬미하는 중에 우리의 것을 자랑스러워해야 할 것이다.

9월에 다시 비로봉을 넘어서, 즉 금강산을 최고봉으로 횡단하여서 다시 장안사로 옴에, 금풍_{金風}(가을바람)은 호젓하고 쓸쓸하여 무의식적으로 월동 준비를 하게 되니, 이것이 나에게 공허한 지장암에서 겨울 동안 칩복할 시기를 준 것이었다. 외로운 암자에서 홀로 월동하고자 하기는 이번이 처음이다. 여기에서 친지 두 서너 사람과 월동하게 됨은 장안사 제덕이 보호해주시고 애호해주심으로 인함이었다. 또한 직지사_{直指寺}(경상북도 김천에 있는 사찰)의 탄옹_{炭翁} 화상과 완산_{完山}의 유_柳 선생이 탁마_{琢磨}해주시고 좌선에 도움을 주어서 우정으로 인도해주심에 감사를 올린다.

《불교 제46~48호(1928. 5.~1928. 6.)》

남순南巡하였던 이야기

오늘은 음력 12월 7일이다. 2~3개월간을 두고서 조선불교승려대회를 준비하느라 정신과 육체가 극도로 쇠약해진 나머지, 어느 한적한 곳에 가서 휴양을 하지 아니하면 안 되겠다 생각하였다. 더욱이 개인상 불쾌한 풍문이 더해져 나는 한시라도 속히 경성을 떠나지 아니하면 아니 될 운명이었다. 이와 같이 생각하던 중, 진주에서 내려오라는 편지를 받아보니, 대회 때 유劉 형이 나에게 말하기를, "진주에서 한韓 씨를 청하여 강연을 하고자 하였는데 한 씨가 불응하였거늘, 당신이라도 와서 말을 해달라 부탁하니, 오시는 것이 어떠합니까?" 하였다. 평소 같으면 "감사하오나 바빠서 못 가겠소" 하였겠지만, 나의 사정으로 말하면 귀국한 후로 한 번도 시간의 여유를 얻지 못함에 그동안 만나지 못하였던 진주에 있는 친지를 방문하지 못하였고, 또 그가 작년 봄에 왔을 적에도 만나지 못하여 정소情疏(소원함)하였는데, 그가 오라 하였으니 어찌 피할 것이냐? 동시에 휴양차로 어디든지 가고자 하였는지라, 8일에 길을 떠날 준비를 하고서 떠나고자 하였다. 그러나 우발한 병고로 입원하여 수술을 받게 되었는데, 때는 떠나기 전 두 시간, 즉 오후 7시였다.

오늘은 7일 후이다. 입원한 결과도 양호하고 신체의 쇠약도 완치되었으므로 지난날 계획대로 길을 떠날까 아니할까 하다가, 사죄 겸 휴양 겸 여러 가지 의미로 진주를 향하여 길을 떠나던 중 김천金泉에서 하차하였다. 몇 해 전 장안사 지장암에서 삼동三冬에 도반을 만들어준 지도자인 희수좌喜首座*를 방문하기 위하여 경북 무차회상無遮會上**을 찾아간 것이다. 이곳은 불교계의 많은 중진을 제접한 제산霽山 (1862~1930) 화상이 계신 직지사이다. 이곳에 온 나는 〈서상기〉식으로 '상방불전 하방선원 편순동서양상上方佛殿 下方禪院 遍巡東西兩廂(위로는 불전, 아래로는 선원, 동서 양쪽의 곁채를 두루 돌아다님)', 또 '우불배불 우탑소탑遇佛拜佛 遇塔掃塔(부처를 만나 절을 하고, 탑을 만나 청소함)' 격으로 예불과 유람을 마치고 객실에서 탄옹炭翁 화상과 회고를 시작하니, 1년 전에 나도 역시 선중禪衆에 참여하여 선열禪悅의 쾌락을 맛보던 행복한 사람이었다는 것이 기억난다. 더욱이 많은 희망과 신앙으로 직지회상만 기억하던 것에 지식을 친견문신親見問訊(방문하여 친히

•   법희法喜(1887~1975) 선사로 추정된다._편집자 주

••   성범聖凡·도속道俗·귀천·상하의 구별 없이 일체 평등으로 재시財施와 법시法施를 행하는 대법회._편집자 주

봄)하는 복을 얻어 이 회상에 객이 되니, 그만 만사를 잊어버려서 향다茶茶(차를 나누어줌)로 신역身役(몸으로 치르는 힘든 일)을 삼을까 하는 생각이 든다.

오늘은 이곳에 온 지 벌써 7일이나 되었다. 다시 여행을 계속하게 되니, 나의 박복薄福을 슬퍼하면서 차에 몸을 실어 진주로 향하는 운명의 길을 떠났다. 오후 6시경에 환승을 위해 삼랑진三浪津역*에 내려서 한 시간 배회하던 중, 뜻밖에 신시新詩 운동에 몰두하는 황黃 형을 만나니, 이로부터 나의 척행隻行(먼 길을 혼자서 떠나는 일)에서 서남득붕西南得朋(서남쪽에서 벗을 얻음)하여 한 조를 이루었다. 그리되고 보니 부득이 동행하는 중, 나는 잠행潛行(남몰래 숨어서 오고 감)이요, 황 형은 선전宣傳차이다. 이것이 인연이 되어서 신간회新幹會 마산 지회** 주최로 열리는 강연을 해주마 굴복적 승낙을 하고서, 다음 날 진주를 향하여 떠나기는 오전 10시였다.

오후 진주역에서 자동차로 시내를 들어가 오吳 형을 만나서 담소를 나눈 후에 황 형의 친지 방문을 따라다니다가, 하도 재미없어서 다시 여관을 정하여 누우니, 참으로 객사客舍를 알겠다. 그 이튿날, 다시 오 형을 만나서 포교에 대한 이

---

* 경상남도 밀양시 삼랑진읍에 있는 경부선과 경전선의 철도역이다. _편집자 주

** 1927년 마산 지역에 설립한 항일 민족 운동 연합 전선체이다. 마산 지회는 신간회의 지회 가운데서도 적극적 활동을 펼친 대표적 단체였다. _편집자 주

야기를 듣는 중, 다시 날짜를 정하여 일반인들을 모아 이야기를 하니, 세밑임에도 불구하고 환영해주었다. 이는 진주불교진흥회 제위의 노력도 많았지만, 진주 사람에 대한 감사함인즉 '오직 좋은 말을 전하여줄까?' 하는 희망에서 나를 많은 사랑으로 대하여주었음이다. 동시에 진주로 말하면, 경남의 사상 중심지로 각 교회의 포교 설비라든지 사상운동 기관이 비교적 잘 시설되어 있다. 그러나 경찰의 언론 단속은 물론 천주교도의 반목으로 된 암투에다가 사회운동가들의 종교 배척 운동이 내외로 그들을 불안하게 하는 현 상황이다. 표면적으로 보아서 일치될 가능성이 없는 중에, 오 형의 노력과 세계의 사조思潮가 불교가 자라날 여지를 주니, 그윽이 흥미를 준다.

동시에 말하고자 하는 것인즉, 이러한 포교와 달리 생활관계로 포교사에 종사하는 사람이라면 다시 말하고자 하지 아니하지만, 적어도 포교사다운 사명을 이해하고 실행하자면 참으로 난처한 경우가 많다. 불교가 조선에 수입된 지 오래인 만큼 사상의 근거가 순 조선적으로 완실完實해오다가 중간에 운運의 교차라 할 만한 성쇠가 있음에도 그 교법教法이 끊이지 않게 되는 원인인즉, 쇠할 때의 신앙 대중은 보수保守적이요, 성할 때의 신앙 대중은 전全적인 까닭이다. 그러므로 현재 유럽 천주교당에 신앙 대중이 연로한 여성으로 가득 차는 것과 마찬가지로, 현재 불교도 쇠하였다가 부활하고자 하는 시기인지라 나이든 여성의 요구인 의식儀式적 설비와 인과적이고 염세적인 분위기의 지난 시대의 요구를 전연 아니 돌아볼 수 없다. 따라서 단도직입적으로 현대가 요구하는 실제 생활에서의 붓다의 교훈, 즉 산하대지현진광山河大地現眞光 (산하대지에 바로 우주의 진리가 드러남)의 진실한 이치를 저버려서는 안 된다는 것이다. 늘 기억하는 바이지만, 신식이라는 것은 절대적이 아니다. 절대적 신식이 있다면 그것은 파괴라 할지언정 신식이라 하고자 하지 아니한다.

그러므로 현대적 포교사인즉, 오직 '수연부감미부주 이항처차보리좌隨緣赴感靡不周 而恒處此菩提座(인연 따라 가지 않는 곳이 없지만 언제나 보리좌에 앉아 있음)'*의 방식을 체험하지 아니하면 참으로 불은佛恩을 갚기 어렵다. 현대의 포교가 대인격자를 요구하므로 포교사를 존경하고자 하는 충성 이면에는 많은 무시가 있게 되는 것이다. 그러나 진주 청년으로서 오 형에 대한 바람이라면 '좀 더 신식이었으면'이다. 여기에서 나는 참으로 오 형이 얼마나 노력하였는지를 잘 짐작한다. 이와 같은 요구인즉, 교계 사정을 알지 못하는 외부적 관망이라 하겠으나, 오 형이 그다지 달관하지 못할 만한 때와 장소에서 이만한 신망을 보존하는 것인즉, 품행과 바깥 일이 그 얼마나 공검하며 대인접물待人接物(사람을 대함과 사물을 다룸)에 그 얼마나 주도周到하였던가를 새삼스럽게 기억하고 싶다. 여하간 오 형은 유망한 포교사임에 나는 주저하고 싶지 않다.

• 　　《화엄경》〈여래현상품如來現相品〉._편집자 주

다시 진주를 떠날 즈음하여 나의 진주행이 통도사通度寺 본 말사本末寺의 초대였다는 것을 알게 되었다. 각지에 방문하라는 오 형의 부탁을 받고 마산에 들어온즉, 이곳은 진주와 달라서 모든 것이 처음 시설 같아 보이는 것이 너무나 어설프다. 양梁 형의 노력으로 포교소가 수선修繕되어 면목일신面目一新(완전히 새롭게 됨)된 것은 감사한 일이라 하지 아니할 수 없으나, 진주보다 낡고 오래된 시설을 가졌다는 것이 마산으로서는 바라던 바가 아니다. 이것의 원인인즉 포교사 교환과 인선人選의 관계라 하지 아니할 수 없다. 동시에 마산은 신구新舊 기독교 운동이 완전히 사회운동가 계급의 선립先立 지반 아래로 들어갔고, 개항장인 만큼 실제 생활에 급급한 노동자 계급의 복잡한 요구가 잠재하였으므로, 약간의 활동으로는 지반의 완성이 실로 불가능하다.

앞서 언약한 신간지회가 주최한 집회에 출석하니, 세밑일 뿐만 아니라 복잡한 풍문으로 청중은 그다지 많다고는 못하겠으나, 엄숙한 공기는 참으로 법정 분위기를 가진다. 그 이유는 작년 여름에 연전延專(현 연세대학교)의 백낙준白樂濬(1895~1985) 선생이 '현대사상강좌'라는 것을 대구 조양회관朝陽會館에서 개최하였던 중, 사회운동가들에게 환영받지 못하였던 것이 와전되어서 필자 자신이 대구에 와서 강연을 하다가 환영받지 못하고 갔다고 알려진 데에다가, 주최 측인 신간지회에도 문제가 있어서 마산 청중은 나를 시험하려고 하였기 때문이다. 나는 청중의 엄숙함이 좋은 기회가 되어서 하고자 하는 바에 부합된 것에 대해서는 감사해 마지아니하였다. 마산 신간지회 조사부調査部도 어려운 일을 당하여서 안타깝지만, 이러한 일은 도청도설道聽塗說(뜬소문)을 조사할 기관이 없는 조선 외의 다른 곳에서는 있을 수 없는 일이다. 이러함에 마산에서 안온을 얻은 것은 마산 유지有志와 신간지회의 많은 사랑을 받은 결과라 아니할 수 없다.

통영에 도착하여 역시 마산과 유사한 집회를 원만히 치렀다. 주최자 측의 많은 이해와 사랑으로 지냈던 만큼 고적하지는 아니하였고, 용화사龍華寺의 박朴 형과 유柳 형의 주선으로 조선일보 지국장 양 형의 지원을 새삼스럽게 느낀다. 그러나 안정사安靜寺의 맹孟 형을 못 만난 것만큼은 유감인 동시에, 십여 년 전의 동창이던 박 형을 만나보니 참으로 반갑다. 그들의 환영 속에서 조선의 시단詩壇을 이끄는 황 형을 동래東萊(현재 부산)에 가서 만나기로 작별하였는지라 다시 척행으로 마산에 도착하니, 창원에 벌써 집회를 만들어놓았다. 마산의 양 형과 창원의 박 형과 동행하여 자동차로 창원에 도착하였다. 제위와 이야기를 하고 나니, 밤이 깊어 앞길을 찾지 못할 만한 때에 비로소 여관에 돌아왔다. 신도 중 이李 씨와 신앙에 대한 문제를 토론하는 순간에 비로소 창원에서 유숙하게 된즉, 이 씨가 알고자 하는 바가 절실하면서도 필자에게 흥미를 주는 문제로 질문하는 것은 재미있었다.

그들과 모두 헤어진 후에 시내를 돌아다니다가 양 형과 동숙한 후, 이튿날 오전에 창원의 박 형과 마산의 양 형의 배웅

속에 창원역을 떠났다. 이날 오후에 다시 전날 작별한 황 형과 친지 두서너 사람을 만나 함께 온천과 동래를 배회하다가, 황 형과 작별하고 다시 동래 포교당을 떠나 범어사梵魚寺에 도착하여 하룻밤을 지냈다. 강주講主(경문의 뜻을 풀어 가르치는 법사) 화상의 친절한 회고와 김상기金相琦(1894~1953)* 씨의 이해와 동정으로 지난번 대회를 비평해줌에 취하였다가, 다시 통도사에 도착하여 설을 쇨 예정으로 객실에서 여정旅情을 쉬이었다. 그리하고 나서 강원講院 집회에서 조선불교의 유래와 이번 승려대회의 사명을 이야기한 후, 대중의 사랑과 동정 속에서 허물없이 마쳤다.

역시 다음 날에 경모하는 자장암慈藏庵과 보광전普光殿을 통하여 계단법당戒壇法堂(계戒를 주는 의식이 이루어지는 법당)에서 '응무소주 이생기심應無所住 而生其心(집착함이 없이 마음을 일으키라)'적 설비와 아불我佛의 실제적 정법을 간파하고, 다시 희구심希求心을 쉬여서 자장慈藏(590?~658?)** 화상의 진영眞影(얼굴을 그린 화상畫像)에 참배한 후, 다시 보광전 구하九河(1872~

• 경상남도 양산 출신의 일제강점기 독립운동가이다. 1919년 3월 18일 범어사 학생들을 모아 동래읍 장날 독립만세 운동을 전개하기로 계획하였다. 1919년 3월 17일 범어사 경내에서 승려 김영규金永圭의 주도로 독립만세를 시작하였다. 다음 날 체포되어 1년형을 선고받았다. _편집자 주

•• 신라 10성十聖의 한 사람으로, 당나라에 건너가 계율종을 공부하고 우리나라에 전하였다. 통도사를 짓고 전국 각처에 10여 개의 사탑을 세웠다. _편집자 주

1965) 화상의 방에서 경봉鏡峰(1892~1982) 화상을 만났다. 참으로 말세에 드문 일인 만큼 선열禪悅(선정禪定에 들어 느끼는 기쁨)을 맛보는 것이었다. 이것이 십여 년 전만 하여도 그다지 귀한 것이 아니었겠지만, 오늘 다시 근래 발심으로 이만한 용맹력勇猛力을 얻으니, 이것이 어찌 숙혜宿慧(전생에 닦은 지혜, 타고난 지혜)가 아니며, 암흑한 현재에서 대덕大德들의 회적晦跡(종적을 감춤)을 싫어하는 무리들에게 하는 경성警醒(정신을 차려 그릇된 행동을 하지 않도록 타일러 깨우침)이 아니며, 파계한 무리들로 인한 낙망 속에서 다시 여구두연如救頭燃(머리에 붙은 불을 끄듯이 깨달음을 구함)하도록 정진하라는 훈계가 아니겠는가?

여기에서 길을 떠나 울산으로 갔다가 다시 양산에 와서 옥청玉淸 화상의 은근한 동정 속에서 며칠 찬 기운을 받은 결과, 신열로 고통받으면서 겨우 집회를 마쳤다. 그 이튿날 밀양으로 가려다가 경찰의 불허에 대구로 직행하게 되나니, 이로 인하여 서울로 돌아갈 날짜가 앞당겨졌다. 그래서 대구에서는 오직 방문의 형식을 치른 후 돌아오고자 하였으나, 윤동섭尹東燮 씨와의 해후와 이경우李敬宇 거사의 요구로 덕산정德山町 동화사桐華寺 포교당에서 유지의 동정 속에서 집회를 원만히 마치고, 오후 11시에 대구역에서 몸을 차에 실었다. 이것이 나로서는 처음 되는 말쟁이 여행이었고, 교단 측에서 보면 설교 여행이었으며, 주최자 측으로 말하면 신도의 지식을 증진하기 위한 불사佛事였다.

이번에 얻은 교훈이 있었다면, 교계의 포교 진행 상황과 방침, 그다음에는 신도의 요구와 보편적인 조선 대중의 요구 중 남선南鮮 지방, 특히 경남의 요구가 무엇이었다는 것을 기억하게 된 것이다. 이것은 피차간 필요한 일이라 생각한다. 필자는 훗날에라도 포교 사업의 통일적 전제에서 전국적으로 조직적 설계를 가지고자 한다면, 임시로라도 중앙에 이러한 설비가 있어야 한다고 생각해왔다. 더욱이 이번에 교계의 진흥을 도모하고자 노력하는 당국자들이 기민하게도 이사회 제안으로 이 안을 종회宗會 및 평의원회에 제출·토의케 하였다 하니, 어찌 반가운 소식이 아니랴! 끝을 즈음하여 각지 체류 중 많은 애호로 대해주시던 제형諸兄에게 감사를 올리는 동시에, 더욱이 개인적 사정으로 3월 집회에 상경하신 제형과 같이 한자리에 참여치 못하였던 것을 유감으로 알고 용서를 빈다.

4월 8일 오후 4시에

《불교 제59호(1929. 5.)》

다시 적멸궁을 찾아가면서

'종일원각 이미상원각자 범부終日圓覺 而未嘗圓覺者 凡夫(종일토록 깨닫고도 아직 깨달음의 맛을 모르는 사람이 범부이다)'라는 격으로 누가 원각圓覺(부처의 원만한 깨달음) 안에 있지 아니하랴만, 나는 이 원각을 닦는 체하다가 풍파에, 아니 세진世塵과 망념에 휘둘려서 십 년간이나 딴 길을 걸은 지 오래이다. 이러한 상황에서 과거의 안정되었던 생활이 나에게 고통을 줄 때마다 나는 그 길을 찾고자 자못 방황하였다. 그래서 나는 "십 년 후에 다시 자연경을 찾아서"라는 제목으로 얼마간 소회를 적은 일이 있었다. 그러나 그 길은 그다지 나에게 안심을 주지 못하고, 오직 처음 인연을 만들어주었을 뿐이었다. 그래서 무의식적으로 다니면서도 늘 찾고자 하는 바는 계속하였다. 이와 같은 감정을 가진 나는 '어찌하면 좋을꼬?' 하는 생각으로 일이 일단락될 때마다 '이것은 내 일이 아닌가?' 한 적이 한두 번이 아니었다. 이것이 원인이 되어, 결국 나는 용기에 용기를 더하여 이 길을 떠나게 된 것이다.

나는 천진했던 14살 때 숙업宿業(전생에 지은 업)에 의하여 교단에 들어가는 영광을 가졌다. 이와 같이 유복한 나이였으므로 19살 때까지는 참으로 불궤佛軌(부처의 법도)를 어기지 아니하는 비구가 되고자 하였고, 또 되기도 할 뻔하였다. 그 후로는 점점 방향이 달라졌나니, 특별한 무엇이나 얻고자 하는 강렬한 신심에서, 아니 차라리 탐심에서 신앙이 해이해져 가면서 점차 사회제도를 의논하게 될 때에는 벌써 비구 생활에서 떠난 지 오래이다.

그래서 동기와 결과를 아울러 살피는 심정이 변하여서 정책화되고 만물을 자비로 대하는 대신 교제화交際化되어서 너무나 위험하였지만, 그나마 내적 수양은 그다지 변동이 없었다. 그러나 이곳에서 다시 몸을 돌려서 학지學地에 가서 학적學籍을 두게 된 때에는 주위가 나에게 참으로 야비한 개인주의를 가지게 하는 동시에, 우승열패優勝劣敗(나은 자는 이기고, 못한 자는 패함)의 관념을 굳게 해주었다.

보통 이러한 인생관에서 드러난 죄악은 그다지 없다 할 만한 반면, 내적으로 양심이 아플 만한 죄악이 자라나는 것은 피할 수 없는 것이다. 이것을 세상은 위선이라 한다. 보통 심리학상 경험에서 내적 죄악이라는 것은 늘기만 할 뿐 줄어들지는 아니하는 것이다. 그러므로 지식 정도를 따라서 동기보다 결과가 죄악을, 그것이 다시 죄악을 낳는 것이다. 이것은 유식有識 계급으로서 신앙 없는 자에게 없지 못한 사실이다. 이러한 원인이 결국 그들을 자살까지 가게 하는 것이다.

이러한 경우를 가진 나는 법률상으로는 아무 걸림이 없는 사람이지만, '이것이 잘한 일이냐' 하는 윤리상 판단으로는 동기야 나쁘다고 하지 못하지만, 결과로 보아서는 참으로 용신容身(방이나 장소가 비좁아 겨우 무릎이나 움직일 수 있음)할 곳까지 없겠다는 고통을 가지게 된다. 이것이 나로서는 적멸보궁 寂滅寶宮(석가모니 부처의 진신사리를 모신 법당)을 찾게 되는 원인이다. 이 길을 떠나게 된 나는 너무나 쾌활하였다. 불은佛恩에 감격되어서 눈물을 얼마나 흘렸을까? 이곳으로 떠나는 나로서는 생의 애착이라고는 벌써 별문제가 되었다. 그것은 '더럽게 사는 것보다 조촐하게 죽는 것이 더 낫다'는 것이다.

나는 불전佛前에 무엇을 구하겠다는 마음은 없었다. 오직 나도 100일간이나마 세진을 멀리하고 사리탑舍利塔에서 죄악을 여의는 불자가 되는 것만을 감사하였을 뿐이다. 이와 같은 생각은 자동적 가책의 참회요, 결코 염세가 아니다.

이번 길에 내가 다시 살아온다면, 무슨 짓을 하거나 무슨 행동으로 세상을 대하거나, 그는 결코 시방 적멸보궁을 찾아가는 빈약하고 더러운 위선자인, 좋은 동기면서도 죄악의 결과만을 가져오는 무호산방은 아닐 것이다. 그는 적어도 부처님의 사명으로 중생을 제도하고자 오는 환주장엄幻住莊嚴의 인물일 것이다. 무호산방은 그의 죄악을 참회하고 그의 환구 幻軀(덧없는 몸)를 해탈하였으리라. 또 반드시 그리해야 할 것이다.

이것이 나로서는 이 길을 떠나면서 동지에게 아니 전할 수 없는 말이다. 이는 사실인 까닭이다. 동지여, 이 더러운 나를 보낸다고 섭섭해하지 말라. 나는 당연히 가서 없어져야 한다. 앞길이 망망한 나인지라, 이 말로 여러분과 작별한다. 제위여! 보중保重(몸의 관리를 잘하여 건강하게 유지함)하라. 나는 당신들의 죄를 갖다가 불전에서 동시에 참회하겠노라.

《불교 제63호(1929. 9.)》

오만보살찬앙회가 발기함을 듣고

근래 조선불교에서 때때로 새로운 사실을 옛날에서 구하여 공개하고 있는 것은 무엇보다 사실이다. 이와 같은 무진장無盡藏한 비밀을 가진 조선불교에서 어느 때 무슨 사실을 제출하여 세상 사람을 놀랠까 하는 의문인즉 불교도 자체로서도 기약할 수 없는 것이다. 조선불교도들이 그다지 감각이 적었는지는 알지 못하나, 실상은 세상을 놀랠 만한 사실이다. 즉 근래에 발기하고자 하는 오만보살찬앙회五萬菩薩讚仰會이니, 이 모임의 목적은 너무나 신성하고도 무서운 비밀을 세상 사람에게 공개하고자 하는 사명을 가졌다 한다.

이 비밀이라는 것인즉 9억의 대중이 정신상 양식을 얻고 마음을 바쳐 귀의하는 성자, 즉 세계 인류의 정신적 본거本據인 석가여래의 정골頂骨이 조선에 비장祕藏(남이 모르게 감추어 두거나 소중히 간직함)되어 있다는 것이다. 그 얼마나 큰 사실이며 큰 비밀일까 보냐? 물론 석가세존의 탄신지가 조선이라 하더라도 삼천 년이나 되어가는 오늘날까지 보존되었다면,

다시 말할 수 없는 비밀이면서도 존엄한 일이다. 그런즉 인도에서 탄생하셨으며 삼천 년이나 되어가는 사실을 몇 만 리나 떨어져 있는 조선불교도가 수호 보존하였다면, 그 얼마나 말만이라도 숭엄한 일인가? 더욱이 본소本所인 인도에서도 본존本尊의 정골 보존 여부가 현재 상세하다 할 수 없을 뿐만 아니라, 성지聖地·성적聖蹟이 이교도의 손 안에서 능이陵夷(처음에는 성하다가 나중에는 쇠퇴함)를 당해버린 지 몇 백 년이 된 오늘에 어찌 행운이 아니며 기적이 아닐까 보냐?

이와 같은 중대한 사명을 가진 오대산 오만보살찬앙회는 월정사月精寺를 떠나서 조선적으로, 다시 세계적으로 소화중所化衆(교화받을 중생)을 삼고자 하는 경향이 보인다. 그러나 '오만보살五萬菩薩'*이라는 말인즉 불교 경전에서는 보기 어려운 문자인 만큼, 다른 지역이나 경전에서 구할 수 없고 오직 조선불교에서 구해야 하며, 다시 오대산에서 어원을 구하게 되었다. 오대산은 원래 신라 역사에 의하여 보면, 신라의 자장 율사가 당에 가서 유학하면서 태원부太原府 오대산五臺山에서** 문수대성文殊大聖 앞에 기도하다가 문수보살文殊菩薩로부터 불정골佛頂骨 및 사리를 얻고서 부촉付囑(불법의 보호와 전파를 다른 이에게 맡겨 부탁함)에 의하여 신라에 돌아와 여러 곳에

---

* 일만 문수文殊, 일만 관음觀音, 일만 대세지大勢至, 일만 지장地藏, 일만 미륵彌勒을 이른다. _편집자 주

** 현재 중국 산시성陝西省의 북동부에 위치해 있다. 문수보살의 성지로, 오래전부터 불교의 성지였다. _편집자 주

다 적멸보궁을 봉안하였다 하였는즉, 적멸보궁은 사리탑의 특별한 존칭이며 현재 오대산 지로봉地盧峰이 그곳 중의 하나이다.

얼마 뒤에 신라 태자 보천寶川·효명孝明 형제가 이 산에 들어와서 현재 상원사지上院寺址*에 구암構庵(암자를 지음)을 복거卜居(살 만한 곳을 가려서 정함)하면서, 중대中臺 지로봉에서 일만 문수文殊, 동대東臺 만월봉滿月峰에서 일만 관음觀音, 서대西臺 장령봉長嶺峰에서 일만 대세지大勢至, 남대南臺 기린봉麒麟峰에서 일만 지장地藏, 북대北臺 상왕봉象王峰에서 일만 미륵彌勒을 친견하였으므로, 근역槿域(우리나라의 별칭)에서 오대산을 오만 보살의 상주지처常住之處라 하게 된 것이다.

동시에 자장 율사가 여러 곳에다가 적멸보궁을 봉안하게 된 것은 본사불本師佛 정골의 존엄이 상할까 하는 범인凡人의 마음인 동시에 비증보살悲增菩薩**의 방편인즉, 이곳에 본사불의 정골을 봉안한 것은 오대산이 오만보살의 상주도량常住道場인 만큼 남아 있는 세 곳***을 바라보아서 이곳이겠다는 단

---

* 신라의 대국통大國統이었고 통도사 등을 창건한 자장이 724년에 지었다고 한다. 당시 종각鐘閣만 남아 있었고 건물은 광복 후에 재건한 것이므로, 상원사지라 한 것이다. _편집자 주

** 중생에게 공덕과 이익을 베풀어 구제함을 본원으로 하고, 자비의 마음으로 색계色界에 오래 머물면서 중생들을 이롭게 하기 위하여 빨리 성불하기를 원하지 아니하는 보살. _편집자 주

*** 동대, 서대, 북대. 당시 중대와 남대는 소실되었지만, 현재에는 모두 복원되었다. _편집자 주

안을 주게 된 것이다. 역사적 경험에서 본다면, 중앙의 지로봉은 다른 적멸보궁보다는 3재三災, 즉 병兵·수水·화火의 재해를 당하지 아니하였다.

조선 배불기排佛期(불교를 배척하던 기간)에도 궁전을 중수重修하고자 할 때나 소인배가 세력에 의지하여 중대中臺를 부정不淨하게 하고자 함에 수호자의 힘으로 막지 못할 때마다, 뇌성벽력雷聲霹靂으로 그들을 반성하게 하거나 축출하지 아니한 적이 없었다. 심지어 신심 있는 군주에게는 현형現形(형체를 눈앞에 드러냄)까지 하여 그의 불성을 수련하도록 하심으로 적멸보궁이 국가의 존숭을 받게 되었느니, 세조의 고사故事가 그것이요, 오늘까지 수호·보존해오는 기본 재산인즉 그 당시의 유물이다.* 금강산 기록에 의하여 보더라도 오대산의 영이靈異(신령스럽고 이상함)를 짐작할 수 있나니, 원효와 의상이 금강산에 오기 전에 오대산에 가서 문수보살을 친견한 후 '오

---

* 두 가지 설화가 전하는데 하나는 상원사 법당에 드는 세조를 노리는 자객이 숨어 있었지만, 고양이가 나타나 세조가 법당으로 들지 못하게 잡아당기는 바람에 자객이 숨어 있는 것을 발견했다는 것이다. 상원사 법당으로 들어가는 곳에는 돌로 만든 두 마리의 고양이상이 놓여 있다.
또 다른 설화는 다음과 같다. 피부병이 심한 세조가 인근 숲속에서 목욕을 하다가 어디선가 나타난 꼬마에게 부탁해 등을 밀자 피부병이 씻은 듯이 나았다. 세조는 고맙다면서 "임금의 몸을 함부로 만진 자는 벌을 받게 되어 있으니, 어디 가서 이 산속에서 임금을 보았다고 말하지 말라"고 당부했다. 그러자 꼬마가 "네, 그러겠습니다. 임금님께서도 어디 가서 이 산속에서 문수보살을 만났다고 말하지 마십시오." 하고는 사라졌다. 세조는 이에 감복해 꼬마로 현현한 문수보살의 모습을 조각으로 만들어 상원사에 봉안했는데, 그것이 바로 문수동자상이다. _편집자 주

대산유행유수인득도지처 금강산무행무수인득도지처 의왕금

강五臺山有行有數人得道之處 金剛山無行無數人得道之處 宜往金剛(오대산
은 유행이며 유수한 사람이 득도하는 곳이요, 금강산은 무행이며 무수
한 사람이 득도하는 곳이니 마땅히 금강산에 가야 한다)**라는 말에
의하여 금강산에 왔다 하였다. 또 다른 전설이나 습관에 의
거하여 보더라도 오대산이 근역 불교도들의 모든 신앙을 받
든 성역으로, 국가에서 보궁 수호를 담당하게 하였고 사고史
庫를 이 산에 두기도 하였다.

그 후로 이곳의 세력이 중심화되면서 신앙과는 서로 배치되
어간 것이 불행인즉, 근역 불교도의 정신에서 점점 잊혀버릴
만큼 되었던 것도 피치 못할 사실이다. 이것이 현재까지 순회
참배자巡廻參拜者가 금강산 다음에 오대산을 기억하게 되는 까
닭이다. 그러므로 아직도 오대산에 대한 기억이 그다지 강하지
못함에 월정사가 단독으로 적멸보궁을 수호할 수 있었고, 부
지중에 월정사의 적멸보궁이 되었던 것이다. 수고무의受苦無依
(고통받고 의지할 데 없음)한 중생을 위하여 행운이라 할는지 월
정사를 위하여 불행이라 할는지 알지 못하나, 여하간 세조의
헌답獻畓(부모의 제사를 절에 맡기면서 그 비용으로 쓰도록 절에 논을
바침)과 승속僧俗이 모여 일군 적멸보궁의 불양답佛糧畓(부처에
게 올리는 쌀을 생산하는, 절에 딸린 논밭)과 사방四方 40리라는 산

----

* 오대산은 불도를 배운 한정된 사람이 해탈할 수 있는 산이며, 금강산은
불도를 배우지 않은 자라도 누구나 해탈할 수 있는 산이니, 금강산에 가
야 한다는 의미로 해석된다. _편집자 주

림의 입목立木들이 그다지도 긴절緊切(매우 필요하고 절실함)치 아니함에 몇 그루의 박달나무를 방매放賣(내놓고 팖)한 사건이 원인이 되어서 월정사와는 남이 되고, 남은 것은 20여 년 전에 새로 기와를 올린 건물들이니, 그 얼마나 섭섭한 일인가?

오늘의 현 상황인즉 본사불의 정골 및 사리를 봉안한 탑묘인 적멸보궁이나, 36가지 형상으로 나타나서 보천 태자를 제도하심으로 왕왕 육안으로도 친견할 수 있는 문수보살의 상주도량인 상원사나, 오대산을 대표하는 월정사나, 심지어 남아 있는 3대三臺의 건물들이 모두 2·3개월을 지탱하기 어려울 만큼 급한 궁경窮境에서 해빙기와 임우기霖雨期(여름 장마철)를 맞고 보내는 중이라, 어느 겨를에 조석향화朝夕香火(아침저녁으로 향을 피움)나 인호人護(사람의 보호)가 있기를 바랄 수 있으랴!

아마 이와 같은 참경은 신심 있는 대심大心 중생으로 하여금 오늘에 오만보살찬앙회를 발기하게 한 듯하다. 이 소식을 듣고서 감동되는 것인즉 오대산의 시작, 즉 자장 율사의 고사나 중간의 시시하고 세세한 일까지도 문수대성의 현형명훈現形冥熏(어두운 곳에서 연기가 피어나듯 형체를 나타내어 보임) 아님이 없었음이다. 더욱이 이 모임의 사명인즉 본사불本師佛의 진신탑묘眞身塔廟인 적멸보궁으로 중생을 제도하는 방법을 삼은 일이니, 역사적 경험에서 우리는 이 모임으로 석가불의 주세住世(세상에 머무름)를 청하고 불의 법장法藏을 호지護持(보호하여 지님)함으로, 이 도병겁刀兵劫(이른바 전쟁) 중에 있는 근역 중생이, 말세 중생을 제도하면서 미래불未來佛에 대한 원력願力을 가지신 문수대성의 구호救護(어려움에 처한 사람을 도와 보호함)를 받을 수 있게 한 것만으로도 경사스럽고 다행한 일이라 생각한다. 모임의 내용은 아직 안다 할 수 없지만 너무나 적당함을 느끼는 것인즉, 물론 취지문에도 기록한 말이지만, 오만보살이 오대산에 상주하시게 된 것은 주세불主世佛인 세존의 정골과 사리를 봉안한 까닭이라 하겠다.

그러나 오대산을 아는 자, 적멸보궁은 다들 기억하지만, 그곳이 오만보살의 상주도량인 것은 몇몇 고고학자를 제외하고는 참으로 처음 듣는 말일 것이다. 법성해法性海* 가운데 차불此佛·피불彼佛이나 주主(주체)·반伴(객체)이나 찬앙자讚仰者·피찬앙자被讚仰者나, 본래 적연寂然(조용하고 고요함)한지라 말할 일이 없지만, 대비원력大悲願力(일체중생을 구제하고자 하는 부처의 소망)으로 시현도생示現度生(중생을 제도하고자 세상에 나타나 보임)하심은 중생 제도에 편리할 것이니, 가장 묘법妙法(불교의 신기하고 묘한 법문)일 것이다. 하나의 명칭으로 능히 중덕衆德(여러 공덕)을 품었다 할 수 있나니, '오만보살찬앙회'가 실로 이것이다. 이 모임은 일부 고고학자나 기억할 오만보살의 상주도량인 것을 중생에게 알려 신심을 내게 하고, 오만보살도 숭앙하고 위호하는 적멸보궁이 근역에 있다는 사실을 알리며, 신심만 있다면 보천·효명 태자처럼 오만 성인을 친견

---

* 바다와 같은 본성의 청정심. 본래 법의 성품은 없는 것이지만 법성이라는 이름으로 부처님이 형상을 나툰다고 한다. _편집자 주

할 수 있다는 용맹심을 내게 한다.

이 어찌 이 시기 중생들의 복전福田(복을 거두는 밭)이 아니랴? 무엇보다도 중생 제도하는 것이 아불我佛의 본회本懷(본디부터 마음속에 품고 있는 뜻)라면? 그러나 중해부동衆解不同(여러 해석이 같지 않음)이요, 세사다기世事多岐(세상일은 갈림길이 많음)라, 이와 같은 불교에 무연중생無緣衆生(불보살과 인연을 맺은 일이 없는 중생)이 혹 있을까 두려워함을 마지않는 동시에 오직 개인적 느낌을 말해둔다.

4월 29일 가회동에서

《불교 제72호(1930. 6.)》

베를린 불교원 방문기

한 달 남짓을 병마에게 자유를 빼앗기고 병석에 누웠으니, 이
것은 유럽에 온 후 두 번째 병석이었다. 첫 번째인즉 1921년
3월 말에 프랑스중학부속병원에서 근 20여 일을 혼미함 속
에서 지냈더니, 이번에는 독일에서 동족도 아닌 외족인 친구
집에서 병을 치료하게 되었다. 그 사이 인연의 집산集散이나
내력來歷인즉 하도 신산辛酸한지라 인연을 맺지도 못하였다.
열이 심할 때에는 실성한 세계에서 방황하고, 열이 덜할 때
는 공상 속에 방황하니, 열의 가감加減이 사람으로 하여금 한
세계로부터 다른 세계로 가게 하는 중, 부자유인즉 일반이요
가치인즉 '실성'이 차라리 '공상'보다 나을 것이건만, 주위에
있는 사람들은 실성하였을 때를 가리켜 '병'이라고, 공상하는
때를 가리켜 '차도'라 한다.

일이 이렇게 되고 보니 우리 범인凡人의 눈에는 정신상 안
온이 무가치하게 보이고, 동시에 정신상 고통은 가치 있는
것으로 보인다. 그런즉 실상은 범인의 눈에 비친 세계를 이

세상을 초월한 성자의 입장에서 본다면, 모두가 전도顚倒요 하나도 옳을 것이 없을 것이다. 이 전도의 생활 중에 있는 범부가 성자의 경우를 이해하자면 어떠한 노력이 없고는 만져 보지도 못하겠거늘, 하물며 일일일월一日一月의 간경看經(불경을 소리 내지 않고 속으로 읽음)이나 승사承事(받들어 섬김)를 가지고 해가 지나도록 마전작경磨磚作鏡(벽돌을 갈아 거울을 만들다)하겠다는 방법으로 처신하면서, 무엇을 알았다고 하고 자기의 입장에서 자만하는 사람이 있다면, 그 사람 자신의 불행은 그만두더라도 주위에 있는 사람까지 위험하게 만드는 것은 당연하다.

현재를 생각할 때에는 낙심의 눈물로 장엄하고, 장래를 생각할 때에는 희망의 꿈속에서 방황하며 중공화상결공과中空花上結空果(빈 하늘에 핀 꽃에 헛된 열매가 맺다. 즉 덧없음)로 설계도 해보고, 이 설계가 서로 일치할 때에는 애착도 나고, 애착이 계속함으로 만족하여 웃는 것으로 장엄한다. 이 모습을 한번 냉정하게 객관화하여 본다면, 별 수 없는 광인狂人이 되고 만다. 이러한 것을 정신에서 깊이 느낄 때에 '오늘까지 생존해 있는 노력과 가치는 부서진다. 모두가 공空이다. 온전히 공에 있으면 역시 천운이겠지만, 정정正庭(앞뜰)에는 초심草深(풀이 우거짐)이 10여 장丈(약 3미터)이다. 그리되고 보니, 부흥할 가능성까지 없는 파산자가 되고 말았다' 하고 생각하게 된다. 이 낙망을 좀 위안해보려고 생각을 다른 방면으로 돌리면, '이 세상은 다 이러하고 마는 것인가?' 하고 생각도 하게 된다.

샤키아무니는 전 생명을 다 바쳐서 무엇을 좀 알아보겠다는 열심에서, 부친도 이모도 애처도 친구도 원수도 왕태자의 존영도 아는 척을 아니 하고서 성자를 방문하고 고행을 했음에도 답을 얻지 못하였으므로, 설산雪山에서 고행을 계속하였다. 전비前非(이전에 저지른 잘못)를 고치는 그 용기 있는 힘이란! 6년간 적공누덕積功累德(불과의 보리를 얻기 위하여 늘 착한 일을 하며 공덕을 쌓는 일)이라 생각하여 유일한 방법으로 알고 계속하던 것을 한순간에 버리고서 강물 목욕과 우유의 양분으로 신체의 허약을 구제하니, 아무것도 모르는 방인傍人들은 "6년간 긴 세월의 수행으로 얻은 성적을 일시에 버리는 어리석은 사람"이라 하여, 그를 비웃으면서 그를 버리고 다른 곳으로 이주하였다. 이것을 그가 왜 알지 못했으랴만, 자기의 사세事勢가 1초도 헛되이 보낼 수 없는지라 아는 척만 하지 아니하였을 뿐이요, 그들이 가는 곳은 기억해두는 다정한 남자였다.

40여 년의 고구정녕으로, 70세의 노인이 되어 제자들을 데리고 적당한 시기도 아닌 우기에 여행을 나섰다. 도중에 먹을 것이 적당치 못하였으나 하루라도 생명을 좀 더 보존해서 모든 생명에게 안락을 주겠다는 열심에서 돼지고기를 먹게 되니, 이것이 어찌 그의 본뜻이리오. 몸을 아끼는 브라만도 또 다른 족들도 아니 먹고 오직 하천인들만 먹는 것이건만, 적열赤熱(타오를 듯이 뜨거움)한 열성에서 아무것도 돌보지 아니하고 먹었는즉, 그는 청년이 아니요 노인이라 어찌 소화불량이 되지 아니하리오. 쿠시나가라성에서 중병을 얻고, 이것이 극도로 옴으로 인하여 노구를 하변수림河邊樹林 사이에 버리게 된 샤키아무니를 범부의 눈으로 보아서는 병적이라 하겠지만, 그 자신인즉 극히 안온함 속에서 마지막을 고하였으리라!

내 주위에 있는 사람들은 아직 나를 정신병자로 생각하지 아니한다. 약간의 정도를 벗어난 행동이 있는 것을 보면, 객지 병석에 있어서 그러하다고 용서하고자 한다. 또 내 편에서는 가능한 정도에서 남에게 비애스러운 꼬락서니를 보이고자 하지 아니한다. 그러므로 사람들이 내 병석 옆에 있을 때에 나는 만반의 전력을 다하여 참느라고 고통이 없지 아니하다. 나는 주저 없이 그들에게 청하기를, "나는 몸이 불편할 때에는 오직 한적을 요구합니다" 하면 그들은 웃으면서 비웃음 반 동정 반으로, "그러지요! 더욱이 당신은 사마디(삼매)를 하고자 하니까, 한적이 요구되겠지요" 하면서 방을 떠난다.

이와 같이 지내다가 이제는 좀 차도가 있어서 정원에서 산보를 하려고 했으나, 겨울철에는 일상 운무雲霧로 장엄하고 있는 유럽의 날씨라 그것도 여의치 못하였다. 책도 좀 보고 원고도 좀 쓸 생각을 할 즈음에, 주인 아가씨가 손에 편지를 들고 웃음을 띠우면서 나를 향하여 왔다. 이어 말하기를, "이것이 프로나우(베를린 북부 지역)에서 온 것을 보니, 지난날 우리가 잡지에서 보고 이야기하던 불교원에서 온 듯합니다. 당신이 그를 아시던가요!" 한다. 나는 아무 생각 없이 답하기를,

"네! 내가 지난날 남쪽 지방에 있을 때에 그와 편지 왕래를 하였지요!" 하고서 편지를 열어보니,

> "(전략) 나는 그 사이에 불교원을 짓고 매달 달 밝은 밤마다 우포사다uposadha*를 합니다. 오는 화요일은 음력 보름인 까닭으로 오후 8시에 불교원에서 식을 행하겠사오니, 당신도 오셔서 같이 지내실 수 있다면 행운으로 생각하겠나이다. (후략)"

나는 이 편지를 보고서 내일은 불교원에 가겠다고 집주인에게 이야기하였다. 3월 10일 화요일 오후 5시쯤 되어서 집을 나서려고 할 때에 주인은 나에게 의복을 좀 든든히 입으라 부탁하였고, 또 주인 아가씨는 산보 겸 가까운 정거장까지 동행해도 되겠냐고 물었다. 이곳 관습에 의하여 거절하지 못하는 나는 부득이 응답하였다. 참말이지 여자와 동행하게 되면 극히 부자유스러울 뿐더러, 시가의 행인들은 젊은 여자가 외국 사람과 동행하는 것을 뚫어져라 보는 판에, 더구나 우리 동양 사람은 다른 외국 사람과 얼굴색이 달라서 혼자 가도 잘 보이는 판에, 오늘은 못생기지도 아니한 젊은 여자와 동행하게 된 것이다. 미안천만未安千萬이지만 황혼의 덕도 없

---

* 붓다가 세상에 계실 때의 대중 설교인즉 보통 달 밝은 밤을 택하여 행하였으므로, 월유月喩라는 제목이 붙은 경이 많은 것도 여기에 유래한 듯하다. 현재 남방불교도들은 매달 달 밝은 밤마다 불경을 외고 설교를 행하나니, 이것을 '우포사다'라 한다.

지 아니하고 또 아무리 생각해도 거절하기 어려우므로, 같이 지하철을 타고 베를린 북쪽에 있는 슈테틴(현재 폴란드의 슈체친)에서 가까운 정거장에 도착해서 주인 아가씨는 다시 돌려보냈다. 즉시 차에 앉아서 석간신문을 보는 중, 하늘에서는 눈이 온다.

지금까지 지내온 고통을 잊어버리고자 하니, 생각지 아니하던 고통이 다시 시작된다. 즉 작년 봄에 불교원 주인 달케 박사가 불교원 건축에 의연義捐(사회적 공익이나 자선을 위하여 돈이나 물품을 냄)을 청할 때에, 어찌할 수 없어서 조선불교도 명의로 1,000마르크를 부담하겠노라 한 적이 있다. 이것을 오늘까지 주지 못하였을 뿐만 아니라, 주고자 하는 나 자신의 생명 유지도 위급한 처지에 있다. 그렇다고 내가 그것을 완전히 무심하게 둘 수도 없어서 작년에 본국의 누구에게 말하였지만, 역시 회답까지는 받아보지 못한 상태이다. 주인 집에서 떠날 때에는 6년 만에 처음으로 불교 도량에 가게 되어서 불승환희不勝歡喜(기쁨을 이기지 못함)로 어서 1초라도 바삐 불교원을 보겠다고 했던 것이, 이 생각이 난 후에는 다시 전진할 용기까지 잃어버렸다. 한 반시간이나 이와 같은 고통 속에서 방황하다가 만사에 만족하겠다고 생각을 고쳐먹고 다시 전진할 용기를 정돈하니, 생각인즉 이러하다. '이것이야 내가 지불支佛(부처의 가르침에 기대지 않고 스스로 도를 깨달음. 연각緣覺)하고자 하는 성의가 없어서 이리된 것이 아니라, 실상은 나의 현재 궁상이 죄이고 나의 양심은 여기에 대하여

아무 죄가 없은즉, 불교원을 방문하는 것은 무방하다' 생각하였다.

시계를 내어보니, 정거장에서 약 30분간 숲속을 지나왔다. 층계를 지나서 정문에 도달한즉, 이 나라의 집집마다 있는 전령電鈴(전류를 이용하여 종을 때려 소리 나게 하는 장치)은 없고, 문짝 한복판에 광쇠光釗(쇠붙이를 광내는 데 쓰는 연장)만 한 두 석제豆錫製(놋쇠로 만든 것)를 붙였다. 또 그 옆에는 '몽치(짤막하고 단단한 몽둥이)'를 달아놓았다. 이것을 본 나는 한참 생각하다가 여하간 시험 삼아 몽치를 두드려 광쇠의 한복판을 울렸다. 이 소리를 듣고는 안에서 약 40세가량의 여자가 문을 열었다. 나는 인사를 한 후에 묻기를, "달케 박사가 있습니까?" 하니, 그가 친절히 대답하기를, "집에 있습니다. 들어오시지요!" 하였다.

나는 문 옆의 방에 들어가서 모자와 두루마기를 벗어 걸었다. 한 층을 올라가서 큰 방에 들어가니, 벌써 남녀가 나란히 하여 약 80여 명쯤 되는 청중이 기다리고 있다. 사면의 벽에는 인도와 중국과 일본에서 만든 불서를 걸었고, 불상들은 구석마다 놓았으며, 중앙에는 흑색으로 칠한 향탁이 놓였는데, 그 위에는 한 쌍의 촛대와 향로가 놓여 있고, 향탁 뒤쪽에는 반신상의 불상을 안치하였으며, 그 앞쪽 역시 향탁과 같이 진열해놓았다. 이 큰 방의 오른쪽에는 도서실이 있으니 불교에 대한 저술을 수집하여 연구자에게 베풀며, 또 이 도서실 뒤쪽에는 잡지실이 있으니 종교 및 철학에 대한 잡지책이 놓여 있다. 정각이 되어 청중이 착석한 후에 사회자가 향탁 뒤쪽 불상 앞쪽에 서서 개회사 겸 기도를 한 후에 달케 선생이 이어서 이야기를 시작하니, 출처인즉 《사아함경四阿含經》에서 온 것이다.

이 식을 한 시간 반이나 계속하더니, 그다음에는 질문과 대답이 시작된다. 나는 주인과 약간 얘기하고 나니, 시계는 벌써 오후 10시를 알리므로 다시 정거장으로 돌아오는 중, 참석하였던 이들과 차 안에서 불교원에 대한 이야기라든지 달케 박사에 대한 이야기, 또 그들이 어찌하여서 불교를 믿게 되었다는 이야기를 하는 사이에 차는 벌써 베를린에 도착하였다. 그래서 그들과 작별하고 주인집에 돌아오니 시계 바늘은 밤 12시 30분을 가리키고 있었다.

어떠한 형식으로 이 불교원에 모여서 지내느냐 하는 의문이 있거든, 아래와 같은 것을 보면 누구나 짐작할 수 있으므로, 여기에 기록하고자 한다.

〈불교원의 규칙〉

이 불교원에 거주하는 사람으로 말하면, 아래 열거한 규칙을 인식하고 실행하려 하므로 오랜 시간이나 잠시라도 거주할 수 있나니, 거주하고자 하는 자가 불교도이든 타 교도이든 묻고자 하지 아니한다.

(1) 모든 생물을 해하거나 죽이지 말 것. 이와 같은 관념은 누

구든지 이 규칙의 정신을 생각할 수 있다면 실행 가능하리라 믿는다.

(2) 무슨 물건이든지 자기 것이 아니거나 주는 것이 아니면 취하지 말 것. 물론 이 불교원의 거주자를 위하여 설치한 것이나 과실果實이나 약종藥種 등 무인공산無人空山(사람이 살지 않는 산)에서 취집取集하여 중생을 이롭게 하기 위한 것에 한하여 간섭하지 아니한다.

(3) 행동으로나 언사로써나 부정한 것을 하지 말 것. 우리는 적어도 고해苦海 속에서 많은 후회로 청정한 생활을 하고자 하였건만, 여의치 못하다가 이제야 다행으로 이 불교원에 머물게 되었은즉, 안으로나 밖으로나 청정과욕淸淨寡欲(마음을 깨끗이 하고 욕심을 줄이는 것)에 힘쓸 것이니, 이것을 실행하고자 하므로 각 개인은 가능한 한 힘써 행하고자 할 것이다. 이에 '부정不淨'이라는 문자인즉 우리의 경험에서 재세지사在世之事(살아 있는 동안의 일)나 교회에서 자주자주 느낀 것이다. 이 불교원에서는 부부 생활을 피함으로 시작하여 독신생활을 하므로 남녀가 한 방에서 머물지 아니한다.

(4) 의식적으로 망어妄語를 하지 말 것. 자기가 실행하여 경험한 것이나 이와 유사한 것이 아니라면 이야기하지 아니한다.

(5) 취할 만한 음료를 피할 것. 그러나 의약 등에 필요한 것인즉 여기에 한하여 상관하지 아니한다. 술이라도 달이거나

끓여 취할 가능성이 없는 것은 취할 음료로 생각하지 아니한다.

(6) 고성高聲, 악성惡聲, 조소嘲笑, 증오의 언사를 피할 것. 거주자들은 이러한 행동을 하는 자를 불교원 내에 두고자 하지 아니한다.

(7) 집회, 회식, 음악회 등의 유희적 행위를 금함.

(8) 향수, 악기, 장교의長交椅(제사를 지낼 때 신주를 모시는, 다리가 긴 의자), 안락의자, 큰 거울 등의 호사豪奢로 인식할 기구를 금함.

(9) 끽연, 투전(노름의 하나) 등의 유희, 가무, 휘파람, 유희적 독물 등을 금함.

(10) 심심소일로 거주자 간에 담화, 정치적 및 일상 잡사와 이러한 목적에서의 상호 방문을 금함.

(11) 거주자들은 상당한 규칙적 생활을 행하여 정신적으로나 육체상의 건강을 도모하되, 위의 (1)~(5)의 규례를 범하지 아니한 범위 내에서 한함. 그 외에는 능히 자기에게 적당한 음료를 선택할 수 있으며, 자취自炊(손수 밥을 지음)도 가능하나 오직 공식적인 취사 장소에서 행할 것.

(12) 거주자들은 유별類別한 의복을 입을 것. 그러나 특별히 의복 제도는 정하지 아니한다.

(13) 거주자들은 가능한 정도에서 신체를 깨끗이 하며 각자 방을 청소하고 환기할 것. 자기가 머무는 방에는 각자 책임을 가짐. 이 불교원에 들어올 때에 입은 의복 중에 살생을

거쳐 된 것은 금함.

(14) 거주자는 일정한 직업을 연습하되, 자기의 소장所長(가장 뛰어난 재주)대로 취할 것.

(15) 개, 고양이, 돼지, 집토끼, 닭 등의 가축 기르는 것을 금함. 그러나 거주자의 필요로 젖소, 젖양 등을 기르는 것은 허용하나, 내놓고 팔지는 아니한다. 예를 들면, 백정에게 또는 개인에게라도 교환 또는 증여까지도 하지 아니한다.

(16) 이 불교원에 소속된 전원田園(논과 밭)을 이용하되 불교원 규칙을 범하지 아니함에서 한함.

(17) 거주자는 정근精勤(일이나 공부 따위를 부지런히 함)을 힘써 행할 것이므로, 매일 일정한 시간에 단독 또는 공동으로 경문을 강독 또는 토의하며, 우포사다에 참여하고, 또 특별히 매일 일정한 시간에 선정禪靜을 연습할 것.

(18) 불교원 내에서 공판에 관한 사건을 이야기하지 아니할지나, 거주자 전부가 불교에 관한 것이라 인정할 시에는 논의나 당사黨事(그 사건에 직접 관여함)하여 재판소에 출정할 수 있음.

(19) 거주자에 한해서 다른 방에 들어가고자 할 때에는 반드시 문을 두드리거나 일정한 신호로 통지한 후에 들어갈 것.

(20) 불교원 내에서는 거주자의 상호 생일 축하 같은 것을 행하지 아니함.

(21) 불교원 내에 거주하지 아니하는 사람이라도 불교원의 유지비를 담당 혹은 분담할 수 있음.

(22) 불교 신자로서 불교원을 증축 혹은 수리하고자 하여, 불교원
   에 소속한 전지田地를 사용할 때에는 이를 무료로 제공함.

(23) 불교원 규례 변경은 거주자 전체의 허락으로 행할 수 있음.

불교원의 항례恒例

무엇이든지 우리가 하는 것은 누구든지 볼 수 있음.

무엇이든지 우리가 이야기하는 것은 누구든지 들을 수 있음.

무엇이든지 우리가 생각하는 것은 누구든지 알 수 있음.

5월 6일 베를린에서

《불교 제15호(1925. 9.)》

동지에게

십 년을 1기로 하여 다시 동지를 한자리에 모이게 한다는 것은 무엇보다 즐거운 일일 것이다. 더욱이 과거를 돌아보아서 모든 새로운 분위기가 이로써 원천을 삼았다면 그 얼마나 위대하랴? 많은 곡절을 지낸 결과, 보다 더 완전한 기초하에서 동지의 단련장을 구성하여 그중 여러분과 동거하게 되는 과분한 지우知遇(남이 자신의 인격이나 재능을 알고 잘 대우함)를 얻게 된 나이니, 그 얼마나 즐거운 일이랴!

당신들의 학술 연구가 오경奧境(심오한 경지)으로 방향을 가지고자 할 때마다 나는 불감不敢(남의 대접을 받아들이기가 어렵고 황송함)을 느끼었음이 한두 번이 아니였으며, 당신들이 신新사조를 이해하고자 할 때마다 재료를 공급하고자 하였던 것은 나로서 감심甘心(괴로움이나 책망을 달게 여김)하게 한 바이다. 그러나 시간의 여유는 일신양역一身兩役(한 몸으로 두 가지 일을 함)에 있는 내가 당신들의 요구에 부합하지 못하게 되었을 때에 나는 참으로 아팠노라. 이와 같은 결심에서 학업을 쉬는 중 당신들로부터 위안의 통신을 받을 때에 그 얼마나 신산辛酸하였으랴! 사랑하는 당신들이니, 물론 나를 이해하고 용서할 줄 믿는다.

잠깐이나마 당신들을 떠나 있을 때에 나는 당신들의 장래를 위하여 노력하고자 하였다. 그와 같은 심정이었으므로 한마디 이해도 구하지 않고 한 일에 대하여 당신들은 잘 양해하고자 하고 동정으로 임하였던 태도를 나는 잘 알고 있다. 나는 이 점에서 당신들의 인격적 숭앙崇仰이 저절로 생기고, 동시에 나는 당신들의 모든 의지를 확실하게 대표할 수 있으리라 자신한다.

당신들은 외면으로 보아서 극히 온순하더라. 마치 천연스러운 무엇에 비할 만치 아무 손색이 없더라. 그러나 나는 확실히 당신들이 녹록지 아니한 누구임을 알고 싶었다. 오직 부탁하고 싶은 것인즉, "To be Gentleman!" 이와 같은 말을 두고서 먼 장래에 믿을 만한 동지가 어느 구석에서 자라나고 건강히 잘 있을 때, 전 인류적 양심에 의한 성자의 정신을 발휘할 사명을 유감없이 실행할 당신들이기를 바란다.

12월 4일 수송동에서

《일광一光 창간호(1928.12.)》*

• 　《일광》은 중앙불교전문학교 교우회에서 간행한 교우회지이다. 이 잡지는 1928년 12월에 창간호를 낸 이래 1940년 1월의 통권 10호까지 간행되었다. _편집자 주

학인연맹의 기대

장구한 세월을 칩복蟄伏하였다 하면 한번 움직일 것은 다시 말할 필요도 없고, 움직인다 가정한다면 그의 행동을 비판하는 제3자도 없지 아니할 것이다. 이 비판과 움직임의 경로가 솔직 명확하다면 지도급에 대한 요구가 그다지 필요치 아니할지나, 비판과 움직이는 방향이 행하는 자의 뜻과 서로 반대된다면 여기에서 비로소 지도 역할이 요구되는 것이다. 그러므로 하나의 운동선을 가정하여 생각한다면 전날과 같은 요구를 가져야 하고, 이 요구를 만족시키고자 노력하는 내적 함축을 준비기라 한다면 이 기간의 침착沈着이나 내적 노력은 제3자로서는 전혀 알 수 없는 것이다. 예를 들면, 복통 있는 자만이 오직 병상을 상상할 수 있을지언정 제3자로서는 여하튼 논평하기 어려운 것이다. 그럼에도 논평하고자 한다면 그 얼마나 지나친 일이랴!

이와 같은 준비기로 몇 세월을 허비한다 하여 완물頑物(완고한 자)이라 무인지경無人之境(사람이 전혀 없는 곳)이라 평을 받으며 연명하고 오는 중에, 동지의 악화惡化라거나 주위의 타매唾罵(아주 더럽게 생각하고 경멸히 여겨 욕함)는 그다지 고통스럽지 아니하였다마는, 자기의 신념이 박약해감에는 죽지 아니하지 못할 만하였다. 이것이 준비기의 솔직한 자백이었다면, 자아의 단련이 실로 많았을 것임을 다시 말할 필요도 없다. 이 기간의 준비라는 것은 운동선의 방향, 동지의 이해, 지도급의 요구, 각개의 서원誓願(원願을 세우고, 그것을 이루고자 맹세하는 일) 등이었다. 이러한 내적 노력이 있는 사회였다면, 어느 기회에서나 그들의 이상을 잘 실현하고자 예기하고 자신할 것은 보다 명확할 것이다.

이와 같은 원동력과 배경을 가진 학인연맹學人聯盟의 조직이 실현하는 중, 더욱이 교육적 방향에서 개선하고 완비하고자 노력함이니 그 어찌 기대가 없으랴! 이 운동이 독일 예나(독일 학생운동의 발상지로, 독일 튀링겐주에 있는 도시)의 학생운동과 비교하게 된다면, 이것으로 시작하여 비로소 조선불교는 완성기에 이를 것은 다시 말할 필요가 없다. 나는 오직 여기에서 한 말로 학인연맹의 의미가 어디에 있으리라 확측하는 동시에 장래를 바라면서 이만 그친다.

《회광回光 창간호(1929. 3.)》•

•   《회광》은 1929년 3월에 이순호李淳浩(1902~1972)의 주도하에 창간된 조선불교학인연맹의 기관지로, 1932년 3월 김덕수金德秀의 주도하에 제2호를 발행하고는 종간되었다. 이순호는 후일의 청담靑潭이다. _편집자 주

만일 내가
다시 20살의 청년이 될 수 있다 하면*

아, 20살의 청년! 그 앞길은 양양하고, 그 야심은 발발할 것이다! 아니, 하여야만 할 것이다! 그러면서도 이때는 또 방황의 때요, 번민의 때이다. 장차 내가 무엇을 할꼬, 무엇을 배우며 무엇이 될꼬. 얼마나 고통스럽고 얼마나 안타까운 것이냐. 이를 당하는 그, 당하여본 우리는 그것을 너무도 잘 안다.

이 고통, 이 번민에 한 낱의 광명이라도 주기 위하여 《동광》에서는 내외 명사, 문사 제위에게 "만일 내가 다시 20살의 청년이 될 수 있다 하면" 하는 문제로 해답을 구하였다. 그 회답이 이것이다. 그중에는 할 말이 있어도 마음대로 못한 것도 많을 줄 안다. 그러나 이 수천 마디가 다만 한 청년의 앞길을 밝히는 데 유효하였다면, 우리의 노력은 보람이 있는 것이다.

• 　　같은 제하에 19인의 글이 있지만, 백성욱 박사의 글만 실었다. _편집자 주

앞길은 오직 창조

남산南山이는 고통기를 아직 벗어나지 못하였다. 그의 앞에 있는 모든 것을 하고 싶기가 마치 어린아이를 잡화상에 둔 것과 유사하였다. 남산이는 어리벙벙하다가 다시 옛사람의 전설을 읽기 시작하였다. 이 중에서 점점 인상이 깊어지는 것은 지난날과 마찬가지로 자기가 사람인 것을 잘 알게 하여 주는 것이다. 남산이가 재차 전기傳記를 읽으니, 좀 달라진 것은 전기에 나오는 인물의 환경을 알고자 하기 시작한 것이다. 그러므로 지난번에 남산이 사람인 줄만 알았던 것에 더 이상 만족할 수 없고, 한 걸음 더 나아가 그가 사람 중에서도 조선 사람인 것을 알고자 하였다. 이때에 남산이는 전기 같은 것은 보고자 하지 아니하는 대신, 자기가 조선 사람인 것을 알게 하여줄 만한 거리를 구하기 시작하였다.

그러나 조선 사람의 처지라 그러한 거리를 얻기에는 참으로 곤란하였다. 자기가 조선 사람이라는 인상을 가지게 된 남산이는 이제야 비로소 자기가 생장한 공적 교육이나 주위에서 하는 짓이 조선 사람인 것을 알게 하여줄 만한 기회는 하나도 없고, 그와 정반대되는 것뿐인 것을 아프게 느끼었다. 여태까지 그것이 내 것이고 희망을 주리라 믿어온 것이 오직 얄밉고 가증스러워 보이기 시작하였다. 남산이는 그만 공부도 집어치우고 무슨 수단으로서든지 조선 사람이 되고자 하여 모든 불합리한 시설을 없애버리고자 하였다.

이것을 실행하는 중 남산이는 매사에 무식이요, 자기가 성의껏 해온 모든 것은 다 아이들의 장난에 불과하고, 자신의 지력智力이 참으로 부족한 것을 아프게 느끼었다. 이것이 남산이로 하여금 제2차 지식을 구하고자 하게 한 것이다. 그러나 남산이는 공부를 시작하고자 함에는 상당한 재력을 요구하는 줄도 알고 있었다. 그렇지마는 하겠다는 신심信心은 견고하였고 또 기회를 계속 엿보았다. 아무리 역경에서라도 낙심만은 하지 아니하였다.

공부하는 곳에 다시 들어선 남산이는 자기가 조선 사람이라는 인상은 지우지 못할 만큼 되었지마는 다시 반문이 생겼다. 이 반문은 남산이로 하여금 세계가 무엇이고 사회조직이 어찌하여서 조선 사람은 자기를 알 만한 기회까지 잃어버리게 하였고, 결국 남을 배우게 되며 남들이 와서 "나를 닮으라" 하게 되었나를 연구하게 하였다. 이 연구는 결국 인류가 사회조직이 어떠한지 알지 못하는 중에 인류로 하여금 불행을 만나게 한다고 해석하게 하였다. 남산이는 자신 있게 이러이러한 방식으로 개인 또 인군人群이 생활을 한다면 자신을 인식하기에 족하고 가장 행복하게 살 수 있을 것이라 생각하였다.

이것을 실행하겠다 생각한 남산이에게서 방황의 기미는 찾아볼 수 없었고 오직 용감하게 전진하고자 하였다. 무엇이든지 이러한 의미가 포함되었다면 아무리 악이라 하더라도 사양하지 아니하고, 이것에 반대된다면 아무리 선이라도 아는 척하고자 하지 아니하였다. 남산이의 앞길은 오직 창조!

부언附言: 대답이 너무나 고적하지마는 처지가 남보다 달라서, 오직 위정자의 시설이나 이미 설치된 기관에 충실한 분자가 되겠다는 목표를 가진 수양은 오직 낙심을 줄 뿐이다. 적어도 자기부터 만반이 시작되어서 하는 수양을 요구하는 까닭이다.

10월 30일 돈암리에서

《동광 제8호(1926. 12.)》

과거 몇십 년간의 준비기:
앞으로의 조선불교

조선불교라 하면 적어도 우리 사회에서 가장 오랜 역사와 많은 부원富源과 서고書庫를 가진 집단이었지마는, 과거를 돌아보아서 감개感慨가 실로 없지 않다. 그러나 근래에 실제 사회와 접하고자 한 지는 벌써 20여 년이 되었으나, 모든 것이 준비기에 있었으므로 그다지 존재가 명확하지 못하였던 것은 사실이다. 동시에 내부의 노력인즉 쉬운 일이 없었다. 이것이 각종 형식으로 표현되는 중에 해석하는 사람에 따라서 다종다양의 관찰을 가졌던 것은 자못 억울한 일이다.

그러나 근일에 와서는 각지에서 수학修學하고 선후배들이 과거의 경험을 집합하여 불교 각 계급을 막론하고 원만한 이해하에서 대회를 소집하고 예전의 도덕적 규율을 시대에 적당하도록 제정하여 내부 통일의 원만을 도모하고자 하는 중이다. 이것은 우리 사회를 위하여 참으로 좋은 소식인 줄 믿는다. 더욱이 우리의 문화를 보존하고자 하면서 신新문화를 수입·융화하고자 노력하는 동시에, 샤키아무니의 정신을 발

휘하여 이상적 낙계樂界를 보고자 하는 것은 현재 조선불교
도의 목표라 할 것이다.

《조선일보(1929. 1. 1.)》

앞으로의 조선, 희망의 햇불[*]

과거에 우리의 단체는 그 조직이 불충분하였던 것은 사실이
다. 그 이유는 일반적 조건을 따지지 아니하였기 때문이다.
그러나 역사가 오래된 단체일수록 그 내부의 부패를 면치 못
하여 종종 노소老少의 충돌을 보게 되는 것이다. 그리하여 조
선에서 가장 역사가 오래되었다고 보는 우리의 불교도 그에
속하였던 것은 숨길 수 없는 사실이다.

그러한 중 과거 수십 년 동안 겪어온 쓰고도 매운 모든 경험
을 기반으로, 오늘날에 와서는 불교의 근본정신을 주체로 함
은 물론, 시대에 대응한 민중적 새로운 헌장憲章의 초안草案을
쓰고 있다. 그리고 불교 장래에서는 불교 자체의 대동단결을
기다리니, 그리하게 된다면 세계 문화에 공헌하는 바도 크려
니와 조선 고대문화의 부흥을 꾀하여 그에 공헌이 있기를 스

•   이 제하에서 14인의 글이 게재되어 있으며, 여기에서는 백성욱 박사의
     글만 싣는다. _편집자 주

스로 예기豫期하고 있는 바이다. 그것은 조선불교가 조선 고
대문화의 유물을 이미 3분의 2 이상을 쥐고 있고, 이천만 원
의 적지 아니한 단체적 재원을 소유하였기 때문에 근거 없는
가공架空적 예언은 안 되리라고 믿는다.

《동아일보(1929.1.1.)》

각계각인 신년에 하고 싶은 말[*]

만반에서 조금도 건설적 분위기 없이 오직 파탄에만 주력해 온 우리는 대중에게 하등 방향을 지시하지 못하였다. 이제부터는 건설적 시설에 노력하고 대중에게 무슨 지시하는 목표가 있도록 노력하여야 하겠다. 그리고 전 민족적 중심 사상이 되는 그런 무슨 사상을 가지게 하여야 하겠다.

《별건곤別乾坤 제18호(1929.1.)》[**]

[*] 이 제하에 백성욱 박사 외에 16인의 글이 실려 있으나, 여기에서는 백성욱 박사의 글만 싣는다. _편집자 주

[**] 《별건곤》은 1926년에 창간되었던 월간 취미잡지이다. 취미잡지라고는 하지만 그 창간호 여언餘言에, "취미라고 무책임한 독물讀物만을 늘어놓는다든지 혹은 방탕한 오락물만을 기사로 쓴다든지 하는 등 비열한 정서를 조장해서는 안 될 뿐만 아니라, 그러한 취미는 할 수 있는 대로 박멸하기 위해서 우리는 이 취미잡지를 시작하였다"라고 하여, 그 발간의 취지를 밝히고 있다. 이 잡지는 1934년 7월 1일에 제9권 제6호, 통권 74호로 종간되었다. _편집자 주

축 '불교'의 종연생從緣生

나의 것을 찾고자
남의 것을 보고자
모른 것을 알고자
없는 것을 있고자

없는 동무 만들고자
있는 동무 친하고자

붓다를 법해法海 속에 찾고자
다르마의 지남침을 쓰고자
상가의 거선巨船을 부리고자

모르는 임을 알게 하고자
아는 임을 잘 알게 하고자

낮이면 낮!
밤이면 밤!
모든 방황을 제하고자
모든 의아를 해석코자

《불교》는 종연생從緣生
옴 마니 파드메 홈

남독일에서 10월 31일
《불교 제7호(1925. 1.)》

'나'를 발견하는 길'

나더러 굳이 생활 신념을 말하라면, 그것은 바로 나를 지혜의 경지에 도달시키려고 하는 지표라고 하겠다. 지혜는 곧 내 영육을 정화해주는 생명력이며 적극 의지의 광장이라고 생각한다.

그런데 내가 지혜의 정토를 향해 전진하고자 할 때 주위에는 여러 가지 장애물이 있어 나를 괴롭히는 것이니, 곧 탐·진·치의 3독심이라 하겠다. '탐'이라고 하는 것은 '하겠다'는 생각이니 바라는 바 욕심이요, '진'이라고 하는 것은 '왜 안 되나?' 하는 것이니 바라던 바가 안 되면 생기는 불평심이요, '치'라고 하는 것은 '이만하면 됐다'는 만족심이니 곧 어리석은 마음으로서, 이것들은 나를 '나'답지 못하게 하는 속박과

• 이 글은 정종鄭瑽(1915~2016) 박사가 백성욱 박사의 말씀을 글로 옮긴 것이다. 정종 박사는 백성욱 박사의 제자로, 불교전문학교와 일본 도요대학 문학부 철학과를 졸업하고, 광주의대 예과 교수 및 전남대, 동국대, 상명여대, 성신여대 교수를 역임했다. _편집자 주

장해가 되는 것이다. 다시 말하면, 경제생활(분배 작용)·법률생활(제재 작용)·정신생활(주재 작용)이 탈선되어서 궤도를 얻지 못하는 것이니, 이것들이 완전무결하게 발달됨으로써 자기가 향상되고, 불완전함으로써 타락하게 되는 것이라고 생각한다. 그러므로 '나'라는 생명체가 지혜의 경지에 도달하기까지 완전무결하게 발달되자면, 이 탐·진·치에서 '나'를 구제해야 된다고 생각하는 것이다.

그리하여 나는 항상 6바라밀다六波羅蜜多를 연의演義(재미있고 알기 쉽게 설명함)하여 내 생활신조로 삼아왔다. ① 보시布施는 이 세상을 대할 적에 보수報酬 없는 일을 연습하는 것이다. 즉 그 일에 대한 과실(보수)을 자기가 먹지 않고 남에게 주려는 마음이면, 자기에게 남는 것은 그 일에 대한 능력이다. 그렇게 함으로써 지혜는 자기에게 남는 것이니, 탐심을 닦는 방법인 이것이 인생 출세의 자본이고, 자본의 축척이 많을수록 위대한 인격이 조성되는 것이라고 생각한다. ② 지계持戒는 자기 마음 가운데 미안未安(남에게 대하여 마음이 편치 못하고 부끄러움)을 머무르게 하지 않는 것이다. 그 미안을 남이 지르면 성을 안 낼 수 없는 것이다. 그 미안이 많을수록 자기 생명력은 자꾸 말살된다. ③ 인욕忍辱은 이 세상을 보되 모두 성인으로 보는 것이다. 성인일진대 나무라는 말에 섭섭하게 생각하지 말아야 할 것이다. 나무라는 말이 있다면 깨쳐볼지언정 성을 낼 수 있을 것인가? 자신을 있는 힘껏 못난 사람으로 알아서 남의 말을 듣고자 해야 할 것이다. ④ 정진精進은 이 세 가지를 해보아서 성과가 많거든 부지런히 실행하는 것이다. ⑤ 선정禪定은 부지런히 실행할수록 몸과 마음이 안정되는 것이다. ⑥ 지혜智慧는 마음이 안정되는지라 슬기가 생기는 것이니, 곧 불교도가 말하는 '부처'인 것이다. 그래서 탐·진·치가 있지 아니하는 시간이 있을 때, 이 시간만이 자기로서 편안함을 느낄 수 있는 행복한 시간이라고 생각한다.

인간관계, 이것은 길게 말할 것도 없이 '포지티브positive'와 '네거티브negative'와의 결합이어야 할 것이다. 신념이 적은 사람은 신념이 많은 사람을 좋아해야 하는 일이다. '하겠다(탐貪)'는 생각을 없애고 진실로 대할 따름이다.

인생의 가치란 한마디로 말해서, '살 짓'을 함으로써 생명욕生命慾(살고자 하는 욕구)의 절대성을 아는 것이라고 생각한다. 우리의 사명이자 우리의 신앙인 '나'를 발휘하자면, 곧 인류답게 의미 있는 생활을 실현하자면,

첫째, 경제적으로 '나'를 발휘할 것. 현실 생활에서 '나'를 발휘함에서 가장 위하威嚇(으르고 협박함)를 주는 것은 오직 경제생활 부정돈에 있다고 하여도 과언이 아니다. 경제생활이란 인류의 천부적 기능이었지마는, 이것이 한 개인이나 한 군중에 있어서 무한한 부도덕률의 지배로 말미암아 다른 개인이나 다른 군중의 '나의 발휘'를 침해하기가 가장 쉬우므로, 샤키아무니 성자는 불투도라는 계로써 정돈시키었다. 그러면 이러한 범위에서 경제적 '나'의 발휘를 실현하여 무의미 부자연한 생활로부터 구제할 것이니, 인체생리 가운데 혈액

순환과 같다 할 수 있다. 만일 어떤 것으로 말미암아 혈액 순환이 불완전하여진다면, 이다지 무의미한 생활이 또 어디 있겠는가? 중생을 제도하기 위하여 모든 고뇌를 아끼지 않으셨던 많은 성자의 뜻이 어디 있는지를 볼 때, 그것을 실행할 사명을 가진 우리는 더욱 절실하게 이것을 느낀다.

둘째, 정신적으로 '나'를 발휘할 것. 이것은 샤키아무니 성자께서 대단히 중요하게 생각하셨을 뿐만 아니라, 오직 이것을 실행하고자 출현하신 것이라 하셨다. 그러므로 이것을 정돈하기 위하여 불살생·불음주·불망어·불사음 등 많은 것으로 한계를 정하시어, 각각 '나'다운 '나'를 실현하도록 노력하시고 70여 년을 고구정녕하시었다. 그러므로 경제적으로 '나'를 발휘하는 것도, 결국은 정신적 '나'를 발휘하는 데에 도움이 되는 유일한 방편이라 믿는다. 예를 들면, 모든 무의미하고 부자연한 방식과 제도와 인습에서 가장 쾌활하고 자유로운 '나'를 발휘하여, 모든 것이 '나'가 없고는 되지 못하고 또 가능성이 없는 것을 알아서, '나'다운 '나'로 시작하여 각개의 '나'를 자유롭고 의미 있는 '나'가 되도록 노력하고자 예술에도 '나', 문학에도 '나', 역사에도 '나'로 시작하여 한국의 '나', 세계의 '나'를 쌓아서 결국 모든 '나'로써 원만한 활천지를 실현하는 순간에 비로소 샤키아무니 성자의 후도됨을 자랑하는 동시에 만족한 인생의 의미와 가치를 갖는 것이라고 믿는다.

이상과 같은 관점에서 볼 때, 최근 내가 처한 심경은 자못 무참한 가운데서 지낸 일들을 검토해보는 일이다. 과거는 이미 죽은 것이고 미래는 허망한 것이니, 현재에서 진실되게 살아야 한다는 생각에 집요執拗되고 있으면서도, 한편으로는 '내가 아직 60대의 젊음만 지녔어도!' 하는 나이에 대한 자탄自嘆 같은 것은 어찌할 수 없는가 보다. 일찍이 원각圓覺을 닦는 체하다가 세진과 망념에 불리어서 적멸궁과 멀리 떨어져 있는 심경은 참으로 안타까운 일이다. 을유년乙酉年에 조국 광복을 맞이하자, 일찍이 내 나이 열아홉부터 해외에 망명하여 독립운동에 참가·활동했던 나로서는 평생 염원이던 광복의 기쁨과 아울러, 하나의 독립운동의 연장으로 여기고 정계政界에 투족投足(발을 내딛음)한 것은 구태여 뉘우칠 일이 아니다. 다만 일단 건국까지의 국기國基(나라를 이루거나 유지해 나가는 기초)를 본 즉시부터 다시금 원각의 품속으로 돌아갔어야 할 것을, 그러지 못한 채 아직 여항閭巷에 머물러 있으니 무참한 생각에 젖을 수밖에 없다. 내가 전 대통령 이승만 박사의 집정 초기에 소위 내무부 장관직에 있게 된 것은, 같은 독립운동의 노선에서 일하던 이 박사와의 건국 신념이 규합된 애국적 발로였음은 두말할 것도 없다. 또 바로 그 뒤에 '대한 광업 진흥 주식회사'의 사장에 피임被任하게 된 것은 일단 건국된 조국의 산업 발전에 공헌하고자 하는 마음의 소치였던 것이다. 또한 다시 몸을 돌려 동국대학교에 뜻을 품고 일한 것은 원래 내 모교이기도 하거니와, 이를 장차 우리나라의 유일한 불교의 전당으로 쌓아 올리려고 내 딴엔 무진 봉사했던 것이었다.

그러던 것이 한 가지도 뜻을 이루지 못하고 내 인생의 일부를 소비해버린 셈이 되었다. 그러나 지금 나에게는 아직 인생을 낙망해보는 일 같은 것은 없다. 늙은 사람은 앞에 올 미래가 짧으므로 그만큼 더 생명에 대한 강인성을 지니고 있는지도 모른다. 자기 생명력을 신장할 줄 앎으로써 생명은 끊임없이 발전하는 줄로 믿는다. 세상에 할 일은 얼마든지 있는 것이고, 자기 몸뚱이에 따라올 수 있는 적당한 일을 하면 생명은 유지·발전해가는 것이다. 이 우주는 우리가 먼 여행을 하는 하룻밤 여관집일지언정 이것이 전 인생의 극치는 아니다. 뒤에 오는 사람이 이 여관집을 편안히 쓸 수 있도록 하는 것이 자기 앞길에 장애가 적어진다는 뜻이 아니겠는가.

내 소년 시절의 이상과 포부를 회상해보면 제법 골똘했던 것 같다. 어렸을 적에는 항상 지혜 있는 자만이 살 수 있다고 생각했다. 지혜는 곧 힘(생명력)이라고 생각했던 것이다. 그때 어른들이 이인理人은 힘이 세고 지혜가 많다고 일러주었다. 그래서 그 이인이라는 것이 무엇인지 궁금했고, 그런 이인이 되려면 꼭 무엇인가를 해야겠다는 생각이 들면서부터, 방심放心했던 학문을 존중히 여기게 되었다. 학문하는 길밖에는 다른 도리가 없다고 생각하였기 때문이었다. 내가 다섯 살 때였나 보다. 호동壺洞학교라는 데를 수료한 뒤 열세 살까지 천자문으로부터 사서삼경을 다 배우도록, 학문이란 싱겁고 배울 것이 없는 것이라고 경멸하였다. 그러다 열네 살이 되던 해에 돌연 집안에 무슨 피치 못할 사정이 생기게 되어 가족들이 뿔뿔이 피신하면서, 아직 어린 나는 봉국사奉國寺•라는 절간에다가 의탁하게 되지 않으면 안 되었다. 그래서 나는 부득이 절에 매인 몸이 되고 최하옹崔荷翁(?~1941) 대선사 밑에서 학문을 닦을 수밖에 없었으니, 여기서 비로소 학문의 이치를 깨닫게 된 것이다.

그로부터 얼마 지나서 칸트의 전기를 읽다가 내가 도통할 자신이 생기기도 하였다. 경성중앙불교학림이란 학교를 졸업하자마자, 기미년己未年 독립운동에 참가하게 되었으니, 이는 내가 평소에 기리던 지혜에 도달하고자 한 첩경이 된 것이었다. 국내에서 활동하다가 눈을 피해서 대뜸 상하이로 몸을 돌려 임시정부에서 일하는 중, 국내와의 통신 역할을 맡아 무려 8~9회를 내왕하면서 젊음의 약동을 구사하였다. 내 인생에서 가장 중요한 일은 독립운동 바로 그것이었고, 우리나라 독립만이 유일한 내 이상이었다. 그 후 1930년에 이르러서야 우리나라가 장차 꼭 독립될 것임을 확신했고, 또 그렇게 되기를 평생 염원해왔었다.

소년 시절의 그 골똘했던 내 이상이 오늘에 와서 실현되었다고는 생각하나, 다만 38선으로 갈린 민족의 비극은 독립운동사를 오염시키고 있어 희비가 교착交錯(이리저리 엇갈려 뒤섞

• 서울특별시 성북구 정릉동 정릉 북쪽에 있는 사찰로, 창건 당시 약사불을 모시고 있어서 약사사藥師寺라 불렸다. _편집자 주

임)될 뿐이다. 오늘날 우리나라의 정치 문제는 아직 독립운동의 한 연장 과정으로 보아야 한다고 여긴다. 정치라는 것을 정의하라면, 곧 민중의 생명력을 신장시키는 구성 요소라고 생각한다.

젊은이들에게 하고 싶은 말은, 누구나 건강하게 살려면 자기가 벌어서 남을 먹일 줄 아는 떳떳함을 가져야 한다는 것이다. 이것이 곧 슬기인 것이다. 감자 한 개라도 가꾸어 얻었으면 그것을 가난한 이웃과 나누어 먹는 기쁨을 가진 사람은 언제나 건강한 것이다. 멍석을 남에게 꾸어주었거든 얼른 새 멍석을 준비해둘 일이다. 새 멍석을 만들 수 있는 힘이 있거든 빌려주어라.

보수 없는 일을 하라고 권한다. 남의 문 앞에 있는 눈을 쓸더라도 그 집주인이 안 보는 데서 쓸어야지, 보는 데서 쓸면 성내기가 쉬운 법이다. 안 보는 가운데 몇 번이고 계속해서 쓸게 되면, 나중에는 그 집주인이 말도 못 하고 피하게 되는 것이다. 이것이 곧 생명력의 확장이요, 발전인 것이다. 금전, 명예, 권력 이것들은 곧 생명력 있는 사람들의 그 순간에 필요한 부수된 물건이라고 생각한다.

정종 편, 《나의 청춘 나의 이상: 60인사의 인생역정》(실학사, 1965)

서간 書簡

3

백성욱의 서신 몇 절 1

백준白峻 선생은 몇 해 전에 조선에서 한번 굉장하게 떠들던 소위 만세소요萬歲騷擾(삼일운동) 당시에 상하이로 달아나서 시국에 방황하다가, 어떠한 자각하에서 학문 연구가 무엇보다도 필요하다는 절실한 감각으로 독일로 뛰어가서 벌써 4~5년의 세월을 그곳 대학에서 공부하였다. 작년 5월에 〈불교순천철학〉이라는 논문을 지어서 박사가 되었고, 방금 학비 곤란에 신음하고 있는 그의 서신이 도착하였나니, 우리 교계에 청취할 자가 있기를 바라며, 여기에 절록節錄(알맞게 줄이어 기록함)하노라.·

(전략) 화상이 부탁하신 것을 하고자 합니다. 또 저의 사명인

· 이 서신은 백성욱 박사가 퇴경 권상로에게 보낸 것으로, 당시 학비로 어려움을 겪고 있던 백 박사의 사정을 조선불교계에 알리고 도움을 주고자 퇴경이 《불교》에 실은 것이다. _편집자 주

줄로 압니다.

보내신 잡지 내용을 보니까 (다른 이가 보냈으면 그저 한마디로 "좋습니다" 하겠지만, 화상이 보내주신 것이요 친작親作이니까 부탁하시면 해야지요) 차례의 부정不精이라든지 언론계의 상황이라든지 장래가 많아야 하겠다 생각합니다. 또 기고하는 이들의 지식과 참고가 불충분하므로, 우리의 학술계나 사상계가 남과 같이 못함을 느낍니다. 오직 저에게 위안을 주는 것은 〈조선과 조선불교와의 유사점〉이더이다. (저도 압니다. 화상이 하신 것인 줄을) 이 편은 조금만 더 고생하였더라면 이 유럽 학술잡지들도 환영하였으리라 합니다. 이유는 학술적 취미를 가졌고, 또 가능한 한 객관적 입장에서 본 '강연'이라 할 수 있기 때문이지요. 실로 민중심리학적 견지를 갖추었다고 생각합니다. 이런 논문이 많이 기재될수록 화상의 소지素志(평소에 늘 지니고 있는 생각)와 성공은 청년부터 또 이 세계 안에 있는 동양학자들부터 이야기되리라 합니다. (중략)

저는 지난날에 전 유럽 불교학자들과 교제할 길을 얻어서 장차 우리 불교 외교의 기초를 만들어보고자 하였으나, 역시 무전천지 소영웅無錢天地 少英雄(돈이 없는 세상에는 영웅이 적음)이라 장탄長歎하였지요.

승려 교육에 대하여 어찌 생각하십니까? 저도 시간적 여유를 얻어서 쓰고자 합니다만, 우리 승려가 세계적 교제를 시작하자면 유럽 문자 중 하나와 불교의 세계어인 팔리어와 산스크리트어에 능통해야 하리라 합니다. 팔리어는 불경을 연구하는 것 외에도, 극동 불교를 제외하고는 거의 대부분 쓰고 있습니다(버마, 시암, 인도, 유럽).

이 세계 안에서 불교 서적으로는 우리 장경藏經이 오래되었고, 권수가 제일 많습니다. 그런데 이것을 도쿄대학東京大學 산스크리트어 교수 다카쿠스 준지로高楠順次郎(1886~1945)와 다이쇼대학大正大學 산스크리트어 교수 와타나베 가이쿄쿠渡邊海旭(1872~1933)의 주관으로 삼장역회三藏譯會를 조직하여 일어 번역에 착수 중이올시다. 올해 2월 삼장역회가 이곳 대학 산스크리트어 연구실로 보낸 광고물을 보았습니다. 전부 약 13,000권에서, 일본 것으로는 도쿄 홍교서원弘敎書院 축쇄장縮刷藏(1881년)과 교토 장경서원藏經書院 만자장卍字藏(1902년)·만속장卍續藏(1912년) 등이요, 중국 것으로는 송장宋藏(1239년)과 원장元藏(1920년)이요, 조선 것으로는 여장麗藏(1250년)인데, 그중에 완전하고 충만한 것은 여장이라 하더이다. 이 장경들은 산스크리트어·팔리어에서 번역한 것과 중국·조선·일본 저술가들의 저작이라 하더이다.

그러나 이것을 영문으로 번역하자면 대단히 힘듭니다. 말하자면, 인도의 옛 지명·인명·보살명·비구명·불명佛名·신명神名 등은 전부를 원어인 산스크리트어에서 다시 찾아야 합니다. 이것을 하는 일본의 동양학자 중 유수한 이들은 영국·프랑스·이탈리아·독일·러시아·인도를 합하여 41인을 동로자同勞者로 청하였나이다. 권수는 서양식으로 55권인데, 권당 1,000쪽이고, 판형은 8×6이며, 가격은 권당 12원(상양지)·11원(보통 양지)·16원(일본지)으로, 약 4년간 계속되리라 합니다. 이것이 출판되면 유럽 문자로 된 동양 저술로는 제일 거대하리라 생각합니다. 일이 이렇게 되고 보니, 불교 자체로 보아서는 축하할 일이나, 우리 임무로 보아서는 선조로부터 내려온 것을 자기 손으로 남에게 보여주지 못하고 남의 손을 거치면서도 자기는 어찌된 일인지도 알지 못하는 것이 현재 모습이 아닙니까! 이제 시작하여도 늦지 않소이다. 될 수 있으면, 또 훗날 불교도서관을 지을 마음이 있다면, 우리도 한 벌 사두는 것이에요. 우리 승려가 직접 세계에 접촉하기 시작하면 어디 우리 불교뿐일까. 우리 민족성·문학·예술·역사 등 세계학자들에게 선물할 것이 오죽 많아요!

이번 도쿄 삼장영역三藏英譯은 일본 학자의 선전이올시다. 조선 장경을 하고자 하더라도 저것을 기다려서 하는 것이 좋으리라 합니다. 경명經名 이하 각 고유명사는 가급적 원문(산스크리트어)으로 익히는 습관을 우리 학자나 승려가 가져야 합니다. 훗날 세계 학자들과 교제할 때에 유용하기 때문입니다. 또 저술은 공인을 받아야 하리라 합니다. 벌써 1850년부터 해마다 동양학자대회를 곳곳에서 개최하고 있고, 용어와 단위를 세계 준승으로 정하여 시행합니다. 이 용어나 단위가 아니면 진가眞假를 조사할 수 없으므로, 그들이 공인하는 것이 마음에 들지 않더라도 어찌할 수 없습니다. 우리 승려가 동양학자들과 같이 걷고자 하고 자격을 양성하려면, 인쇄소 설비가 필요하다고 느낍니다. 인쇄소는 적어도 산스크리트어와 몽골어, 만주어의 자모字母를 가져야 하리라 생각합니다.

유럽어 이외에 학자적 저술은 원문에 토도 달지 말고 번역도 하지 말고, 원문 그대로 인용하지 아니하면, 각 방면으로 오는 반대를 방어할 기능이 없으리라 합니다. 저의 논문(독일어로 된 것)에서도 인용할 경우 영문이면 영문 그대로 두었지요. 그래서 그중에는 영어·프랑스어·산스크리트어·팔리어가 섞여 있습니다. 한문漢文은 오직 이곳 인쇄자가 없어서 번역하였지요. 그것은 내가 학자이므로 그것들을 볼 수 있던 까닭이지요. 저도 어찌할 수 없어서 다 조금씩은 배웠지요. 예를 들면, 고대그리스어·라틴어 각각 6개월, 프랑스어 1년, 영어 6개월, 독일어 2년이지요. 또 산스크리트어·팔리어 각각 1년째 배우는 중이지요. 또 시간만 허락한다면 몽골어와 만주어(우리에게 대단히 필요하지요)도 시작하고자 합니다.

저는 이제야 우리 국문(훈민정음)이 어떠한 것이다 생각합니다. 그래서 저는 우리 정음은 〈대영산곡〉(음보)과 같이 불교도의 손으로 된 것이다 자인自認합니다. 그저 남의 것을 많이 알수록 우리 것이 얼마나 귀중하고 의미 있는 것인가 합니다. 또 이야기해드릴 것은 미국의 동양학자들이 조사한 것인데, 이와 같은 말들을 합니다.

"수천 년간을 세계 각국과 사회에서 상당한 위치를 차지하였으며, 조선 강토가 중국 면적보다 광대하였다. 그렇게 광대하던 강토가 조선인의 자신력自信力이 부족함으로 인하여 인근

국가들에게 많이 빼앗기고, 오늘날에는 작은 면적을 가지게 되었다. 압록강 물이 남으로 흐르던 것을 산동 북부로 내려가게 할 때에, 그 토지는 조선 영토였으며, 또 기원전 2,000년에 조선 공학자들이 18개월 동안에 고산준령을 뚫고 800리의 운하를 건축하였으니, 아직도 세계에 이와 같은 것은 없다. 파나마 운하와 스위스 운하를 합하여도 길이가 전자에 비하여 5분의 1이 되지 못한다. 근대 공학자들이 미시시피강을 일리노이 카이로 지방으로부터 대서양 해안의 멕시코만으로 흐르게 하려는 계획과 비슷하다. 고대 진시황이 중국 남부에 있는 모든 소국小國을 정복하고 제국을 건설할 때에, 중국의 제일 황제가 되고자 하여 문학가 및 공학자들을 살해하며 각종 문서를 불태운 후, 크게 어려운 일을 당하였다. 북방의 도적이 들어올까 두려워 축성하려 하나, 공학자가 다 죽은 까닭에 부득이 조선의 공장工匠을 청하여 세계적 건물인 3,000마일의 장성(만리장성萬里長城)을 건축하였다. 또 점쟁이가 진시황에게 13,168일을 살겠다 할 때에 진시황은 역시 조선 학자로 하여금 13,168명의 궁녀와 매일 한 명씩의 거주할 가실家室을 대진大津부터 북경北京까지 건축(아방궁阿房宮)하게 하였다. 또 산동 지역이 조선 영토로 있을 때에 공자가 탄생하였고, 유교의 경서를 저술하였다. 그런즉 공자는 조선인이다."* (중략)

어떻습니까? 그럴듯하지요? 화상, 이것 재미있지 않습니까? 우리가 적시하였지요. (좀 늦었으나) 우리 본국에 있는 어린이

들을 잘 인도하셔서 그것을 알도록 하시지요. 이야기할 것이
야 참으로 많지만 시간도 참고도 모든 것이 뜻대로 잘 되지
아니하여서….

화상! 만일 우리 사상계에서 나의 논문이나 기록에 대해
서 '평評'이나 '반대'나 무엇이라도 있거든 좀 보내주시지요.
(중략)

박사 시험을 치르고 시험비 600마르크(약 일화 350엔)와 지
난여름 학기의 학비를 못 내었으므로 독촉이 대단합니다. 또
집주인에게 줄 식비며 모든 것이 세상에 있을 재미를 없게
하지요. 만일 노자路資가 되고 부채나 갚게 되면 귀국이라도
하고자 합니다만, 그렇지 않으면 미국에라도 가서 노동이라
도 하는 것이 상책일 것이요! 이 나라에 한 4~5년만 있을 학
비만 있으면 그 뒤에는 이곳에서 생계를 얻을 수도 있겠습니
다만, 현재 형편이 잠깐도 버티기 어려우니, '어찌하면 좋으
리'라는 생각조차 나지 아니합니다. 화상께 재미있게 드리리
라 생각하는 것은 지난 7월 말일에 시작하여 아직도 끝맺지
못한 논문인데, 제목은 〈자연과학 근저 원리부터 증명할 수
있는 불교 철인의 사상〉이라 하였지요. 즉 현대물리화학으로

• 《환단고기桓檀古記》에 근거한 주장으로 보인다. 이 역사서는 역사학계에
   서 위서僞書로 본다. 압록강 물줄기를 인위적으로 바꾸고 운하를 건설하
   였다는 주장, 조선인이 만리장성과 아방궁 건축했다는 주장, 공자가 조
   선인이라는 주장은 역사학계에서 인정하는 사실史實과 다르다. _편집
   자 주

증명할 수 있는 우리 불교 철인들의 사상인데, 대략 20세기
에 연구한 학설들로만 토대삼아 설명을 시작한 것이올시다.
(하략)

귀의삼보歸依三寶

퇴경退耕 화상께 올림

1924년 독일에서
《불교 제7호(1925. 1.)》

백성욱의 서신 몇 절 2

질문[*] 선생님, 독일에 가 계시는 백 선생님에 대하여 두어 가지 여쭙고자 합니다. 선생님 괴로우신 대로 회답하여주심을 원합니다. 백 선생님의 원적지原籍地(호적을 옮기기 전의 호적지)는 어디인가요? 우리 교계에 전부터 인연이 있었던가요? 본래는 어디서 공부하시었던가요? 연세는 어찌되시었나요? 지금 완전한 주소는 어디인가요? 그리고 백 선생님 서신 중에 학비 곤란을 걱정하는 문장이 있사온즉 선생님께서는 어떻게 하실 건가요?

답변[**] 네, 백준白峻 선생은 다른 사람이 아니라 지난날의 백성욱 씨입니다. 지금도 백성욱으로 행세합니다마는, 독

•   질문자는 황해도 해주군 신광사 출신의 승려인 홍태현洪泰賢이다._편집자 주

••   답변자는 퇴경 권상로로, 이 글 역시 퇴경이 《불교》에 실은 것이다. _편집자 주

일 대학에 입학할 때에 백준이라고 하여서 지금은 두 가지 이름을 병행하게 되었습니다. 그런데 백 선생의 원적지는 경성에서 메추라기 명산지로 유명한 탑골과 병칭#稱하는 동대문 밖 돈암리이고, 유년에 출가하여 동소문 밖 봉국사(약사사) 최하옹 화상의 고족高足(학식과 품행이 뛰어난 제자)으로, 남북선불장에 다니었던 이력도 있습니다. 중앙학림에서 공부하다가 삼일운동 이후로는 학림도 영성寥星(보잘것없음)하고 시국도 현황眩遑(어지럽고 황황함)함으로 상하이로 갔다가 프랑스로 가서 1년이나 지내고, 독일로 가서 남독일 뷔르츠부르크대학에 입학하여 박사까지 되었습니다.

현재 나이는 28세이고, 그 주소로 말하면, 해를 앞뒤로 무릇 여섯 번 서신을 주고받는 동안에 주소는 네 번이나 변경되었습니다. 그 이유는 다음과 같습니다. 처음에는 뷔르츠부르크에서 집주인을 정하고 있다가 식비를 지불할 도리가 없어서, 작년 12월 초에 베를린에 있는 어떤 사람의 집에 고용되어 있었습니다. 또한 같은 달 중 10일경부터는 자를란트 탄광에서 광부 생활을 하였고, 또 같은 달 말부터 올해 1월까지는 베를린에 있는 그의 친구 집에서 조병調病(병을 다스림) 중이었는데, 그 후에는 어찌 되었는지 아직까지 소식을 다시 듣지 못하였습니다.

전에도 깊이 알았고, 현재로 말하면 해륙海陸이 상격相隔(서로 떨어져 있음)한 이역에서 곤란의 사정을 가득가득 실은 서신을 대여섯 번이나 받고 보니 어찌하여야 좋을지를 알지 못하던 차에, 또 이렇게 질문하시니 대답하기 어렵기는 백 선생에게나 홍 선생에게나 마찬가지올시다. 질문하신 뜻에 무엇이 있을 듯할 뿐 아니라 백 선생의 사정을 널리 우리 교계에 호소하기 위하여, 이 아래에 백 선생의 서신 몇 절節을 기록합니다. 이제 처음으로 출가한 할식喝食(선원에서, 식사 때에 심부름하는 아이)이나 사미沙彌(십계十戒를 받고 구족계具足戒를 받기 위하여 수행하고 있는 어린 남자 승려)들이 초발심자경初發心自警(처음 승려가 된 사미가 배우는 불서)이나 치문緇門(어린 사미가 공부하는 불서)을 가지고 다니는 것도 창창한 장래를 바라고 공부를 허락한 것이거늘, 불교철학으로 철학박사까지 된 백 선생으로 하여금 이 지경에서 방황케 하는 것은 우리 조선불교계에 하나의 큰 흠결이라고 하지 아니할 수 없습니다. 이 아래에 절록한 것으로 인연하여 단체로나 개인으로나 백 박사를 구호할 도리가 있을까 하는 것이 선생에게 대답 겸 교계에 하소연하는 바이올시다.

(전략) 이곳은 춥습니다. 이번 달 초부터는 영하 3~4도로 한난계寒暖計(온도계)가 왔다 갔다 하는 이유로 아직 결빙結氷하지는 아니하였으나, 난로 없이는 방에 있지 못할 만큼 되었습니다. 저는 그 사이에 화상으로부터 잡지나 소식을 받으리

라 하여 기다렸으나 오지 않았습니다. 저는 화상이 혼자서 매월 몇 십 쪽씩을 쓰심에 고려苦慮(고생스럽게 생각함)하시리라 생각하여 원고의 초안을 잡고자 하였지만, 참고서를 갖추지 못하여 장애를 주더이다. 억지로 이번에 초안을 잡은 원고를 함께 보냅니다. 또 시간은 많습니다. 어찌하여 그런고 하니, 의복이 온전치 못하고 수무푼전手無分錢(수중에 가진 돈이 한 푼도 없음)함에 겨울철 객지에 있는 생으로 하여금 지독한 추위의 고통과 싸우게 하는 동시에, 학비를 낼 길이 없으므로 청강(박사를 하였더라도 학비는 내야 합니다)도 못하고 오직 도서관에 가서 추위를 피할 겸 독서를 합니다.

그곳도 신발이 없어서 쉽지 않습니다. 집주인에게는 벌써 지난 9월부터 경고를 당하여 차차 지불하겠다고 연기해왔지만, 오는 11월 1일부터는 쫓겨날 예정이올시다. 올해 3월부터 오늘까지 식비와 방세를 주지 못하였기 때문입니다. 그래서 부득불 노동할 곳을 구해야겠는데, 역시 외국인이라 참으로 쉽지 아니하더이다. 그러나 여하간 오는 11월 1일에 이 도시를 떠나게 될 것은 사실이올시다. 그러나 어떤 곳으로 갈지는 미정이고 또 스스로 가지 못합니다. 집주인으로부터 소송을 당하면 감옥에 갈 것이기 때문입니다. 그러나 화상이 생에게 편지하고자 하시거든, 이곳으로만 하시면 생이 아무리 다른 곳에 있더라도 살기만 하면 받아볼 수 있습니다.

생은 유럽에 온 것을 그릇된 계획으로 생각합니다. 또 왔더라도 공부 말고 노동을 시작하였던들 오늘과 같은 지경에는 있지 아니하리라 생각합니다. 독일인, 또 학교에 진 부채로 인하여 법원에까지 잡혀가는 광경이 없으리라는 말이지요. 후회막급後悔莫及이라 어찌할 도리가 없게 되었지요. 생이 독일에서 공부할 수 있었던 것은, 반은 친구의 도움이었지만, 다른 반은 독일의 경제공황으로 물가가 저렴해진 덕분이지요. 또 프랑스에서 지낸 1년과 동양에서 유럽으로 오는 노자는 친구의 도움이었나이다. 그러나 그 도와주던 친구는 현재 귀국하고, 이 유럽에 있지 않습니다. 그러므로 이제 와서는 호소할 곳이 없게 되어버렸지요. 또 독일의 통화가 정돈되어 작년 10월부터 금화金貨가 통용되므로, 매월 식비로만 200마르크를 요구하나이다. 일화日貨로 환산하면, 현재 환율로 약 120여 엔이겠나이다. 이와 같은 처지에서 매일 한 끼의 식사로 지내오기는 올해 3월부터올시다. 또 올해 2월부터 7월까지는 박사논문을 준비하느라고 모든 것을 부채로 살아왔지요. 이와 같이 생활을 계속하는 중에 어디 무엇이 없었으리까? 즉 생으로 하여금 오늘 생명이 있게 하는 힘은 산중에서 획득한 불경의 선문禪文이었나이다. 나의 진실한 신앙은 외부의 환경이 험할수록 견고해지더이다. 앞에 두 통의 서신을 화상에게 보낸 것이나, 이번에 이것이나 모두 이곳에 있는 반도 유학생들에게 빌려 우표를 사서 부치게 된 것이올시다.

생은 잘 압니다. 화상이 자산가가 아님도, 생활난으로 지난 일을 후회하시는 줄도 압니다. 그러나 생을 위해 주선할 수 있겠다 생각하므로 아래와 같은 말을 쓰고자 하오니, 용서하시고 고어지사 枯魚之肆(매우 곤궁한 처지)를 만나지 아니하게 되기를 바라나이다.

학비가 된다면 최소한도라도 4~5년간만 더 유럽과 미국에 있는 것이 좋을 줄 아나, 죽을 지경에 있는 생인즉 반도 경제에 많이 바라는 것도 아니지만, 무엇보다 급한 것은 부채이니 부채나 갚고 노자나 된다면 귀국을 하든지 미국에 가서 노동을 해보든지 하고자 합니다.

부채로 말하면 작년부터 오늘까지 생활비를 부채로만 살아온 것, 학비 낸 것, 박사시험료 못 낸 것, 다른 것 모두 합하여 일화로 약 3,000엔이 됩니다. 또 약 400엔이 필요합니다. 학비로 말하면, 매월 400마르크가 필요합니다. (하략)

1924년 11월 22일 뷔르츠부르크에서

(전략) 생은 감옥을 면하였지요. 그것은 집주인이 특별히 용서해주어 차차 부채를 갚기로 약속하고 고소는 하지 아니하겠다 함에 의하였지요. 현재는 어떤 사람의 집에서 고용되어 있습니다. 그러므로 시간이 없어서, 이 원고를 다 채우지 못하였습니다. 혹시 반도 승려계에서 나를 구해줄 수 있을까요? 선생도 혹시 나를 위하여 어떠한 사람들과 문의해보셨습니까? 나는 현재 아무도 도와줄 사람이 없고 또 말할 곳

도 없습니다. (중략) 생에 대하여 무슨 생각을 가지시거든 이야기하여 주시옵소서. 예를 들면, 생이 장래에 귀국한다든지 (만일 노자가 되어서 귀국한다 가정하고) 또 귀국한 후에 할 것을. (하략)

1924년 12월 10일 베를린에서

(전략) 나는 지난 15일간을 남의 집에서 고용되어 있다가, 다시 이곳에 와서 광부 생활을 시작하였습니다. 그래서 생계에 대해서는 안심하는 중으로 만족을 느낍니다. 이와 같이 변화됨에서 나는 많은 느낌을 가집니다. 지난날에 내가 감옥 생활을 할 뻔했을 때에 내가 아는 대학교수들의 도움을 받아서 간신히 모면하였다면, 이번 이곳에 오게 된 것은 대학 연구실에서 같이 공부하던 사람의 도움이올시다. 또 그들이 저를 위하여 주선을 많이 해주고 있으므로 장래에는 편안한 일을 얻을 가망이 있고, 만일 그리된다면 '불교'를 위하여 글을 쓸 기회가 생기리라 믿습니다. 이곳 지식 계급들의 생각인즉 벌써 '인류'라는 관념하에서 행동합니다. 즉 지식 계급 간에 상조相助라는 개념 속에는 국경이나 인종이라는 관념은 없습니다. 그들은 항상 저에게 "유럽 생활을 하라"고 권합니다. "부분적 문화에 종사하지 말고 세계적으로 하라"고 권하기를 마지아니합니다.

종교야 무엇을 믿든 세계 건설에 같은 견지를 가지고 또 능력 있는 것을 보면, 그들이 친형제와 같이 주선해주는 것은 시방 마땅하고, 또 그들은 저의 장래 생계에 대하여 생각하고자 한다고 합니다. 이것은 다른 것이 아니라, 지식을 서로 이용하고자 하는 견지에서 나온 것이올시다. 현재에 저의 고생스러운 형편은 그들의 진면목을 알게 해주는 기회를 줍니다. 이것으로 보아서는 이번 이러한 형편도 역시 가치가 없지 아니한 줄 압니다. '만반에서 샤키아무니가 탁견卓見(뛰어난 견해)을 가졌었거니!' 하는 생각이 저의 정신과 육체를 불세계佛世界에 있게 합니다.

이곳은 독일의 일부로 현재는 국제연맹 위임 통치하에 있는 지방이올시다. 이곳의 시설이나 조직은 시대 양심을 조사하기에 좋은 대상이 되므로 역시 좋은 느낌을 가집니다. 역시 사회연구에 좋은 취미를 줍니다. 또 매일 광부들과 접하므로, '19세기 이래로 생긴 모든 사회주의는 어찌하여서 생길 필요가 있었을까?' 하는 문제를 책으로 연구하던 저는 현장에서 조사하고 느끼고 비평할 기회를 얻습니다. (하략)

1924년 12월 10일 자를란트 탄광에서

(전략) 전에 자를란트 탄광에서 일하는 중에 올린 편지는 받아보셨으리라 믿습니다. 아마 작년 12월은 생으로 하여금 극

도로 세미世味(사람이 세상을 살아가며 겪는 온갖 경험)를 알게 하였습니다. 2주일간의 탄광 생활은 현대 하급노동자들과 접하는 기회를 얻었지만, 동시에 과도한 노동으로 인하여 병을 얻었으므로, 현재는 이곳 독일의 친한 지인의 집에서 양병養病(병을 잘 다스려 낫게 함) 겸 섭양攝養(병의 조리를 잘하여 회복을 꾀함)을 하는 중이올시다. 신체의 불건강은 장래를 암흑하게 만듭니다. 그러나 의사의 말에 의하면, 정신과 육체의 건강 상실인즉 모두 과도한 노동에서 나온 것이라 하나이다. 그러므로 몇 달 후에는 회복이 가능하다 합니다. 즉 3보에 귀의한 몸이라 큰 변이 없기를 바라지요! (중략)

화상이시여! 혹시 생을 구제하실 방침이 있나이까? 오직 급한 것은 부채올시다. 부채나 없고 의복이나 좀 장만하면 식사는 친구에게 얻어먹어 가며 지낼 수 있겠지만, 또 이번 병에 얼마나 한 부채가 생길는지 알지 못합니다. 만일 내가 귀국할 필요가 있다면 귀국이라도 하고자 합니다만, 그것도 역시 노자를 요구함인즉 확정하지 못합니다. (중략) 화상이시여! 생의 구제 방법을 연구해보시옵소서. 가능한 한 오는 2~3월간으로 알게 해주시옵소서.

생의 많은 장래는 현재의 상황이 정신상이나 육체상으로 감손減損시키나이다. 무슨 방법을 거치시든지 이 상황을 구제해주시면, 화상의 은혜를 보답할 겸 생의 소회를 실현할 겸하여 인류 문화에 공헌하려 합니다. (중략) 생은 병의 차도에 의하여 다시 화상을 위하고 반도를 위하고 3보를 위하여 앞서 말씀드린 원고도 계속하고 또 다른 것도 쓰고자 합니다. 많은 희망으로 화상의 답신을 바라면서 병석에서 (하략)

1925년 1월 1일 베를린에서

《불교 제9호(1925. 3.)》

설법 說法

———

4

모든 것을 부처님께 바쳐라

우리가 불교를 신앙하는 궁극적인 목적은 부처님이 되려는 데 있습니다. 또한 석가모니 부처님께서 사바세계娑婆世界(인간 세계)에 출현하신 큰 뜻도, 고해苦海에서 윤회하는 중생을 제도하여 부처님을 만드는 데 있었습니다. 중생이 부처님이 되면, 일체의 번뇌와 고통과 부자유에서 벗어나 원융하고 원만하며 자유자재롭게 됩니다. 그래서 성불은 곧 해탈인 것입니다.

그러면 성불은 어떻게 해야 하며, 해탈은 어떻게 이루어지는 것일까? 석가모니 부처님께서는 여기에 대하여 모든 것을 버리라고 말씀하셨습니다. 나를 버리고 탐심과 진심과 치심을 버리라고 가르치셨습니다. 아만과 집착과 아집을 버리고 아상我相을 떨쳐버려야 한다고 가르치셨습니다. 매에게 쫓기는 비둘기의 생명을 위하여 자신의 육체를 매에게 던져주던 부처님처럼, 모든 것을 버릴 수 있어야 성불과 해탈의 길이 열린다고 하였습니다. 모든 것을 버리지 아니하고는 윤회의 굴레를 헤어날 수도 없고 피안彼岸의 길은 요원한 것이라고 말씀하셨습니다.

그러나 나는 여러분에게 성불과 해탈을 위하여 모든 것을 부처님께 바치라고 말씀드리고 싶습니다. 우리는 우리의 모든 것을 부처님 앞에 바칠 줄 알아야 합니다. 나의 마음도 나의 몸도 탐욕과 진심과 치심도 부처님께 바쳐버리고. 기쁨도 슬픔도 근심도 고통도 모두 바쳐야 합니다. 모든 것을 부처님께 바칠 때 평안이 오고 법열法悅(진리를 깨달아 마음속에 일어나는 기쁨)이 생기는 것입니다. 5욕伍欲*도 바치고 8고八苦**도 바쳐야 합니다. 부처님께서는 우리가 바치는 모든 것을 기꺼이 받아주십니다. 또한 이 모든 것을 바침으로써 불타佛陀의 가르침은 받아들여지는 것입니다.

고통의 원인이 되는 무명을 바치면 불타의 지혜가 비춰옵니다. 불타의 광명이 나에게 비추일 때, 비로소 윤회의 바다

• 안·이·비·설·신의 다섯 가지 감각기관, 즉 5근이 각각 색·성·향·미·촉의 다섯 가지 감각 대상, 즉 5경에 집착하여 야기되는 5종의 욕망이다. 대체로 세속적인 인간의 욕망 전반을 뜻한다. 그것이 인간의 다섯 가지 감각 대상 그 자체는 욕망이 아니지만, 욕망을 일으키는 원인이 되므로 5경도 5욕이라고 부른다. 또 재욕·성욕·식욕·명예욕·수면욕의 다섯 가지도 5욕이라고 말한다. _편집자 주

•• 보통 네 가지로 말하는 4고四苦 즉 생·노·병·사에, 사랑하는 자와 이별하는 고통인 애별리고愛別離苦, 원수와 만나는 고통인 원증회고怨憎會苦, 구하여도 얻지 못하는 고통인 구부득고求不得苦, 그리고 5온, 즉 색·수·상·행·식의 다섯 가지 요소가 너무 치성熾盛한 고통인 오온성고伍蘊盛苦를 더하여 8고라고 한다. _편집자 주

에서 벗어납니다. 생사生死를 바쳐버리면 거기엔 불생불멸不生不滅의 영원한 삶이 있습니다. 우리가 모든 것을 부처님께 바치지 아니하고 자기의 소유로 하려는 마음에서 일체의 고통이 따르고 번뇌가 발생합니다. 명예를 자기의 것으로 하고 재물을 자기 것으로 하고 여자를 자기의 것으로 하고 자식을 자기의 것으로 하려는 데 중생의 고뇌가 있습니다. 이러한 모든 것은 영원한 자기의 것이 될 수 없습니다. 명예가 어찌 자기와 같이할 수 있으며 남녀의 사랑이, 재물이, 자식이 어찌 완전한 자기의 것이 될 수 있겠습니까? 그러므로 이러한 모든 중생적인 것은 부처님께 바치고 무상하지 않은, 즉 영원히 자기의 것일 수 있는 불타의 지혜와 진리를 얻을 수 있어야 합니다. 부처님께 모든 것을 바친다 함은 부처님과 항상 같이해야 한다는 뜻이기도 합니다. 우리가 부처님과 잠시라도 떨어져 있게 되면 번뇌와 망상이 생기기 마련이기 때문입니다.

나는 유럽에서 유학을 마치고 귀국하여 중앙불교전문학교의 교수로 취임했습니다. 그러나 얼마 지나지 않아서 교수직을 사임하고 금강산 안양암安養庵에 들어가 단신수도單身修道를 하였습니다. 그때가 1929년 가을이었습니다. 그곳에 들어가 수도를 한 것은 내 자신이 좀 더 부처님 속에 살고 싶었기 때문입니다. 부처님을 멀리하고는 무엇인가 허전하여 일을 할 수가 없었습니다. 처음 3년 동안은 오직 혼자서 기도를 올렸습니다. 그러나 3년이 지나던 해가 되자, 금강산에 들어와 수도하는 많은 종중從衆이 같이 있기를 간청하는 바람에 그들의 뜻을 물리칠 수 없어 지장암으로 옮겼습니다. 이때부터는 여러 수도자와 같이 기도하면서 그들을 지도하는 데에 온갖 정성을 기울였습니다. 안양암에서 3년, 지장암에서 7년, 그래서 이 기도는 만일萬日 기도였습니다. 그런데 만일 기도가 끝나는 1938년 어느 날, 일본 경찰이 나를 체포하러 왔습니다. 이유인즉 사이비 종교인이라는 것이었습니다. 물론 그 당시는 그네들의 일천황日天皇 신앙 외에는 사이비로 몰아세웠던 것도 사실입니다. 이 어처구니없는 압력으로 나는 금강산 수도 생활을 더 이상 계속할 수가 없었습니다. 그러나 그것은 불행 중 다행이기도 하였습니다. 수도 생활을 계속할 수 없었던 것은 불행한 일이었습니다만, 목적한 만일 기도를 무사히 끝마쳤다는 것은 다행스러운 일이었습니다. 부처님의 가호 없이는 만일을 채우기가 어려웠을 것입니다.

지금 회고해보면, 내 생애의 전반에 걸쳐 금강산 수도 생활의 시절보다 의의롭고 보람 있던 때는 없었습니다. 그 가운데서도 안양암의 단신수도 생활은 더욱 그렇습니다. 그때의 신심은 불이 붙고 있었습니다. 그리고 그때의 기도는 석가모니불 앞에서의 본존불本尊佛 정진이었습니다. 나는 나의 모든 것을 부처님 앞에 바치고 있었습니다.

나는 지금도 부처님 곁을 떠나는 날이 없습니다. 나의 마음 속에 그리고 나의 생활 속에는 항상 부처님이 계십니다. 나의 이러한 신앙심은 내가 부처님과 인연을 맺은 날로부터 지금에 이르도록 변함이 없습니다.

내가 불교와 인연을 갖게 된 것은 우연한 일이었습니다. 내가 어렸을 때 큰집과 외가 사이에 나의 장래 문제를 놓고 의견이 서로 엇갈려 있었습니다. 말하자면, 조그만 다툼이 일어났습니다. 그래서 나는 서울 근교에 있는 조그만 절에 가서 숨어 있었습니다. 그것이 인연이 되어 불교와 접촉하게 되었고, 결국 1910년 여름, 봉국사에서 최하웅 선사에게 득도하기에 이르렀습니다. 그때 나이 열네 살, 그 뒤 전국 사원의 불교 강원을 찾아다니며 경전을 수업하였습니다. 그러나 그때는 한일합병韓日倂合이 된 직후라 사찰의 강원도 신통치 않았고 경을 가르치는 강사도 별로 없었습니다. 그때 할 수 있었던 것은 수소문하여 찾아가서 은밀하게 배우고 가르치는 정도였습니다. 이 어려운 상황에서도 나는 경전을 배우기 위하여 전국 사찰을 찾아다녔습니다.

그때 천안의 광덕사廣德寺에 묘향산에서 온 유명한 도승이 있다기에 찾아간 일이 있었습니다. 역시 그 절에는 한 도인이 있었는데, 그는 날마다 기왓조각을 숫돌에 가는 게 소일이었습니다. 그래서 우리가 "스님, 기왓장은 왜 날마다 가십니까" 하면, 그는 세경(거울)을 만들고 있다고 대답하였습니다. '이 얼마나 어처구니없는 일인가? 돌이나 쇠를 간다면 모르지만 흙을 구워 만든 기왓장을 백 년 간들 세경이 되겠는가?' 그의 그러한 행동에 암시적(선禪적)인 교훈도 있었겠지만, 그는 세상을 풍자하고 있음이 틀림없었습니다. 이로 미루어보아도 그때 스승을 찾으며 불교 공부하기가 얼마나 어려웠던가를 짐작할 수 있을 것입니다. 그때도 나는 이 모든 고통과 정열을 부처님께 바치는 마음으로 고행을 하였습니다.

또 상하이의 임시정부에 참여하여 독립운동을 하다가 유럽 유학을 갈 때도 자진하여 어려운 길을 택하였습니다. 당시 미국으로 유학하는 사람은 많았어도 유럽으로 유학하는 사람은 적었습니다. 그만큼 미국이나 일본에 비하여 유럽은 여러 가지로 조건이 어려웠습니다. 내가 유럽 유학에 큰 뜻을 둘 때, 전 대통령인 이승만 박사는 유럽은 고학하기도 힘들거니와 여러 가지 사정이 어려우니 미국으로 유학하는 것이 어떠냐며 유럽 유학을 단념하기를 권하였습니다. 그러나 나는 그 길이 어렵기 때문에 더욱 그 길을 택하겠다고 고집하고 1920년 프랑스행 배를 탔던 것입니다. 물론 프랑스와 독일에서의 유학은 쉽지 아니하였습니다. 그러나 부처님의 가호를 믿고 있는 나에게는 모든 고행을 인내해갈 힘이 있었습니다. 역시 유럽 유학도 부처님께서 보살펴주신 은혜로 무사히 마칠 수 있었습니다. 이러한 모든 고행은 나의 지식을 위한 것도 아니고 어떤 공명功名을 얻고자 함도 아니었습니다. 다만 모든 것을 부처님께 바치려는 수행의 과정이었고, 구도求道의 행각이었습니다.

우리는 이제라도 모든 것을 부처님께 바칠 줄 알아야 하겠습니다. '나'라는 아만심, '내 것'이라는 집착심을 털털 떨쳐내어 부처님 앞에 바쳐봅시다. 《금강경》의 "응무소주 이생기심

應無所住 而生其心(집착함 없이 마음을 일으키라)"이란 바로 이런 것입니다. 또 "범소유상 개시허망 약견제상비상 즉견여래凡所有相 皆是虛妄 若見諸相非相 卽見如來(무릇 상이 있는 것은 모두 허망한 것이니, 모든 상이 실체가 없음을 본다면 곧 여래를 보리라)"라 하였습니다. 그 범소유상, 그리고 유상이 아닌 모든 것까지도 부처님께 바칠 때 여래는 현현하는 것입니다.

몸과 마음을 부처님께 바친 자리, 그 텅 빈 자리가 바로 부처의 자리입니다. '나'라고 하는 놈은 무엇이든지 하나를 붙잡아야지 그냥은 못 배기는 놈입니다. 그래서 그놈 때문에 우리가 윤회를 벗어나지 못하고 있지 않습니까? 모두를 부처님 앞에 바쳐버리면, 거기에는 아만도 아집도 없습니다. 그렇게 되면, 시기도, 질투도, 명예를 위한 다툼도, 자리나 이권을 위한 싸움도 일어나지 않습니다. 우리 모두 모든 것을 부처님께 바칩시다.

《법시法施 제112호(1974. 8.)》*

---

* 《법시》는 1963년 법시사에서 창간한 잡지로, 초창기는 사보寺報 형태로 1967년 8월까지 제29호까지 발간했다가 1967년 9월 공보부에 등록을 마치고 다시 창간호를 발간했다. 1991년 10월까지 발간되다가 제272호를 끝으로 종간됐다. 불교계 잡지가 창간 후 몇 해 지나지 않아 폐간을 반복한 것과 달리 《법시》는 24년간 꾸준히 발간되면서 근현대 들어 최초로 장수한 불교잡지로 평가된다. _편집자 주

《금강경》총설*

이 사람이 젊어서 한참 공부해보려고 하던 때는 우리 민족이 아주 어려운 시련을 겪고 있을 때였습니다. 한참 혈기가 끓고 있던 나는 그때 임시정부였던 상하이를 거쳐 유럽으로 공부를 하러 가게 되었습니다. 여기서 읽어본 책이 칸트의 저서였습니다. 칸트는 어지간히 마음이 트인 사람 같더군요. 그러나 나는 칸트에 만족할 수 없었습니다. 나도 마음을 도통道通해보자 하는 생각이 들었습니다. 이내 고국으로 돌아온 나는 내가 존경하는 스승을 찾아 물었습니다. 그분의 말인즉, 우선 천 일 정도의 정진을 하면 전생前生을 보게 된다는 것입니다. 곧 금강산 어떤 절에 들어가 수도를 시작했지요. 천 일

---

* 삼보학회에서 추진해왔던 삼보회관이 1970년 5월 24일 서울 중구 인현동 풍전호텔 5층에서 문을 열었다. 이를 기념하기 위해 불교사상 대강연회가 진행되었는데, 24일 청담 선사의 법문을 시작으로 26일까지 백성욱 박사, 김대월 법사, 김경봉 선사, 김동화 박사의 강연이 연이어 펼쳐졌다. 이 글은 그중 백성욱 박사의 강연을 정리한 것으로, 당시《대한불교신문》(현재《불교신문》의 전신)에 실렸다. _편집자 주

이 되니까 나는 나의 전생, 병들어 누워 있던 나의 전생을 보았습니다. 이른바 숙명통宿命通이라고 하는 것일지도 모르지요. 사람의 근육이 한번 신진대사를 하려면 꼭 천 일을 요구합니다. 골격이 한번 바뀌는 데는 3천 일, 뇌세포가 바뀌려면 9천 일이 필요하고요, 우리가 수도를 잘하면 3천 일 만에 타심통他心通을 얻을 수 있고, 또 9천 일이면 누진통漏盡通도 얻을 수 있는 것입니다.*

그런데 이러한 숙명통·타심통·누진통이라 하는 것은 다른 것이 아닙니다. 결국 《금강경》의 도리와 일치하는, 다시 말해서 《금강경》을 자꾸만 읽고 염하면 터득되는 도리인 것입니다. 인도 북쪽에는 2만 척이나 되는 높은 산이 있고, 여기서 조금만 남쪽으로 가면 곧 열대지방으로 연결되는 땅이 있습니다. 계절풍이 여기에 부딪혔다가 되돌아갈 때면 아주 다량의 비가 쏟아지는 땅입니다. 한 백 일쯤 쏟아지지요. 그런데 일단 비만 그치면 모든 독충毒蟲이 왕성하게 번성해서 사람이 사는 데 매우 큰 위협을 주는 곳이기도 합니다. 부처님은 여기서 인생의 고통을 보시고 이것을 해결할 방도를 생각하게 되었습니다. 즉 '고통의 원인을 검토해봐라, 과연 고통이라고밖에 생각할 수가 있겠느냐 없겠느냐' 하는 문제로부터 시작해서 설하신 도리가 곧 4성제의 원리요 아함부阿含

---

* 　숙명통은 나와 남의 전생을 훤히 아는 능력을 말하고, 타심통은 남의 마음속을 아는 자유자재한 능력을 말하며, 누진통은 번뇌를 모두 끊어 내세에 미혹한 생존을 받지 않음을 아는 능력을 말한다. _편집자 주

部(모든 소승 경전의 총칭)인 것입니다. 그리고 다시 부처님은 브라만 신이 창조한 것이라고 주장하는 인도의 카스트 제도를 깨트리기 위해 인연설을 말씀하셨는데, 이것이 곧 방등부方等部(대승 경전에서 《화엄경》《반야경》《법화경》《열반경》을 제외한 모든 경전의 총칭)입니다. 그러면 《금강경》은 무엇일까요? 《금강경》은 대승·소승 경전을 총섭하는 법의 실다운 이치에 계합契合(서로 꼭 들어맞음)하는 최상의 지혜를 남김없이 들어내놓은 경이라 할 수 있지요.

여러 말할 것 없습니다. 《금강경》을 자꾸 독송하십시오. 독송하면 한마음 밝아지는 것입니다.

《대한불교신문(1970.5.31.)》

게재 순서로 본 출처

발행연월	출처	제목
1925. 1.	《불교 제7호》	〈축 '불교'의 종연생〉 〈불교순전철학續〉 〈근래 불교운동에 대하여〉 〈백성욱의 서신 몇 절 1〉
1925. 2.	《불교 제8호》	〈불교순전철학續〉
1925. 3.	《불교 제9호》	〈불교순전철학續〉 〈백성욱의 서신 몇 절 2〉
1925. 4.	《불교 제10호》	〈불교순전철학續〉
1925. 5.	《불교 제11호》	〈불교순전철학續〉
1925. 6.	《불교 제12호》	〈유럽인의 안목에 나타난 인도인의 동물 숭배와 반도불교〉
1925. 7.	《불교 제13호》	〈불교순전철학續〉
1925. 8.	《불교 제14호》	〈불교순전철학結〉
1925. 9.	《불교 제15호》	〈베를린 불교원 방문기〉 〈평수잡조('느낌' '낙조' '추천귀안')〉
1925. 10.	《불교 제16호》	〈현재 네팔에는 무엇이 있나〉 〈평수잡조('명월의 유영' '자연의 경')〉
1925. 11.	《불교 제17호》	〈평수잡조('인중자연의 발로' '나의 느낌' '프랑 스공원에서의 하루')〉
1925. 12.	《불교 제18호》	〈평수잡조('맹서' '빼앗기 어려워라' '우어')〉

1926. 1.	《동아일보》	〈대입소의 일리: 일모단에 현보왕찰績〉
	《불교 제19호》	〈나의 신앙과 느낌〉
	《조선농민 제2권 제1호》	〈우리의 건설에 나아가서續〉
1926. 2.	《동아일보》	〈대입소의 일리: 일모단에 현보왕찰結〉
		* 총 14회 연재
	《불교 제20호》	〈평수잡조('기다림' '내 살림' '뜻 맞은 사랑')〉
	《조선농민 제2권 제2호》	〈우리의 건설에 대하여結〉
	《조선일보》	〈샤키아무니와 그 후계자〉 * 총 9회 연재
1926. 3.	《불교 제21호》	〈평수잡조('파상주' '오늘 나의 느낌' '비 맞은 꽃' '여름의 느낌')〉
1926. 4.	《불교 제22호》	〈평수잡조('내가 본 상하이 현황과 느낌')〉
	《신인간 창간호》	〈자아의 인식으로 자아의 독립에〉
1926. 5.	《동광 제1호》	〈'나'란 무엇일까續〉
	《동아일보》	〈정계에 몸을 던진 인도의 여류 시인〉
	《불교 제23호》	〈평수잡조('미의 차별' '생의 위협자' '내 동무')〉
1926. 6.	《동광 제2호》	〈'나'란 무엇일까結〉
	《불교 제24호》	〈현대적 불교를 건설하려면〉
		〈평수잡조('미')〉
1926. 7.	《불교 제25호》	〈곤륜산 절정에는 무엇이 있나〉
		〈평수잡조('어느 날 공원에서' '쫓긴 주인')〉
1926. 8.	《불교 제26호》	〈평수잡조('가난을 중심으로 한 내외면')〉
1926. 9.	《불교 제27호》	〈평수잡조('어느 날 길가에서' '아우 찾는 소녀')〉
	《우라키 제2호》	〈샤키아무니〉
1926. 10.	《불교 제28호》	〈평수잡조('어떻게 보아야 미를 잘 보나')〉

1926. 11.	《불교 제29호》	〈평수잡조('사람이 보는 미는 우주의 공통이 아님')〉
1926. 12.	《동광 제8호》	〈만일 내가 다시 20살의 청년이 될 수 있다 하면〉
	《불교 제30호》	〈평수잡조('나는 임의 살림')〉
1927. 1.	《불교 제31호》	〈아미타 화신인 타시 라마〉
1928. 5.	《불교 제46·47호 합본》	〈10년 후에 다시 자연경을 찾아서續〉
1928. 6.	《불교 제48호》	〈10년 후에 다시 자연경을 찾아서結〉
	《여시 창간호》	〈인류란 무엇인가〉
1928. 7.	《불교 제49호》	〈우리의 신앙은 어떠한가〉
1928. 9.	《불교 제50·51호 합본》	〈대우와 인류의 생적 준칙〉
1928. 10.	《불교 제52호》	〈유사 이래로 철학상에 문제되는 지사와 조금술은 금일에야 해결할 수 있을까〉
1928. 11.	《불교 제53호》	〈'나'에 대한 고찰續〉
1928. 12.	《불교 제54호》	〈'나'에 대한 고찰結〉
	《신생新生 제3호》	〈독일의 성탄제: 거국일치擧國一致의 대축일〉*
	《일광 창간호》	〈동지에게〉

- 《신생》은 1928년 10월 1일자로 창간된 월간 종합 교양잡지로, 1934년 1월 통권 60호를 내고 종간되었다. 창간호의 편집 겸 발행인은 김소金炤 (미국인 John F. Genso)이며, 제2호부터는 편집 겸 발행인이 유형기柳瀅基 (1897~1987)로 바뀌었다. 이 잡지는 '종교적으로, 인격적으로, 학술적으로 신생함이 있어야 하겠다는 확신'을 가지고 국내외 학자들을 필자로 종교·철학·문학·예술·교육·역사 등 각 분야에 무게 있는 글을 실어 많은 지식인의 공명을 얻은 잡지였다. 《신생 제3호》는 현재 남아 있지 않은 것으로 보인다. _편집자 주

1929. 1.	《동아일보》	〈앞으로의 조선, 희망의 햇불〉
	《별건곤 제18호》	〈각계각인 신년에 하고 싶은 말〉
	《불교 제55호》	〈민족적 사색의 차이〉*
	《조선일보》	〈과거 몇십 년간의 준비기: 앞으로의 불교〉
1929. 3.	《회광 창간호》	〈학인연맹의 기대〉
1929. 4.	《불교 제58호》	〈역경의 필요성〉
1929. 5.	《불교 제59호》	〈남순하였던 이야기〉
1929. 9.	《불교 제63호》	〈다시 적멸궁을 찾아가면서〉
1930. 6.	《불교 제72호》	〈오만보살찬앙회가 발기함을 듣고〉
1965.	《나의 청춘 나의 이상》	〈'나'를 발견하는 길〉
1970. 5.	《대한불교신문》	《금강경》총설
1974. 8.	《법시 제112호》	〈모든 것을 부처님께 바쳐라〉

---

* 이유는 알 수 없으나, 이 글은 《불교 제55호》에 실리지 못한 것으로 보인다. 《불교 제55호》에는 이 글의 표제지만 실려 있으며, 표제지에는 "전문칠엽삭제全文七頁削除"가 적혀 있고 그 뒤로 7쪽이 빈 면으로 되어 있다. _편집자 주

최초 게재된 원문 찾아보기

동국대학교 불교기록문화유산 아카이브

kabc.dongguk.edu/index

볼 수 있는 매체: 《불교》《일광》

국사편찬위원회 한국사데이터베이스

db.history.go.kr

볼 수 있는 매체: 《동광》《별건곤》

국회전자도서관

dl.nanet.go.kr

볼 수 있는 매체: 《동광》《여시》《우라키》《조선농민》

국립중앙도서관 디지털도서관

www.nl.go.kr

볼 수 있는 매체: 《나의 청춘 나의 이상》《법시》《신인간》《여시》

조선일보 라이브러리

newslibrary.chosun.com

동아일보 디지털아카이브

www.donga.com/archive/newslibrary

연세대학교 학술정보원

libraryyonsei.ac.kr

볼 수 있는 매체: 《회광》

대한불교조계종 중앙기록관

lib.buddhism.or.kr/JOKB/SlimaDL.csp

볼 수 있는 매체:《대한불교신문》

백성욱 박사 연보[•]

1897년(광무 원년)
음력 8월 19일(양력 1897년 9월 15일, 수요일). 정유년, 종로구 연건동에서 수원 백씨 윤기潤基의 장남으로 출생.

1903년(6세)
3월, 서울 원남동에 설립된 신식사립학교인 호동학교 입학.

1906년(9세)
3세(1900년)에 아버지를 여읜 데 이어, 어머니 별세.

1910년(13세)
서울 봉국사 최하옹(미상~1941) 스님을 은사로 출가.

1917년(20세)
동국대 전신인 숭인동 불교중앙학림 입학.

1919년(22세)
3월 1일, 한용운 스님 명을 받아 불교중앙학림에 재학 중이던 신상완(1891~1951) 스님, 통도사 박민오 스님, 김법린 등과 중앙학림 학생들을 인솔하여 탑골공원에서 기

[•]　음력이라 명기하지 않은 경우는 모두 양력 날짜임. 연도 뒤 괄호 속 나이는 모두 '만 나이'임. 보다 상세한 연보는《분별이 반가울 때가 해탈이다:백성욱 박사 법문집》(김영사, 2021) 또는《응작여시관:백성욱 박사 전기》(김영사, 2021) 참고.

미독립선언서 배포. 이후 남대문과 대한문 3.1 운동 주도. 3월 5일, 남대문과 서울역에서 독립선언서 배포. 3월 말, 초월 스님이 신상완, 백성욱, 김법린 등에게 상해임시정부를 찾아가면 할 일이 있을 거라며 밀항 주선. 5월 10일, 랴오닝遼寧성 남부 잉커우營口항 거쳐 상하이 도착. 임시정부 활동하면서 신상완, 김법린과 함께 국내와 임시정부 8~9회 오가며 독립운동.

1920년(23세)

임시정부에서 이광수·주요한·이영렬·조동호·옥관빈·박현환 등과 함께《독립신문》제작에 기자로 참여.

1921년(24세)

1월 15일, 민범식·장식 형제의 지원으로 함께 프랑스 우편선 앙드레 르봉André Lebon호 승선. 2월 25일, 프랑스 마르세유 항구 도착. 1년 동안 프랑스 북부 보베Beauvais시에 있는 고등학교에서 프랑스어와 독일어, 라틴어 공부.

1922년(25세)

민범식과 함께 독일 뷔르츠부르크Wüzburg 도착. 이미륵(1899~1950)의 도움으로 철학과 한스 마이어Hans Meyer(1884~1966) 교수 소개받아 9월 어학시험 통과, 뷔르츠부르크 대학교 대학원 철학과 입학.

1923년(26세)

가을, 마이어 교수를 지도교수로 〈불교순전철학〉 박사논문 작성 매진.

1924년(27세)

2월, 마이어 교수의 도움으로 뷔르츠부르크 대학교 대학원 철학과 졸업. 5월 2일, 〈불교순전철학佛教純全哲學, Buddhistishe Metaphysik〉 논문 초고 완성. 9월, 마이어 교수 박사학위 논문으로 인준.

1925년(28세)

프랑크푸르트, 베를린 등 독일의 여러 도시 다니며 유럽 문화 경험. 시베리아 횡단 열차 타고 9월 9일 귀국.

1926년(29세)
신분 숨기기 위해 무호산방無號山房·백준白岐·무호無號 등의 필명 사용하며《동아일보》
《조선일보》《동광》《불교》등에 시, 에세이, 평론 등을 활발하게 기고 및 연재.

1927년(30세)
2월, 봉은사 들렀다가 함경남도 석왕 선원 가서 수행. 4월, 금강산 장안사 거쳐 여름
까지 보덕굴에서 수행. 이후 장안사 선원에서 사분정진四分精進 및 겨울 수행.

1928년(31세)
4월, 불교전수학교 개교와 함께 철학과 강사로 피임. 5월,《불교》잡지사 논설위원
입사. 6월에 김일엽(1896~1971) 또한 기자로 입사하여 가깝게 지냄. 9월, 불교전수학
교 강사 사직. 11월, '조선불교 선교양종 승려대회' 11인 발기위원으로 참여.

1929년(32세)
1월 3~5일, '조선불교 선교양종 승려대회' 종헌제정위원 11인 중 한 명으로 참여. 가
을, 금강산 입산, 장안사 보덕암에서 수행 시작. 수행 중 혜정 손석재慧亭 孫昔哉 선생과
처음 만나 법거량. 손혜정 선생 권유로 오대산 상원사 적멸보궁에서 함께 100일 기
도 정진.

1931년(34세)~1938년(41세)
안양암 3년 정진 후 장안사 지장암에서 손혜정 선생과 함께 근대 최초의 수행공동체
운동 전개하며 회중수도會衆修道. 이후 7년여 간 500여 명의 제자 지도. 아침 서너 시
일어나 '대방광불화엄경' 염송하고, 간경, 참선하며 1일 2식으로 용맹정진.

1938년(41세)
4월, 금강산 지장암 수행 중, '불령선인不逞鮮人'으로 지목, 손혜정 선생 등과 함께 경상
남도 의령경찰서로 연행. 무혐의 석방되었으나 일제의 압력으로 금강산에서 하산.

1939년(42세)~1945년(48세)
서울 돈암동 자택 칩거하며 좌선 수도.

1941년(44세)
1월, 은사 하옹 스님 홍천사에서 입적. 남겨준 재산을 화재 피해 입은 봉은사에 복구

비로 헌납, 만일회 신앙결사 참여.

1944년(47세)
1월, 치악산 상원사 한 동굴에 들어가 정진 수도.

1945년(48세)
해방되자 애국단체인 중앙공작대 조직, 민중 계몽운동 시작.

1948년(51세)
5월 10일 남한 단독선거로 제헌국회 소집되자 이승만 박사가 국회의장 되도록 헌신. 7월 20일, 국회에서 간선제로 초대 대통령 뽑게 되자 이승만 지원. '초대 총리 백성욱 박사설' 언론 등장.

1950년(53세)
2월 7일, 제4대 내무부장관 취임. 7월 16일, 대구 피난 중 내무부장관으로서 국민에게 사과 성명 발표하며 취임 5개월 만에 사임.

1951년(54세)
2월, 한국광업진흥주식회사 사장 취임. 10월, 동국대학교 동창회장 취임.

1953년(56세)
7월 31일, 부산 피난 중 동국대 제2대 총장 취임. 8월, 정전 협정 후 서울 본교로 복귀. 중구 필동에 동국대 교사를 건립하고 8년에 걸쳐 시설·학사·교수 등 다방면에 걸쳐 동국대학교 중흥의 기틀 마련.

1956년(59세)
5월, 제4대 부통령 선거 무소속으로 입후보(낙선). 9월, 한국광업진흥주식회사 사장 사임.

1957년(60세)
10월, 동국대에 '고려대장경 보존동지회' 만들어 회장 취임. 《고려대장경》 영인 작업 착수. 1976년 6월에 영인 완성, 총 48권의 현대식 영인본 출간.

1958년(61세)
9월 17일, 손혜정 선생이 동국대에 기증한 약 4,500만 환의 건국국채를 기본재산으로 재단법인 동국대학교 불교장학회 설립.

1959년(62세)
음력 5월 19일, 도반이자 스승으로 모신 손혜정 선생, 세수 78세로 장충동 자택에서 입적. 《불교학 논문집: 백성욱 박사 송수 기념》 발간.

1960년(63세)
《동국대학교 총장 백성욱 박사 문집》 발간.

1961년(64세)
5월, 재단법인 동국학원 제15대 이사장 취임. 7월 20일, 5·16 군사정변으로 공표된 '교육에 관한 임시특례법'으로 만 60세 이상은 교단에서 물러나게 하여 동국대 총장 및 학교법인 이사 사임.

1962년(65세)
경기도 부천군 소사읍 소사리에서 〈백성목장白性牧場〉 경영하며 20년 가까이 《금강경》 강화講話, 인연 있는 후학 지도.

1970년(73세)
5월 25일, 서울 인현동 삼보회관에서 '《금강경》 총설' 강연.

1981년(84세)
음력 8월 19일(양력 9월 16일, 수요일), 출생일과 같은 날 서울 용산구 이촌동 반도 아파트에서 입적. 경기도 양주군 대승사에 사리탑과 비를 건립.

호우로 휩쓸려 내려간 사리탑을 다시 부천시 소사구 소사1동 소사법당 뒤편 언덕에 옮겨 '동국대학교 총장 백성욱 박사 탑'과 함께 세움. 후학들이 금강경독송회, 청우불교원 금강경독송회, 바른법연구원, 백성욱 박사 교육문화재단, 백성욱연구원, 여시관 등을 세워 가르침을 잇고 있음.

찾아보기

ㅎ

백성욱 박사 전집 4

백성욱 박사 문집

1판 1쇄 인쇄 2021. 9. 3.
1판 1쇄 발행 2021. 9. 23.

백성욱 지음

발행인 고세규
발행처 김영사
등록 1979년 5월 17일(제406-2003-036호)
주소 경기도 파주시 문발로 197(문발동) 우편번호 10881
전화 마케팅부 031)955-3100, 편집부 031)955-3200 | 팩스 031)955-3111

값은 뒤표지에 있습니다.
ISBN 978-89-349-7985-2 04080 | 978-89-349-0900-2(세트)

홈페이지 www.gimmyoung.com   블로그 blog.naver.com/gybook
인스타그램 instagram.com/gimmyoung   이메일 bestbook@gimmyoung.com

좋은 독자가 좋은 책을 만듭니다. 김영사는 독자 여러분의 의견에 항상 귀 기울이고 있습니다.